JN412224

한국사

46

신문화운동 2

국사편찬위원회

자문위원

신 용 하　　유 영 익　　정 창 렬

편찬위원

권 태 억　　유 영 렬　　최 창 희

집필(신문화 운동 Ⅱ)

금 장 태　　김 승 태　　김 연 희
노 태 천　　박 맹 수　　박 성 래
박 영 석　　이 원 순　　정 광 호
정 진 석　　조 영 렬　　주 남 철
최 기 영

기획 · 편집

이 해 준　　강 영 철　　이 근 택

고 성 훈　　고 숙 화　　이 민 원

복간 간행 : 김 용 곤 · 장 득 진

한국사 간행취지

우리 겨레가 앞으로 어떻게 살아갈 것인가 하는 문제는 우리들은 물론 우리와 더불어 살아가는 세계인들의 관심사일 것이다. 이에 대한 해답은 과거에 어떻게 살아왔는가 하는 우리 역사에 대한 인식을 통해 찾을 수 있을 것이라고 생각된다.

본 위원회에서는 이미 1970년대에 『한국사』 25권을 간행하여 해방이후 한국사의 연구성과를 집대성함으로써 한국사에 대한 인식을 새롭게 한 바 있다. 그 이후 한국사회는 놀라운 성장과 발전을 이루었고 역사학계도 상당한 연구성과를 축적하였다. 이러한 변화에 발맞추어 한국사학계는 새로운 『한국사』 편찬의 필요를 느끼게 되었다.

이에 본 위원회는 일차적으로 한국사 연구지원비를 마련하여 역사학계로 하여금 1980년대 중반까지 연구성과가 미진하다고 생각되는 분야를 연구할 수 있도록 하였다. 이어서 1989년부터 1990년까지의 준비를 거쳐 1991년에는 '신편 한국사 편찬위원회'를 따로 구성하고 총 60권에 달하는 새로운 『한국사』를 편찬하기로 하였다. 그리고 다음과 같은 『한국사』 편찬의 목표를 세웠다.

① 한국의 역사와 문화에 대한 객관적 인식의 토대를 제공할 수 있는 한국사를 편찬한다.

② 민족의 창조적 문화활동과 민족사의 내재적 발전을 드러내는 한국사를 편찬한다.

③ 최근까지의 연구성과를 체계화하고 새로운 영역을 개척함으로써 한국사 연구의 지평을 넓힌다.

④ 한국사 연구와 관련하여 고고학·인류학·사회학·경제학 등 인접학문의 연구성과를 수용하여 한국사 인식의 폭을 넓히는 데 기여한다.

새로운 『한국사』를 펴내면서 우리 모두가 바라는 바는, 민족의 통일에 대비해야 하고 급격히 변화하는 시대상황 속에서, 한국사 연구자의 깊이 있는 연구를 도와주고 독자들의 역사인식을 드높일 수 있는 길잡이 구실을 할 수 있었으면 하는 것이다.

국사편찬위원회 위원장

목 차

Ⅱ. 근대 종교운동

Ⅲ. 근대 과학기술

개 요

I

근대적 언론기관이 우리 사회에 모습을 드러내는 것은 개항 후의 일이다. 그러나 이른바 전 근대기의 우리 사회에서도 '朝報'라는 소식지가 매일 발행된 전통이 있었다. 조보는 조선 중기 중종대에 발간되기 시작하여, 1895년 2월 정부에서 '官報'를 발행하기까지 승정원 소속의 朝報所에서 매일 오후에 간행 발포하던 정부간행물이었다. 그것은 국왕의 傳敎, 綸音이나 批答, 인사사항과 朝臣·有司의 활동 등을 수록한 것으로 관보의 성격을 띤 것이나, 때로는 자연과 사회에 관한 異聞·奇事도 수록되었다. 조보가 매일 조보소에서 공시되면 각 기관의 奇別書吏들이 조보서에 가서 공시된 조보를 필사해 오는데, 정부요인이나 특권층은 이들에게 부탁하여 따로 필사 배부받기도 했다. 물론 일반인 누구나 접할 수 있는 근대적 신문이라고 하기에는 너무나 부족한 것이었으나, 전 근대기의 우리 사회에는 필요한 정치적 정보나 소식을 제한된 범위내에서나마 접할 수 있는 보도지를 가지고 있었던 것이다.

자유로운 언론활동은 근대사회의 한 지표이다. 근대사회가 대중사회요, 개방사회라면 정보와 지식의 점유체제는 대중화·사회화의 개방체제로 바뀌어야 한다. 또한 言路가 보다 확대되고 대중의 의지와 식견과 여론을 수렴할 수 있도록 확대되어야 한다. 근대가 기능화의 시대라면 위와 같은 일을 담당한 전문기관의 활동이 보장되는 사회가 되어야 한다.

근대적 언론활동의 효시라 할 신문이 조선사회에 등장하는 것은 1884년 10월에 정부에서 발간하기 시작한 《漢城旬報》이다. 10일에 한 번 博文局에서 순 한문으로 발행한 《한성순보》는 1876년 개항 후 서서히 釀生된 근대지향적인 개화의식의 영향으로, 정부지도층이 앞장서 발간한 우리 나라 최초의 근대적 신문이었다. 《한성순보》는 발간 1년 후 갑신정변에 휘말려 일시 발행을 중단할 수밖에 없었다. 1886년 정월에 복간될 때 주간신문으로 바뀌면서 제호를 《漢城周報》로 바꾸었다. 매일 받아 볼 수 있는 일간지가 처음으로 조선사회에 등장한 것은 1896년 4월 7일에 발간된 《독립신문》에 의해서였다. 독립신문은 우리 나라 첫 민간지이며 순 한글로도 발행한 신문이기도 하다.

《한성순보》의 발간에서 한말까지 25년에 걸쳐 발행된 각종 신문을 통해 한국 근대 언론활동의 추세를 요약해 보면,

첫째, 먼저 국가 주도하에 신문이 발간되었으며, 얼마 후에 민간인 신문이 등장하였다. 한말에 등장한 첫 민간인 발행의 신문은 1896년 창간된 《독립신문》이다.

둘째, 먼저 旬報형태로 발간되었으며 이어서 週報, 그리고 日刊新聞이 발간되었다. 《독립신문》은 창간 당시는 격일간이었으나, 1897년 1월 영문판 'The Independent'를 분리 발행하게 된 때부터 일간 한글지로 발행되었다. 처음부터 일간으로 발간된 신문은 1898년 4월 9일에 창간된 《매일신문》이다.

셋째, 우리 나라의 근대신문은 먼저 漢文으로 발간되었으나, 곧 國漢文 혼용으로 나아가 순 한글로 발간된 신문이 나오게 되었다. 한편 국내주재의 외국인을 상대로 한 영문판신문도 발행되었다. 차차 서민층에 다가서는 신문으로 변신을 도모해 왔다. 《독립신문》은 조선주재의 외국인을 위한 영문판도 찍어 내던 신문으로 우리 나라 근대적 발전에 크게 기여한 신문으로 평가되고 있다. 이런 변화는 독자 수요층을 의식한 경영자의 역사의식을 나타내는 것인 동시에 우리 사회의 급속한 개화의 진전을 나타내 주는 것이기도 하다.

넷째, 신문 발간의 초기에는 정책홍보 차원의 기사와 국민교화를 위한 기사나 일부 사회소식을 수록하는 것이었으나, 점차 논설을 통한 여론 창달, 신속한 세계정세 보도, 다면적인 문화소식, 사회와 경제동향 기사와 나아가 국민위생이나 경제활동에 관한 기사를 싣는 한편 광고까지 취급하는 근대신문으로 발전하였다. 국민을 계몽하고, 의식세계의 확대와 국민의 정치의식을 계발하고, 문화활동을 촉진하는 다양한 기능을 담당하는 신문으로 발전하게 된다. 우리 근대신문은 국민개화와 민권운동에 크게 기여했다. 한편 국가운

명이 가물거리는 한말기에는 이른바 애국계몽운동을 주도하며 필봉으로 민족의 국권회복투쟁을 전개했다.

다섯째, 신문 발행인들의 사회성을 보면 한성순보·주보 단계의 발행 관계자들은 정부 주변의 지식관료들이었으나 《독립신문》 발행자들은 서재필·윤치호 등 해외유학을 마치고 돌아온 급진개화파 인사들이었다. 이 무렵 아펜젤러(Appenzeller)나 그 밖의 그리스도교단 관계자도 각기 그들의 필요에서 신문 발간에 간여했다.

여섯째, 신문과 함께 근대언론사에 중요한 의의를 지니는 잡지는, 신문에서 자극을 받으며 근대적 의식을 담아 1890년대 중반부터 발간되기 시작되었다. 그 당시 잡지는 전문인에 의해서가 아니라 유학생이나 교회관계 인사 또는 개화운동단체 관계자에 의해 발행되었다. 초기의 잡지는 친목이나 개화의식을 담았으나 을사조약 전후에는 각 학회나 문화단체에서 민족문화와 민족정신을 일깨우고 애국계몽투쟁을 진작하는 잡지로 성격이 바뀌었다.

조선 근대의 언론활동은 《한성순보》의 발간에서 한말까지 25년간에 불과한 짧은 기간에 전개된 것이지만 민족의 정신적 개화, 근대문명의 추구와 자주 민권의식 고취를 선도하였다. 을사조약이 勒結된 후에는 민족역량의 강화에 의한 국권수호를 목적한 애국계몽투쟁을 전개함에 중심세력으로 나서 민족투쟁을 영도하였고, 한편으로 의병독립전쟁을 성원하였다. 국권수호를 위한 한말의 언론투쟁의 전통은 오늘날의 우리 언론활동에 이어지고 있다. 그러나 반면에 한말 독립투쟁기에 민족에 등을 돌리고 친일과 매국을 마다하지 않은 '친일 신문'이나 '친일 잡지'가 국론을 분열시키고, 민족의 투쟁력을 약화시켰음도 역사적 교훈으로 기억되어야 할 것이다.

Ⅲ

우리 민족의 근대 종교생활은 무엇보다도 먼저 종교적 탄압정책의 지양 즉 신앙생활의 자유가 보장되는 종교적 개방사회로의 변혁으로 출발되는 것이어야 했다. 조선시대 체제 옹호적 가치체계로 官學이요 政敎이던 유학·유교를 제외한 모든 신앙생활은, 그것이 민족적 뿌리를 가진 신앙이던 외래의 신앙이던 간에 엄격한 통제와 금압·박해를 받아 왔다.

조선왕국의 '억불숭유정책'은 불교가 山林佛敎화되어 제대로 기능을 발휘하지 못하였고, 승려는 사회적으로 심히 천대받았으며 심지어 도성출입 금지조치가 취해졌었다. 산중에서 기복종교로 겨우 명맥을 유지해 왔다. 1895년에야 승려들의 '도성출입 금지'의 해제조치가 취해졌던 것이다. 한편 민족적 뿌리를 가지고 성립된 동학도 계속적으로 금압되고 박해받아 왔다. 동학은 개항 후 반봉건·반제국의 기치를 높이 들고 농민을 동원하여 '갑오농민전쟁'을 일으켰으나, 정부의 토멸정책에 몰려 동학교도 다수가 희생되고 崔時亨을 위시하여 孫天民·金演局 등 지도층이 체포 처형됨으로써 교단 조직마저 와해되는 궁지에 몰렸던 것이다. 이런 위기가 극복되어야만 동학이 괴멸되지 않고 민족종교로 살아 남아 있을 처지였다. 이 난국 돌파의 대책이 孫秉熙에 의한 天道敎로의 거듭나는 노력이었다. 동학은 천도교로 거듭난 후에야 다시금 민족의 종교로 민족사회에 기여할 수 있게 되었다. 일본 침략으로 국운이 기운 위기의 시기에 유구한 역사의 전통과 國祖를 다시 그리는 사회기풍을 타고 羅喆에 의해 檀君敎가 重光되었다. 중광 후 다음해인 1910년에 大倧敎의 이름을 내세우고 새로운 민족종교로 활동하게 되었다.

'종교자유'가 가장 절실한 신앙은 거의 백년 가까이 정부의 척사·박해정책으로 심한 수난을 겪어야 했으며, 많은 신도와 성직자가 처형당한 천주교였다. 박해시대에 있어서 교도들은 자신들의 노력으로 신앙생활의 안전을 얻고자, 이른바 '洋舶請來'의 공작을 전개하기도 했으나, 오히려 수난이 가중되는 악순환을 거듭했을 뿐이었다. 고종 초에는 南鐘三 등이 집권자 홍선대원군에게 '以夷制夷'의 防俄策을 건의한 일도 있으나, 천주교 대학살의 이유로 이용되었을 뿐이었다. 한편 1831년 朝鮮敎區가 설정되고 조선교회의 전교와 사목의 책임을 .프랑스의 巴里外邦傳敎會가 담당한 후에는, 프랑스제국이 자기 나라 선교신부들의 처형문제를 가지고 조선왕국과의 통상국교와 신앙의 자유를 후원하기 위하여 군사적으로 접촉을 시도한 일도 있었다. 그러나 이런 외세의 개입은 오히려 수난 받던 천주교도들을 通外招寇의 무리로 몰아

박해를 강화시키는 결과를 초래하여 사태를 더욱 악화시켰을 뿐이었다. 결국 천주교신앙의 자유는 조선왕국의 개항정책에 따른 구·미열강과의 국교가 열리는 1880년대에 외교절충을 거쳐서 실현될 수 있었다.

1882년의 '조미조약'에 의해 종래 박해·처형의 대상이던 이른바 '洋夷'인 서양인들의 조선 입국이 외교적으로 보장되었다. 한편 1884년의 '朝英條約'에서는 개항장에서의 외국인의 신앙생활이 허용되었다. 1886년에 '朝佛條約'에서 조선정부가 발행하는 국내 여행허가증이라 할 '護照'를 소지한 외국인의 조선 내지여행과 '敎誨'활동이 보장되는 약조가 체결되면서 그리스도교 '전교활동의 자유'가 확정된 것이다. 그 후 이 조약문의 해석을 가지고 조선과 프랑스·미국 등과 외교적 마찰도 있었던 것이나 그대로 전교활동의 자유의 인정으로 확정되었다. 전교활동의 자유 인정으로 국내 각지에서의 전도활동이 공적으로 가능해졌다. 이 사실은 천주교에만 해당 적용되는 것이 아니라 모든 종교에 적용되는 것이어서 조선왕국의 종교정책의 큰 변화였다. 이미 1884년 이후 조선에 진출하여 조선 전도를 모색하고 있던 그리스도 프로테스탄트 즉 改新敎가 지방 전교활동을 활발하게 전개하게 된다.

외국인 선교사들의 내지 전교활동이 활발해지면서 지방 각지에서는 선교사와 지방관, 교회와 지방당국, 교인과 비교인 사이에 여러 가지 이유로 적지 않은 분쟁이 자주 벌어졌다. 이러한 분쟁으로 크고 작은 訟事가 자주 생기게 되었으며, 때로는 집단적인 폭행사건이 벌어지고 심지어는 교회 건물의 파괴나 인명 살상까지도 벌어지기도 했다. 이러한 문제가 교회와 정부기관 사이에서 해결되지 못하고 외교적 분쟁을 야기하는 사례도 생겨났다. 전교활동의 자유가 조약으로 확정된 후 약 20년을 두고 벌어지는 이러한 분쟁들을 일괄하여 '敎案'이라고 부르고 있다. 1901~1903년에 황해도 각지에서 간헐적으로 폭행사건과 송사가 잇따라 일어났던 '海西敎案'이나, 1901년 제주도에서 벌어진 '李在守의 亂'이라고도 불리는 '辛丑敎案' 등 대규모의 교안과 그 밖에도 대소의 교안문제가 여러 곳에서 자주 발생하여 문제가 되었다. 교안이 자생함에 그 근원적 해결을 위해 교회와 정부의 접촉이 거듭되더니 마침내 1899년에 교회와 정부간에 〈敎民條約〉이 맺어졌다. 그 후에 보다 철저한 보완을 위해 〈敎民犯法團束擬稿〉를 가지고 교회와 정부당국은 몇 차례 더 협의를 가진 끝에 1904년의 '宣敎條約'을 맺을 단계에 이르렀었다. 다만 선교조약의 내용은 알려져 있으나 그 후 외교권이 박탈되는 한말의 긴박한 사정으로 실제 조약체결 여부를 확정할 사료가 남아 있지 않다.

'宗敎自由'는 선교사들의 '傳敎의 자유'와 신자들의 '信敎의 자유'가 모두 충족되었을 때 구현되는 것이다. 교민조약이나 선교조약은 교·정분리의 원칙을 확인하는 한편 교회와 정부의 책임 한계를 명확히 구분하여 교·정간의 분쟁을 종식시키려는 것이었다. 한편 신자들의 신교의 안전을 확정짓기 위한 것이기도 했다. 그것은 서양 근대에 국가와 교회간에서 정·교간의 분리를 확정한 국가와 교회의 책임 한계를 확정한 '콩코루다(condordat)조약'에 비견되는 것이었다. 그리스도신앙에 대한 전교와 신교의 자유는 그리스도신앙의 자유만이 아니라, 다른 종교에도 균점되는 것이기에 한국 종교사상 하나의 획을 긋는 중대한 사실이 아닐 수 없다.

한국 근대종교의 연구는 개개의 신앙조직의 발전만을 추구하는 것일 수 없다. 개항 후 근대종교로 발전하면서 우리 겨레의 개화, 개명과 어떻게 연계되고, 우리 사회의 근대화에 어떻게 기여하였는가. 또한 제국주의의 조선침략에 직면하였을 때 교회가 민족과 더불어 내외의 민족적 모순을 해결하기 위하여 어떻게 노력하였는가 등의 문제도 성찰되어야 한다. 그러한 활동이 민족사적으로 어떤 의의를 지니는 것인가를 같이 규명할 때 비로소 한국인이 가진 신앙의 전모를 파악할 수 있는 것이다. 한말의 민족사적 위기상황에서 조선인의 아픔과 어떻게 동참하고 침략에 저항했는가 등을 밝히고 한국사회에 얼마큼 肉化된 신앙으로 존재했는가를 구명하여야 한다.

III

일제 식민사관의 역사이해에서는 조선사회와 서양 과학기술과의 만남은 개항 후의 일이고, 그 전에는 조선인은 서양과학·기술문명과에 대해 몽매하며 무관하다고 단정하고 있었다. 이런 역사이해는 당치 않은 왜곡된 것이었다.

조선 전통사회인이 서양의 과학과 기술과 만나고 그것에 흥미를 가지게 되고 마침내 서양의 과학과 기술을 도입하자는 주장이 생겨나고 제한된 분야에서나마 이용을 위한 노력이 전개된 시초는 개화기 이전의 일이었다. 이미 그 선행적 노력은 18세기를 전후하여 중국 땅으로부터 조선왕국의 사대외교 사신일행의 손에 의하여 조선 후기사회로 도입된 이른바 '淸歐文明'이라고도 하는 '漢譯 西學文明'에 접하게 되면서 경향지방의 지식인과 일부 기술관료 사이에서 생긴 일이었다. 이런 동향은 먼저 洪大容이나 朴趾源·朴齊家·李德懋 등 이른바 '北學派'에 속하는 선각자들의 북경여행을 통한 직접적 경험을 통하여 움돋게 되었다. 그들은 중국에서 채용되고 있는 西學의 '器'의 측면 즉 과학기술의 우수성을 높이 평가하고 '청구문명'의 도입 활용을 의식한 '北學'의 주장을 폈다. 한편 농업사회에서 '帝王之學'이던 천문·역법관계의 관원들은 중국에서 채택된 서양 曆算術의 도입을 위하여 오랜 시일을 두고 여러 가지 활동을 통해 서양 천문·역법술을 익히기에 노력하였고, 마침내 '時憲曆'을 도입 채택했던 것이다. 그 밖에도 丁若鏞이나 후기 실학계 지식인인 李圭景이나 崔漢綺 등은 서양의 과학기술을 소개하는 글을 남겼고 문호개방에 의한 통상과 기술의 도입을 주장하기도 했다.

그러나 이들 19세기 전반기의 지식인들의 개방과 과학기술 도입론은 소수 선각자들의 주장으로 맴돌고 천주교 박해가 확대되면서 서학에 대한 무차별적 금압정책으로 인하여 한낱 서생들의 서재의 외침으로 끝났던 것이다. 적극적인 자세로 서양문물 도입활동을 추진하지 못하였고, 대외 문호개방, 서양과학·기술도입 활용의 선각적 주장은 애석하게도 屛息되지 않을 수 없었다. 그러나 17세기 초부터 사대외교 사신왕래의 기회에 도입된 '서양문물'과 '한역서학세계지도'와 '서학서'를 통해 조선 후기의 지식인 사이에서는 서양 과학기술에 대한 이해가 쌓였다. 이의 자극으로 세계관의 변화와 의식의 확대가 소리 없이 진전되고 있었다. 이들의 새로운 문화적 동향은 19세기 전반 당국의 격렬한 위정척사정책 하에서도 마치 지하수와 같이 그들의 학맥을 통해 이어지다가 개항 후 개화사상가들에게 접목되었던 것이다.

조선사회가 서양의 선진 과학기술을 의욕적으로 도입하고 활용하게 되는 정책을 취하게 된 것은 개항 후 개화정책의 추진에 따라서였다. 전통적 가치에 터전한 삶을 고수해 오던 조선의 집권층이 서양 과학기술의 실용성을 인식하게 되는 데에는 개항정책 이후 서양인들의 내왕이 잦아지고 문명의 이기와 접할 기회가 빈번해짐에 따른 이유도 있었다. 그러나 개화정책에 따라 청·일 등 이웃한 국가의 문물제도 시찰을 위해 파견되었던 시찰단원들의 시찰보고와 근대문화 수용의 적극적 주장의 힘이 컸다. 개항정책에 따라 세계사 조류에 휩싸이면서 개화와 선진 기술문명의 도입 활용에 의한 근대화는 외면할 수 없는 역사적 과제였다. 이 과제를 인식한 개화파나 정부관료들에 의해 각 방면에 걸쳐 선진 과학기술 도입을 적극 추진하게 되었다.

선진문명의 수용과 과학기술의 실용은 의식만으로 되는 것은 아니다. 이를 위해서는 막대한 자금과 발달된 기술이 문제된다. 교통·통신·동력과 같은 근대화의 기본이 될 하부구조(Infrastructure)를 개발함에는, 시설을 설치함에는, 또한 그것의 운영을 위해서도 막대한 자금과 기술이 뒷받침되어야 한다. 정부는 영세한 재정은 필요한 자본과 기술을 외국차관과 외국기술에 의지하지 않을 수 없었다. 이러한 외국차관을 위하여 關稅權이나 그 밖의 利權을 담보로 제공하여야 했다. 조선의 근대화가 이처럼 외국의 자본으로 추진되는 과정에서 외국의 경제적 야심이 작용하게 됨으로써, 과학기술의 도입과 근대화의 작업에 외국의 경제적 침략의 촉수가 뻗치는 길을 열어 주게 된 것은 불행한 일이 아닐 수 없었다.

한편 근대화를 우리 기술로 자주적으로 추진하지 못함에도 민족적 모순이 생겨나게 된다. 과학기술의 도입, 근대적 문명시설의 건설, 그리고 근대적 산업시설의 건설과 운영은 일찍이 우리 겨레가 경험한 일이 없는 것이기에 기술연수가 필요하고 외국기술의 도움이 필요했다. 개화정부에서 선진 과학기술의 습득을 위하여 기술연수생의 해외유학을 시도했지만 기술 천시의 유교적 양반사회의 폐습 때문에 수확을 거둘 수 없었다. 이에 정부에서는 외국의 권면을 받아들여 고문관·고문기술자를 雇聘하게 되었다. 한말기에 우리 나라 근대화를 위해 고빙한 외국인은 과학기술이나 산업활동을 위하여만 고빙한 것은 아니었다. 정치·외교·법률·관세업무나 군사·교육관계의 외국인 고문이나 교사들도 고빙되었다. 그 밖에도 철도·도로·통신과 항만 등 근대

산업활동을 위한 기본이 될 하부 기반시설을 위하여, 또는 조폐시설과 근대적 농업기술·광물채취·공장시설 등 산업활동의 근대화를 위하여, 심지어는 출판·언론활동을 위해 근대적 생활의 편의를 위한 시설, 그리고 기술지도를 위해서도 다수의 전문가와 기술자가 외국으로부터 고빙되었다. 한말 우리 나라가 고빙한 외국인 고문관이나 기술자들의 수가 적지 않았다.

반드시 국가기관에 '官雇傭'된 것만이 아니라, 민간사업에 고빙된 '私雇傭'인도 있었다. 한말 각 기관의 외국인 고문이나 고빙인의 국적은 가까운 청국인이나 일본인의 경우도 있었으나 서양 각국에서 초빙한 '歐美雇傭人'들도 있었다. 한말의 외국인 고빙인이나 고문들이 우리 정부나 기업체가 추진하는 근대기술의 도입, 시설의 설치와 운영, 우리 기술자의 기술훈련에 도움을 준 것은 사실이다. 그러나 많은 경우 이들 외국인 고빙인들은 대개가 그들을 조선에 추천한 국가나 본국의 이익을 위해 은밀하게 활동하는 경우가 많아서 고용주인 우리 나라에 도움을 주기보다는 아픔을 안겨 주는 사례도 적지 않아 문제를 일으키기도 했다.

개항 후 1910년까지의 근대 과학기술 도입과 실용과정에 있어 그를 위한 자본과 지도를 받기 위해 외국의 추천을 받아 고빙한 외국인들의 문제가 있었으나, 근대화를 위한 선진 서양의 근대적 활용이 개화정부에 의해 조심스럽게 추진되었다. 갑오경장에 의해 근대화의 지향성이 명백해지는 정책이 취해지면서 근대적 시설, 근대적 산업활동을 위한 시설과 기술도입이 활발해졌다. 그러나 열강들의 한반도 세력침투 경쟁이 거세지는 1890년도 후반부터 군사적·경제적 필요와 경제적 이권을 가져다 줄 철도·항만·통신이나 자원개발에 관계되는 시설과 기술제공 문제로 각국의 침략적 야심이 상충하고 날카롭게 대립하는 양상이 벌어지게 되었다. 이러한 상황은 우리의 근대화에 악영향을 미치게 하였다. 이런 시대적 상황 가운데서도 자주적 선택과 계획에 의해 추진된 과학기술의 활용을 위해 헌신한 선조들의 활동은 더욱 귀한 것으로 바르게 인식하여야 할 것이다.

〈李元淳〉

Ⅰ. 근대 언론활동

1. 근대 신문의 효시
2. 근대 언론의 발달
3. 언론의 구국투쟁

Ⅰ. 근대 언론활동

1. 근대 신문의 효시

1) 신문 발간의 배경

19세기 말 개화운동의 가장 구체적이면서 상징적인 결실은 신문의 발간이었다. 신문은 외국의 문물을 국민들에게 소개하는 한편 외세의 침략에 저항하여 자신을 수호하는 이중적인 기능을 수행한 현대사의 중심기관이었다.

우리 나라 최초의 근대 신문은 정부기구인 博文局에서 발간한《漢城旬報》와《漢城周報》이다. 전자는 1883년(고종 20) 10월 31일에 창간되었다가 이듬해 12월 4일에 일어난 갑신정변으로 발행이 중단되었고, 그 뒤를 이은 후자는 1886년 1월 25일부터 발행되기 시작하였는데 1888년 7월경에 폐간되었다.

열강 여러 나라들과의 접촉을 통해 개화가 시급함을 깨달은 조선정부와 지도계층은 국민을 깨우치고 가르치는 가장 시급하고도 효과적인 방법은 신문의 발간이라고 판단하여《한성순보》를 창간하였다. 신문 발간을 전후하여 우리 나라는 열강 여러 나라들과 처음으로 수호조약을 맺기 시작하였다. 1876년 일본과 맺은 통상수호조약을 시초로 미국(1882), 영국(1883), 독일(1883), 그리고 러시아(1884)와 같은 서양열강들과 국교를 맺었다. 이러한 대외교섭의 과정에서 낙후한 국력을 신장해야겠다는 자각이 싹트게 된 것은 자연스러운 일이었다.

신문의 존재와 그 역할이 처음으로 소개되던 초기 단계에는 중국과 일본에 다녀온 사람들이 쓴 견문기에 신문이 개화에 긴요한 기관임을 기술한 내용이 담겨 있다. 1873년과 1874년 두 차례에 걸쳐 冬至使節의 일원으로 북경을 방문한 姜瑋가 쓴《北游談草》와《北游續草》를 보면 북경의 관리들과 나눈 대화 가운데 신문에 대해 언급한 내용이 들어 있다. 그 후 강화도조약이 체결된 뒤 우리 나라 관리들이 여러 차례에 걸쳐 중국과 일본에 갔다 오면서 신문에 대해 좀더 정확한 지식을 얻게 되었다. 1876년 1월 수신사로 일본에 갔다 온 金綺秀는 귀국 후에 쓴《日東記遊》에다 신문·종이·인쇄·사진 등 신문 또는 서적의 인쇄와 관련되는 견문기를 비교적 정확하게 소개하였다.[1)]

1881년에는 신사유람단의 일원으로 일본에 갔던 嚴世永이 일본의 국정을 보고하는 가운데 "…원로원을 두고 백성들에게 귀 기울이며 신문지를 만들어 위로는 점차 군민이 서로 함께 다스리는 데까지 이르렀고, 조야의 논의도 가히 한 곳으로 귀일했다고 할 수 있다"라고 쓰고 있다.[2)] 이와 같이 조선정부의 관리들은 서양열강 여러 나라는 물론이고 중국과 일본에서는 이미 신문을 발행하고 있으며, 국민의 계몽과 개화를 위해서는 신문이 매우 효과적이고 필요한 존재임을 알리고 있다.

《한성순보》와《한성주보》는 이 같은 배경에서 발간되었다. 신문 발간의 목적은 "국민들에게 세계 정세를 알리는 한편 선진국가의 정치·경제 및 문화제도를 소개하고 과학지식을 보급시키어 결국은 이 나라를 문명개화의 단계로 이끌어 보기 위한" 것이었다.[3)]

2)《한성순보》의 창간

(1) 박문국 설치

《한성순보》의 발행 준비는 수신사로 일본에 갔던 朴泳孝 일행이 1883년 1월 6일에 귀국한 후부터 시작되었다. 박영효는 그 전해에 일본에 갔는데 귀

---

1) 金綺秀, 〈日東記遊〉(《修信使記錄》: 한국사료총서 9, 국사편찬위원회, 1958), 66·78~80쪽.
2) 嚴世永, 《見聞事件》(서울대 奎章閣도서, 분류기호 1311-4-4).
3) 李光麟, 〈漢城旬報와 漢城周報에 관한 一考察〉(《韓國開化史硏究》, 일조각, 1974), 60쪽.

국하면서 신문을 발간할 준비를 해 가지고 왔다. 일본의 근대사상가이자 교육자요 언론인인 후쿠자와 유키치(福澤諭吉)의 추천으로 그가 설립 운영하는 慶應義塾 출신이면서 《時事新報》의 기자였던 우시바(牛場卓造)를 비롯하여 타카하시(高橋正信), 이노우에(井上角五郎)와 경응의숙에 유학 중이던 兪吉濬을 데리고 왔던 것이다.

박영효는 일본에서 돌아온 지 한달 만인 1883년 2월 6일 한성판윤에 임명되어, 같은 달 28일에는 고종으로부터 한성부(오늘의 서울시)에서 신문을 발간하라는 하교를 받았다.[4] 이리하여 박영효는 유길준에게 그 실무작업을 맡겼다. 유길준은 2월 27일 통리아문의 주사로 임명되어 박영효가 일본에서 데리고 온 기자 3명과 함께 신문 발간을 준비하게 되었다.

유길준은 1881년 신사유람단의 일원으로 일본에 갔다가 尹致昊·柳正秀와 함께 유학생으로 남아 경응의숙에서 1년 반 이상 공부했던 경력이 있었으므로 경응출신 일본기자들과 함께 신문을 발간하는 일을 하기에 적절한 자격을 갖춘 사람이었다. 유길준은 한성부에서의 신문 발간에 필요한 기구와 그 인원 등을 규정한 〈한성부 신문국 장정〉을 비롯해서 신문 창간사와 신문에 대한 해설문까지 만들었던 것으로 알려졌다.[5]

그러나 박영효는 한성부에서 신문을 창간하기 전인 4월 10일 불과 2개월의 단명으로 한성판윤 자리에서 물러나게 되었다. 이와 함께 신문 발간의 실무를 맡았던 유길준도 신병을 이유로 4월 16일 통리아문의 주사직을 사임하고 말았다. 박영효-유길준이 사임하여 신문 준비작업에서 완전히 손을 떼었으므로 박영효를 따라 왔던 우시바와 타카하시 두 사람은 일본으로 돌아가 버렸고[6] 세 사람 가운데 제일 나이가 젊은 이노우에 한 사람만 그대로 남아

---

4) 《承政院日記》, 고종 20년 1월 21일.

5) 〈漢城府新聞局章程〉과 신문 창간사, 그리고 신문에 대한 해설문을 누가 쓴 것인가 하는 문제에 대해서는 두 가지 견해가 있다. 한 견해는 이 글들을 牛場卓造나 高橋正信 두 사람 중 하나가 쓴 것으로 보았다(崔埈, 《韓國新聞史論攷》, 일조각, 1976, 17~18쪽의 註 2와 3 참조). 그러나 또 다른 견해는 "新聞局章程은 유길준이 혼자서 작성한 것이라고 간단히 말하기는 힘들 것이다."라고 말하면서도, 창간사와 신문 해설문은 유길준이 쓴 것으로 단정하고, 그렇다면 章程도 그가 작성했을 것으로 보았다(李光麟, 《韓國開化史硏究》, 63~64쪽).

6) 牛場卓造가 東京에 도착한 날은 5월 20일이었다 하니 유길준 사임 직후 牛場

있게 되었다.

신문 발간을 계획하고 고종의 허락을 받아 이를 추진하던 박영효와 유길준을 비롯한 실무진이 사임한 후 신문 발간의 업무는 한성부에서 통리아문으로 이관되었다. 통리아문은 조선정부 최초의 근대식 외무기관이었다. 정부는 수신사 일행이 돌아온 직후인 1월 12일 統理機務衙門의 명칭을 統理交涉通商事務衙門으로 개칭하고 이튿날인 1월 13일에는 통리아문의 한 기구로 同文學을 설립하였다.[7)]

동문학은 중국의 同文館과 같은 기능을 가진 기구로, 외국어교육이 주요 목적이었지만 2월에 통리아문의 장정이 제정될 때에 동문학에서 서적을 간행하고 아울러 新聞報館을 개설한다는 조문이 들어 있었으므로[8)] 이 기관에서 신문 발간을 맡게 된 것이다.

8월 17일에는 동문학의 부속기구로 박문국을 새로 설치하였다.[9)] 우리 나라 최초의 신문사는 통리아문의 동문학 부속기관인 박문국인데, 苧洞에서 정식으로 개설된 것이다. 이제 신문 발간의 준비가 통리아문의 부속기관인 박문국에서 본격적으로 시작되었다.

박문국이 설치되고 金寅植이 주사로 임명된 후, 9월 7일에는 張博·吳容默·金基駿을 박문국 근무의 司事로 임명하여 실무진을 갖추었다. 이어서 9월 20일부터는 신문 창간작업에 들어갔다. 그러나 신문 발간의 준비는 박문국이 설립되기 전부터 진행되고 있었다. 이보다 앞서 9월 11일(음력 8월 11일)자 《統署日記》에 김인식이 신문 抄役하느라고 통리아문에는 나올 수 없다는 말이 있는 것을 보면 이 무렵부터 벌써 외국의 신문을 가져다가 순보 발간을 준비하고 있었던 것이다. 다만 공식적인 업무는 9월 20일(음력 8월 20일)부터였다.[10)]

는 일본으로 떠났을 것이다(李光麟, 위의 책, 100쪽).

7) 《承政院日記》, 고종 19년 12월 4일·5일. 한편 同文學의 설립일에 대해서 金允植의 《陰晴史》에는 임오년 11월 21일(양력 1882년 12월 30일)에 설립된 것으로 쓰여 있다.

8) 全海宗, 《韓國近世外交關係文獻備要》(서울대 동아문화연구소, 1966), 15~16쪽.

9) 《承政院日記》, 고종 20년 7월 15일.
《日省錄》, 계미 7월 15일.
《草記》, 계미 7월 15일.

이와 같은 과정을 거친 끝에 1883년 10월 31일(음력 10월 1일) 마침내《한성순보》가 창간되었다. 순보는 일본에서 들여온 인쇄기계와 활자로 인쇄하여 A4판 비슷한 판형 24쪽의 책자형으로 제작되었는데 사용문자는 순 한문이었다. 한문만으로 신문을 발간한 것은 오늘의 관점에서는 불합리한 일이지만, 당시에는 크게 이상한 일이 아니었다. 신문을 사서 읽을 수 있는 경제적인 여유와 사회적 신분을 지닌 사람들은 모두 어려서부터 한문을 공부하였으므로 한문으로 신문을 만들었다 하더라도 그들에게는 불편이 없었던 것이다. 오히려 한글로 제작한 신문이 별다른 호응을 얻지 못하였다.《한성주보》의 발간 때에 한글을 사용해 보았으나 한문 전용 신문으로 되돌아가고 만 것이 이를 실증하고 있다. 이 때에는 독자가 주로 한학을 공부한 사람들이었기 때문이었으며 1894년의 갑오경장 이전까지는 공용문자도 한자였던 것이다.

순보와 주보는 판형이 오늘의 전화번호부 크기였고, 책자형으로 묶어서 발행되었기 때문에 잡지로 보는 견해도 있다. 그러나 외형만을 보고 잡지라 할 수는 없고 당시의 인쇄기술과 용지 사정 때문에 책자형으로 만들었을 뿐이고, 발간의 취지나 내용으로 볼 때 틀림없는 신문이라 해야 마땅하다. 중국과 일본에서 발행되던 초창기 신문들도 대개 책자 형태였으나 모두 신문으로 친다. 순보가 발간되던 저동의 박문국은 명동 천주교성당 건너편 중앙극장 근처였다.[11]

(2) 신문 발간의 목적

신문의 등장은 조선사회의 개화에 큰 자극제가 되었고 관리와 지식인들의 시야를 세계무대로 넓혀 주었다. 신문 발간의 목적을 당시에 발행된 순보와 주보의 기사 가운데서 요약 정리해 보면 다음과 같다.

첫째, 국민의 聞見을 넓힌다. 순보는 창간사에 해당하는 〈순보서〉에서 국민들이 내외의 정세를 알아야 하는 이유를 이렇게 설명한다. 예전에는 산천

---

10) 창간호에 실린 〈本局公告〉란을 보면 저동에서 업무를 개시한 것은 9월 20일(음력 8월 20일)부터였던 것으로 되어 있다.

11) 《京城府史》(1934), 525쪽에는 박문국의 위치를 黃金町(현 苧洞) 2丁目 168번지 京城憲兵隊 관사 자리라고 했다.

이 막혔고 문물과 제도가 서로 달라서 다른 나라 사이에 교류가 없었으나, 이제는 교류가 빈번하여 세계 각국이 이웃 나라와 다름이 없게 되었으므로 정부에서도 박문국을 설치하고 "외국의 신문(外報)을 폭넓게 번역하고 아울러 국내의 기사(內事)까지 기재하여 나라 안에 알리는 동시에 열국에까지 반포하여 (국민의) 문견을 넓히려" 한 것이라고 창간 의도를 밝히고 있다. 주보에서도 '신문은 국민의 이목'이라 하여 다음과 같이 쓰고 있다.

> 어떻게 하면 6주의 넓은 곳을 또는 만국의 대중을 한눈과 귀로 모두 듣고 살필 수 있겠는가. 한 가지 방법이 있으니 6주와 전신을 통하고 만국과 문호를 개방하여 널리 묻고 자료를 수집하여 날로 이목을 새롭게 하는 것은 오직 신보뿐이다(《漢城周報》 24호, 1886년 8월 16일 〈新報論〉).[12]

둘째, 국민을 敎化한다. 주보의 창간호부터 실린 〈本局 公告〉를 보면 "본보는 바로 私記이니 공평한 의논과 훌륭한 지식으로 세상을 깨우치고 백성을 교화하려" 한다고 천명하였다. 창간사에서도 신문 발간의 목적이 백성의 교화에 있음을 밝히고 있다. 주보는 또한 "신문은 새로운 것을 들음으로써 날로 혁신시켜 주는 것이다"라는 서양말을 인용하여[13] 개화파들이 생각하던 신문의 기능을 설명해 주고 있다.

셋째, 부국강병. 신문은 나라가 외국으로부터 모욕당하는 일이 없도록 미리 막을 수 있도록 한다. "나를 아는 것이 적을 아는 것이다"라 한 옛 사람의 말대로 신문은 안으로 백성을 교화하고 밖으로는 외국의 모욕을 막고 전쟁을 없앨 수 있다.[14] 그 동안 폐쇄된 쇄국정책으로 세계의 움직임에 대한 정보에 어두워 발전된 서양문물에 뒤떨어져 있음을 반성하는 뜻이 포함되어 있다. 주보에 실린 〈신보론〉의 한 구절은 다음과 같다.

> 아, 신보 개설의 이익됨이 어찌 문견을 넓히는 데만 국한되겠는가. 저 구주 각국들은 땅이 그다지 넓지도 못하며 백성이 그다지 많지 않은 데도 부강을 독

12) 이하 번역문은 《漢城旬報 漢城周報 飜譯版》(寬勳클럽信永硏究基金, 1983)에서 인용하였다.
13) 《漢城周報》 30호, 1886년 9월 27일 〈論新聞紙之益〉.
14) 《漢城周報》 1호, 1886년 1월 25일 〈周報序〉.

> 점하여 6주를 위압하는 것은 역시 신보를 통해 백성을 깨우쳐 날마다 발전하여 만국의 좋은 것을 듣고 보게 하여 총명을 집중시켜 새로운 것을 도모하게 한 때문이다. 우리 나라도 저들과 같이 신보를 간행하여 백성들의 이목을 깨우쳐 주면 백성이 날로 富해질 것이며, 국가도 날로 강해져서 장차 천하를 호령하는 수레를 타고 저 서인들의 앞에 달릴 수 있게 될 것이다(《漢城周報》 24호, 1886년 8월 16일 〈新報論〉).

넷째, 下意를 상달한다. 신문은 국민들의 고통을 찾아내어 막힌 것을 제거하고 국가를 이롭게 하고 백성을 편하게 하는 모든 방법을 다 게재하여 정치가 上理에 도달하게 하는데 있다. 비록 서양의 제도를 본받아 신문을 발간하지만 신문이 가진 기능은 옛날 우리의 정치제도로 존재하고 있었던 것이다. 그렇기 때문에 박문국을 창설하여 신문을 발간하는 것은 옛날 임금이 箴諫을 訓誦하던 법을 도습하여 취한 것으로써, 다만 서양의 體例를 모방하였을 뿐이다. 下情을 상달시켜 임군과 백성(君民)이 일체가 되게 하려는 것이 신문 발간의 취지이다.[15]

다섯째, 商利에도 도움을 준다. 신문은 상업의 발달을 촉진하며 광고매체의 기능도 지니고 있다. 농상공을 비롯하여 기타 모든 영업을 하는 사람으로서 자기의 사업을 광고하고자 하는 사람은 와서 局員에게 자문하면 상세히 기재하여 신문을 구독하는 내외의 선비와 상인들에게 알리겠다고 주보의 〈본국 공고〉는 밝히고 있다. 돈을 내고 신문에 광고를 하라는 말은 아니었지만, 사업을 알리려는 사람은 신문을 활용하라는 의미였다. 실제로 우리 나라 최초의 신문광고는 1886년 2월 22일에 발행된 주보 제4호부터 실리기 시작하였다. 독일 무역상 世昌洋行(Edward Meyer & Co.)의 광고를 게재하였고, 제22호에서는 일인의 염색약과 洋木, 각색 양단 등의 광고도 실었다. 아직 다양한 광고는 나타나지 않았으나 독일과 일본회사의 광고와 同壽館이라는 약국 광고도 실렸다.

(3) 필화와 중국과의 관계

순보는 준비과정과 기계 구입을 비롯하여 실제 제작에도 일본과 밀접한

---

15) 《漢城周報》 30호, 1886년 9월 27일 〈論新聞紙之益〉.

관계가 있었기 때문에 중국측은 상대적으로 소원함을 느끼지 않을 수 없었다. 더구나 중국은 조선의 지배권을 둘러싸고 일본과 세력다툼을 벌이고 있던 상황이었으므로 순보가 중국에 불리한 기사를 보도했을 때에는 민감한 반응을 보였다.

1884년 4월 13일 중국은 순보 제10호(1월 30일자) 〈국내사보〉란에 게재된 〈華兵犯罪〉라는 기사와 제11호(2월 7일) 〈華兵懲辦〉이라는 기사에 대해 조선정부에 항의하는 문서를 보내왔다. 문제된 기사는 종로 광통교 옆에 있는 약방에서 중국병정이 살인을 했다는 내용이었다. 중국은 조선정부에서 발행하는 신문이 중국군에 관해서 근거 없는 기사를 실었다고 항의한 것이다.

조선정부는 4월 19일자로 회답을 보냈다. 내용은 박문국에 기사 게재의 전말을 물어 본 결과 범인이 중국인이라는 증거가 확실해서 기사를 쓴 것이라는 주장이었다. 실제로 문제가 된 기사는 확실한 근거가 있는 내용이었다. 그러나 정부는 이 기사가 잘못된 것이 아니라는 요지의 회답을 보내면서도 중국에 대해 떳떳한 태도로 나오지는 못하였다. 정부기관인 박문국에서 떠도는 소문에만 의거하여 기사를 작성했다는 점에서 잘못된 일이며, 박문국원들은 이를 자책하여 깊이 뉘우치고 있다고 덧붙인 것이다. 오랫동안 중국의 영향 아래 놓여 있었을 뿐 아니라 중국군대가 주둔하고 있는 상황이어서 조선으로서는 증거가 명확함에도 불구하고 이런 기사를 실은 것은 잘못되었다고 인정하고 사과한 것이다.

그러나 중국측은 이틀 뒤인 4월 21일에 다시 조회하기를 조선측의 회답에서 단지 박문국 순보의 착오라고만 말했을 뿐으로 이 안건을 어떻게 처리했는지와, 관련자가 누구인지를 밝히지 않는데 대해서 불만을 표시하였다. 또한 중국측은 범인 체포를 위해서 현상금을 걸었으며, 중국상인들의 야간통행을 금지하였으니 이를 널리 알리라고 요구하였다.

기사가 나간 지 2개월이 지난 뒤에야 말썽이 일어난 이 필화사건은 중국측의 4월 21일자 조회가 마지막이었고, 조선정부는 중국의 요구에 따라 종로거리와 성문 각 곳에 범인 체포를 위한 고시를 널리 게시했다는 사실을 5월 3일자로 중국측에 알리는 것으로 일단락 되었다.[16] 이 필화사건은 순보에 대한 중국의 불편한 시각을 드러내 보이고 있으며, 중국과 일본 두 나라 사이에 낀 조선정부의 미묘한 입장이 나타나고 있다.

발단부터 다시 살펴보면 중국은 사건을 보도한 후 2개월이 지난 뒤에야 공식적으로 문제삼으면서도 "중국과 조선은 원래 한 나라처럼 지내 왔으므로 소원한 다른 나라의 예를 援用하기가 어렵다"고 말하였다. 중국은 조선에 절대적인 영향력을 행사했음을 강조한 것이다. 그러나 순보가 발행되고 있던 때에는 벌써 양국관계가 상당히 소원해져 있었던 것이다.

3) 《한성주보》의 발간

(1) 순보와 주보의 차이

순보는 1884년 12월 4일에 일어난 갑신정변으로 창간된 지 1년 남짓 만에 발행이 중단되었다. 일본인의 도움을 받아 순보가 발간되었다고 생각한 사람들이 정변의 와중에 박문국을 불태워 버렸기 때문이었다. 그런데 현재까지 남아 있는 순보의 마지막 호는 1884년 10월 9일자로 발행된 제36호이다. 36호 이후 갑신정변이 일어난 12월까지 열흘마다 계속 발행되었다면 다섯 호가 더 나왔을 것이고 그러면 제41호가 된다. 그러나 남아 있는 신문은 36호가 마지막이다. 그러면 어떻게 된 일인가.

여기서 두 가지 경우를 상정해 볼 수 있다. 하나는 36호를 발행한 후에 어떤 사정이 있어서 일시적으로 발행이 중단되어 있던 상태에서 정변이 일어났기 때문에 36호 이후에는 발행되지 않았을 것이라는 가설이고, 다른 하나는 12월 4일까지 계속 발행은 되었지만 마지막 5호는 보존되지 않았기 때문에 전해 내려온 것이 없을 가능성도 있다. 어느 경우가 맞는지는 알 수 없다.

어쨌거나 갑신정변 이후에는 박문국이 파괴되었으므로 신문 발행은 불가능하게 되었다. 그러나 6개월 뒤인 1885년 5월경부터는 박문국을 중건하고 신문을 발간하려는 작업이 시작되었다. 복간 준비를 신속히 할 수 있었던 것

16)) 《舊韓國外交文書》 8권, 淸案 1(고려대 아세아문제연구소, 1967), 70쪽 이하. 《統署日記》, 고종 21년 3월 20일 이하 참조.

은 신문의 복간을 바랐던 당시의 여론 때문이었다.

창간호에 실린 〈주보서〉에는 순보가 발간되기 전에는 불편함을 모르고 지냈으나 간행되던 순보가 중단되니 겨우 틔였던 이목이 다시 어두워지는 것 같다고 하며 모든 사람들이 간행을 바랐다. 왕이 박문국을 다시 설치할지 여부에 대한 가부를 의논하도록 한 결과 모두들 다시 설립하는 것이 좋겠다고 하였다.

이리하여 파괴된 신문사의 시설을 복구하고 일본에서 인쇄기계를 다시 도입하여 1886년 1월 25일에 《한성주보》 제1호가 나오게 되었다. '순보'에서 '주보'로 제호가 바뀌었고 제1호부터 새로 창간하는 형식이었지만 실은 순보와 주보는 하나의 신문이었다. 단지 발행이 중단된 순보를 복간한 것일 뿐이지만 발행의 간격이 10일(순간)에서 7일(주간)로 달라졌으므로 제호가 주보로 바뀐 것이다.

이와 같이 순보와 주보는 하나의 신문이지만, 주보는 순보에 비해 몇 가지 점에서 더욱 발전된 기능과 체재를 가지고 있었다.

첫째, 주보는 발행의 간격을 1주일에 한 번씩으로 단축하였다. 발행횟수가 늘어났기 때문에 속보성을 강화하여 뉴스를 더욱 신속히 전달할 수 있게 되었다.

둘째, 지금까지 동양의 음력을 기준으로 한 생활단위로 열흘마다 내던 신문을 서양식 생활단위에 따라 1주일에 한 번씩 내게 되었다는 것은 세계화에 접근하려는 의미를 지닌 것이다.

셋째, 한글기사가 등장하게 되었다는 점이다. 주보의 기사는 세 가지 종류였다. ① 한자 전용, ② 국한문 혼용, ③ 한글 전용의 3형태가 혼재되어 있다. 주보에 국한문 혼용과 한글 전용기사를 실은 것은 신문의 대중화를 지향한 조치였다. 그러나 보다 더 큰 뜻은 정부기관에서 발행하는 신문에 한글을 사용했다는 사실이다. 이는 문자정책의 혁신을 의미하는 일대 용단이었다.

세 가지 종류의 문자별 기사를 분류해 보면 제1호·제2호에는 국한문 혼용기사가 10건 이상씩이나 있어서 한글 전용기사와 합하면 상당한 비중을 차지한다. 그러나 한글 전용과 국한문 혼용기사의 게재 비율의 확고한 기준은 없었다. 한글을 사용하는 ②와 ③의 기사는 호가 거듭될수록 점차 줄어들어서 1년쯤 후에는《한성순보》와 마찬가지로 한문만 사용하는 신문이 되고 말았다. 주보의 한글 사용 의지는 아직은 시대상황보다 한 걸음 빨랐고, 한글의 대중화는 시기상조였던 셈이다.

넷째, 발행횟수의 증가와 체재의 변화 등을 위해서는 박문국의 신문 제작진이 상당히 늘어났다. 순보와 주보는 정부기관에서 발행되었으므로 이 신문을 만들던 사람들의 신분은 정부의 관리였다. 비록 관리들이었다 하더라도 이들은 우리 나라 최초의 기자들이었다. 기자가 늘었다는 것은 언론 발전의 저변이 넓어졌음을 의미한다.

다섯째, 주보에는 논설격인 〈사의〉란이 신설되어 의견기사를 싣기 시작하였다. 이것은 주보가 순보에 비해 신문의 논평 및 의견제시 기능을 강화한 것으로 근대 신문에 한 걸음 다가선 것으로 평가할 수 있다.

주보는 이와 같이 순보에 비해 발전된 형태였지만 편집체재는 순보와 비슷하였다. 〈국내기사〉에 이어 〈私報〉·〈外報〉·〈私議〉·〈集錄〉의 순으로 기사를 게재하였다. 〈외보〉는 외국소식으로, 순보의 〈근사〉와 같고 〈사의〉는 논설에 해당하며, 〈집록〉은 논문 또는 피처(feature)기사라 할 수 있다. 기사의 전체 건수를 비교해 보면 〈외보〉가 가장 많은 분량을 차지한다. 《국내기사〉보다 외국소식에 더 비중을 두었음은 순보와 마찬가지이다.

주보는 의견기사를 신설하는 동시에 외국관계 기사인 〈각국근사〉의 비중은 줄이고 국내기사를 늘렸다. 순보와 주보의 기사를 비교해 보면 아래 〈표 1〉과 같다.

〈표 1〉 순보와 주보의 기사 건수 비교(괄호 안은 백분율)

순보 36호	국내관보	국내사보	각국근사	논 설	집 록	시치탐보	사 고	계
	342	72	1,021	11	117	35	35	1.602
	(21.3)	(4.49)	(63.7)	(0.69)	(7.3)	(2.2)	(2.2)	(100)
주보 39호	국내기사	사 보	외 보	사 의	집 록	시치탐보	사고광고	계
	540	6	581	22	62	39	49	1,299
	(41.57)	(0.46)	(44.73)	(1.69)	(4.77)	(3)	(3.77)	(100)

* 전거 : 정진석, 《한국언론사》(나남, 1990), 65~85쪽.

위의 〈표 1〉에서 나타나듯이 순보에는 〈국내관보〉가 21.3%에 지나지 않았으나 주보에서는 41.57%로 배가 늘어났다. 반면에 〈각국근사〉(외보)는 63.7%에서 44.73%로 떨어졌다. 〈논설〉과 〈집록〉도 외국에 관련된 내용이다. 그러므로 순보의 〈각국근사〉와 〈논설〉·〈집록〉을 합친 외국기사는 70%가 넘고 주보도 〈외보〉와 〈집록〉을 합치면 외국기사는 50%가 넘는다.

(2) 국내소식과 의견기사 증가

주보의 외국기사가 순보에 비해 줄어든 것은 신문을 주간으로 발행하면서 뉴스매체로서의 기능과 영향력이 더 확대되었다는 사실과, 주보가 발행될 때에는 정보의 소통이 다소 활발해진 것으로 평가할 수도 있을 것이다. 주보에는 광고가 등장했다는 점도 주목할 사실이다.

순보와 주보는 국제정세와 외국의 제도·문물·역사를 비롯하여 과학·지리·천문 등에 이르는 광범한 내용을 폭넓게 다루었다. 신문 발간의 목적이 국민의 견문을 넓히고 국민을 교화하여 나라를 부강케 하여 외국의 침략을 막자는 것이었으므로 이는 당연한 편집방침이었던 것이다. 이 같은 편집은 잡지와 비슷한 형태로도 보이지만 당시 사람들에게는 서양의 과학·지리·천문 등을 소개하는 기사도 새로운 뉴스였다. 보도기사에서 해설기사·피처·논설이 미분화상태로 혼합된 형태였던 것이다.

순보와 주보가 다룬 기사 가운데는 각 나라의 현황과 문물을 소개한 것이 많았다. 어느 나라에 관해 많이 다루었을까를 살펴보면 순보－주보의 성격과 당시 신문을 만들던 사람들의 의도를 알아볼 수 있는 중요한 자료가 될 수 있다. 순보와 주보는 국민의 견문을 넓힌다는 목적이 강했기 때문에 외국의 소식을 중점적으로 다루었음이 통계숫자로 나타난 바와 같다. 그러면 당시 신문을 만들던 사람들이 모범으로 삼고자 했던 외국은 어떤 나라들이었을까. 또는 개화의 표본으로 삼고자 했던 선진국은 어떤 나라였을까.

순보에서 가장 많이 다룬 나라는 중국이었다. 순보의 〈각국근사〉를 분석해 보면 중국에 관한 기사는 435회나 게재되어 다른 어떤 나라들보다도 압도적인 횟수를 차지한다. 그 다음이 월남(165)·프랑스(71)·영국(56)·일본(53)·미국(47)·러시아(42)·독일(26), 그리고 막연히 '서양'으로 보도한 기사가

33건 등의 순이었는데 다음 〈표 2〉와 같다.

〈표 2〉 《한성순보》와《한성주보》 기사에 나타난 외국

	중 국	일 본	영 국	미 국	프랑스	러시아	독 일	월 남	서 양
한성순보	435	53	56	47	71	42	26	165	33
한성주보	94	95	36	45	34	32	29	27	26

* 전거 : 정진석, 《한국언론사》, 76~77쪽.

전체적으로 보아서 중국에 관한 기사가 압도적으로 많은 것은 신문 제작에 참고로 하였던 신문이 대부분 중국에서 발행된 것들이었기 때문이다. 당시 중국에는 서방 열강국들이 진출하여 각축을 벌이고 있어 많은 뉴스가 발생할 수 있었다는 상황이기도 하였다. 이 같은 이유와 함께 중국은 우리 나라와 전통적으로 밀접한 관계가 있는 나라였으므로 중국에 관한 기사가 많이 실렸을 것이다.

월남과 프랑스에 관한 기사가 2위와 3위를 차지하는 것은 당시 월남에는 프랑스군이 침입하여 전쟁이 일어나고 있었으므로 분쟁지역으로서의 뉴스성이 높았기 때문이었다. 또한 중국에서 발행된 신문들이 蕃屬國인 월남사태에 대한 관심과 이해관계를 가지고 다루었던 것이 순보에도 그대로 반영되었던 것이다.

중국과 월남에 대한 기사가 많기는 하였지만 전쟁 또는 부정적인 내용의 뉴스들이었던 것과 비교해서 영국·미국 등 서양 여러 나라와 일본에 대한 기사는 선망의 대상으로 여기는 긍정적인 뉴스로 다루었다.

주보에서는 일본에 관한 기사가 중국과 거의 비슷한 횟수로 많이 게재되었다. 순보를 처음 만들던 때에 비해 일본은 해가 갈수록 우리에게 큰 영향을 미치게 되었음이 신문에도 그대로 나타난 것이다. 일본(95)·중국(94)에 이어 미국(45)과 러시아(32)를 순보 때와 비교해서 더 높은 비중으로 다루고 있음도 시사하는 바 크다. 이 밖의 영국(36)·프랑스(34)·독일(29)의 순으로 서양 선진국의 기사가 많이 실리고 있으며, 이들 나라 외에 순보와 주보에서 다 같이 이탈리아, 인도 그 밖의 여러 나라들도 등장하고 있다.

과학기술에 관한 기사도 많았다. 〈집록〉의 대부분이 서구 선진국의 과학기술에 관한 해설기사 또는 논문에 해당하는 글이다. 순보의 기사 가운데는 〈집록〉이 117건(7.4%), 주보에서는 62건(4.77%)인데, 한 기사의 길이가 〈국내기사〉나 〈각국근사〉에 비해 월등히 길다. 그러므로 지면을 차지하는 비중은 가장 많다. 과학기술 기사 가운데는 우리 나라 학자들에게 커다란 의식의 변화를 가져다 준 지구가 둥글다는 사실에서부터 천문학·화학·의학·상업 등 다양한 내용을 다루었다.[17]

(3) 기사의 출처

① 국내기사 : 순보의 〈국내관보〉와 〈국내사보〉 그리고 주보의 〈국내기사〉는 주로 국왕의 諭旨, 의정부에서 왕에게 올리는 啓, 각 지방에서 올라온 장계 등의 관청기사이다. 지방이나 유생들이 올리는 상소문을 모두 신문에 실을 수는 없었으므로 순보 제33호(1884년 9월 10일)에는 으레 올리는 상소문은 싣지 말라는 왕의 유지가 있었다고 보도하고 있다. 주보의 국내기사는 《朝報》를 인용한 경우도 더러 있었고, 매호에 실리는 〈時直探報〉는 그 때의 물가시세를 취재한 것이다.

② 외국서적 : 순보와 주보에서 가장 많은 분량을 차지한 〈각국근사〉와 〈집록〉 등 외국관계 기사는 외국의 신문, 잡지 및 단행본에 실린 것을 옮겨 실었다.

③ 외국신문 : 순보와 주보는 중국과 일본에서 발행된 신문을 주요 뉴스원으로 이용하였다. 중국과 일본의 신문 외에는 영국에서 발간된 신문을 많이 인용하였다. 영국의 《The Times(泰晤士日報)》와 《Reuter(路透)》도 있었고, 미국·프랑스·러시아·독일 등의 구미열강 선진국 신문들도 자주 인용되고 있다.

인용된 나라의 여러 신문들 가운데 중국과 일본에서 발간된 것들은 번역이 가능했겠지만, 서양의 신문은 직접 번역이 어려웠을 것이다. 우리 나라에서 서양어를 능통하게 번역 또는 구사할 수 있는 사람은 적어도 1883년에

17) 朴星來, 〈漢城旬報와 漢城周報의 近代科學 受容 노력〉(《新聞硏究》, 1983년 겨울호), 39~73쪽.

보빙사가 미국으로 떠날 때까지는 없었으며, 외국어 교육기관인 동문학을 세운 것은 순보가 창간되던 해였기 때문이다.

따라서 순보와 주보는 주로 중국과 일본에서 발행된 신문을 보고 외국기사를 만들었다. 서구어 신문을 인용한 기사도 중국이나 일본에서 발간된 신문기사를 간접 인용하면서 직접 인용한 것처럼 썼을 것이다. 다만 기사에 따라서는 간접 인용임을 밝힌 경우도 있었다. 이로 미루어 볼 때 대부분 중국과 일본의 신문에서 重譯의 절차에 따라 서양의 소식과 문물제도 등을 소개했지만, 개화의 모델로 삼고자 했던 서양 각 나라의 신문과 서적들에 실린 내용을 폭넓게 수용하려 했음을 알 수 있다.

4) 박문국의 운영

(1) 발행부수

순보와 주보의 내용 및 이를 제작한 사람들은 누구였느냐 하는 문제 못지않게 궁금한 일은 도대체 이 신문이 몇 부나 발행되어 어떤 사람들이 읽었느냐 하는 점이다. 박문국을 운영하기 위해서는 나라에서 특별한 종류의 세금을 징수하여 충당하는 방법과, 신문 대금을 받아들이는 두 가지 수입원이 있었다. 순보와 주보의 발행부수에 따른 구독료는 신문의 경영면에서 중요한 몫을 차지하였다. 다른 한편으로 발행부수는 이 신문이 얼마나 많은 사람들에게 어느 정도의 영향을 끼쳤을까를 살펴보는 중요한 척도가 될 수 있다. 이 문제는 인쇄사정, 당시의 행정제도와 경제적인 여건, 종이의 소비량, 우편제도 등 여러 측면에서 살펴보지 않으면 안 될 것이다.

신문의 배포와 보급방법은 京主人(또는 京邸吏)과 營主人(또는 營邸吏)을 통해서 전국의 지방행정 단위로 신문을 보내고 구독료도 그들을 통해서 징수하였다. 근대적인 우편제도가 확립되지 않은 때였으므로 신문 보급은 행정조직을 통하고 그 구독대상도 일차적으로 중앙과 지방의 관리들이 될 수밖에 없었던 것이다.

순보의 전체적인 발행부수를 정확히 밝힌 자료는 남아 있지 않다. 그러나 통리아문의 일지인 《統署日記》에는 순보와 주보의 보급방법 및 그 발행부수를 추측할 수 있는 기록들이 간헐적으로 눈에 뜨인다. 지방관청에서 구독료를 올려 보낸 금액이 있는데 이를 역산하여 발행부수를 알아내는 방법으로 단편적으로 나타난 자료들을 종합해 보면 매호 3,000부 정도가 발행되었을 것으로 추산된다.[18]

구독자 가운데는 일인들도 있었다. 일인들은 한국의 정세를 알기 위해서도 신문을 보았겠지만, 상인들의 경우에는 특히 물가시세를 적은 〈시치탐보〉를 영업상 참고로 하였을 것이다. 우리 나라 역사상 처음으로 선진 외국의 문물을 소개하고 정부의 시정방침과 각 지방의 장계, 관리들의 임면, 물가동향 등을 폭넓게 알리려 했던 근대 신문인 순보와 주보의 발행부수 3천여 부는 의외로 많았던 것이다. 독자대상은 주로 관리들이었지만 전국 각지에 고루 보냈으며 일반인과 외국인들까지 읽었던 것이다. 따라서 이 신문이 우리 나라의 개화에 미친 영향은 매우 컸던 것이다.

(2) 주보의 폐간

신문을 발간하고 박문국을 운영하는 경비는 구독료 외에 특별세를 거두어 충당하였다. 그러나 박문국의 경영상태는 원활하지 못하였다. 구독료의 미수, 세금의 체납 등으로 경비가 충분하지 못한 데다가 지방에서 구독료를 징수하는 경주인들의 폐단도 있었다. 순보를 창간하기 전부터 경주인들이 박문국 경비 세금을 걷는 일로 말썽이 일어난 경우도 있었지만,[19] 그 후로도 신문 구독료 걷는 것을 핑계로 경주인들의 행패가 적지 않았다.

당시는 박문국만이 아니라 통리아문의 또 다른 기구인 育英公院 등의 경비도 거둬들여야 했으므로 지방관서에서도 몹시 번거로웠을 것이고, 민간의 폐해도 적지 않았다. 이러한 폐단과 경영난은 박문국의 존폐문제에까지 이르는 심각한 지경을 초래하고 말았다. 1888년 7월 14일 내부는 박문국을 철폐하여 통리아문에 통합시키기로 하고 왕의 허락을 얻었다.

---

18) 발행부수를 밝힌 근거와 계산방법에 관해서는 정진석, 앞의 책, 90~97쪽 참조.

19) 《統署日記》, 고종 20년 9월 10일 · 10월 9일.

박문국은 1883년 8월 17일에 창설되어 5년 동안 신문을 발간하고 개화사상의 전파와 외국의 문물 및 학문 소개에 큰 공적을 남겼으나 이를 통리아문에 통합시키도록 된 것이다. 현재까지 남아 있는 주보의 마지막 호수는 1888년 3월 12일자로 발행된 제106호이다. 이 때부터 매주 한 호씩 발행되었다면 박문국이 폐지된 7월 14일 무렵까지는 제123호가 나왔을 것이다. 주보의 발행일자는 매주 월요일이었는데 7월 9일이 월요일이었다.

박문국에서는 단행본도 출판하였다. 박문국에서 발간하여 현재 남아 있는 단행본으로는 《萬國政表》가 있다. 1887년 1월경에 출간된 것으로 보이는 이 책은 4책 343쪽에 51개 나라의 정치·종교·토지·인구·재정·병제·통상 및 공업 등의 정세를 소개하였다. 조선과 중국에 관한 내용은 두 나라의 典獻에 의하고, 일본과 각국에 관한 것은 1886년도의 《영국정치연감》을 번역 편찬하였다고 〈범례〉에서 밝히고 있다. 박문국에서는 다른 간행물도 더러 인쇄했던 것으로 짐작된다.

5) 개화와 국민교화의 기능

순보와 주보를 발행하던 당시 사람들은 서양이나 중국 또는 일본의 신문을 단순히 모방하여 신문을 발행하지는 않았다. 신문이 발행되기 전에도 우리의 정치제도와 정치사상으로 신문이 수행해야 할 기능을 지니고 있었기 때문이다. 다만 우리는 그러한 제도를 담을 수 있는 서양식 그릇이 없었기 때문에 신문이라는 그릇을 도입하고 이를 근대식으로 구현하였을 뿐이라고 보았다.

신문이 국민의 견문을 넓혀 나라에 이익이 되게 한다는 생각은 그 후의 민간신문에도 계승되었고, 순보와 주보를 제작하던 사람들은 신문이 폐간된 뒤에 정부의 중책을 맡아 개화운동에 적극적으로 참여한 경우가 많았다. 초기의 제작진인 김만식·장 박·남정철·여규형·유길준 등이 모두 대신급의 중책을 맡았고, 유길준은 후에 정부에서 서재필의 《독립신문》 발행을 지원하도록 도와 주었다. 주보의 기자였던 吳世昌은 한말에는 《萬歲報》(1906. 6. 17)와 《大韓民報》(1909. 6. 2)의 사장을 지냈고, 광복 후에는 《서울신문》의 초대 사장을 역임하였다.

한글 사용도 이미 주보에서 시도되었던 것이다. 순보와 주보의 발간에는 후쿠자와 유키치와 그의 문하생 이노우에 가쿠고로가 간여했던 사실 때문에 이들의 역할을 사실 이상으로 과대평가 하는 경향도 있었다. 그러나 이 신문 발간의 중심 인물들은 여규형·고영철 등 박문국의 관리들이었다.

여러 가지 사실들을 종합해 보면 신문 발간에 자극을 준 것은 일본이었지만, 순보의 뉴스원이나 그 내용은 오히려 중국의 영향을 더 많이 받은 것으로 나타나고 있다. 제작과 관련된 인물들을 보더라도 주보를 발간할 때에 통리아문의 독판이었던 김윤식은 영선사로 중국에 갔다 오면서 신문 발간의 자료로 쓸 서적과 신문 등을 가져 왔으며, 영선사 일행이었던 고영철도 신문 발간에 참여하였다.

제작진들은 모두 한학에 능통했으므로 서양신문을 직접 읽을 수는 없었지만 중국에서 발간된 신문을 통하여 서양사정을 소개했던 것이다. 인용된 뉴스원을 보더라도 일본신문보다는 중국의 신문이 더 많았다는 사실이 이를 증명한다.

순보와 주보를 정부기구에서 발간했다는 이유로 관보로 생각하고 최초의 신문을 《독립신문》부터라고 보려는 사람도 있으나, 초창기의 신문은 정부가 발간하는 경우가 많으며, 정부가 발행하였더라도 순보와 주보의 편집내용을 보면 관보라는 개념과는 크게 다르다. 순보와 주보는 민간에서 발행할 여건이 조성되지 않았던 당시에 정부가 앞장서서 만든 신문이었으며, 이는 기사의 성격과 내용으로 보아 명백하다.

《한성주보》가 폐간된 뒤로는 신문 없는 시대가 8년 동안 계속되었다. 1896년 4월 7일 본격적인 민간신문인 《독립신문》이 창간되어 오늘까지 한국신문의 전통은 끊이지 않고 있다. 《독립신문》은 순보와는 달리 한글 전용으로 제작되었고 민간신문이었다는 점에서 높은 평가를 받고 있다.

정부에서 서재필의 신문 발간을 적극적으로 지원한 것은 무엇보다도 한성순보와 주보를 발간해 본 경험을 바탕으로 신문이 개화와 국민교육에 미치는 역할이 크다는 사실을 잘 알았기 때문이었을 것이다. 서재필의 신문 발간을 적극 지원한 사람은 내부대신이 되어 있던 유길준이었다. 유길준은 순보 창간작업을 제일 먼저 시작했던 사람이었으니 신문의 중요성을 누구보다도 잘 아는 사람이었다. 순보와 주보는 오래 지속되지는 못했지만 결국 독립신문도 순보와 주보의 경험을 밑거름으로 하고 그 발간 정신이 계승되어서 나온 것이라고도 볼 수 있다.

〈鄭晋錫〉

2. 근대 언론의 발달

1) 민간지 등장의 시대적 배경

민간신문의 시대는 1896년(건양 1) 4월 7일 서재필이 《독립신문》을 창간하는 때로부터 시작되었다. 우리 나라 최초의 근대신문은 1883년부터 박문국에서 발간한 《한성순보》였지만 민간인이 신문을 창간하여 구독료와 광고료의 수입으로 독자적으로 운영한 것은 《독립신문》이 처음이었고, 그 뒤를 이어 여러 종류의 민간지들이 나오게 되었다.

비슷한 때에 일인들도 우리 나라에서 한국어로 신문을 발행하기 시작하였고, 기독교계통에서도 인쇄시설을 갖추어 주로 종교관계 출판사업을 시작하면서 주간신문을 발행하여 신문의 숫자가 늘어났다. 이 무렵에 잡지도 나오기 시작하였다. 미국 감리교 선교사들이 발행한 영문잡지 《코리안 리포지토리(The Korean Repository)》(1892년 1월)를 비롯하여, 일본유학생들이 동경에서 발간한 한국어 잡지 《친목회회보》(1896년 2월)와 독립협회의 기관지 《대죠션독립협회회보》(1896년 11월)도 나왔다. 이와 같이 서재필의 《독립신문》이 창간된 1896년을 기점으로 민간신문이 급속히 성장하게 되었다.

《독립신문》의 창간은 정치적인 변혁과 사회운동사의 관점에서도 혁신적인 의의를 부여할 수 있지만, 국어운동사에도 획기적인 업적을 이룩하였다. 《독립신문》이 한글 전용의 띄어쓰기로 신문을 제작하여 그 이후에 나타난 한말의 여러 민간신문들이 이를 뒤따르게 되었고, 한글이 공용문자로 자리잡기 시작하였다.

개화운동이 본격화된 것은 1880년대부터였는데 초기 개화운동의 결실로 나타난 것이 《한성순보》였다. 그러나 이 시기의 운동은 소수의 선각자들이 국민들에게 개화사상을 불어넣어 주려 했던 이른바 위로부터의 운동이었다. 그로부터 10년 뒤인 1890년대는 다수 국민의 적극적인 호응을 얻어 사회적으로 튼튼한 기반을 다지게 됨으로써 횡적으로 확산되는 대중화운동으로 발전되어 나아갔다.

이처럼 1890년대의 개화운동을 1880년대와 다른 차원으로 발전케 하는 데 중요한 역할을 한 것이 《독립신문》이었다. 국민들은 이 신문에 실린 논설과 기사를 통해 국제사회에서의 한국의 위치를 알게 되었고, 국민의 권리와 의무가 무엇인지를 깨우치게 되었으며, 또 독립정신과 비판정신을 체득할 수 있었던 것이다.

《독립신문》이 창간된 시기에 일본은 침략정책을 더욱 적극적으로 추진하면서 한반도 진출의 야욕을 지닌 러시아와도 갈등을 빚고 있었다. 일본은 1894년의 청일전쟁으로 중국세력을 한반도에서 몰아내었으나 조선정부가 그들의 뜻대로 움직여 주지 않는 데 대한 불만으로 이듬해 10월에는 궁중에 침입하여 명성황후를 살해하는 을미사변을 일으켰다. 신변에 위협을 느낀 고종이 1896년 2월 러시아공사관으로 파천(俄館播遷)하여 러시아의 영향이 증대되고 있었으며, 서구열강 여러 나라들은 각종 이권을 탈취하기에 혈안이 되어 있었다.

일본은 한국에 대한 무력침략과 병행하여 외교적인 압력을 가하면서 경제침략과 언론침략을 동시에 진행하였다. 일본은 1895년 2월 15일(2월 17일이라는 설도 있다)부터 서울에서 《漢城新報》를 발행하여 언론침략을 위한 전위기구로 삼고 있었다.

은둔의 작은 왕국이었던 조선은 열강의 침탈과 밀려 들어오는 서구문물의 도전에 슬기롭게 대처하면서 세계무대에서 독립된 자주국가의 일원으로 발전할 수 있을 것인가, 열강의 종속국으로 전락할 것인가 하는 갈림길에 서게 되었다. 그러나 정부에서는 이에 대처할 능력과 경륜이 부족하였다. 이와 같은 시기에 서재필은 망명지 미국에서 돌아와 신문을 발행하였던 것이다.

국가의 운명이 위태롭던 시기에 창간된 《독립신문》은 국권의 회복과 정치 사회의 개혁을 지향하면서 국민계몽과 민권의 신장을 위한 횃불을 높이 들어 국민의 여론을 환기하고 민중의 힘을 결집시키기 위해 노력하였다. 독립협회가 민중의 지지에 힘입어 개혁을 추진한 것도 《독립신문》과 그 이후에 나오기 시작한 신문들의 뒷받침이 있었기에 가능했던 것이다.

2) 최초의 민간지 《독립신문》

(1) 서재필의 망명과 귀국

서재필은 1864년 1월 7일(음력 1863년 11월 28일)에 태어나서 1882년 음력 3월에 실시된 과거(別試 文科)에 합격하였다. 그는 이듬해 5월 일본으로 건너가 후쿠자와 유키치(福澤諭吉)가 경영하는 慶應義塾에서 6개월간 일본어를 배운 뒤 도야마(戶山)육군학교에 들어가 군사교육을 받았다. 이듬해인 1884년 7월 말에 귀국하여 士官長에 임명되었는데, 이 해 12월 4일 김옥균·박영효·서광범 등의 급진개화파가 일으킨 갑신정변에 가담하였다. 그러나 쿠데타가 실패로 돌아가자 일본을 거쳐 미국으로 망명하였다.[1]

서재필은 고국으로 돌아올 수 없는 망명객의 처지가 되어 미국에 체류하면서 1892년에는 워싱턴시에 있는 콜롬비안의과대학(Columbian Medical College)을 졸업하여 의사자격을 취득하였다. 1890년 6월에는 미국 국적을 취득하고 필립 제이슨(Philip Jaisohn)이라는 이름을 갖게 되었다. 이러는 동안에 국내의 정치정세는 바뀌었다. 1894년의 갑오경장과 함께 친일내각이 성립되면서 갑신정변에 가담하였던 망명객들에게도 사면령이 내린 것이다. 이제 서재필에게도 귀국의 길이 열렸다.

서재필은 1895년 12월 말에 귀국하였다. 그는 나라의 발전을 위해서는 국민을 깨우치기 위한 교육이 가장 중요하다고 생각했다. 귀국 직후 1896년 3월에 발행된 《코리안 리포지토리》에 정부는 국민의 실정을 알아야 하고 국민은 정

1) 李光麟, 〈徐載弼의 開化思想〉(《韓國開化思想硏究》, 一潮閣, 1979), 93~149쪽 참조.

부가 하고자 하는 목적을 알아야 하는데, 이를 위해서는 교육이 중요하다는 점을 강조하는 글을 실었다.[2] 정부와 국민의 상호 이해를 위한 구체적인 방안으로는 신문을 발행하는 것이 가장 효과적이고 필요한 사업이라고 생각하였다.

서재필은 귀국 직후 조선정부의 중추원 고문에 임명되었다. 10년간 월봉 300원의 보수를 받는다는 조건이었다. 그러나 서재필이 심혈을 기울여 추진한 사업은 정부의 월급을 받는 중추원 고문직보다는 《독립신문》의 발행이었다. 그는 또한 독립협회의 창립과 그 운영, 독립문의 건립, 그리고 배재학당에서의 강의 등에도 정열적으로 헌신하였다.[3]

조선정부는 서재필을 중추원 고문으로 임명하여 생활을 보장하는 한편으로 신문의 창간에 필요한 자금을 지원하였다. 신문사 설립자금 3,000원과 개인 생계와 가옥임대비 명목으로 1,400원을 별도로 지급하여 서재필이 정부로부터 지원 받은 금액은 모두 4,400원이었다.[4] 서재필은 중추원 고문 자격으로 정부로부터 매월 300원의 급료를 받고 있었으므로 생계에 대한 걱정도 없었다.

이리하여 서재필은 귀국한 지 3개월 만인 1896년 4월 7일에 《독립신문》을 창간하였다. 당시의 교통·인쇄시설·신문제작에 필요한 인적 자원 등의 여러 가지 여건으로 보아서는 매우 짧은 시일에 신문을 창간한 것이다. 이처럼 단시일에 신문을 발간할 수 있었던 것은 정부의 재정지원과, 초기에는 감리교 계통의 인쇄소인 삼문출판사(Trilingual Press)에서 신문을 인쇄할 수 있었기 때문이었다.

정부에서 서재필의 신문 발행을 지원한 것은 국가의 발전을 위해서 신문을 발간하는 일이 중요하다는 인식을 일찍부터 가지고 있었기 때문이었다. 신문 발행을 지원한 또 다른 목적은 일본인이 발행하고 있던 《漢城新報》와

---

2) Philip Jaisohn, What Korea Needs Most, *The Korean Repository*, Mar., 1896, pp. 108~110. 그는 11월 30일에 발간된 《대죠션독립협회회보》 창간호에 게재한 〈공긔〉라는 제목의 글에서도 교육의 중요성을 강조하였다.

3) 李光麟, 〈徐載弼의 開化思想〉 (앞의 책, 一潮閣, 1979), 111~136쪽.
———, 〈徐載弼의 독립신문 刊行에 대하여〉(《韓國開化史硏究》, 一潮閣, 1979), 152~198쪽.
愼鏞廈, 〈독립신문의 創刊과 그 啓蒙的 役割〉(《獨立協會硏究》, 一潮閣, 1976), 1~80쪽.

4) 愼鏞廈, 위의 책, 9~17쪽.

대항하겠다는 의도도 있었다. 《한성신보》는 《독립신문》보다 1년 전인 1895년 2월에 창간되어 일본의 침략을 합리화하는 논조로 발행되다가, 을미사변 때에는 명성황후 시해의 비밀근거지로도 활용되었고, 《독립신문》이 창간된 직후 4월 17일자 지면에 고종의 아관파천을 비웃는 내용의 〈동요〉라는 것을 실어 국민들을 격분케 하였다. 조선정부에서 이 동요를 문제삼아 일본에 항의하는 사건이 일어나고 있었다.[5)]

정부는 이 같은 상황에서 《독립신문》의 창간자금을 지원하였을 뿐 아니라 신문사의 사옥을 제공하고 우송요금의 할인과 취재활동에도 편의를 제공하는 등의 특혜를 주었다. 《독립신문》은 이와 같이 서재필의 생각과 조선정부의 인식이 일치하였으며[6)] 서재필의 뛰어난 식견과 개화에 대한 열망과 추진력으로 창간된 것이다. 정부는 신문의 창간에 필요한 재정적 지원을 아끼지 않았으나, 제작과 경영에 관해서는 간여하지 않았다.

(2) 체재의 변화

《독립신문》은 주 3회(화·목·토) 격일간으로 발간되었다. 창간 당시에는 한글판 3면과 영문판 《The Independent》 1면을 한 신문에 같이 편집한 2국어신문이었다. 판형은 A4판으로 판면이 20cm×29cm 정도의 크기였고 본문은 4호 활자로 한글 전용이었다. 창간호부터 4월 18일자 제6호까지는 '독닙신문'으로 표기하다가 제12호부터 '독립신문'으로 바꾸었다.

이듬해인 1897년 1월부터는 한글판과 영문판 《The Independent》를 분리하여 신문을 2종으로 만들었다. 이 때 한글판은 판형을 원래대로 두었으나 영문판은 24cm×37cm로 키웠다. 통상적으로 《독립신문》이라면 한글판과 영문판 2종의 신문을 일컫는다.

서재필이 미국으로 돌아간 직후인 1898년 7월 1일부터는 일간으로 발행횟수를 늘렸다. 《독립신문》의 일간 제작은 당시 사회가 이를 요구하였다는 측

5) 《舊韓國外交文書》 3권, 日案 3(고려대 아시아문제연구소, 1967), 402쪽.
《舊韓國外交關係附屬文書》 6권, 〈外衙門日記〉 105·132쪽.
國史編纂委員會 소장, 《駐韓日本公使館記錄》, 1896년 〈機密本省往〉 280, 195~219쪽.

6) 愼鏞廈, 앞의 책, 40~45쪽.

면도 있었지만, 다른 한편으로 이 해 4월 9일부터 배재학당의 학생회인 협성회가 일간으로 《미일신문》을 발행하기 시작하였기 때문에 이에 대응할 필요도 있었을 것이다. 《독립신문》이 창간 이래 격일간이었는데 그보다 뒤에 나온 《미일신문》이 일간으로 발행되자 이에 자극을 받았을 것이다.

일간으로 발행하면서 판형을 B5(판면은 17cm×23cm)로 줄였다가 1899년 9월 1일부터는 지폭을 B4판으로 다시 확장하여 창간 당시의 크기가 되었다. 그러나 마지막 연도인 1899년에는 영문판의 발행이 부진하여 때로는 주간 단위로 발행되거나 또는 부정기적으로도 발행되어 전체 발행 호수가 14호에 그치고 말았다.[7] 《독립신문》이 창간된 때로부터 폐간까지 43개월 동안 간행된 총 호수는 한글판 776호, 영문판이 442호였는데, 연도별 간행 호수는 다음 〈표 1〉과 같다.

〈표 1〉 《독립신문》 연도별 간행 내용

연 도	한글판	영문판	비 고
1896	116	116	B4판 : 한글판 3면, 영문판 1면
1897	154	154	한-영문판 분리 한-영 각 4면
1898	228	151	7월 1일 일간 : 판형은 A5판으로 축소
1899	278	21	9월부터 B4판으로 확대, 12월 4일 폐간
총호수	776	442	

《독립신문》은 평상시에 4쪽을 발행하였으나 때로는 부록을 발행하였으며, 영문판은 호외를 발행한 일도 있었다. 영문판의 호외는 1896년 11월 4일에 발행된 것으로 오하이오주지사였던 매킨리(William McKinley)소령이 미국 대통령(제25대)에 당선되었다는 사실을 알리는 간단한 내용이다.

(3) 광 고

본격적인 신문광고는 《독립신문》에 처음으로 실리기 시작하였다. 창간 첫

7) 이광린, 앞의 글에 의하면 1899년에 영문판은 21호가 발행되었다 하나 현재까지 남아 있는 것은 14호밖에 찾을 수 없다.

해의 지면 구성은 1면 머리에 논설을 싣고 2면에는 국내외의 기사, 3면에는 광고를 실었다. 창간호의 광고를 보면 영문과 국문이 한 신문에 붙어 있었으므로 광고도 영문과 국문광고가 같이 실렸는데, 주지회사(Tsuji & Co.)와 가메야회사(K. Kameya) 같은 경우는 영문과 국문으로 2종의 문안을 만들어 실렸다. 서적광고로는 영어 월간잡지 《코리안 리포지토리》와 헐버트가 번역한 《사민필지》, 언더우드의 《한영자전》과 《한영문법》이 있었고, 서양인들을 상대로 식품과 서양물품을 판매하는 광고도 있었다. 정동의 고살기(A. Gorshalki) 상회와 제물포의 J. Gaillard Jeune상회는 창간 당시부터 시작하여 오랫동안 《독립신문》에 고정광고를 낸 광고주였다.

《한성주보》에 처음으로 광고를 실었던 세창양행(Edward Mayer & Co.)은 《독립신문》에도 광고를 실었으며 그 후에 창간되는 여러 민간신문들과 일제 치하까지도 계속되었던 광고주였다. 《독립신문》에 광고를 실은 서양과 일본인 광고주들은 다양한 도안(Illustration)까지 활용하는 방법을 도입하여 초기 광고의 기법을 향상시켰다. 세창양행은 1897년 2월 18일자 《독립신문》에 실은 수마트라산 석유광고에 우리 나라에서는 처음으로 도안을 사용하였다. 濟衆院도 도안을 활용한 광고를 실었는데 미국에서 수입한 학질약 금계랍(키니네, Qninine)과 회충산에 태극기를 그려 넣었다. 세창양행도 태극기 도안을 사용하였다. 세창양행의 금계랍광고에는 장수의 상징인 학과 거북의 도안을 사용하였다. 영문광고와 국문광고가 같이 실린 1896년의 경우 국문광고는 영문광고를 해석하여 게재한 것이 많았는데, 특히 외국 잡화상의 광고는 거의 국문과 영문의 두 가지로 게재되었다. 영문판의 광고주는 대부분이 잡화상 또는 무역상이었다.

《독립신문》 광고 가운데 가장 큰 대형광고는 1899년 7월 12일자에 한 면 전체 광고면의 3분의 2를 차지한 양담배 '히어로(Hero)' 광고였다. 놀라운 것은 이 날짜 광고에는 開利洋行의 자전거광고도 있었다는 사실이다. 미국에서 수입한 자전거와 축음기(유성기) 등을 판매한다는 광고가 실렸는데 자전거와 축음기는 오늘날의 자가용보다 훨씬 희귀한 신분의 상징이었을 것이다.

《독립신문》은 1899년 12월 4일까지 3년 8개월 동안, 한글판에는 모두 4,693개의 광고가 실려 한 호 평균 7.2개 꼴이 게재되었다. 이 가운데 한글광고는 3,817개였고 영문이 876개였다. 또한 영문판에는 모두 4,832개의 광고가 실려 호당 평균으로는 11개였다.[8] 이는 《독립신문》이 광고매체로서의 기능도 충분히 수행하였음을 증명하는 것이다. 한글판 《독립신문》에 광고를 많이 한 업종은 잡화상이 1위였고, 《사민필지》 등의 서적광고가 2위였으며, 《그리스도신문》을 비롯한 여러 신문의 광고도 꾸준히 실렸다. 露韓銀行 광고와 대한은행의 창업광고 같은 은행광고가 등장했으며, 외국인들을 위한 임대주택광고와 외국의 옷감・양복 등의 수입의류광고도 게재되었다.

영문으로 된 傳單광고도 있었다. 1897년 6월 17일에는 칼리츠키회사(F. Kalitzky & Co.)에서 수입한 러시아산 식료품(훈제연어・소시지 등)과 잡화를 소개하는 전단광고가 신문에 삽입되어 있었고, 인천에 있는 세창양행이 운행하는 화륜선(증기선)의 전국 각 항구별 운임표도 부록으로 발행하였다. 호외와 전단광고는 모두 우리 나라 신문으로는 처음 발행한 것이다.

〈표 2〉 《독립신문》의 광고료

구 분	1 년	6 월	1 월	1주(6일)	1 회
1단(28행)	40원	24원	5원	1원 50전	50전
반단(14행)	20원	12원	3원	1원	30전
7 행	16원	10원	2원	75전	20전

(4) 《독립신문》의 역할

《독립신문》은 국민들에게 신문의 중요성을 깨우쳐 주었다. 정부관리들의 부정부패를 폭로하였으며 국민계몽을 위해 노력하여 이 같은 편집정신은 그 이후에 나타나는 한국언론의 전통으로 확립・계승되었다. 《독립신문》 이후에 나타난 한말의 애국계몽적인 언론과 일제하의 항일언론투쟁, 그리고 광복 후 반독재 민주화를 지향하면서 이룩한 언론의 역할은 《독립신문》으로부터 비롯되어 오늘의 신문에까지 이어 오고 있는 것이다.

《독립신문》에 앞서 1883년 10월부터 1888년 7월까지 정부기구인 박문국에

---

8) 김은용, 〈대한제국시대 신문광고에 대한 일 고찰〉(한국외국어대 석사학위논문, 1989), 26~27쪽.

서는 《한성순보》와 《한성주보》를 발행했는데 《독립신문》은 그 내용과 운영 방식에서 다음과 같은 점에서 순보-주보와는 확연한 차이를 나타내고 있다.

첫째, 순보와 주보는 정부에서 발행한 신문이므로 국민계몽과 지식 전달에 치중하였으나 《독립신문》은 논평과 비판을 가장 중요한 기능으로 삼았다. 서재필은 창간호 논설에서 "정부관원이라도 잘못하는 이 있으면 우리가 말할 터이요 탐관오리들을 알면 세상에 그 사람의 행적을 폐이겠다"고 선언하였다. 논설을 1면 머리에 실어서 정부와 집권 위정자들의 비정을 가차없이 비판하고 탐관오리들의 부정부패를 폭로하였으며, 민간인의 잘못도 서슴없이 지적하였다.

둘째, 《독립신문》은 국민의 권리와 의무가 무엇인가를 가르쳐 주었다. 국민이 나라의 주인이며 관리는 국민을 위해 봉사하는 존재임을 알려 주었다. 관존민비의 봉건적인 전제군주 치하에 억눌려 살던 국민들로서는 처음으로 깨닫게 되는 새로운 사실이었다.

셋째, 국민들은 이 신문에 실린 사설과 기사를 통해 국가의 안위가 위태로웠던 당시의 국제사회에서 한국의 위치가 어떠한가를 가늠할 수 있었다. 열강 여러 나라들이 국가의 이권을 탈취한다는 사실을 폭로하고 국가의 이익을 수호하기 위해 저항하도록 하였다.

넷째, 《독립신문》은 한글을 전용하고 띄어쓰기를 실시하여 누구나 읽기 쉽도록 만들었다. 배우기 쉽고 쓰기 편한 우리 글로 신문을 제작하여 한글을 일상적인 공용문자로 격상시켰다. 그 후에 창간되는 한말의 다른 민간신문 가운데는 국한문 혼용 신문과 한글 전용 신문이 있었는데 한글 전용 신문은 《독립신문》의 선구적인 한글 전용을 뒤따른 것이다.

다섯째, 구독료를 싸게 하여 상하귀천 많은 사람들이 볼 수 있도록 하였다. 1897년 1월부터 한글판과 영문판을 분리하면서 한글판을 영문판보다 구독료를 싸게 책정하여 한국인들에게는 신문구독의 경제적 부담을 덜어 주어 많은 사람이 읽도록 배려하였다. 1897년 1월부터의 구독료는 다음의 〈표 3〉과 같이 한글판은 1부당 동전 2푼(2전), 월 25전, 연 2원 60전으로, 영문판은 1장당 동전 5푼(5전), 월 75전, 연 6원으로 차별을 두었다.

〈표 3〉 1897년 《독립신문》 한글판－영문판 구독료

	1 부	1개월	1 년
한글판	2푼(2전)	25전	2원 60전
영문판	5푼(5전)	75전	6원

여섯째, 신문이 광고매체로서의 기능을 지니고 있음을 《독립신문》은 실증하였다. 《한성주보》에는 몇 건의 광고가 등장하였으나 광고료를 받았는지는 명확하지 않다. 순보와 주보가 구독료를 받은 것은 확실하지만 광고료를 신문의 수입원으로 삼지는 않았다. 《독립신문》의 광고 게재는 신문경영에 있어서 중요한 수입원이 되었다. 광고료를 수입원의 중요한 부분으로 삼아서 독립적인 사업으로 신문을 운영할 수 있음을 제시하였기 때문에 그 이후에 창간되는 민간신문에서 이와 같은 경영방법을 채택하였던 것이다. 《독립신문》 이후에 여러 민간신문이 나타나게 된 것은 정부의 보조가 없어도 구독료와 광고료만으로 신문을 운영할 수 있다는 자신감을 갖게 되었기 때문이었다.

일곱째, 영문판 《The Independent》는 당시의 한국사정을 한국인의 입장에서 세계에 알리고 한국인의 의사와 주장을 세계 각국 사람들에게 알리는 역할을 수행하였다. 이 밖에도 《독립신문》은 독립협회와 만민공동회의 활동을 지원하였다.

(5) 서재필의 추방

《독립신문》이 열강세력과 정부관리들을 비판하자 러시아와 친러 수구파들은 서재필의 추방을 획책하게 되었다. 외부대신 조병직은 서재필을 중추원 고문직에서 해임한다고 1897년 12월 13일자로 미국공사 알렌에게 통고하였다. 조병직은 이튿날인 12월 14일에는 농상공부에 통보하여 서재필을 중추원 고문직에서 해임하였으므로 《독립신문》도 폐간시키라고 요청하였다. 서재필의 활동을 전면적으로 봉쇄하려는 조치였다.

자신의 행동을 제약하려는 러시아와 한국정부의 음모에 서재필은 강력히 불만을 표시하였다. 그는 《독립신문》의 논설을 통해서 정부와 러시아의 태도를 공개적으로 비난하였다. 자신은 거의 2년 동안 열과 성을 기울여 나라를

위해 노력했음에도 불구하고 대한정부의 박대를 받는 것은 무슨 까닭인지 모르겠다고 말하고, 그 동안 나라를 위하여 바른 말한 것이 죄가 된다면 스스로 죄인으로 자처하겠으며, 신문도 앞으로 더 이상 발간하지 않겠다는 뜻까지 비추었다.[9)]

서재필은 정부에서 자신을 중추원 고문으로 위촉한 계약기한이 10년이라는 이유를 들어 앞으로 남은 8년간의 봉급을 지불해 달라고 요구하였다. 미국공사 알렌도 한국정부가 서재필의 중추원 고문직을 해임하는 것은 계약을 위반하는 부당한 조치라고 항의하면서 서재필이 요구하는 대로 계약 만료까지 남은 기간의 봉급 전액을 일시불로 지급해 주어야 하며, 이 금액을 받는다 하더라도 서재필이 한국에서 떠날 필요는 없다고 주장하였다. 서재필을 대리한 알렌과 한국정부 사이의 교섭은 5개월이 지난 1898년 4월 26일에야 타결되었다. 정부는 서재필이 요구한 미불급료 전액과 그가 미국으로 돌아갈 여비 600원을 지불하기로 한 것이다.

서재필과 10년 기한으로 계약한 기간 가운데 남은 7년 10개월 분의 봉급은 28,200원이었고 여기에 서재필이 미국으로 돌아갈 여비 600원을 더하면 28,800원이 되었다. 정부는 이 가운데 《독립신문》을 창간할 당시 서재필에게 지급하였던 4,400원(창간 준비금 3,000원, 가옥구입 및 생계비 1,400원)을 공제한 24,400원을 지급하였다. 만민공동회에서는 서재필의 도미를 만류하였으나 그는 1898년 5월 14일 용산에서 배를 타고 인천을 거쳐 미국으로 떠났다.

(6) 윤치호와 아펜젤러의 경영

서재필은 미국으로 돌아가기에 앞서 아펜젤러(Henry Gerhard Appenzeller)에게 《독립신문》의 편집과 경영을 위임하였다.[10)] 그리고 尹致昊를 주필로 임명하여 경영 전반을 맡도록 하였다.

윤치호는 1881년 1월에 신사유람단의 일원으로 동경에 갔다가 그 곳의 同

9) 《독립신문》, 1897년 12월 18일, 논설.
10) 이만열, 《아펜젤러, 한국에 온 첫 선교사》(연세대 출판부, 1985), 393~395쪽, 1898년 8월 17일 아펜젤러가 서재필에게 보낸 편지.

人舍에 입학하여 영어와 일어를 배웠고, 그 후 중국 상해의 中西書院에서 5년간 공부한 다음에 미국으로 건너가 밴더빌트(Vanderbilt)와 에모리(Emory) 대학에 유학하고 온 지식인이었다. 그는 갑오경장·독립협회운동·애국계몽운동과 같은 개화기의 크고 작은 역사적 사건에 직접 간접으로 깊이 간여하였다. 갑오경장 이후에는 학부협판·외부협판 등의 요직을 역임하였고 1897년 후반부터는 독립협회에 적극 가담하여 그 회장을 맡는 등 정치의 중심무대에서 활약하였던 역사의 참여자이자 관찰자이기도 하였다.

윤치호는 경영을 맡은 지 한 달 반 후인 7월 1일부터 그 때까지 격일간으로 주 3회 발행이었던 《독립신문》을 일간으로 발전시켰다. 그러나 이 해 12월 25일 고종이 11개조의 민회 금압령을 내려 독립협회와 황국협회를 혁파하도록 명하자 독립협회 회장이었던 윤치호는 덕원(元山)감리 겸 부윤으로 임명되어 서울을 떠나면서 《독립신문》에서도 손을 떼고 말았다. 이리하여 1899년 1월부터 독립신문사는 아펜젤러가 맡아 운영하였다.

《독립신문》에는 서재필과 윤치호 외에도 제작에 참여한 사람들이 더 있었다. 그 가운데는 독립협회의 소장 신진파로 활약하여 중추원 議官으로 선출되기까지 했던 孫承鏞이 있다. 한글학자 周時經(본명은 尙鎬)도 《독립신문》 제작에 참여하면서 한글연구에 몰두하였다.

주시경은 서재필이 《독립신문》을 창간하였을 때에는 배재학당의 학생이면서 《독립신문》의 '회계사무 겸 校補'의 일을 보기 시작하였다. 그 후 회계의 일은 그만두고 '총무'가 되었다가 1898년 봄부터 9월까지는 '총무 겸 교보'의 일을 맡았다.[11] 이 기간 동안 그는 독립신문사 안에 國文同式會를 두었다 하며, 《독립신문》에 2편의 〈국문론〉을 발표하였다. 1897년 4월 22일과 24일자, 그리고 이 해 9월 25일과 28일자 1면 논설란에 실린 글이 그것이다.

아펜젤러는 우리 나라에 온 최초의 선교사이며 교육자이자 언론인으로서 다양한 활동을 벌인 사람이다. 그는 27세였던 1885년에 한국에 와서 이듬해 6월 배재학당의 전신인 영어학교를 설립하여 교장으로 재직하면서 1887년에는 고종으로부터 배재학당이라는 교명을 하사받아 서양식 교육을 처음으로

---

11) 金敏洙, 《周時經 硏究》(탑출판사, 1977), 35쪽에 실린 주시경의 이력서와 《나라사랑》 4, 〈한힌샘 주시경선생 특집호〉(1971) 참조.

실시하였다.[12] 1890년 1월에는 종로서점을 설치하였으며 같은 해 6월 대한성교서회 회장이 되었고, 1895년부터는 영문 월간지 《코리안 리포지토리》의 편집인도 맡았다. 서재필이 미국으로 돌아간 뒤 《독립신문》의 사장은 아펜젤러였으나 실질적으로는 윤치호가 운영하다가 1899년 1월 윤치호가 덕원감리로 떠난 뒤부터는 아펜젤러가 신문을 운영하였다. 그러나 이 해 6월 1일부터는 영국인 엠버얼리(H. Emberley)에게 신문사를 인계하였다.

엠버얼리는 1898년 6월부터 삼문출판사의 인쇄시설 감독으로 있었던 사람인데, 신문을 운영하기에는 능력이 부족하였다. 그 밖에 영문판 제작에는 호머 헐버트(Homer H. Hulbert)가 많은 도움을 주었고, 그의 동생인 아처 헐버트(Archer B. Hulbert)도 1897년에서 1898년 사이에는 영문판 제작을 도왔다.[13]

그런데 정부는 1899년 7월 14일 《독립신문》 사옥의 반환을 요구하였다. 《독립신문》을 창간할 때에 서재필에게 신문사의 사옥으로 사용하도록 정부 소유의 건물을 제공하였는데 이를 환수하고자 한 것이다. 그러나 서재필은 사옥의 반환을 거절하였기 때문에 이번에도 주한미국공사 알렌이 정부와 미국에 있는 서재필 사이의 교섭을 주선하였다. 이리하여 1899년 12월 4일자로 정부가 서재필에게 4,000원을 지급하여 《독립신문》의 판권과 인쇄시설을 매수하였다. 이 날부터 《독립신문》은 더 이상 발행되지 않았다.

독립신문사를 매수한 뒤에 대한제국정부는 그 시설로 신문 발간을 계속하기 위해 아일랜드 출신 영국인 오세아(吾時, John O'Shea)에게 일을 맡겼다. 궁내부는 정간중이었던 《商務總報》의 기계와 활자까지 오세아에게 인계하였으나, 결국 신문은 나오지 못하고 말았다. 오세아는 재동에 있던 외아문 건물에 거주하면서 영문판만 주 2회씩 발간하겠다면서 영어에 능통한 내외국인을 모집한다고도 했지만 신문은 발행되지 못하였다.

《독립신문》은 1896년 4월 7일에 창간되어 1899년 12월 4일에 폐간되었으므로 43개월간 간행된 셈이다. 이 신문이 언론의 발달과 사회의 개혁에 미친 영향은 컸다.

---

12) 이만열, 앞의 책, 511쪽 이하 年譜 참조.
13) C. N. Weems, *Hulbert's History of Korea*, Vol. 1, London ; Loutledge & Kegan Paul, 1961, p. ED 34.

3) 외국인의 신문 발행과 잡지

(1) 일본인 발행의 신문들

한국, 일본 그리고 중국의 동양 3국은 수세기 전부터 전근대적 서한신문 또는 필사신문으로 불리는 신문 유사물을 가지고 있었다. 한국의 《朝報》, 일본의 《요미우리(讀賣)》 또는 《카와라반(瓦板)》, 그리고 중국의 《朝報》·《京報》 등이 그것이다. 그러나 이러한 신문 유사물이 근대적인 형태의 신문으로 발전하지는 못하였다. 중국과 일본에서 근대적인 신문이 생성 발달하는 과정에서 서양의 영향이 컸다는 사실은 널리 인식되어 있으며, 중국과 일본언론사는 대체로 이러한 내용을 기술하고 있다.

이에 비해 우리 나라 신문의 초기 단계인 한성순보와 주보의 발간에는 서양보다는 일본과 중국의 신문을 참고로 하였다. 순보 창간에 앞서 일본인들은 부산에서 일본어로 된 신문과 잡지를 먼저 발행하였다. 일본거류민 釜山商法會議所에서 1881년 12월 10일부터 일본어와 한문으로 《朝鮮新報》라는 순간 신문을 발행하였고, 1892년 9월부터는 부산에서 《鷄林》이라는 잡지도 발행하였다.

일인들은 그 후 인천에서 《仁川京城隔週商報》(1890년 1월 28일)를 창간하여 제호를 《朝鮮旬報》(1891년 9월 1일), 《朝鮮新報》(1892년 4월 15일)로 바꾸면서 발간을 계속하였고, 서울에서는 1895년 2월 15일부터 한국어와 일어로 된 격일간 《漢城新報》를 창간하였다.

《한성신보》는 우리말로 발행된 신문 가운데는 처음으로 오사카(大阪) 스탠더드 사이즈로 인쇄하면서 4호와 2호 활자를 섞어 쓰는 기술을 사용하였다. 이 신문도 당시 다른 인쇄물과 마찬가지로 본문은 4호 활자였지만 강조할 부분에는 2호 활자를 병용하였다. 이러한 제작방법은 아직 우리 나라의 다른 출판물은 채용하지 못했던 기술이었다. 순수한 인쇄기술적인 측면에서 볼 때 이와 같은 제작기술은 우리의 신문 인쇄기술 향상에 자극을 주었을 것이다.

일본인들이 발행하는 한국어 신문은 1904년부터 여러 개로 늘었다. 러일전쟁 이후에 일본은 한국침략의 수단으로 신문을 활용하였기 때문이었다. 일인들이 발간한 신문은 반민족적인 내용이었지만, 인쇄의 발달과 신문 편집기술의 향상을 촉진한 측면이 있었다. 신문의 색도인쇄, 소설연재 등은 일본인 발행 신문이 먼저 시작한 것이다.

(2) 기독교계통의 종교신문

1990년대로 넘어와서 민간신문이 창간될 무렵에는 기독교에서도 신문을 발행하기 시작하였다. 기독교는 선교의 방편으로 대개 세 가지 사업을 병행하였는데 그것은 교육사업, 의료사업, 그리고 출판사업이었다. 출판사업은 다시 세 부류의 독자를 대상으로 발행하였는데, ① 한국인들을 상대로 하는 것, ② 한국에 거주하는 선교사들을 위한 것, 그리고 ③ 선교사를 파견한 나라의 교회를 상대로 하는 3가지 종류였다.

①에 속하는 신문은 감리교의 《죠션크리스도인회보》(1897년 2월 2일), 장로교의 《그리스도신문》(1897년 4월 1일)이다. 천주교의 프랑스신부 드망즈(Florian Demange, 安世華)가 발행하던 《京鄕新聞》(1906. 10. 19)도 이에 속한다.

②의 부류로는 감리교회의 《코리안 리포지토리》(《The Korean Repository》)가 있고, ③은 영국 성공회의 《모닝 캄》(《The Morning Calm》)이 있다. 《모닝 캄》은 우리 나라와 관련되어 외국인이 발행한 최초의 잡지였다. 1890년 7월에 창간되었는데 우리 나라에서 발행된 것이 아니라 런던에서 인쇄되어 우리 나라와 영국 등지에서 배포하였다. 제작방법은 서울에서 만든 원고를 런던으로 보내면 런던에서 인쇄 발행하였기 때문에 한국에서 발행된 잡지로 볼 수는 없다.

선교사업을 수행하기 위해서는 한국어를 능통하게 할 수 있어야 하였으므로 선교사들은 한국어를 체계적으로 연구하게 되었다. 이리하여 출판사업과 함께 한국어 문법서 또는 사전을 펴내게 되었다. 이들은 한국의 대중를 상대로 하는 선교를 위해서는 한글을 사용하는 것이 효과적이라는 판단으로 성서를 한글로 출판하였다. 이들 기독교 출판물은 한글보급에 공헌하게 되었다.

감리교와 장로교는 거의 비슷한 때에 신문을 발행하기 시작하였다. 출판시설을 갖추고 있었던 감리교는 1897년 2월 2일 한글 전용의 주간신문 《죠션크리스도인회보》(《The Christian Advocate》)를 창간하였다. 발행인은 아펜젤러였다. 《죠션크리스도인회보》는 1897년 12월 8일부터는 《대한크리스도인회보》로 개제하였는데, 1900년의 경우 서울에 340부를 비롯하여 전국에 걸쳐 810여 부가 배포되었다.

장로교에서는 1897년 4월 1일부터 《그리스도신문》(《The Christian News》)을 발행하기 시작하였다. 발행인은 언더우드(H. G. Underwood)였다. 《대한크리스도인회보》와 《그리스도신문》은 이후 8년 동안 발행되다가 1905년에 이르러 두 교파 신문의 통합 움직임이 일기 시작하여 그 해 6월 24일에 각각 폐간호를 내고 7월 1일부터 《그리스도신문》이라는 주간을 발행하였다. 이로써 처음으로 감리교와 장로교의 연합신문이 나오게 된 것이다. 사장은 캐나다 출신의 장로교 선교사 게일(J. S. Gale)이었으며 장·감 양 교회에서 운영 및 편집에 참여하였다. 이 신문은 1907년 12월 10일부터는 《예수교신보》(《The Church Herald》)로 이름을 바꾸어 격주간으로 나오다가 한일합병이 되던 해인 1910년 2월 21일에 폐간되었다.

이리하여 한동안 초교파적인 신문을 발행하던 양 교파는 다시 두 신문을 따로 발행하게 되었다. 장로교는 《예수교회보》(《The Christian News》, 1910년 2월 24일 창간)를, 감리교는 《그리스도회보》(《The Korean Christian Advocate》, 1911년 1월 31일 창간)를 각각 발행하였다. 양 교파가 또 다시 연합신문을 발행한 것은 1915년의 《긔독신보》였다. 한편 천주교회에서는 1906년 10월 19일 주간으로 《경향신문》을 창간하였다. 발행인은 프랑스 신부 安世華(Florian Demange)였다.

한말 외국인들이 발행한 신문·잡지·출판물들의 한국언론 발달에 미친 영향을 요약하면 다음과 같다.

첫째, 서양선교사들과 일인들이 만주·상해·요코하마 등지에서 한글활자를 만들고 서양식 인쇄시설을 들여 왔다. 그러므로 인쇄문화의 발달은 이들 나라와의 관련을 무시할 수 없다. 둘째, 선교사들이 운영했던 삼문출판사와 일인 경영의 신문들은 한국의 신문발달 초기에는 기술전수 또는 기술인력을 공급하였을 것이다. 셋째, 이들 출판사는 한국의 신문·잡지 창간을 자극했고 도움을 주었다. 《독립신문》과 《대한미일신보》는 한글과 영문 2개 국어로 편집되었는데, 이 두 신문이 다 같이 3개월 정도의 짧은 준비기간 밖에 갖지 못했으면서도 영문판까지 낼 수 있었던 것은 이미 서양인들이 경영하고 있던 출판사의 시설을 이용할 수 있었기에 가능했던 것이다. 넷째, 특히 서양 선교사들의 한글출판물은 《독립신문》·《미일신문》·《뎨국신문》 등 한국 초기 신문의 한글 전용을 자극하고 자신감을 주었을 것이다.

(3) 잡지의 시초

우리 나라 최초의 잡지가 어떤 것인가에 대해서는 학자에 다라서 주장이 다르다. 1892년 1월에 미국 감리교 선교사였던 올링거(F. Ohlinger)부처가 창간한 《코리안 리포지토리》를 최초의 잡지로 보는 사람이 있는가 하면, 1896년 2월에 동경에서 유학생들이 발행한 《친목회회보》가 잡지의 효시라는 견해도 있고, 1896년 11월의 《대죠션독립협회회보》가 최초라는 사람도 있다.

한말에 발행된 잡지는 ① 교회계열에서 발간한 것, ② 유학생들이 발행한 것, ③ 단체 또는 학회를 중심으로 발행된 것, ④ 개화계몽을 위주로 한 잡지류의 4종으로 분류할 수 있는데, 당시에 잡지를 발행한 사람들은 직업적인 잡지인이 아니라 교회계통이나 유학생회, 또는 여러 애국계몽단체의 책임자나 잡지 발행담당자들이 대부분이었다. 그리고 계몽운동에 뜻을 둔 소수의 잡지발행인들도 있었다.

《코리안 리포지토리》는 서양선교사들이 영어로 발행하였지만 우리 나라 언론발달에 직접·간접으로 영향을 미친 잡지였다. 이 잡지는 올링거부처가 1892년에 창간하여 1년 동안 발행하다가 중단했는데 2년 후인 1895년 1월에는 아펜젤러와 존스(George Herbert Jones)가 발행인이 되어 속간하면서 헐버트가 부편집인으로 실무를 맡았다. 이 잡지는 선교사들에게 한국의 사정을 알리자는 데 목적이 있었으므로 한국의 역사·문화, 당시의 정세 등에 관한 내용을 취급하였다. 1898년 12월까지는 월간이었으나 1899년부터는 4면 또는 8면의 조그만 주간 뉴스 블레틴 형태로 6월까지 발행되었다. 《코리안 리포지토리》는 영어로 발행된 잡지였지만 당시 우리 나라의 사정을 연구하는 데는 귀중한 자료가 되고 있다.

《친목회회보》는 일본유학생들이 동경에서 발행한 잡지였다. 1895년 2월에 창간되어 1898년 4월까지 6호를 발행하였는데 편집 겸 발행인은 崔相敦이었다. 최상돈은 우리 나라에서 잡지편집 겸 발행인으로 최초의 인물인 셈이다. 《대죠션독립협회회보》는 독립협회의 기관지였다.

민간출판사를 설립하여 본격적인 출판사업을 벌인 사람은 崔南善과 그의 형인 崔昌善이었다. 이들 형제는 1908년에 新文館이라는 출판사를 설립하여 1920년대까지 활발한 출판사업을 벌여 대표적인 잡지인이자 출판인이 되었다. 최남선은 우리 나라 최초의 본격적인 종합잡지로 치는 《소년》(1908년 11월)에서 《붉은져고리》(1913년 : 월 2회간 신문)·《새별》(1913년 4월)·《아이들보이》(1913년 9월)·《청춘》(1914년 10월) 등의 잡지를 발행했고 3·1운동 후인 1922년 9월부터는 시사주간지 《東明》을 발행하다가 1924년 3월에는 일간지 《시대일보》를 발간하였다.

4) 일간지 《미일신문》

(1) 배재학당의 《협셩회회보》

1898년은 언론사에서 그 이전과는 뚜렷이 구분되는 특징적인 획을 그은 해였다. 이 해에는 《협셩회회보》-《미일신문》의 창간에 이어 한말 대표적인 민족지 《뎨국신문》과 《皇城新聞》이 창간되어 《독립신문》·《한성신보》 그리고 종교계통의 신문을 합쳐서 우리 나라에도 '언론계'가 완전히 형성되었기 때문이다. 이 해에는 또한 우리 나라 최초의 언론단체인 '신문사 친목회'가 결성되어 언론의 자유와 언론의 경영문제 등을 공동으로 논의하면서 언론인의 친목도 도모하게 되었다.

민간신문의 이와 같은 급속한 성장은 크게 두 가지 여건이 작용한 때문인 것으로 볼 수 있다. 첫째는 당시의 사회적인 상황이 민간신문의 발간을 촉진하였다. 개화사상이 확산되었고 독립협회와 만민공동회를 중심으로 사회개혁운동이 활성화되고 있었다. 이에 따라 사회 전반에 걸쳐서 정보의 욕구가 상승되었으며 동시에 사회개혁의 수단으로 신문을 발간하려는 움직임이 강하게 일어났다.

두 번째 여건으로는 사회 지도계층간에 신문도 기업으로서 자립할 수 있다는 자신감을 얻게 되었다. 《독립신문》은 정부의 재정적인 지원에 힘입어 창간되었으나 구독료와 광고료를 가지고 독자적으로 경영할 수 있다는 가능성을 입증하였다. 《독립신문》보다 한 해 먼저 일인들이 발행하기 시작했던 《한성신보》와 미국 감리교와 장로교가 1897년부터 각각 발행하기 시작한 《죠선크리스도인회보》와 《그리스도신문》도 민간신문의 발행을 자극하였다.

《협성회회보》·《미일신문》은 1년 3개월 남짓한 짧은 기간밖에 발간되지 못했으나 초기 한국신문사에 찬연한 빛을 남긴 신문이다. 《협셩회회보》를 발간한 협성회는 1896년 11월 30일에 결성된 배재학당 학생회였다. 협성회는 서재필의 지도로 결성되어 서양식 회의 운영방식에 따라 매주 토요일 오후에는 공개토론회를 개최하였다. 이 회는 그 목적을 "충군애국지심을 굳게 세워 의기와 용맹을 기르는 것"이라고 밝히고 있다.14)

우리 나라 최초의 서양식 근대교육이 시작된 배재학당에서 서양의 민주적 회의 진행방식을 익힐 수 있는 기회를 만들고 어떤 문제를 놓고 공개토론을 전개한다는 것은 학교내의 행사일 뿐만 아니라 사회적으로도 큰 의미를 지니는 일이었다. 더구나 회원을 학생만으로 한정하지 않고 '찬성원'제를 두어 관리와 시민 등 뜻있는 젊은이에게는 문호를 개방하여 협성회는 하나의 사회단체로서의 성격을 뚜렷이 갖게 되었다. 그러나 협성회의 가장 큰 업적은 《협셩회회보》의 창간이었다.

《협셩회회보》를 발간하기에 앞서서 협성회는 공개토론회를 통해 신문의 중요성을 논의하였다. '우리 회즁에셔 일쥬일간 회보를 발간함이 가홈'(제29회 토론), '신문국을 각쳐에 배설ᄒᆞ야 인민의 이목을 열님이 가홈'(제33회 토론)이라는 문제를 가지고 토론을 벌인 끝에 1898년 1월 1일 《협셩회회보》를 창간하였다.

이 때까지 민간지로는 《독립신문》밖에 없었고, 일인들이 발간하고 있던 《한성신보》(국한문·일문지)와 아펜젤러가 발행하는 주간 《죠션크리스도인회보》와 언더우드의 《그리스도신문》이 있었다. 《독립신문》을 발행하는 서재필은 미국

14) 《협셩회회보》 1호, 1898년 1월 1일, 론셜.

인 신분이었으므로 엄격히 따지면 《독립신문》도 외국인이 발행하는 신문으로 볼 수 있었다. 그러므로 《협셩회회보》는 외부의 지원 없이 처음으로 민간인들이 발간하는 신문이었다. 《협셩회회보》는 협성회의 기관지였으나 편집체재와 내용은 완전히 일반 종합지의 면모를 갖추고 있었다. 《협셩회회보》는 발간의 취지를 다음과 같이 밝히고 있다.

> …한 번 발간ᄒᆞ기에 십여원식 밋져가며 이 회보를 발간ᄒᆞ는 것은 젼국 동포의 이목을 여러 내외국 형편이 엇더케 될 줄을 대강 알게 ᄒᆞ고 우리 이천만 동포가 일심합력ᄒᆞ여 우흐로 님군과 나라를 밧들고 아래로 우리 동포의 집안들을 보호ᄒᆞ여 가자고 반론ᄒᆞ여 시작한 것이러니…

《협셩회회보》는 《독립신문》과 똑같은 체재를 답습하였다. 4·6배판 2단제로서 1면에는 〈론셜〉을 싣고, 2면·3면에 〈내보〉와 〈외보〉, 그리고 맨 마지막인 4면 끝에 협성회의 소식인 〈회즁잡보〉을 실었다. 이 〈회즁잡보〉도 당시 협성회의 사회적인 위치로 보아서 일반에게 뉴스로서의 가치를 지닌 것이었다. 특이한 것으로는 제4호(1월 22일)부터 시작하여 최병헌·신용진(6호)·이익진(7호)·오긍선(11호)·이승만(12호)·홍정원(13호)·김만식(14호) 등의 기명 논설을 게재한 일이다.

《협셩회회보》는 치외법권적인 위치에서 불법행위를 자행하는 외국인들을 비난하고, 내정에 대해서도 잘못을 지적하고 비판을 가하였다. 한 예로서 다음과 같은 기사가 있다.

> 인쳔신보에 말ᄒᆞ엿시되 양인 차례라 ᄒᆞ난놈이 요리집에서 슐을 먹다가 우리나라 사람 수십명이 구경ᄒᆞ난 것을 총으로 노으매 그즁에 한 사람이 마져 탄알이 뼈를 듧고 배로 드러가 거의 죽게 되엿다 ᄒᆞ니 그러케 악한 오랑캐놈을 당장에 셜분 못 ᄒᆞ엿스니 듯난 자의게 분한 일이나 장ᄎᆞ 정부에셔 법률대로 죠쳐할 일일너라(《협셩회회보》 4호, 1898년 1월 22일, 〈내보〉).

인천에서 서양인이 술 마시는 모습을 한국인들이 몰려가 구경하는데 이를 귀찮게 여긴 서양인이 권총을 쏘아 구경꾼의 배를 관통하였다는 내용이다. 이 기사는 사실 보도와 함께 기자의 주관이 첨가된 논평기사의 성격을 동시에 지니고 있다. 그와 같이 악한 '오랑캐놈'에게 그 자리에서 분풀이하지 못한 것이 억울하다고 말하면서 정부의 조처를 요구한 것이다.

《협셩회회보》는 회원들에게는 물론이고 일반을 상대로 판매와 배달도 하여 일반 대중에까지 그 영향력을 넓혔다. 이리하여 처음 협성회를 창립할 당시에는 불과 10여 명의 발론으로 시작하였으나, 《협셩회회보》가 창간될 무렵에는 회원이 2백여 명으로 늘어났고, 신문을 발간한 후에는 일반에도 큰 호응을 받아 오래지 않아 근 300명에 이르게 되었다.

제5호(1월 30일자)부터는 1898년(광무 2년) 1월 26일에 농상공부의 정식인가를 받았음을 제호 아래에 밝히고 있으며, 이 신문이 학교 내·외의 큰 호응을 받자 협성회는 4월 2일자로 발간한 제14호를 마지막으로 주간 발행을 중단하고, 15호째 발간일자인 4월 9일부터는 우리 나라 첫 일간지인 《미일신문》을 창간하였다. 《협셩회회보》는 과격한 정부비판의 논조로 말미암아 고종의 內命으로 폐간되었다고도 알려져 왔으나, 이는 강제 폐간이 아니라 일간으로 발전시키기 위해 제호를 바꾸었던 것이다.

(2) 일간신문으로 발전

협성회가 《협셩회회보》를 일간으로 고쳐 《미일신문》을 창간한 것은 혁신적인 쾌사였다. 당시는 아직 《독립신문》조차 격일간에 머무르고 있을 때였으므로 《미일신문》은 우리 나라 신문사상 최초의 일간신문이라는 영예를 얻게 된 것이다.

《협셩회회보》와 《미일신문》을 만든 사람들은 당연히 협성회의 간부들이었다. 그러나 그 가운데서도 특별히 제작을 주도했던 사람은 누구였을까. 협성회에서 발간하는 신문이었으므로 배재학당 학생들이 공동으로 제작한 것으로 볼 수 있다. 그러나 그 가운데도 특별히 신문제작을 담당한 '記載員', 즉 기자가 따로 필요했을 것이다.

《협셩회회보》에 기명 논설을 썼던 사람들이 제작에 적극적으로 참여했던 사람들일 것이다. 그 가운데 가장 중심적인 인물은 梁弘默·李承晩·崔廷植·柳永錫 등이었다. 독립운동가로서 대한민국 건국 당시 초대 대통령으로 선출되는 이승만은 배재학당 학생으로 이 신문제작에 참여하였는데 사장직을 맡기도 하였다. 이승만은 《협셩회회보》를 발전시켜 《미일신문》을 발행하던 때에는 협성회의 회장이 되어 《미일신문》의 사장으로 되었으나 사내 분규로 말미암아 유영석·최정식과 함께 7월 초에 물러나 8월 10일에 창간되는 《뎨국신문》에 참여하였다.

《협셩회회보》 2월 19일자(제8호) 〈회즁잡보〉에는 협성회 제5차 임원의 명단과 함께 "회보쟝 양홍묵씨는 인임하였더라"는 기사가 실려 있는 것을 보면 양홍묵은 이 신문이 창간될 때에 '회보장'으로서 신문제작을 책임지고 있었음을 알 수 있다. 양홍묵은 그 후 《미일신문》을 창간한 후에는 사장이 되어 이 신문을 이끌어 나갔고, 이 해 가을부터 1902년까지 배재학당의 선생으로 재직하였다. 또한 그는 이승만과 함께 독립협회·만민공동회에서도 크게 활약하여 중추원 의관으로 선출되었으며, 후에 의정부 참서관, 김해군수 등을 역임했던 인물이다.

《협셩회회보》가 《미일신문》으로 발전한 후에는 협성회와는 별도의 신문사 조직을 갖추게 되었다. 그러나 이내 경영문제와 관련한 사내 분규가 일어나 제작진의 변동이 있었다. 《미일신문》이 창간된 3일 후인 4월 12일자(제3호)에는 "이 신문 샤쟝은 본회 회쟝이 예겸할줄노 작뎡되엿더라" 하여 협성회 회장이 《미일신문》의 '사장'을 겸한다고 밝히고 있다. 그런데 40일 후인 5월 21일자(제37호)에 의하면 협성회 임원을 개선하여 회장에 이승만, 부회장으로는 양홍묵이 선출되었는데, 같은 날짜 4면에는 '편집인 최정식, 져술인 리승만, 발행겸 인쇄인 류영석'이라고 기록하고 있다.

편집인 최정식은 협성회의 정회원이 아니고 찬성원이었는데(《협셩회회보》 2월 26일자 〈회즁잡보〉) 곧 사내 분규의 장본인으로 몰려 신문사를 떠나게 되고, 얼마 후에는 설화사건으로 구속되어 그보다 뒤에 구속된 이승만과 탈옥을 기도하다 사형당하였다.

(3) 기사의 외교문제화

《미일신문》은 외세에 저항하는 한국신문의 전통을 확립하는데 선구적인 역할을 맡았다. 그러나 자유와 개화를 열렬히 주장한 《미일신문》의 논조는 외세의 탄압을 받게 되었다. 가장 큰 파문을 일으켰던 것은 5월 16일자(제32호)

1면에 러시아와 프랑스가 이권을 요구한 외교문서를 폭로하여 문제가 된 사건이었다.

폭로한 내용은 러시아가 목포와 진남포의 조계지를 근방 4방으로 10리를 사겠다고 요구한 것과, 프랑스는 평양의 석탄광 하나를 채굴하여 경의선 철도부설에 사용하겠다는 것이었다. 프랑스는 이미 1896년 6월에 경의선 철도부설권을 얻어 가지고 있었다. 《미일신문》이 러시아와 프랑스의 이권요구를 폭로한 같은 날짜에 일인들이 발행하던 《한성신보》도 동일한 기사를 실었는데, 이는 《미일신문》과 속셈은 달랐지만 일본측으로서도 이해관계가 얽혀 있었기 때문이었다.

두 신문의 기사는 국민들에게 큰 충격을 주었다. 독립협회는 외부에 대해 사실의 전말을 밝히라고 요구하고, 이에 대한 정부의 대책이 무엇인지를 따져 묻는 질의서를 외부대신에게 보내면서 본국의 땅은 선왕의 강토요 인민의 생업하는 땅인데 귀 대신의 고명하신 식견으로 마땅히 참작하야 판단하실 터이오나 본회에서도 이 일에 대하야 부득불 참예해야겠다고 선언하였다. 러시아와 프랑스의 요구가 세상에 알려지고 이를 저지하려는 반대여론이 비등하자, 은밀히 일을 성취하려 했던 두 나라 공사관에서는 즉시 외부에 항의문을 보내왔다.

러시아공사 마튜닌(Nikolai Matyunin)은 문제된 《미일신문》과 《한성신보》를 첨부하여 한국정부에 보내면서 외교기밀이 누설된 경위를 추궁하고 앞으로 이런 일이 없도록 하라고 요구했으며, 프랑스공사 플랑시(V. Collin de Plancy)도 항의와 함께 관련자를 처벌해야 한다고 주장하였다.

러시아공사는 문제가 된 《미일신문》 5월 16일자 기사만이 아니라 5월 7일자와 11일자 기사에도 고의로 러시아군인의 명예를 훼손한 내용이 있으며, 교섭중인 외교기밀을 신문이 누설하였다는 것 등을 이유로 항의한 것이다. 프랑스측도 외교기밀의 누설을 항의하였다. 러시아와 프랑스의 항의는 5월 16일에 시작되어 6월 20일까지 계속되었다.

열강세력과 정부가 압력을 가하는 가운데 《미일신문》은 굽히지 않았다. 러시아와 프랑스의 항의가 한창이었던 5월 19일자 논설은 "어떤 사람은 저희 나라와 백성을 위하여 몇 만리 타국에 와서 체면 불구하고 남의 토지를 얻어다가 저희 국기 밑에 속한 바 되게 하려 하며, 어떤 사람은 국은을 입어 벼슬을 하면서 인심 좋게 남의 청을 잘 들어 말로라도 허락을 하려 하였는지, 사람의 경계와 의리는 다 마치 한가지언마는 이 같이 등분이 있다"고 개탄하면서, 국가와 이익을 지키지 못하는 한국 대신들도 공격하였다.

한편 협성회는 5월 23일과 25일 특별회를 열고 프랑스공사가 《ᄆᆡ일신문》 기자를 처벌하라고 요구한 사실을 규탄하였다. 협성회는 양홍묵 등 5명을 총대위원으로 뽑아 만일 《ᄆᆡ일신문》 기재원이 현저한 죄과가 있다면 依律懲治하고, 죄과가 없으면 죄 없는 이유를 프랑스공사에게 밝혀 양국 교제상 체례에 서로 손상됨이 없게 하라는 편지를 외부대신 조병식에게 보냈다. 열강의 언론에 대한 통제 요구는 집요해서 이 해 10월 7일에는 주한일본공사 카토(加藤增雄)까지 가세하여 주한외교사절단의 대표 자격으로 신문의 외교문서 게재를 금지시키라고 강요하였다.15)

열강 공사들의 압력에 견디지 못한 외부는 마침내 신문을 규제할 법률제정을 서두르게 되었다. 처음에는 외부가 한성부에 법률제정을 의뢰해 보았으나 한성부가 이를 받아들이려 하지 않자 외부가 직접 이를 제정하기로 작정하였는데, 바로 이 무렵인 1898년 10월 30일 고종이 내린 5개 항의 詔勅 가운데 내부와 농상공부가 각국의 예를 본떠 신문조례를 제정하라는 내용이 들어 있었으므로 내부가 이 일을 맡게 되었다.

이리하여 내부는 일본의 〈신문지조례〉를 모방하여 1899년 1월 전문 33조로 된 〈신문조례〉를 만들었으나 신문에 대해 가혹한 규제조항이 너무 많다는 언론계의 반발로 시행되지는 못하였다. 결국 최초의 〈신문지법〉은 이보다 8년 뒤인 1907년에 제정되었다.

(4) 《상무총보》 발간

《ᄆᆡ일신문》은 1899년 4월 4일에 폐간되었다. 겨우 1년 3개월 남짓한 짧은 기간밖에 발행되지 못한 것이다. 《ᄆᆡ일신문》은 당시 사회에 신선한 충격을 주고 언론 발달에 기폭제가 되기도 하였으나, 1898년 말에 독립협회가 혁파

15) 《舊韓國外交文書》 4, 日案 4, 149~150쪽.

되고 혁신세력이 꺾이면서 이 신문도 영향을 받았던 것이다. 그러나 폐간의 가장 큰 이유는 경영난과 내분 때문이었다. 이에 앞서《미일신문》의 내분으로 이 신문을 뛰쳐나온 이승만·유영석 등은《일일신문》을 발간하다가 8월 10일부터는 李鍾一이 창간한《뎨국신문》에 합류하였다. 이 신문은 우리 나라 최초의 일간지로서 혁신세력을 대변하여 언론 발달에 다음과 같이 기여하였다.

첫째 최초의 일간지로서 다른 신문에 자극을 주어 일간신문시대의 문을 열었고, 둘째《일일신문》·《뎨국신문》·《상무총보》(후에《대한상무신보》) 등의 창간과 직접적인 관계가 있으며, 셋째 민간신문의 외세에 대한 저항적 전통수립에 이바지하였다.《독립신문》이 기초를 잡은 한국신문의 특성은《미일신문》이 발간됨으로써 확고한 전통으로 계승·발전된 것이다. 이 신문은 러시아와 프랑스, 일본 등 당시 한반도에서의 이권침략을 위해 각축전을 벌이고 있던 열강세력에 저항하였으나, 미국에 대해서는 호의적이었다. 이는 이 신문이 미국인의 운영하에 있던 배재학당 학생들이 제작한 데에도 원인이 있었다.

그러나 경영면에서 성공하지는 못하였다. 신문 경영에 경험이 없는 젊은 청년들이 외부의 보조 없이 자력으로 시작한 최초의 신문이었으며, 당시 사회적 여건상 일간신문이 경영면에서 자립하기에는 아직 시기가 빨랐고, 신문 발간의 사회적 후원세력이 와해된 정치상황의 변화 등이 원인이었다. 그리하여 마침내는 정반대 입장에 있었던 보부상 쪽으로 팔려,《商務總報》로 개제되었다.

폐간한《미일신문》의 인쇄시설은 상무회사에서 인수하여《상무총보》라는 신문을 창간하였다.《상무총보》는 남아 있는 지면이 한 호도 발견되지 않았으며 이 신문에 대해서도 알려진 바가 거의 없다. 상무회사에서는《미일신문》을 인수하여 사장에 길영수, 총무원을 나유석으로 하여 신문 발간을 준비하였다. 길영수는 바로 황국협회 보부상 패의 선봉장으로 독립협회 탄압에 앞장섰던 인물이다.

《독립신문》과《황성신문》에 실린 1889년 4월 10일자 광고에는《상무총보》가 4월 12일에 창간할 예정이라고 밝히고 있으나, 실제 창간호는 4월 14일

(음력 3월 5일)자로 나왔다. 이 신문 역시 《미일신문》처럼 한글 전용이었으나 제목은 한자를 섞어 썼다. 내용은 '상무발달'과 상도확립 등 경제·상업문제를 전문으로 다루는 신문이었다.

《상무총보》는 주로 보부상조직을 통하여 보급하려는 계획이었는데 예상대로 판매되지 않자 《시사총보》에 광고까지 하는 등 보급을 위한 노력을 기울였으나 역시 인기를 얻지 못하였다. 더구나 겨우 2주일밖에 발행되지 않았던 4월 말에는 급료문제로 사원들이 일제히 퇴사하는 사태까지 생겼다.

이 신문은 처음에는 농상공부의 인가도 없이 발간되었던지 각 지방에 보내는 우편발송에도 문제가 있었고, 5월 하순에는 마침내 휴간에 들어갔다가, 길영수가 7월에 상공국장이 되면서 사옥을 법부 뒤 전 검률청으로 옮겨 속간하려 했으나 제대로 발간되지 못하였다. 9월에는 제호를 《대한상무신보》로 개제하여 국한문 혼용 신문으로 9월 6일부터 속간했으나, 어쩐 일인지 상무회사에서도 보급에 협조를 해주지 않았다. 결국 이 신문은 황국협회 계열로 경영이 넘어간 후에는 일반의 지지를 얻지 못하고 사라진 것이다.

5) 새로운 신문들

(1) 《경성신문》·《대한황성신문》

《京城新聞》은 1898년 3월 2일에 창간되어 같은 해 9월 5일에 《황성신문》이 되는 신문이다. 《경성신문》의 사장은 윤치호, 사무원은 鄭海源이었다. 이 두 사람의 명의로 농상공부에 제출한 신문발행 청원서에 의하면 《경성신문》은 매주 수·토요일 2회 발행하며 "각도 각군에 송출하여 各項商民의 이익을 助코저" 한다는 것으로, 상업흥왕에 그 목적이 있다고 밝혔다. 《경성신문》은 상업의 부흥을 위한 신문을 지향했던 것이다. 창간 직후 3월 5일자 《협셩회회보》에는 다음과 같은 기사가 실렸다.

> 경셩신문이 본월 이일에 처음으로 낫는디 이 신문은 우리 나라 사룸이 주장ᄒᆞ야 순국문으로 인출ᄒᆞᄂᆞᆫ디 각종물가를 쇼상히 긔지ᄒᆞ엿스니 샹무샹에 미우 요긴ᄒᆞ더라(《협셩회회보》, 1898년 3월 5일, 〈너보〉).

《경성신문》은 典洞 윤치호의 집에서 판대하였고[16] 편집사무실도 사장 윤치호의 집을 이용하였을 것이다. 신문의 발행허가는 윤치호의 명의로 얻었으나, 실질적인 경영은 그의 4촌 동생 尹致昭가 맡았었다는 데,[17] 윤치호는 이해 5월 서재필이 미국으로 돌아간 뒤부터는 독립신문의 주필을 맡아 그 일에 전념하였기 때문에 《경성신문》에는 많이 간여하지 못하였을 것이다.

《경성신문》은 4월 6일(제11호)부터 제호를 《대한황셩신문》으로 바꾸고 柳瑾이 주필을 맡았다. 이 때는 《협셩회회보》가 주간에서 일간 《미일신문》으로 개제하기 이틀 전이었다. 제호를 바꾼 이유에 대해서는 개제 첫호에 다음과 같이 밝히고 있다.

> 우리가 농공상부 허가를 엇어 신문샤를 설치하고 일홈을 경성신문이라 하엿더니 이제는 대한황셩신문이라 다시 곳치기는 우리 나라 ᄌᆞ쥬독립한 후에 셰계 각국에셔 우리 나라 사람도 신문하는 줄을 알게 홈이라

《대한황성신문》으로 개제한 것은 자주독립국인 대한에서 신문을 발간하고 있음을 세계 각국 사람들에게 알리기 위해서였다는 것이다. 따라서 국호가 명시된 《대한황성신문》의 제호가 《경성신문》보다 더 적절하다고 여겼던 것이다. 제호만 바뀌었을 뿐 운영자나 편집자는 변화가 없었다.

《대한황셩신문》은 장차 일간으로 발행되는 《황성신문》의 기틀을 잡아 나아갔다. 새로운 모금방식으로 股金制 합자회사로 운영하였는데[18] 주식회사와 같은 형태로서 5월부터 股票 5백을 발행하여 자금을 조성하였다. 1股의 가격은 10원씩이었다.[19] 이와 함께 신문사의 규칙을 제정하였고,[20] 9월 5일에 《황

---

16) 《협셩회회보》, 1898년 3월 5일 이후 26일자까지 4회에 걸친 광고.

17) 霞 汀, 〈조선신문발달사〉(《新東亞》, 1934년 5월호), 54쪽.
車相瓚, 〈조선신문발달사〉(《朝光》, 1936년 11월호), 44쪽.

18) 《미일신문》, 5월 12일 〈잡보〉에 "자본젼은 여러히 회샤를 모하 각기 고분금을 낼터인디 ᄒᆞᆫ목에 십원식이니…" 그리고 《독립신문》 7월 15일자 〈광고〉에서는 "본샤 고본표 가지신이는 젼 우슌쳥으로 오시오"라는 표현이 있어 《대한황성신문》이 股金制를 채택했음을 알 수 있다. 1898년 7월 16일에 열렸던 사원총회에서 제정한 〈皇城新聞社規則〉 제6조에 '本社는 各 社員에게 出資衿券을 交附홈'이라고 명시하고 있다.

19) 《미일신문》, 1898년 5월 12일 잡보.

20) 《독립신문》, 1898년 7월 15일, 광고에는 "황셩신문샤의 규칙을 의뎡ᄒᆞ고 림원

성신문》으로 발전한 뒤에는 주주총회인 사원총회에서 사장을 선출하였다. 초대 南宮檍과 제2대 사장 張志淵도 사원총회에서 선출된 사장들이다. 이 신문에는 한학을 공부한 사람들이 중심이 되어 전국 각 지역을 망라한 인물들이 참여하였고, 자본금도 특정인에 의존한 것이 아니라 여러 유지들이 공동 출자하여 민족지의 면모를 갖추었다.

(2) 필화사건

《대한황셩신문》은 허위사실 유포 또는 명예훼손으로 인해 신문사가 피소당한 최초의 사건을 겪었다. 7월에 경기도 과천군청에 소속된 관리 金聲杓가 군수 吉永洙의 비위사실을 투서한 내용을 보도했는데, 길영수는 이를 사실무근이라 하여 한성재판소에 《대한황셩신문》을 고소하고 공판일에는 과천주민 수백 명을 서울로 데리고 와서 재판소 앞에 집합시켜 위협적인 분위기를 조성하였다.

대한황셩측에서는 주필 유근이 재판정에 출두했는데 원고 길영수의 요구로 유근은 투서한 사람의 이름이 '김성표'임을 밝히고 말았다. 그 후 길영수는 투서한 김성표를 고소하는 사태로까지 번졌으나 《대한황셩신문》에는 별다른 피해가 없었다.[21] 길영수는 이듬해 4월에는 《미일신문》을 인수하여 《상무총보》로 개제하고 사장에 취임한 사람이다.

《대한황셩신문》은 일본에서 수입한 인쇄기계를 설치하고 사무를 확장하기 위하여 8월부터 휴간에 들어갔다가 9월 5일부터는 《황성신문》으로 개제하여 일간지로 발전하였다.

1899년 1월 22일에는 격일간 《時事叢報》가 창간되었다. 발행인 겸 사주는 洪中燮이었고, 주필은 장지연이었다. 국한문 혼용으로 발행된 이 신문의 수명은 길지 못해서 이 해 8월 17일까지 100호를 낸 뒤에 폐간하였다.

1896년 《독립신문》이 우리 나라 최초의 민간신문으로 창간된 이래 2년 뒤인 1898년에는 《미일신문》·《뎨국신문》·《황성신문》이 나왔고, 그 한 해 뒤

도 션명ᄒᆞ랴고…"라는 말이 있다.

21) 《檢事局起案》(서울대 규장각도서) 31호, 광무 2년 8월.
《皇城新聞》, 1898. 9. 7, 잡보 〈人孰無過〉.

에는 다시《시사총보》와《상무총보》가 발간되는 등으로 일시에 여러 신문이 다투어 나타나 활기를 띠는 듯하였으나《독립신문》·《미일신문》·《시사총보》그리고《상무총보》는 1899년에 모두 사라지고 말았다.

그 가운데서 황성과 뎨국 두 신문은 한말 대표적인 민간신문으로 1910년까지 발행되었다. 특히《황성신문》은 국한문 혼용으로 제작되었고《뎨국신문》은 한글 전용을 고수하여 뚜렷한 특색을 나타내면서 발행되면서 앞으로 나타나게 되는《대한미일신보》와 함께 항일적인 논조로 발간된다.

〈鄭晋錫〉

3. 언론의 구국투쟁

1) 한말 언론과 계몽운동

1905년(광무 9) 11월 을사조약이 강제로 체결되어 일제의 국권침탈이 본격화되자 이에 대한 한국민의 저항은 크게 두 가지 형태로 나타났다. 잘 알려져 있듯이 교육과 실업의 발전이라는 실력양성을 내세운 계몽운동과 직접적인 무장투쟁을 전개한 의병항쟁이 그것이었다. 대체로 을사조약을 전후하여 이러한 움직임이 두드러졌지만, 이미 1904년 2월에 발발한 러일전쟁 이후부터 그 같은 움직임이 찾아진다고 하겠다. 특히 1904년 6·7월에 있은 일제의 황무지개척권 요구로 일제의 궁극적인 목적이 국권침탈에 있음을 인식한 지식인들에 의하여 일제에 대한 저항이 두드러졌기 때문이다.

계몽운동은 여러 형태로 전개되었는데, 신교육운동·단체-학회운동과 함께 가장 대표적인 활동이 바로 언론투쟁이었다. 이미 1890년대 후반기부터 국내에서는 민간신문이 발간되기 시작하여 여론을 형성하고, 정부와 열강을 상대로 언론활동을 전개해 왔다. 1898년 12월 獨立協會가 해산되고 황제의 칙령으로 민간단체의 결성이 금지된 이후, 국민계몽과 여론형성에 있어 신문의 중요성은 더욱 강조될 수밖에 없었다. 대체로 신문의 논조는 러일전쟁 이

전까지 문명개화를 기치로 하였고, 러일전쟁 이후에는 점차 국권회복이 주된 주제로 전환하였던 것으로 생각된다.

그러나 모든 신문이 그러한 것은 아니었다. 그 발간 주체에 따라서는 종교의 포교를 우선으로 한 경우도 있었으며, 오히려 친일적인 색채가 두드러지는 경우도 있었다. 이 점은 을사조약의 강제체결 이후 나타나는 민간단체의 기관잡지나 개별잡지, 그리고 출판물의 경우도 다르지 않았다. 물론 한말 전 시기에 걸쳐 이들 언론의 기본적인 목표는 국민계몽을 통한 국권회복이었지만, 그 발간 주체에 따라 지향하는 바가 일치하지는 않았다는 의미이다. 특히 정치적인 면에서 그러하였다. 개항 이래 자주독립을 성취하기 위한 근대화에의 관심은 그것을 추구하는 과정에서 독립이라는 명제보다도 오히려 근대화의 논리 자체에 매몰되는 경우가 적지 않았다.

그러므로 일제의 국권침탈이 두드러지던 1900년대 후반기의 국권회복을 전제로 한 언론투쟁은 몇몇 민족언론을 중심으로 살펴야 할 것이다. 물론 잡지와 출판물 역시 같은 맥락에서 이해되지만, 두드러진 언론투쟁은 신문이 중심이었다. 따라서 1900년대 중반 이후 국내외에서 발행되던 신문의 언론활동을 통하여 국권회복운동의 양상을 살피고, 아울러 일제의 언론탄압을 정리하고자 한다.

(1) 국내신문

일제의 국권침탈이 본격화되던 1900년대 중반에 한국인이 발행한 신문은 10종 안팎이었다. 그 가운데 1909년 10월에 晋州에서 창간된《慶南日報》하나를 제외하고는 모두 서울에서 발간된 중앙지였다. 그리고 몇몇 신문은 발간기간이 겨우 1년 정도에 불과하였다. 한국인을 대상으로 일본인이나 구미인이 발행인이 되어 낸 신문도 적지 않았지만, 일본인 발행신문은 일제의 식민지화를 도모하기 위한 것이었고, 구미인이 발행한 신문도《大韓每日申報》나《京鄕新聞》을 제외하면 종교적인 목적이 두드러지고 있었다. 러일전쟁이 발발한 이후 간행되고 있던 신문을 정리하면 〈표 1〉과 같다. 이 표에는 일본인 발행신문과, 개신교에서 발간한 순수한 종교신문, 예컨대《그리스도신문》이나《예수회회보》는 제외되었다.

〈표 1〉 한말 국내신문 발행현황(1904~1910)

순서	제 호	창 간 연 월 일	종 간 연 월 일	지령(발행기간)	창 간 대 표	문 자	비 고
1	帝國新聞	1898. 8.10	1910. 3.31	3,240호	李鍾一	국 문	崔岡·鄭雲復사장
2	皇城新聞	1898. 9. 5	1910. 9.14	3,456호	南宮檍	국한문	張志淵·柳瑾사장
3	大韓每日申報	1904. 7.18	1910. 8.28	1,461호	베 델	국한문/국문	영문판 별도 梁起鐸·申采浩관여
4	國民新報	1906. 1. 6	1910. 8.	4년 7월	李容九	국한문	一進會 기관지
5	萬 歲 報	1906. 6.17	1907. 6.30	293호	吳世昌	국한문	루비활자 천도교 기관지
6	京鄕新聞	1906.10.19	1910.12.30	220호	드망즈	국 문	주간/천주교 기관지
7	大韓新聞	1907. 7.18	1910. 8.31	3년 1월	李人稙	국한문/국문	萬歲報 인수 李完用내각 기관지
8	大韓民報	1909. 6. 2	1910. 8.31	357호	吳世昌	국한문	대한협회 기관지
9	慶南日報	1909.10.15	1915. 1	887호	金弘祚	국한문	격일간/晉州 발행 張志淵주필
10	大同日報	1909.10.19	?	?	張基世		주간에서 일간 친일지
11	時事新聞	1910. 1. 1	1910. 5. 8	?	閔元植	국한문	친일지
12	大韓日日新聞	1910. 6. 4	?	?	金東集	국한문	大同日報 후신

〈표 1〉을 살펴보면, 1904년 7월 《대한매일신보》가 창간되기까지 《帝國新聞》과 《皇城新聞》만이 발행되고 있었음을 알 수 있다. 물론 1895년 일본인들이 창간한 한국어신문으로 《漢城新報》가 존재하였으나, 그것은 일제의 한국침략을 위한 여론형성을 목적으로 하고 일본공사관의 지원을 받고 있었다. 또 《대한매일신보》도 실제 신문제작은 한국인들이 하였지만, 그 발행인이 영국인 베델(裵說, E. T. Bethell)이었음은 잘 알려져 있다. 1898년에 최초의 일간신문인 《미일신문》을 비롯하여 여러 종류의 민간신문들이 간행되었지만, 1900년 이래 《제국신문》과 《황성신문》만이 각기 국문과 국한문으로 발행되었던 것이다. 1906년에 이르러 一進會의 기관지로 《國民新報》가 발행되었고, 이어 天道敎에서 《萬歲報》를, 天主敎에서는 주간으로 《京鄕新聞》을 창간하

였다. 1907년 이후 발행된 신문은 《大韓民報》를 제외하고는 기본적으로 친일신문이었다.

가. 《제국신문》

《제국신문》은 1898년 8월 10일자로 창간되어 1910년 3월 31일자까지 10년 넘게 발간되었던 순 국문신문이었다. 제호를 《뎨국신문》이라고 하다가 1903년 7월부터 《帝國新聞》이라고 고쳤다. 《황성신문》이 국한문체로 발행되어 양반이나 유림층을 대상으로 발행하였던 것과는 달리, 《제국신문》은 순 국문으로 하층민과 부녀자를 주된 독자층으로 삼고 있었다. 따라서 한말에는 흔히 이 신문을 '암(雌)신문', 《황성신문》을 '숫(雄)신문'으로 불렀다고 한다. 《제국신문》은 1898년 8월 3일에 농상공부로 신문 창간의 청원서를 제출하였는데, 국가의 개명을 도모하기 위하여 신문을 발간한다고 밝히고 있었다.[1)]

이 신문은 李鍾一·柳永錫·李承晩 등과 以文社라는 인쇄소의 관여자들이 발행하였는데, 창간 직후부터 이종일이 신문을 전담해야만 하였다. 옥중에 있던 이승만이 1901년부터 1903년까지 27개월 동안 논설을 집필하였다는 사실만으로도 그 어려움을 짐작할 수 있다. 더욱이 1899년 12월 화재로 인쇄시설이 전소된 이후 그 재정상태가 매우 어려워, 결국 1903년 1월부터 군부 代辦砲兵局長 崔岡이 사장에 취임하여 신문사를 일신시키고자 하였다. 그러나 그 해 6월 최강이 일본에서 구입해 온 揚武艦의 수뢰사건에 연루되어 신문사에서 손을 떼자 다시 이종일이 신문사를 맡을 수밖에 없었다.

《제국신문》은 만성적인 재정적자뿐 아니라, 일제의 신문 사전검열에 걸려 10여 차례의 휴간을 하지 않을 수 없었다. 특히 1907년 5월 《대한매일신보》의 국문판 간행에 맞서기 위하여 지면을 확장하고 鄭雲復·李海朝 등을 영입하여 새롭게 신문을 발간하였으나, 여기에서 야기된 재정난은 결국 9월 21일 폐간을 선언하는 지경에 이르렀다. 이로 말미암아 사회 각처에서 기부금이 모집되어 10월 3일자로 속간할 수 있었는데, 그 결과 10년 가깝게 신문사의 운영을 맡았던 이종일이 사임하고 정운복이 사장으로 취임하였다. 정운복은 韓基準·鮮于叡(鮮于日) 등 관서지방 출신들을 중심으로 신문사를 운영하

---

1) 《光武二年訴狀及題存檔》(郵政博物館 소장).

였으나 계속 재정부족으로 곤란을 받았다. 그 발행부수는 일시 4,000부에 이르기도 하였지만 2,000부를 겨우 넘기도 하였으며, 대체로 3,000부 내외였던 것으로 짐작된다.

법률과 풍속개량에 의한 민지계발을 내세우고 창간된 《제국신문》은 결국 그 목적은 국민계몽이었다. 따라서 국민에게 국문의 중요성을 일깨우고 하층민의 지식계발을 실천하였으며, 국가발전과 국권수호를 위하여 국민의 실력양성이 시급하다는 점을 강조하였다. 당시 계몽론자들과 마찬가지로 신교육과 실업발달이 국권회복의 방편이라고 인식하였던 것이다. 이와 함께 국권회복을 위한 무장투쟁, 곧 의병투쟁에 비판적이었던 것 역시 계몽론자들의 일반적인 견해와 다르지 않았다.

1907년 정운복이 신문을 맡은 이후에도 《제국신문》은 문명개화론적인 관심이 계속되어 오히려 그 이전보다 계몽적인 내용의 연재물이 훨씬 많아지기도 하였으나, 동시에 친일적인 경향을 보이고 있었다. 그것은 정운복이 통감부의 기관지였던 《京城日報》의 국문판 책임자 출신이었고, 선우예 또한 그 기자 출신이었다는 사실과도 무관하지 않았다.[2] 그러나 《제국신문》은 결국 재정난으로 1910년 3월 31일자를 발행하고 4월 1일부터 휴간에 들어가게 되었고, 이후 신문의 재간행은 이루어지지 않았다. 《황성신문》·《대한매일신보》 등은 한일합병이라는 정치적 이유로 1910년 8월 말에 폐간 또는 개제되었으나, 《제국신문》은 그와는 달리 재정난으로 일찍 폐간되었던 것이다. 지령은 대략 3,240호 정도였을 것으로 짐작된다.[3]

나. 《황성신문》

《皇城新聞》은 국문으로 발간되었던 《京城新聞》과 《대한황셩신문》을 계승하였지만, 국한문으로 발행되었다. 그것은 일반대중이나 부녀자보다 전통적인

---

2) 또 1909년 12월 4일에 있은 一進會의 合邦請願聲明에 대하여 친일세력이 발간하는 신문을 제외하고는 격렬하게 일진회를 성토하였으나, 《제국신문》은 아무런 논박이 없어 여론의 질책과 의심을 받았다. 또 정운복의 친일내각 입각설이 있었고, 《제국신문》의 통감부 기관지 시도까지도 있었던 것으로 알려졌다.

3) 이상 《帝國新聞》에 관해서는 崔起榮, 〈《帝國新聞》의 刊行과 下層民 계몽〉(《大韓帝國時期 新聞硏究》, 一潮閣, 1991) 참조.

지배층인 유생들에 대한 계몽이 시급하다고 인식한 까닭으로 짐작된다. 《황성신문》은 신문이 下情을 上達토록 하는 것이라고 논의하여,[4] 여론의 형성과 전달에 관심을 두었음을 알 수 있다. 황성신문사는 신문 발간과 기타 제반서류 인쇄를 목적으로 설립되었으며, 《황성신문》을 10년간 한시적으로 운영한 뒤에 존속 여부를 결정하기로 하고 창간되었다. 신문사의 자본금은 5,000원으로 1주당 10원씩 500주였으나, 필요에 따라 증자할 수 있게 하였다.[5] 실제로 1905년 8월에 황성신문사에서는 300주를 증자하여 총 800주가 된다.[6] 그러나 주주의 모집이 제대로 되지 않아 그 운영은 제국신문사와 다를 바 없이 어려웠고, 신문구독료의 납입도 제대로 되지 않아 재정부족에 힘겨워 하였다. 1903년 초의 구독료 미수금이 7,000원에 이르러 정간의 위기까지 몰렸으나 2,000원의 의연금으로 위기를 넘기기도 하였다. 결국 고종황제가 1904년 7월에 9,000원의 내탕금을 하사하여 사옥을 새로 얻고 활자를 개량할 수 있었다.

사장직은 처음에 南宮檍이 맡았다가 1902년 8월에 張志淵이 그 뒤를 이었다. 장지연이 〈是日也放聲大哭〉을 게재하여 경무청에 체포된 이후 1906년 2월에는 南宮薰이 사장직을 맡았다가 5월에 金相天이, 그리고 9월에는 柳瑾에게 인계되었다. 유근의 뒤를 이어 1910년 6월 成善慶이 사장을 맡아 2개월간 재임하였다. 황성신문사의 주주 또는 사원으로는 南宮檍·羅壽淵·洪在箕·姜華錫·金祥演·南宮薰·張志淵·柳瑾·金相天 등 30명이 넘었다. 《황성신문》의 주필로는 잘 알려진 대로 초기에 장지연이, 후기에는 朴殷植이 뚜렷한 족적을 남기고 있었다.[7] 발행부수는 대개 3,000~4,000부를 오르내렸다.

《황성신문》이 유학자계층의 계몽에 주된 관심을 두고 있었던 것과 관련하여 그 내용을 보면, 창간 이후 1904년까지는 강역·제도·실학 등 전통문화에 대하여 주목하였던 것으로 보인다. 그것은 보수적인 유학자들에게 전통문화를 새롭게 이해시키기 위해서였던 것으로 풀이된다. 1904년부터 1907년까지는 주로 외국의 망국·독립·개혁사를 통하여 그러한 목적을 이루고자 하

---

4) 《皇城新聞》, 1898년 9월 6일, 논설.
5) 崔起榮, 〈《皇城新聞社規則》·《皇城新聞社會議錄》 해제〉(《한국근현대사연구》 3, 1995).
6) 《皇城新聞》, 1905년 8월 16일, 사설.
7) 李光麟, 〈《皇城新聞》 硏究〉(《開化派와 開化思想 硏究》, 一潮閣, 1989) 참조.

여, 베트남이나 이집트와 같은 망국의 예와 일본·이탈리아·프랑스와 같은 독립·개혁의 예를 소개하였다. 그 같은 경향은 이들 국가의 경우를 통하여 유림들이 한국의 정치적 상황을 인식하고, 그 상황을 타개해 나갈 수 있는 교훈과 애국심을 기대하였기 때문이었을 것이다.

1908년 이후에는 외국사기의 소개를 벗어나 한국사에 대한 긍정적 이해에 주목하였다. 단군숭배, 한국사의 고구려－발해 중심의 이해, 영웅과 국혼의 강조 등이 역사관계 기사를 통하여 찾아지는 구체적인 내용이었다. 유학자들에게 자국사에 대한 애착과 자긍심을 심어 주고자 한 이러한 시도는, 바로 1900년대 후반기에 지식인들의 주도로 전개되던 이른바 애국계몽운동의 구체적 실천양상이기도 하였다. 동시에 1908년 이후 《황성신문》은 유학자들에게 그 이전처럼 실학만을 강조한 것에 그치지 않고, 전통유학 자체에 대한 반성과 함께 새로운 변화의 추구를 촉구하고 있었다. 儒敎求新이 그것이었다. 그러나 의병활동에 대한 비판으로 미루어, 의병활동과 무관하지 않던 보수적인 전통유학자에 대해서는 부정적으로 인식하고 있었음을 알 수 있다.[8)]

다. 《대한매일신보》

《大韓每日新報》는 1904년 7월 18일자로 국문으로 창간되었다. 영국인 베델이 사장이었고, 梁起鐸이 책임을 맡고 있었는데, 그 간행에는 황실의 지원이 있었던 것으로 알려져 있다. 이 시기는 러일전쟁에서 일본이 우세한 시기로 국내에 설치된 일본의 경무고문부에서 한국인 발행의 신문에 대한 사전 검열이 준비되고 있었다. 황실에서 자금을 지원하며 외국인을 내세워 신문을 발행하고자 하였던 것은 바로 그러한 현실을 고려한 것이었다.

《대한매일신보》가 국문으로 발행된 것은 하층민의 계몽이 시급한 것으로 이해하였기 때문인데, 더욱이 한 면은 영문판으로 구성되어 외국인들을 대상으로 하고 있었다. 이러한 편집은 크게 유용하지 못하였던 것으로 평가되었다. 따라서 신문사에서는 먼저 전통적인 지배층이고 지식층인 유학자계층의 계몽을 전제로 하여 신문을 국한문판으로 전환시키고자 하였다. 1905년 3월

---

8) 崔起榮, 〈《皇城新聞》의 역사관련기사에 대한 검토〉(《韓國近代啓蒙運動硏究》, 一潮閣, 1997).

10일자를 발행한 이후 5개월을 휴간한 것은 바로 그 준비 때문이었고, 드디어 그 해 8월 11일자부터 《대한매일신보》는 국한문체로 간행되기 시작하였다. 영문판 《The Korea Daily News》는 따로 발행하였으며, 하층민의 계몽에 대한 관심은 계속되어 1907년 5월 국문판을 별도로 간행하게 된다.

《대한매일신보》는 영국인을 발행인으로 하고 있었기 때문에 일제와 정부의 신문탄압에서 벗어날 수 있었다. 따라서 일제의 국권침탈과, 친일정권의 무능과 부패를 거리낌없이 비판하였다. 통감 伊藤博文이 1907년 초 일본에서 행한 다음과 같은 연설이 있다.

> …現今 한國에서 發行ᄒᆞᄂᆞᆫ 一외國人의 每日報ᄂᆞᆫ 確證이 有ᄒᆞᆫ 日本의 제般惡政을 反對ᄒᆞ야 한人을 煽動ᄒᆞᆷ이 連續不絶ᄒᆞ미 此에 關ᄒᆞᆫ 機會에 就ᄒᆞ야ᄂᆞᆫ 統監이 難可受責이로다…(《大韓每日申報》, 1907년 2월 12일 잡보 〈伊藤演說〉).

《대한매일신보》가 가장 반일적인 신문이라고 지적할 만큼, 일제의 한국침탈을 비판해 왔던 것이다. 일제가 베델의 추방작업을 1906년 7월부터 시작하였던 것도 그러한 이유에서였다. 특히 《대한매일신보》는 의병활동에 대해서 다른 신문들에 비하여 매우 호의적이었다. 《황성신문》이나 《제국신문》은 의병투쟁이 국권회복을 위하여 현실적이지 않다는 이유에서 매우 비판적이었던 것과는 사뭇 다른 입장이었다.

신문사는 양기탁의 책임하에 운영되었는데, 특히 申采浩·張道斌 등이 논설기자로 활동하였다. 그 밖에 林蚩正·玉觀彬·薛泰熙·卞一·姜文秀·李交倓·李章薰·黃義性·兪致兼·金演昶 등도 신문사에 재직하였다. 그 발행부수는 한말 발행되던 신문 가운데에서는 가장 많아 1908년 5월 일제측의 조사에서도 국한문판이 8,143부, 국문판이 4,650부, 영문판이 463부로 모두 13,256부로 나타났다. 또 1908년 8월의 조사에서는 《대한매일신보》의 국한문판과 국문판의 발행부수가 《제국신문》·《황성신문》·《국민신보》·《대한신문》의 합계와 비슷하였다.

통감부는 《대한매일신보》의 국권회복 활동을 방해하기 위한 베델의 추방을 계속 추구하였다. 결국 베델은 1908년 6월 영국 고등법원에서 3주간의 禁錮와 보증금의 납부라는 판결을 받아 상해로 가서 금고형을 치렀다. 베델은 이 일로 건강이 악화되어 1909년 5월 사망하고 만다. 또 통감부는 1908년 7월 양기탁을 국채보상금의 횡령혐의로 구속하였지만, 영국정부의 항의로 9월에 석방되었다. 베델은 1908년 5월부터 그의 비서 맨함(萬咸, A. Marnham)에게 그 경영을 맡겼으나, 그는 베델이 죽은 후 통감부의 회유로 1910년 6월 신문사를 이장훈에게 인계하고 말았다. 1910년 8월 29일 '한일합병'이 되자 《대한매일신보》는 총독부의 기관지 《每日新報》로 제호가 바뀌어 계속 간행되었다.[9)]

라. 《만세보》·《경향신문》·《대한민보》·《경남일보》

《萬歲報》는 1906년 6월 17일자로 창간되었는데, 천도교에서 발행한 것이었다. 그 해 1월 일본에서 체류하다가 귀국한 천도교 교주 孫秉熙와 문명개화에 관심을 두고 있던 그의 측근 權東鎭·吳世昌 등이 국내 기반의 확대와 천도교에 대한 국민의 부정적 시각을 변화시키는 것이 그 발간 목적이었다. 주필 李人稙의 명의로 내부에 제출한 신문발간 청원서에는 "國民의 風化를 鼓發ᄒᆞ며 智識을 補導ᄒᆞ기 爲ᄒᆞ야" 신문사를 설립한다고 하였다.[10)] 천도교에서는 국민계몽을 내걸고 교육사업과 출판사업에도 관심을 가지고 있었다. 국한문으로 발행된 이 신문은 한자 옆에 루비활자를 달아 국문밖에 알지 못하는 계층도 독자로 확보하고자 하였다.

천도교는 1906년 8·9월경 政敎分離를 내걸고 일진회와 대립하여 결별하게 되는데, 이후 교회의 재정이 어려워져 신문사도 재정난을 겪지 않을 수 없었다. 결국 1907년 6월 30일자의 호외를 마지막으로 폐간되고 만다. 이 신문사는 정부에 매각되었고, 친일 李完用내각은 그 해 7월 18일자로 기관지 《大韓新聞》을 발간하였다. 그 사장에는 만세보사의 주필이던 이인직이 취임하였다. 《만세보》는 천도교에서 발간한 만큼 드러나지 않게 교회의 홍보기능을 하였으며, 천도교 교리서도 자주 연재하였다. 대략 2,000부를 발행하였던 것으로 보이는 이 신문은 실력양성론에 입각하여 지식계발과 풍

9) 《大韓每日申報》에 관해서는 李光麟, 〈《大韓每日申報》 刊行에 대한 一考察〉(《韓國開化史의 諸問題》, 一潮閣, 1986)와 鄭晉錫, 《大韓每日申報》와 裵說》(나남, 1987)을 참고할 것.

10) 《萬歲報》 상(亞細亞文化社 영인본, 1985) 수록문서.

속개량에 관심을 두고 있었으며, 정치적으로 민감한 문제에 대해서는 불간섭의 입장을 취하였던 것으로 보인다.[11)]

천주교회에서도 《京鄕新聞》을 1906년 10월 19일자로 창간하였다. 순 국문의 주간지였던 이 신문은 국민계몽과 아울러, 천주교인의 권익보호, 그리고 교회 자체의 기관지의 필요성에서 발간되었던 것 같다. 또한 개신교회의 교세 확장과 신문 발간에 대한 대응이라는 측면도 있었다. 그러나 그 형태는 순수한 종교신문이 아닌 일반 시사신문이었다. 따라서 비신자들을 독자층으로 인식하여 교세 확장을 기대하기도 하였다. 그 제작에는 드망즈(F. Demange)신부와 金元永신부가 관여하였고, 李建洙가 실무책임자였다. 외국인 신부가 책임자로 임명된 것은 《대한매일신보》와 마찬가지로 외국인 명의의 신문은 통감부의 사전검열에서 제외되었기 때문일 것이다. 교회의 예산으로 발간되었으므로 재정은 풍족하였고, 발행부수도 4,000~5,000부에 이르렀다.

《경향신문》은 정교분리의 원칙에 의하여 정치불간섭주의를 내세워, 현실정치에는 소극적으로 대처하였고 일본의 한국지배를 인정하는 현실수긍적인 자세를 보이고 있었다. 실정법을 중시하였으나 정치적인 법령에는 무관심하고 주로 민생에 관련된 부분을 강조하였다. 정신적인 개화와 교육을 중시하였으며, 호교적인 문제에 관심이 많았다. 특히 개신교 선교사를 많이 파견한 미국에 비우호적이었다. 그 폐간은 '한일합병' 이후 총독부의 강요로 일반 시사신문으로의 발행이 불가능하였기 때문이며, 이후 《경향잡지》라는 순수종교잡지로 전환하고 말았다.[12)]

《大韓民報》는 대한협회의 기관지로 발행된 것이었다. 1907년 11월 尹孝定·장지연 등에 의하여 발기된 대한협회는 1908년 4월부터 1909년 3월까지 모두 12회에 걸쳐 《大韓協會月報》라는 기관지를 발행하다가, 1909년 6월 2일자로 《대한민보》를 창간하였다. 국민의 사상을 통일하고 국민의 행동을 일치하게 하여 자강으로 국운의 발전을 도모하는 것을 신문 발간의 목적으로

---

11) 《萬歲報》에 관한 전반적인 이해에는 崔起榮, 〈天道敎의 國民啓蒙活動과 《萬歲報》의 發刊〉(앞의 책, 1991)가 참고된다.

12) 《京鄕新聞》에 관해서는 崔起榮, 〈天主敎會의 《京鄕新聞》 刊行〉(위의 책)을 참조할 것.

삼고 있었다.

대한협회는 일간지를 발행하기 위해 이미 1909년 초부터 계획하여, 재정적으로 어려웠던 《제국신문》을 매수하려고 하였으나 실현되지 못하자 별도로 신문을 창간하게 되었던 것이다. 그러나 《대한민보》 역시 창간 이후 재정부족으로 말미암아 곤란을 받았으면서도, 한때 발행부수가 6,200부나 되었던 것으로 알려졌다. 사장은 오세창이 맡았으며, 장효근·崔榮穆·李鍾麟 등 천도교인들이 신문사에 관여하였다. 특히 《대한민보》에서 두드러지는 것은 1면 중앙에 게재되었던 삽화였다. 주로 이완용내각과 일진회를 풍자하거나 우국충정을 보이는 계몽적인 것이었다. 그 당시 화가로 이름 높던 李道榮이 담당하고 있었다.[13]

한말 유일한 지방신문으로 晉州에서 발행되던 《慶南日報》가 있었다. 이 신문은 가장 문명개화가 늦었다고 평가받던 경남지역의 유지들이 출자하여 설립한 것이었다. 그 주도적인 인물은 金弘祚·金榮鎭·金琪邰 등이 있었고, 경남관찰사 黃鐵도 크게 지원하였다. 주필에는 황성신문사장을 역임한 장지연이 초빙되었는데, 직접 신문제작에 관여한 인물들은 주로 하급관리를 역임한 경남의 지주와 자산가들이었다.

1909년 10월 15일자로 창간된 국한문의 《경남일보》는 국민계몽이 양반·유림층부터 이루어져야 한다고 믿었다. 2,000부 정도가 발행되었으나, 재정적으로는 어려웠다. 그 주된 관심은 실업장려와 민지개발이었는데, 특히 정치문제에는 간섭하지 않을 것을 천명한 바 있었다. 따라서 그 내용도 국가의 위기에는 무관심하고 오히려 친일적인 경향까지 보이고 있었다. 또 지방신문으로의 역할을 중시하였으며, 유교적인 입장이 강조되었다. 1910년 8월 이후 《대한매일신보》가 총독부 기관지인 《매일신보》로 개제되고 중앙의 나머지 신문들이 모두 폐간되었지만, 《경남일보》만은 폐간되지 않았다. 대신 사설이 없어지고 사전검열을 계속 받았다. 본래 일간으로 출발하고자 하였으나 실제로는 격일간으로 발행되었다.[14]

---

13) 金項勼, 《大韓協會(1907～1910)硏究》(檀國大 博士學位論文, 1992), 162～180쪽.

14) 《慶南日報》에 대한 전반적인 내용은 崔起榮, 〈晉州의 《慶南日報》: 唯一의 地方紙〉(앞의 책, 1991)에서 구할 수 있다.

마. 친일신문

《제국신문》·《황성신문》·《대한매일신보》·《만세보》·《경향신문》·《대한민보》 등은 일제의 한국침략에 적극적으로 저항하거나, 아니면 소극적으로나마 저항하고자 한 신문들이었다. 그러나 이 밖의 《국민신보》·《대한신문》·《大同日報》·《時事新聞》 등은 친일세력들에 의하여 일제의 국권침탈을 합리화하기 위한 여론형성을 목적으로 발행된 것들이었다. 실제로 1904년 8월 이후 한국인 명의로 발간되는 신문들은 일제의 언론규제에서 벗어날 수 없었다. 즉 그것은 8월 20일 주한일본군사령부에서 《황성신문》과 《제국신문》의 주무원을 불러 군사상 사항의 신문게재 금지와 신문의 사전검열을 통고하였기 때문이다.[15] 사전검열은 1905년 2월 이후 警務顧問部가 개설되자 그 곳으로 이관되었다.

1906년 이후 창간된 신문들은 외형적으로 농상공부의 허가를 받아야 했지만, 실제로는 일제의 통감부와 경무고문부가 관여하였음을 쉽게 짐작할 수 있다. 따라서 1906년 이후 창간된 신문들은 그 대부분이 비록 종교신문이 아니라 일반신문이라 하더라도 종교기관이나 친일세력에 의하여 발행된 것들이었다. 1906년 1월 6일자로 창간된 《국민신보》는 바로 친일세력인 일진회의 기관지였다. 일진회는 잘 알려진 대로 1904년 8월 일제가 한국침탈에 필요한 한국민의 여론을 만들어 내기 위하여 宋秉畯 등을 내세우고, 그 해 12월 東學의 조직인 進步會와 합동한 친일정치단체였다. 《국민신보》가 일제의 여론조작에 필요한 언론기관으로 출발하였음은 자명하다.

(2) 국외신문

1900년대 후반기, 일제의 국권침탈이 본격화하던 시기에는 국내에서뿐만 아니라 국외의 교포사회에서도 신문이 발간되었다. 1860년대 이래 러시아령지역과, 1900년대 전반기부터 노동이민이 시작된 미주지역에 교포사회가 형성되어 있었다. 〈표 2〉는 그 당시 해외에서 발행된 교포신문을 정리한 것이다.

---

15) 《大韓每日申報》, 1904년 8월 23일, 잡보 〈신문검열〉.

〈표 2〉 한말 해외교포신문의 발행현황(1904~1910)

발행지역	제 호	창 간 일	종 간 일	발행인	간행구분	형 태	발 행 처
하 와 이 (호놀루루)	신죠신문	1904. 3.27	14개월	최윤백	격 주	등사판	
	한인시사	1905. 6.10	15개월	최윤백	격 주	등사판	감리교
	합셩신보	1907.10.22	1909. 1.25	洪宗杓	격주/주간	등사/활판	韓人合成協會
	新韓國報	1909. 2.15	1913. 8. 6	洪宗杓	주 간	활 판	大韓人國民會 하와이총회
미주본토 (샌프란시스코)	共立新報	1905.11.22	1909. 1.27	宋錫峻	격주/주간	석판/활판	共立協會
	大同公報	1907.10. 3	1908. 4. 9	文讓穆	주 간	석판/활판	大同保國會
	新韓民報	1909. 2.10		崔正益	주 간	활 판	大韓人國民會 북미총회
러시아령 (블라디보스톡)	히죠신문	1908. 2.26	1908. 5.26	崔鳳俊	일 간	활 판	
	大東共報	1908.11.18	1910. 9. 2	兪鎭律	주 2회	활 판	

가. 미주본토

해외교포신문으로 처음 발행되었던 것은 하와이에서 1904년 3월 27일자로 창간된 《신죠신문》이었다. 잘 알려진 대로 1902년 12월에 하와이로의 노동이민이 시작된 이래, 하와이에 형성된 한인사회를 대상으로 격주간의 《신죠신문》 등이 발간되었던 것이다. 미주 본토에서는 1905년 4월에 교포단체로 샌프란시스코에서 共立協會가 조직되었는데, 그 기관지 《共立新報》가 그 해 11월 22일자로 창간되었다. 교포신문의 특징은 모두 국문으로 발행되었다는 것이다. 이것은 활자문제를 포함하여 이민자들의 교육정도와도 무관하지 않았을 것으로 짐작된다.

교포신문들은 경제적인 이유로 이민한 교포들의 계몽과, 거주국에서의 권익신장을 목적으로 하고 있었다. 동시에 일제에 의하여 국권을 침탈당하던 고국의 정치적 현실에 대한 논의도 빠뜨리지 않았다. 특히 이들 교포신문은 국내에도 유입되었는데, 검열을 받지 않았으므로 일제의 국권침탈의 부당성과 국권회복론 등 강렬한 항일논조를 유지하고 있었다. 1908년 4월의 신문지법 개정이 바로 이들 교포지에 대한 압수도 목적으로 하고 있었음은 잘 알려진 일이다. 실제로 1908년과 1909년의 경우, 교포신문들은 175회의 압수처분에 의하여 약 18,000부가 압수되었던 것으로 일제가 조사한 바 있었다.[16] 교포신문의 발행은 대부분 교육을 받거나 유학을 목적으로 이주한 인물들에 의하여 이루어지고 있었다. 다만 교포신문의 재정은 매우 취약하였는데, 미주의 경우에는 교포들의 의연이, 러시아령의 경우에는 유력교포의 출자가 주된 수입원이었다.

《공립신보》와 그것을 계승한 《新韓民報》에 관해서는 비교적 잘 알려져 있다. 《공립신보》의 창간사에 의하면 교포사회에서의 애국심 고양과 계몽, 그리고 본국과 교포사회의 실상을 알려 서로 깨닫게 한다는 목표를 확인할 수 있다. 즉 교포사회의 계도와 본국과의 연계를 신문을 통하여 이루고자 하였던 것이다. 초기의 교포신문들은 石版 또는 등사판으로 발행되다가 활판으로 바뀌었다. 《공립신보》의 경우, 석판과 등사판으로 30호가 발행된 뒤, 1907년 4월 26일자부터 활판으로 발간되어 1909년 1월 27일자까지 총 118호가 발행되었다.

1909년 2월 1일 하와이의 교포단체인 韓人合成協會와 공립협회가 國民會로 통합되었다. 각 기관지였던 《공립신보》와 《합셩신보》가 《신한민보》와 《新韓國報》로 개제되었다. 또 1910년 2월 10일 국민회는 大同保國會와 통합하여 大韓人國民會로 확대되었는데, 《신한민보》가 역시 그 기관지였다. 대동보국회에서도 《大同公報》라는 주간지를 발간한 바 있었다. 교포신문들의 재정은 매우 빈약하였지만, 교포단체의 가장 중요한 사업으로 인식되었으며 교포들의 성원과 지원으로 재정부족을 겨우 메워 나가면서도 신문을 발행하였다.

대한인국민회는 일본의 국권침탈과 식민정책을 적극적으로 반대하고 독립운동을 지원하며 교포들의 권익향상을 위하여 진력한 미주의 대표적인 단체였다. 그러므로, 《신한민보》의 논조도 반일적이면서 교포의 지위향상을 위한 것이었고, 민족 전체의 대표기관으로 자임하였다. 주로 주간 4면으로 발행되었던 《신한민보》는 1910년 국권침탈 이전에는 국내에도 유입되어 적지 않은 영향을 미쳤으나 이후 국내유입은 불가능하였고, 하와이·멕시코·遠東 등지

16) 崔起榮, 〈光武新聞紙法 硏究〉(앞의 책, 1991), 285~288쪽.

에는 배포되었다. 1910년 현재 3,000부를 간행하는 것으로 나타났으며, 발간 비용의 상당부분을 교포들의 기부금에 의존하고 있었다. 편집은 崔正益·鄭在寬·李恒愚·姜永大 등 공립협회나 국민회의 간부진이 담당하였던 것으로 나타난다. 국문의 세로쓰기로 간행되었고, 논설을 비롯하여 대한인국민회 관련사항, 국내와 재미교포 및 원동 등지의 교포에 관한 소식, 그리고 소설이나 번역·투고 등이 실렸다.17)

1910년 대한인국민회로 합류할 때까지 공립협회와 대립하고 있던 대동보국회에서도 《大同公報》를 주간으로 발간하였다. 1907년 10월 3일자로 창간된 이 신문은 7호까지 석판으로 발행되다가, 이후 활판으로 1908년 4월 9일자까지 모두 25호가 발행되었다. 신문 발간에 관여한 文讓穆·崔雲伯·白一圭·李學鉉 등은 모두 대동보국회의 임원들이었다. 이 신문은 재정난으로 폐간되었는데, 발행부수도 2,000부가 되지 않았다. 《대동공보》는 그 사명을 保國에 두고 있다고 하였는데, 군주 중심의 국권회복을 지향한 것으로 짐작된다. 신문에도 본국의 의병에 관한 보도가 빠지지 않았고, 교포와 대동보국회에 관한 기사가 중심을 이루었다. 그러나 《대동공보》는 그 발행기간이 6개월에 지나지 않아 그 영향력이 크지는 않았다.18)

나. 하와이

하와이에서 발행된 대표적인 신문은 하와이에 있는 교포단체의 통합으로 1907년 10월 22일자로 창간된 《합셩신보》와, 그것을 이은 《新韓國報》였다. 이미 하와이에서는 1904년 《신죠신문》과 1905년 《한인시사》가 격주로 발간되었으며, 또 《電興協會報》나 《自新報》 등의 잡지도 발간된 바 있었다. 1907년 하와이에 병립해 있던 교포단체들이 통합되어 한인합성협회를 결성하자 그 기관지로 《합셩신보》가 발간되었다. 그러나 1909년 2월 미주 본토의 공립협회와 한인합성협회가 통합되어 국민회를 결성하면서 각기 기관지의 명칭을 바꾸어 발행하게 되었다. 《합셩신보》는 1909년 2월 15일자로 《신한국보》로 개

17) 《共立新報》와 《新韓民報》에 관해서는 崔起榮, 〈美洲僑胞의 反日言論 : 《共立新報》·《新韓民報》의 刊行〉(앞의 책) 참조.
18) 崔起榮, 〈美洲 大同保國會의 국권회복운동〉(앞의 책, 1997), 250~256쪽.

제되었고,《신한국보》는《합셩신보》의 발행일을 창간기념일로 삼아 그 전통을 계승하였던 것이다.

《신한국보》는 洪宗杓(洪焉)·韓在明·朴相夏·姜永韶·李恒愚 등이 관여하였으며, 논설·시사·전보·제국시보·국민회보·기서·번역 등으로 구성되었다. 다른 교포신문과 마찬가지로《신한국보》는 국권회복과 교포계몽, 그리고 교포권익 증진을 목적으로 언론활동을 전개하였다. 대한인국민회 하와이총회의 기관지였던만큼 국민회에 관련된 사항들이 적지 않았고, 신문사의 경비나 임원들 역시 국민회와 무관하지 않았다. 대한인국민회 북미총회의 기관지로 샌프란시스코에서 발행된《신한민보》와 그 성격을 같이하였던 것이다. 특히 노동이민이 주를 이루었던 하와이교포들을 대상으로 하였기 때문에 노동조건과 교육, 실제 학문과 실천을 강조하고, 게으름과 사치를 비난하는 논설을 많이 싣고 있었다. 또 국내에서 발행되었던《國民須知》나, 신채호의〈讀史新論〉을 연재하기도 하였다.《신한국보》는 1913년 8월 6일자로 총 250호가 발행되다가, 8월 13일자부터《國民報》라는 이름으로 발행되었다.[19]

다. 러시아지역

미주에 이어 러시아령에서도 교포신문의 발간이 있었는데, 그 효시는《히죠(됴)신문》이었다. 1908년 2월 26일자로 창간된 이 신문은 崔鳳俊이 사장을 맡고 있었다. 최봉준은 함북 경흥출신의 러시아 귀화인으로 러시아령 교포가운데 대표적인 자산가였다. 연해주 지사의 허가를 얻어 발간한 이 신문은 '海蔘威(블라디보스톡)에 거주하는 조선인 신문'이라는 의미에서《히죠신문(海朝新聞)》이라고 하였던 것이다. 놀라운 것은《히죠신문》이 비록 3개월밖에 간행되지 못하지만, 활판으로 인쇄한 일간신문이었다는 점이다.

《히죠신문》의 창간을 주도한 것은 鄭淳萬이었다고 알려져 있다. 그는 輔安會 활동에도 참여하고 尙洞靑年會의 부회장도 역임하였는데, 1906년 블라디보스톡으로 망명하여 최봉준과 협력하여 신문 간행을 추진하였다. 그 발간

19) 하와이에서 발행된 교포신문과 잡지에 관해서는 車培根,〈布哇韓僑新聞史略攷〉(《新聞學報》 13, 1980)와 崔起榮,〈한말-일제시기 미주의 한인언론〉(《한국근현대사연구》 8, 1989) 참조.

취지서를 보면 신문을 통하여 교포를 계몽하여 실력양성을 도모하고, 국민정신을 배양하며 국권회복을 주장하겠다는 목적을 밝히고 있었다. 이는 결국 노령교포의 구제와 국권회복을 위하여 신문을 발간한다는 것이었다. 특히 신문제작을 위하여 국내에 있던 전 황성신문사장 장지연을 주필로, 李剛·金河球 등을 편집·기자로 초빙하였다. 이 신문은 국문 4면으로, 일요일과 부활절 다음날만을 제외하고 매일 발행되었는데, 러시아가 러시아정교를 국교로 하고 있던 사실과 관련이 있었다. 발행부수는 400~500부에 지나지 않았다.

《히죠신문》의 내용은 국권회복과 노령교포의 계몽으로 크게 나눌 수 있다. 국권회복을 위하여 망국인이 되지 않도록 고국을 생각하여야 한다는 1908년 3월 17일자의 〈고국을 도라다 보시오〉와 같은 논설이 그 단적인 예라 할 수 있을 것이다. 그러나 국권회복에 관심을 집중시킨 나머지 노령교포들의 이익을 대변하는 역할에는 소홀하여, 당시 교포들의 생존문제에 대한 기사는 별반 싣지 않았던 것으로 나타난다. 다만 교포들의 교육에 대해서는 자주 논의하였다. 이처럼 국권회복에 대한 논의는 일제의 반발을 사게 되고, 일제는 국내와 무역을 하던 최봉준에게 압력을 가하여 결국 1908년 5월 28일자 제75호를 마지막으로 폐간하지 않을 수 없었다.[20]

러시아령의 교포사회에서는 《히죠신문》의 폐간 직후부터 새로운 신문의 창간이 준비되었다. 이 때까지 러시아지역에서는 교민단체가 활발하지 않아, 신문은 교포사회 지도자를 중심으로 발행되고 있었다. 해조신문사의 인쇄시설을 구입하여 1908년 11월 18일자로 창간된 것이 《大東共報》였다. 노령동포들의 문명개화와 국권회복을 목적으로 한 이 신문은 발행인으로 러시아인을 내세우고, 사장에 車錫甫가 취임하고 兪鎭律·이강·정순만 등이 참여하였으며, 崔在亨·李尙雲·鄭在寬·韓馨權 등도 뒤에 관여하였다. 주 2회, 1,500부가량 발행된 《대동공보》는 국내의 의병활동을 대대적으로 보도하면서도 동포들의 계몽운동을 지원하여 민족의식과 애국심을 고취시키며, 일제의 국권침탈과 만행을 규탄하였다. 아울러 러시아거주 한국인의 생활개선과 권익보호에 앞장서 교포신문으로서의 역할을 담당하였다.

---

20) 박 환, 〈재러한인 민족운동의 태동과 《히됴신문》의 간행〉(《러시아한인민족운동사》, 탐구당, 1995) 참조.

특히 《대동공보》는 安重根의 이등박문포살사건과 직접적인 관련을 맺고 있었다. 안중근은 이 신문사의 탐방원으로 煙秋지방의 지국을 운영하기도 하였는데, 이등박문의 포살을 대동공보사의 관여자들과 협의한 것으로 알려졌다. 1909년 한 해에만 국내에서 압수된 《대동공보》가 57건 2,235부였던 것만으로도, 이 신문이 일제의 침략에 저항하며 국권회복에 진력하였음을 짐작할 수 있다. 그러나 1910년 7월 한일합병 직전, 러시아는 일본과 협약을 맺어 러시아내에서 한국인의 활동을 규제하기로 결정하였다. 이에 따라 대동공보사에서는 폐간 압력에 대처하기 위하여 1910년 8월 18일자로 《大東新報》라고 제호를 바꾸기도 하였으나, 결국 지령 250호인 9월 1일자로 폐간하지 않을 수 없었다.[21] 유진율 등은 이후 1911년 《大洋報》와 1912년 《勸業新聞》을 발행하여, 계속 국권회복과 국민계몽을 내세운 독립운동을 전개하였다. 이들 신문은 勸業會의 기관지로 발행되었다.

2) 한말 언론의 국권회복운동

(1) 일제의 국권침탈에 대한 저항

한말의 민족언론은 일제의 한국침략, 즉 국권침탈에 저항하고 있었다. 1904년 2월 발발한 러일전쟁 이후 일제의 한국식민지화 기도가 명백해지고, 특히 그 해 6월 황무지개척권 요구가 있자 신문들은 이에 대하여 적극적으로 반발하며, 그 반대운동의 선봉에 섰던 보안회의 활동을 지속적으로 보도하였던 것이다. 《황성신문》이 황무지개척권을 한국민에게 허가할 것을 주장한 것도 일제의 경제침략에 대한 반대였다.[22] 일제가 보안회의 움직임을 빌미로 군사경찰을 실시하며, 8월부터 한국인 발행의 신문에 대한 검열을 시행한 것도 그러한 까닭에서였다. 이 시기에 한국인의 명의로 발행되던 신문은 《황성신문》과 《제국신문》뿐이었다.

---

21) 愼鏞廈, 〈《大東共報》 解題〉(《大東共報》, 國家報勳處, 1993).
박 환, 〈《대동공보》의 간행과 재러한인 민족운동의 고조〉(《위의 책》).

22) 예컨대 1904년 《황성신문》의 경우, 〈論山林澤認准說〉(6. 20)·〈請質政府諸公〉(6. 29)·〈開墾陳荒宜認許我民〉(7. 4) 등의 논설에서 확인된다.

1905년 11월 이른바 을사조약의 강제체결은 민족언론의 지향이 무엇인가를 보여주는 계기가 되었다. 이미 11월 초 일진회의 보호청원이 발표되자 《제국신문》·《황성신문》·《대한매일신보》는 이를 반박하였으며, 을사조약이 강제체결되자 《황성신문》은 11월 20일자에 〈是日也放聲大哭〉을 검열을 거치지 않고 게재하여 정간되고 말았다. 이 논설은 잘 알려진 대로 한국민의 반일의식을 크게 고양시켰다. 이와 함께 《대한매일신보》가 11월 21일자에 〈皇城義務〉을 실어 《황성신문》을 지지하였고, 11월 27일자로 이 문제에 대한 호외를 발행하기도 하였다. 이 호외는 앞면에 한문으로 〈韓日新條約請締顚末〉을 싣고, 뒷면에는 〈是日也放聲大哭〉을 영문으로 번역하여 전국에 배포하였던 것이다. 또 《대한매일신보》는 1906년에도 을사조약의 강제체결에 반대하여 자결한 閔泳煥·趙秉世·宋秉璿 등에 대한 기사를 게재하였으며, 1907년 1월 16일자에는 고종이 을사조약에 조인하거나 동의하지 않았다는 밀서를 사진으로 게재하여 일본을 당혹하게 만들었다.[23] 다만 《제국신문》은 을사조약의 강제체결에 대하여 11월 22·23일자에 걸쳐 〈한 썩 분홈을 참으면 빅년 화근을 면홈이라〉는 논설로, 국민에게 후일을 대비하여 실력양성이 필요함을 강조하며 자중할 것을 촉구하였다.

1904년 8월 이후 일제의 사전검열로 한국인 명의로 발간되던 《황성신문》이나 《제국신문》, 그리고 1906년에 창간된 《만세보》 등은 직접적으로 일제의 국권침탈에 대하여 비판하고 저항하기가 어려웠다. 따라서 이들 신문은 부분적으로 통감부의 정책을 비판하거나 일제의 주구로 알려진 일진회와 친일정권·정부고관들을 공격하고, 한국이 처한 위치를 설명하고 실력양성을 강조하여 한국민의 애국심을 고취시키며 국권회복의식을 고양시키는 등 간접적으로 일제침략에 저항하고 있었다. 1906년 한 해 동안 사전검열로 삭제된 기사가 《제국신문》이 13건, 《황성신문》이 7건, 《만세보》가 6건이었는데,[24] 그 내용은 대체로 간접적으로 일제의 국권침탈을 비판한 것이었다.

23) 이 옥쇄가 찍힌 밀서는 1906년 1월 말 영국 *The Tribune*의 특파원 스토리(D. Story)에게 전달되었던 것으로, 1906년 12월 1일의 *The Tribune*에 실린 사진을 복사하여 《대한매일신보》에 실었던 것이다(《대한매일신보》, 1907년 1월 23일, 논설 〈스토리氏受書〉와 1월 24일, 논설 〈更論스토리氏受書〉 참조).

24) 岩井敬太郎 편, 《顧問警察小誌》(韓國 內部 警務局, 1910), 125~128쪽.

이러한 한국인 명의의 신문과는 달리 영국인 명의로 발행된《대한매일신보》는 일제의 사전검열을 받지 않았으므로 직접적으로 일제의 국권침탈을 비판하였다. 1907년 초 통감 이등박문은 일본에서 행한 연설에서《대한매일신보》가 가장 반일적인 신문이고, 그 영향력이 지대함을 시인한 바 있었던 것도 그러한 이유에서였다.[25] 또 당시 신문관계자가 독자들이 사전검열을 받지 않던《대한매일신보》만을 신뢰한다고 토로하기도 하였다.[26] 따라서 그러한 점을 고려하여《대한매일신보》를 중심으로 일제의 국권침탈에 대한 민족언론의 저항을 살펴보고자 한다.

《대한매일신보》는 의병항쟁에 대해서 다른 신문들에 비하여 매우 호의적이었다.《황성신문》이나《제국신문》·《만세보》가 의병투쟁이 국권회복을 위하여 현실적이지 않다는 이유에서 매우 비판적이었던 것과는 사뭇 다른 입장이었다.《대한매일신보》도 1906년 5월 30일자의 논설 〈義兵〉에서는 의병투쟁이 때와 힘을 살피지 않은 폭거라고 규탄한 바 있었다. 그러나 일제의 국권침탈이 계속되고 의병항쟁이 격화되자, 의병항쟁을 지지하였던 것이다. 예컨대 1909년 7월 28일자부터 8월 1일자까지 5차례에 걸쳐 〈義兵總大將 李麟榮의 略史〉를 게재하였고, '지방소식'을 비롯하여 '의병소식'·'의병상보'·'의병정형' 등의 항목을 만들어 의병활동을 상세히 소개하였다. 또 통감부의 조사에 따르면 의병들 가운데《대한매일신보》를 읽고 비분강개하여 의병에 가담한 인물들이 적지 않았다고 하였다.《황성신문》과《제국신문》도 의병들의 활동을 보도하고 있었으나, 실력양성을 우선으로 삼고 있었던 만큼 호의적이지는 않았다. 그러나《대한매일신보》는 실력양성을 중시하면서도 의병항쟁에 대해서도 적극 호응하였던 것이다.

뿐만 아니라 일진회나 친일대신 등 친일파에 대한 비판도 끊이지 않았다. 1908년 4월 2일자에 〈日本의 三大忠奴〉와 같은 논설을 게재하여, 당시 대표적인 친일파였던 宋秉畯(일진회)·趙重應(東亞開進敎育會)·申箕善(大東學會) 등을 비판한 것이 그 한 예라고 할 수 있다.《대한매일신보》가 을사조약의 강제체결을 반대하고 매국대신을 통렬히 비난하며 통감부의 식민지화

25)《大韓每日申報》, 1907년 2월 12일, 잡보 〈伊藤演說〉.
26)《帝國新聞》, 1907년 4월 9일, 잡보 〈丸山顧問과 各新聞記者〉.

정책 등을 비판하는 등 반일적인 논조를 견지하자, 일진회의 기관지 《국민신보》나 이완용내각의 기관지 《대한신문》 등이 이를 비난하였다. 이에 대하여 《대한매일신보》는 친일세력의 신문에 대한 논박도 계속하였다.[27] 반대로 일제의 한국침략에 비판적인 헐버트(H. B. Hulbert)나 매켄지(F. A. McKenzie)의 활동과 일본정책에 대한 비판을 널리 알리고자 하였다. 친일적인 외교고문 스티븐스(D. W. Stevens)포살사건이나 안중근의 이등박문포살사건, 李在明의 이완용살해미수사건 등에 관해서도 《대한매일신보》는 적극적으로 보도하며 일제의 대한정책을 비난하였다. 일제침략의 선두에 섰던 인물들에 대한 의열투쟁을 국민에게 널리 알려 국권회복의식을 고양시키고자 한 것이었다. 1908년 3월 6일자부터는 〈官報〉의 게재를 일시 중지하였는데, 일본인의 한국관직 임명으로 한국의 《관보》가 일본인의 《관보》에 지나지 않게 되었음을 강조하여 일제의 보호정치를 정면으로 비판한 것이었다.[28]

이러한 《대한매일신보》의 반일국권회복 활동이 지속적으로 이루어지자, 통감부에서는 일찍부터 베델의 추방공작으로 강경하게 대처하고자 하였다. 영국인을 발행인으로 하고 있던 이 신문에 대해서는 일제의 규제가 미치지 못하였기 때문이었다. 통감부에서는 신문지법의 제정과 개정으로 《대한매일신보》의 규제를 시도하면서, 베델을 1907년 10월 9일 영국총영사관에 기소하였다. 《대한매일신보》와 《Korea Daily News》가 공중평화를 방해하고 인민을 정부에 반대하여 봉기하도록 격려하는 내용의 기사를 게재하였다는 이유에서였다.[29] 10월 14일의 재판 결과 10월 15일 베델은 유죄가 인정되어 6개월

27) 예컨대 《대한매일신보》, 1907년 9월 10·11일, 논설 〈討國民新報〉를 비롯하여, 같은 해 12월 17일, 논설 〈爲國民·大韓兩新聞招魂〉, 12월 18~22일, 논설 〈大韓新聞魔記者아 一覽〉, 1908년 10월 9일, 논설 〈休矣休矣魔報여〉, 1909년 5월 21·22일, 논설 〈國民魔記者아〉, 5월 23일, 논설 〈國民·大韓兩魔頭上各一棒〉 등이 그러한 예라 할 수 있다.

28) 《대한매일신보》의 반일언론에 대해서는 李光麟, 〈《大韓每日申報》 刊行에 대한 一考察〉, 268~276쪽 참조.

29) 구체적으로는 1907년 9월 18일의 논설 〈地方困難〉과 10월 1일의 논설 〈貴重ᄒᆞᆫ 쥴을 認ᄒᆞ여야 保守ᄒᆞᆯ 쥴을 認ᄒᆞ지〉, *Korea Daily News* 9월 21일 〈Where is the Master of Ceremonies?〉 등의 기사가 소요를 일으키거나 조장시켜 공안을 해친다는 내용으로 제시되었던 것이다.

의 근신과 보증금의 공탁을 명령받았다. 그러나 추방은 이루어지지 않았고, 《대한매일신보》의 논조는 더욱 반일적이 되어 한국민의 국권회복의식을 고취시켰다. 통감부에서는 다시 베델의 추방공작을 진행시켜, 1908년 5월 27일 베델을 영국의 淸·韓高等裁判所에 고소하였다. 고소 이유는 1908년 4월 17일자의 잡보 〈須知分砲殺詳報〉와 4월 29일자 논설 〈百梅特捏(메테르니히)이 不足以壓伊太利〉, 5월 16일자 〈學界의 花〉가 질서문란·폭동격려·치안방해의 혐의가 있다는 것이었다. 6월 15일부터 17일까지 개정된 재판에서 베델은 유죄처분을 받아 3주간의 금고와 보증금의 납부라는 판결을 받았다. 그는 상해로 가서 금고형을 치렀는데, 이 일로 건강이 악화되어 신문사를 사임하였고 1909년 5월 사망하고 만다.

이처럼 《대한매일신보》가 중심이 된 민족언론은 국권회복운동을 전개하였다. 한국인 명의로 발행되던 신문들은 《대한매일신보》에 비하여 현실적인 제약이 많았고 제국주의에 대한 불철저한 인식 등이 문제가 되었지만, 국권회복의 의지는 뚜렷하였던 것으로 이해된다. 특히 신문은 논설과 기사를 통하여 국민여론을 형성하고 국민계몽을 주도할 수 있었다는 점에서 더욱 그 중요성을 확인할 수 있다.

(2) 국채보상운동의 주도

국채보상운동은 1907년 1월 29일 대구의 廣文社라는 출판사에서 金光濟·徐相敦 등에 의하여 발기되었다. 민간에서 이 같은 운동이 전개되었던 것은 1904년 8월 제 1차 한일협약의 체결로 일본인 재정고문이 고빙된 이래 급증한 일본으로부터의 차관도입과 관계가 있었다. 특히 일제는 1906년 통감부를 설치하고 한국의 시정개선이라는 명목으로, 실제로는 한국침략에 소요되는 경비를 고율의 국채를 起債하고 일본차관으로 조달하였던 것이다. 1907년 초 한국정부의 대일차관은 1,300만 원에 이르렀는데 그 액수는 정부의 1년예산과 맞먹는 정도였다. 따라서 정부에 의한 국채보상은 사실상 불가능한 상태였다. 김광제 등은 이러한 상황에서 2천만 동포가 3개월 동안 금연하여 모금한 돈으로 민간에서 국채를 보상하자고 주장하였던 것이다. 대구에서 시작된 이 운동은 곧 전국적인 규모로 확대되어 갔다. 2월 말 서울에서 국채보상기성회가 조직된 것을 비롯하여 전국에 국채보상을 목적으로 한 단체들이 결성되기 시작하였다.30)

이처럼 국채보상운동이 전국적으로 빠른 시간에 전개될 수 있었던 것은 언론활동에 크게 힘입었기 때문이다. 당시 국내에서 발간되던 《대한매일신보》를 비롯하여 《황성신문》·《제국신문》·《만세보》 등은 2월 광문사에서 국채보상을 결의한 사실을 보도한 이래 이 운동의 확산에 진력하였다. 즉 〈國債一千三百萬圓報償趣旨書〉·〈國債報償期成會趣旨書〉 등을 소개하고, 논설로 국채보상운동의 중요성과 함께 그 참여를 촉구하였던 것이다. 《황성신문》과 《만세보》는 즉각 신문사에 모금처를 설치하여 적극적으로 이 운동에 동참하였으나, 《제국신문》과 《대한매일신보》는 그러한 움직임을 찬양하면서도 현실적으로 그것이 불가능함을 들어 의연금의 수납을 하지 않고자 하였다. 즉 《제국신문》은 1907년 2월 28일자부터 3월 5일자까지 5차례에 걸쳐 〈국치보상금모집에 관훈 스졍〉을 게재하고, 3월 2일자 잡보에는 〈收金謝絶理由〉를 밝힌 바 있었다. 또 《대한매일신보》도 3월 1일자에 〈한人忠愛〉를, 3월 6일자에 〈國債報償〉이라는 논설을 싣고, 3월 5일자부터 광고로 의연금을 수납하지 않는다고 하였다. 그러나 보내 오는 의연금은 명단과 금액을 신문에 수록하고 있었다. 결국 이들 신문들도 계속 확대되는 국채보상운동의 열기를 방관하지 못하고 적극적으로 이 운동을 주도하지 않을 수 없었다. 바로 신문사내에 모금처를 설치하고 신문이 그 참여를 촉구하였으며, 기성회 등의 취지서와 의연금납부자의 명단을 게재하는 등 적극적인 홍보에 나섰다.

국채보상운동에는 고관이나 양반·부유층뿐 아니라 노동자와 농민, 부녀자로부터 상인·군인·학생·기생·승려에 이르기까지 참여하지 않은 계층이 없었다. 여성들의 참여도 놀라워, 찬값을 절약하거나 비녀와 가락지 등을 의

---

30) 국채보상운동 전반에 관해서는 愼鏞廈 외, 《日帝經濟侵略과 國債報償運動》(亞細亞文化社, 1994)를 참조할 것.
국채보상운동의 전개에 있어서 언론의 역할은 崔埈, 〈國債報償運動과 프레스 캠페인〉(《白山學報》 3, 1967 ; 《韓國新聞史論攷》, 一潮閣, 1976)과 鄭晉錫, 〈國債報償運動과 言論의 역할〉(《日帝經濟侵略과 國債報償運動》)에 상세하다. 이하의 논의는 이들 연구를 주로 참조하였다.

연품으로 내놓기도 하였다. 일본유학생들과 미주와 노령의 교포들도 의연금을 보내 왔고, 일부 외국인들도 참여하였다. 황제와 정부대신들도 금연을 하고 이 운동에 참여하였다.

국채보상운동은 전국민의 전폭적인 호응으로 모금이 시작된 지 3개월 뒤인 5월에는 약속된 모금액이 20만 원에 달하였다. 《대한매일신보》는 여러 차례 부록을 발행하면서까지 의연금 납부자의 명단과 금액을 보도하였다. 그러나 1907년 말부터 모금은 크게 진척되지 않았다. 바로 일제의 방해 때문이었다. 일제는 국채보상운동이 그 발기 직후부터 성공적으로 이루어지자 이를 방해하기 위하여 여러 가지의 공작을 전개하였다. 즉 국채보상 관련기구의 지도부에 압력을 가하였으며, 이 운동을 주도하고 있던 《대한매일신보》에 대한 탄압을 시도하였다. 그 발행인 영국인 베델의 추방공작을 전개하면서, 1908년에는 양기탁에게 국채보상금을 횡령하였다는 혐의를 씌워 구속하였던 것이다. 이 사건을 계기로 국채보상운동은 크게 위축되었는데, 양기탁은 재판에 회부되었으나 증거불충분으로 무죄를 선고받았다. 그러나 이후 국채보상운동의 지도부는 모금보다도 모금액의 보관과 조사, 감독에 관심을 쏟게 되었다. 모금된 의연금의 처리를 위하여 1909년 국채보상금처리회가 조직되어, 그 기금을 교육사업에 쓰자고 논의하기도 하였다. 실제로 모금된 금액은 대략 20만 원 내외였던 것 같다.

국채보상운동에 있어 신문의 역할을 단적으로 보여주는 것은 그 의연금의 대부분이 신문사를 기탁처로 삼고 있었다는 사실이다. 즉 1909년 7월 일본군 헌병대에서 조사한 의연금 총액은 다음과 같았다.[31]

대한매일신보	36,000여 원
신보사내 총합소	42,308원 10전
황성신문	82,000여 원
제국신문	8,420원 6전
만세보－대한신문	469원
국채보상기성회	18,700원 22전 7리
총 계	187,787원 38전 7리

31) 鄭晉錫, 위의 글, 214~215쪽.

이 자료의 정확성은 차치하고서라도, 전체 모금액의 90%가 신문사 또는 신문사내의 모금처로 납부되었다는 사실은 신문이 국채보상운동을 주도하고 있었음을 상징적으로 나타낸다고 할 것이다.

(3) 국민계몽과 애국심의 고취

한말 신문들은 국민계몽을 그 주된 목적으로 삼고 있었다. 국가가 일제의 식민지로 전락할 위치에 놓이게 되자, 국민계몽은 국가의 부국강병이라는 지향보다 국권회복을 위한 준비라는 차원에서 강조되었다. 따라서 국권회복을 위한 국민계몽이 민족언론들의 중요한 관심이었다. 1905년을 전후하여 전개된 이른바 애국계몽운동을 주도한 것이 신문이었던 만큼, 신문은 교육개발과 실업발전을 내세우며 실력양성을 주창하였던 것이다.

국민계몽을 위하여 신문들은 전국적으로 전개되던 신교육운동을 적극 지지하였고, 지원하였다. 《대한매일신보》의 경우, 1904년부터 1910년까지 논설의 50% 이상이 국내문제에 관한 것이었고, 그 가운데 가장 많이 논의된 것이 교육문제였다고 한다.[32] 이것은 《대한매일신보》에 국한된 것이라기보다 당시 신문들의 공통적인 경향이었다. 실제 신문들은 국력이 교육의 발달 정도에 좌우되며, 국권회복을 위하여 가장 시급한 일을 교육으로 인식하고 있었다.[33] 《황성신문》은 1906년 3월 27일자 논설 〈對申觀察興學訓令警告實行〉에서 "現今我韓之急務는 在開發民智而已오 其開發民智之方은 在興學校·讀新聞而已니"라고 한 바 있었다. 모두 교육을 당시 가장 시급한 일로 이해하였음을 보여주는 것이었다. 따라서 신문에서는 교육을 목적으로 설립된 학회들의 창립을 지지하고, 교육에 적극적인 인물과 단체를 찬양하였다.[34] 신문에

---

32) 유재천, 〈大韓每日申報의 민족주의적 성격〉(《한국언론과 이데올로기》, 文學과知性社, 1990), 101~103쪽.

33) 아래와 같은 논설에서 이러한 견해는 쉽게 찾아볼 수 있다.
《황성신문》, 1905년 3월 8일, 논설 〈國力振興在敎育〉.
《대한매일신보》, 1906년 1월 6·7일, 논설 〈務望興學〉.
《공립신보》, 1907년 12월 20일, 논설 〈보통교육이 문명의 근본〉.

34) 《황성신문》 기사에서 몇 건의 예를 들어보면, 〈聞峴山學校作興賀襄陽人士〉(1906. 10. 4)·〈賀長薰學校長李根培氏〉(10. 18)·〈牛山學校의 有志人士〉(1. 21)·〈畿湖學會의 三個人〉(1908. 10. 15)·〈李禹珪·金容鎭兩氏의 高義〉(10. 22·23)·〈偉

별도로 교육관계의 기사만을 소개하는 고정란을 두기까지 하였던 것이다.[35] 반대로 신교육에 관심이 적던 지방에 대해서는 신교육의 실천을 권고하여 학교의 설립을 촉구하였다.[36]

또한 여성교육과 여권신장을 비롯한 풍속개량에도 관심을 집중시켰다.[37] 복장·위생·관습·미신 등의 개량 또는 타파를 주장하여, 근대적 생활방식을 소개하고 실천하도록 권장하였던 것이다. 아울러 신문에 국가학·정치학·국제정치·역사 등 국민계몽에 필요하다고 인식한 분야나 농업·상업·공업 등 실제생활에 필요한 분야를 끊이지 않고 연재하고 있었다.

《대한매일신보》와 《황성신문》 등은 국민의 애국심 고양을 위하여 외적의 침입을 격퇴한 국내외 영웅들의 전기를 연재하였다. 또 독립·혁명·혁신, 그리고 망국에 대한 외국사기에 관심을 가졌다. "(韓國人士의) 知識의 開發은 歷史가 緊要ᄒᆞ니 盖其興亡得失之蹟이 可鑑戒ᄒᆞᆯ 者"라고 한 점으로도 그러한 관심을 설명할 수 있을 것이다.[38] 특히 외국사기의 대부분은 梁啓超의 저작을 번역한 것이었다. 《황성신문》은 〈日本維新三十年史〉(1906. 5. 1~12. 31)·〈讀越南亡國史〉(1906. 8. 28~9. 5)·〈讀意大利建國三傑傳〉(1906. 12. 18~12. 28)·〈斯巴達小志〉(1907. 4. 5~4. 16)·〈滅國新法論〉(1907. 6. 11~5. 4) 등을 연재하였고, 《대한매일신보》는 〈波蘭末年戰史〉(1905. 8. 27~10. 13)·〈世界歷史〉(1910. 6. 3~8. 28) 등을 실었다.

한국사에 대한 관심과 자긍심도 촉구되었는데, 《대한매일신보》에서는 신채호의 〈讀史新論〉(1908. 8. 27~12. 13) 등의 사론과 함께, 국난극복의 영웅으로 〈水軍第一偉人 李舜臣〉(1908. 5. 2~8. 8)과 〈東國巨傑 崔都統〉(1909. 12. 5~1910. 5. 27)

哉三氏의 高義〉(10. 29)·〈金容鎭氏를 爲ᄒᆞ야 又一拜〉(1909. 8. 21) 등 많이 나타난다.

35) 한말 신문과 잡지들의 교육관련 기사만을 정리한 것으로 李吉相 외 편, 《韓國敎育史料集成》 Ⅰ-Ⅸ(韓國精神文化硏究院, 1990~1994)가 참고된다.

36) 한 예로 《황성신문》은 경상도지역이 가장 개화에 부진함을 들어 1908년 6월 27일의 논설로 〈警告嶠南人士〉를 실어 비판한 바 있었다.

37) 예컨대 《제국신문》의 경우 崔起榮, 〈《帝國新聞》의 刊行과 下層民 계몽〉(앞의 책, 1991), 48~56쪽 참조.
崔起榮, 〈天道敎의 國民啓蒙活動과 《萬歲報》의 發刊(위의 책), 100~111쪽 참조.

38) 《大韓每日申報》, 1905년 10월 20일 〈歷史槩要〉.

의 전기를 연재하여 민족정신을 고취시키기도 하였다. 《대한매일신보》와 《황성신문》은 한국사를 고구려-발해 중심으로 이해하는 모습을 보여주었다. 특히 〈독사신론〉은 역사서술상의 주체를 '민족'으로 설정하고, 왕조중심의 전통사관을 극복하여 민족주의사학의 출발을 알리는 것이기도 하였다. 사실 한말 신문에 역사에 관련된 글들이 많이 실렸던 것은 당대 대표적인 역사가라고 할 수 있던 장지연·신채호·박은식 등이 모두 신문사에서 활동하였기 때문이다.

한말 신문은 국민계몽을 통하여 여론을 주도하였다. 신문에 관여한 인물들은 대체로 改新儒學者 출신의 '周邊人 marginal man'들이어서 비판적인 면이 강하였다.[39] 비록 그들이 국민대중을 계몽의 대상으로 인식하였지만, 국민대중이 여론형성의 주체가 되었다는 사실은 신문 발행이 가져온 주목되는 점이다. 따라서 한말 신문은 보도도 중시하였지만, 그보다 계도적인 기능이 매우 강조되었다. 그것은 신문 관여자들이 국민대중을 계몽의 대상으로만 파악하는 愚民觀을 확인시켜 주는 점이기도 하나, 신문은 지배층뿐 아니라 국민대중에게까지 영향을 미쳐 여론형성의 기반이 되었다. 국채보상운동이나 신교육운동, 신문화운동이 전개되는 중요한 단서가 바로 신문에 있었다.

그리고 신문체제와 형태의 기본적인 골격이 비록 일본의 영향을 많이 받았지만 이 시기에 이루어졌다. 또 일제에 대한 언론투쟁은 이후 한국신문의 저항민족주의의 형성에 많은 영향을 미쳤다. 동시에 이에 대한 일제의 언론탄압 방법도 이후 한국사회의 어두운 일면으로 남아 있다. 따라서 한말 신문은 정보의 대중화와 여론형성을 실현하며 문명개화와 민족주의의 당위 등을 강조하여, 신문매체의 중요성을 국민대중에게 인식시킬 수 있었다. 그렇지만 아직 한말의 신문은 대중적인 기반 위에 서 있던 것은 아니었다.

3) 일제의 언론규제

(1) 사전검열

일제의 언론규제는 1904년 2월에 발발한 러일전쟁 이후부터였다. 일본은

39) 李光麟, 〈개화기 한국의 신문〉(《韓國近現代史論攷》, 一潮閣, 1999), 74~75쪽.

군사관계의 내용과 외교문서의 신문게재 금지를 외부를 통하여 여러 차례 요청한 바 있었다.[40] 뿐만 아니라 1904년 4월에는 신문검열관의 설치를 한국정부에 요구하기까지 하였다.[41] 이미 1900년대 초기부터 정부에 제기된 신문규제문제가 일본과 직결된 적이 적지 않았는데,[42] 그것은 일본의 한국침략 기도를 한국신문들이 예리하게 인식하였음을 보여준다고도 하겠다.

일제는 러일전쟁 이후 군사력을 동원하여 한국인 명의로 발간되던 신문들에 대한 사전검열을 실시하였다. 즉 1904년 8월 20일 《제국신문》과 《황성신문》의 주무원을 불러 군사상 사항의 신문게재 금지와 신문의 사전검열을 통고하였던 것이다.[43] 이보다 일찍 7월 20일자로 한국주차 일본군사령관은 서울시 내외에 일본 군사경찰의 실시를 일방적으로 외부에 통고하였는데, 그 가운데 "집회 또는 신문이 치안에 방해된다고 인정되는 것은 정지시키고 관계자를 처분할 사. 단 신문은 발행 전에 미리 군사령부의 검열을 받게 함을 요함"이라고 하여 치안방해로 인정되는 신문의 정지 및 관계자의 처벌과 사전검열을 명시하고 있었다.[44] 이 일본 군사경찰의 실시는 그 해 6월 말 일제가 한국정부에 황무지개척권을 요구한 것에 대하여, 7월에 한국민이 輔安會를 결성하여 그 반대운동을 전개하는 과정에서 비롯된 것이었다.[45] 즉 일제는 일본 군사경찰의 실시를 한국정부에 일방적으로 통고한 뒤, 한 달 만에 한국인 명의로 발행되는 신문에 대한 사전검열을 시행하였던 것이다.

당시 《제국신문》과 《황성신문》 이외에 《대한매일신보》가 발행되고 있었다. 그러나 《대한매일신보》의 발행인은 치외법권을 누리고 있던 영국인 베델이었기 때문에 사전검열에서 제외된 것이었다. 그런데 10월 9일자 일본

40) 鄭晋錫, 〈民族紙와 日人經營新聞의 對立〉(《韓國言論史硏究》, 一潮閣, 1983), 25~27쪽.
41) 高麗大 亞細亞問題硏究所 편, 《舊韓國外交文書》 日案 7(高麗大 出版部, 1972), # 7957 〈韓國新聞의 日軍行動揭載의 禁止 및 同檢閱官撰任要求〉.
42) 鄭晋錫, 앞의 글(1983), 24~25쪽.
43) 《大韓每日申報》, 1904년 8월 23일, 잡보 〈신문검열〉.
44) 《舊韓國外交文書》 日案 7, # 8226 〈京城內外 日本軍事警察實施通告〉. 金正明 편, 《朝鮮駐箚軍歷史》(巖南堂書店, 1967), 211~212쪽.
45) 이에 관해서는 尹炳奭, 〈日本人의 荒蕪地開拓權要求에 대하여〉(《歷史學報》 22, 1964)와 愼鏞廈, 〈구한말 輔安會의 창립과 민족운동〉(《한국사회운동의 기반과 새 경향》, 문학과지성사, 1994)에 상세하다.

군의 〈군정시행에 관한 內訓〉에서도 7월 20일의 내용이 반복되고 있었음이 확인된다. 즉 "집회 혹은 신문·잡지·광고 등의 치안에 방해가 있다고 인정되는 것은 이를 해산 또는 금지시킬 사"라고 하였던 것이다. 이 같은 내훈이 있던 10월 9일 《제국신문》이 일본군헌병사령부에 의하여 정간처분을 받았다. 《제국신문》 1904년 11월 9일자 논설 〈본신문 뎡지ᄒᆞ얏던 ᄉᆞ졍〉을 보면 다음과 같이 언급하였다.

> …거월(10월) 구일 일요일에 신문을 방쟝 발간ᄒᆞᆯ 즈음에 하오 ᄉᆞ시량에 일본헌병ᄉᆞ령부 위관 일인과 하ᄉᆞ 일인과 헌병 오인과 통변 일인이 와셔 ᄉᆞ령부 명령으로 말ᄒᆞ기를 본월 칠일 뎨국신문 논셜ᄉᆞ의가 일본군ᄉᆞ상에 방ᄒᆡ요 한일량국교졔에 방ᄒᆡ요 치ᄋᆞᆫ에 방ᄒᆡ되ᄂᆞᆫ 말을 너앗스니 신문을 뎡지ᄒᆞ라ᄒᆞ고 방쟝 졀반즘 인쇄ᄒᆞ던 신문과 긔계고동을 ᄲᅢ셔 고봉ᄒᆞ고 가ᄂᆞᆫ지라…

이 논설에 따르면 신문의 사전검열이 일본군의 통고가 있은 8월부터 시행되었던 것 같지는 않다. 정확하게는 알 수 없지만 10월 이후가 아니었나 짐작된다. 그리고 그 내용은 기사의 삭제와 정간처분이었다.

1904년 하반기부터 일제에 의하여 자행된 사전검열은 1905년 2월 이후 警務顧問部로 이관되어 계속되었다. 경무고문부는 1905년 2월 4일 丸山重俊이 경무고문에 취임하면서 개청한 것으로, 일본군사령부의 사전검열 업무를 인계하였던 것이다. 일제는 신문에 반일기사를 게재하면 한국민의 반일의식이 확산될 것이므로 반일적인 기사를 원천적으로 봉쇄하였던 것으로 보인다. 사전검열의 과정은 《제국신문》 1906년 3월 21일자 논설 〈停報와 解停〉에 잘 나타나 있다.

> 신문을 미일 편즙ᄒᆞ야 박힐 ᄯᅢ에 경무고문실에 가셔 검열을 것친 후에야 인쇄ᄒᆞᄂᆞᆫᄃᆡ 만일 검열ᄒᆞᄂᆞᆫ 일인이 그ᄃᆡ로 인가ᄒᆞ면 그ᄃᆡ로 박히고 무삼 귀졀이던지 너지 말라고 살을 쳐주면 부득이 ᄒᆞ야 그 귀졀은 그 ᄌᆞ를 뒤집어 박히ᄂᆞᆫᄃᆡ 만일 그 ᄌᆞ리에 다른 말을 치우랴면 ᄯᅩ 검열을 밧아야 ᄒᆞᆯ 터인데 미양 날은 져물고 처울 멀도 업셔셔 남이 알아 볼 슈 업시 되ᄂᆞᆫ 것인ᄃᆡ…글ᄌᆞ를 뒤집어 놋ᄂᆞᆫ ᄯᅢ에 혹 뒤집어 노키도 ᄒᆞ고 혹 그져 두기도 ᄒᆞ야…

즉 사전검열은 인쇄한 신문臺帳을 경무고문부에 가지고 가 검열을 받고,

검열에 걸리면 그 부분은 활자를 뒤집어 인쇄하거나 공백으로 인쇄하였던 것이다. 이른바 '벽돌신문'이었다. 사전검열에 대하여 독자층은 일본신문에 게재된 내용을 실어도 한국신문에서는 검열로 삭제된다고 하여 《대한매일신보》 밖에 볼 것이 없다는 반응을 보이고 있었다.[46] 독자층의 신뢰 감소 또는 불신은 신문의 재정난을 가중시키기도 하였다. 이러한 사전검열과 행정처분은 러일전쟁이 진행되던 1904·5년에 국한되지 않고 있었다. 1907년 7월 '光武新聞紙法'의 제정은 이 같은 규제를 법제화한 것이기도 하였다.

1906년 7월에 이르면 경무고문부뿐 아니라 한국정부에서도 신문규제를 시도하였다. 중추원에서 신문조례를 심의하여 곧 반포할 것이라는 소문이 팽배하였던 것이다.[47] 그것은 신문이 정부의 무능과 부패, 친일정권과 관련된 정치문제와 관리들의 비행을 폭로하였기 때문에 한국정부에서 신문규제법을 준비하였다고 생각된다. 그러나 이 신문규제법은 반포되지 않았다.[48]

(2) 〈신문지법〉의 제정

1907년 4월부터 통감부에서는 신문규제법의 제정문제를 논의하기 시작하였다. 통감 이등박문은 한국정부 대신들과의 정례모임에서 신문규제법의 제정이 필요함을 강조하였던 것이다. 아마도 통감부에서 신문규제의 필요성을 절감한 것은 국채보상운동의 주도를 비롯한 민족신문의 국권회복운동과 무관하지 않았을 것이다. 그러나 실제 통감부와 친일정권에서는 《대한매일신보》의 적극적인 반일언론활동과 정부비판에 대하여 신경을 곤두세우고 있었다. 특히 통감부에서는 1906년부터 비밀리에 배델의 추방공작을 획책하고 있었으나 영국정부와의 교섭이 잘 이루어지지 않았다. 더욱이 《대한매일신보》는 1907년 1월 16일자에 고종이 을사조약에 동의하지 않았다는 내용의 밀서를 게재하여 일본의 입장을 곤란하게 만든 바 있었다.

따라서 이등박문은 1907년 5월 30일에 한국정부 대신들과 가진 '韓國施政改善에 관한 협의회'에서 한국인이 발행하는 신문뿐만 아니라 일본인 및 영

46) 《帝國新聞》, 1907년 4월 9일, 잡보 〈丸山顧問과 各新聞記者〉.
47) 《萬歲報》, 1906년 7월 6일, 잡보 〈新聞條例制定說〉.
48) 崔起榮, 앞의 책(1991), 255~257쪽.

국인이 국내에서 발행하는 신문에 대해서도 규제할 수 있는 신문규제법이 필요함을 강조하였고, 6월 18일의 같은 모임에서는 법안의 초안을 한국정부에 전달하였다.[49] 신문규제법의 초안은 주로 일본의 신문지조례에 기초한 것으로 체형과 벌금, 행정처분과 사법처분을 포함하였던 것으로 짐작된다. 신문규제법이 한국정부의 발의로 법안이 작성된 것이 아니라, 일방적으로 통감부에서 법안을 제시하였던 것이다.[50]

법률 제1호 〈신문지법〉은 1907년 7월 24일자로 반포되었다. 7월 24일은 흔히 '丁未七條約'이라 불리는 〈韓日新協約〉이 체결되어, 顧問政治라고 불리던 일제의 내정간섭 형태가 次官政治로 옮겨 가던 시기였다. 바로 7월 18일에 있은 고종의 황태자양위가 7월 20일 일제에 의하여 고종의 퇴위로 바뀌면서 한국의 정국이 혼란에 빠진 직후였던 것이다. 7월 27일자로 법률 제2호 〈保安法〉이 반포되고, 8월 1일 군대해산이 이루어졌다.

〈신문지법〉은 부칙 3개조를 포함하여 모두 38개조로 되어 있었다. 제1조부터 제10조까지는 신문발행의 수속과 관련된 일반규칙이었다. 발행허가의 절차, 신문사 임원의 자격, 보증금, 발행사항의 변경, 납본 등을 규정하였던 것이다. 제11조부터 제16조까지는 신문게재를 금지하는 사항이 언급되었고, 제17조부터 제20조까지는 필수 게재사항이었다. 제21조부터 제35조까지는 신문의 법률위반에 대한 처벌조항이었으며, 제36조부터 제38조까지는 부칙조항이었다. 그 중요한 내용을 보면, 먼저 신문의 발행은 내부대신의 허가를 받아야만 한다는 것이었다. 뿐만 아니라 내부대신은 安寧秩序·風俗壞亂이라는 막연한 범위를 규정하여 신문에 대한 발매·반포의 중지와 압수, 발행의 정지와 금지를 행정처분으로 명령할 수 있었다. 이로 미루어 〈신문지법〉이 신문을 정부의 통제하에 두고자 제정되었음을 쉽게 확인할 수 있다.

보증금 300환의 납부 또한 재정이 취약한 한국인 발행신문에 대한 간접적인 탄압조항이었다. 한국정부에서도 이 조항이 과중함을 인식하여 통감에게 그 수정을 건의한 바 있었으나,[51] 받아들여지지 않았던 것이다. 사전검열을

---

49) 《日韓外交資料集成》 6-상(東京 ; 巖南堂書店, 1964), 488·525~526쪽.
50) 崔起榮, 앞의 책(1991), 257~268쪽 참조.
51) 《日韓外交資料集成》 6-상, 556쪽.

의미하는 납본은 이미 언급한 대로 1904년 10월경부터 실시되고 있었다. 신문게재 금지사항으로는 황실존엄의 모독, 국헌문란, 국제교의의 저해 등이 내용이었는데, 구체적으로는 반일관계 기사의 게재를 금지하였다고 해도 좋을 것이다. 또 보도관제조항에는 기밀에 관한 공문서와 기사가 해당되었다. 〈신문지법〉의 규정을 위반할 경우의 처벌은 관련자의 벌금형과 체형 혹은 인쇄기계의 몰수 등과 신문의 압수·정간 등 가혹한 행정처분이 주를 이루었다.[52] 신문지법의 대부분 조항은 일본의 신문지조례(1883년 제정, 1887·1897년 개정)를 그대로 번역하거나 수정한 것이었다. 특히 허가제나 내부대신의 행정처분권과 같은 조항 등은 신문지조례의 개정에서 삭제되었던 부분인데, 신문지법에는 포함되어 있었다. 즉 신문지조례에 설정된 적이 있던 조항 가운데 신문탄압과 직결되는 강력한 조항은 일본에서의 완화와는 무관하게 우선적으로 포함시켜, 법 제정의 목적이 무엇이었는가를 쉽게 짐작케 한다.[53]

〈신문지법〉의 제정에 대하여 민족신문들의 반발은 《황성신문》이 법령 반포 전인 7월 12일자에 〈新聞條例에 對ᄒᆞᆫ 感念〉을 싣고, 이어 10월 11일자의 논설로 〈新聞束縛의 條例〉에서 "吾輩ᄂᆞᆫ 政府에셔 此等條例를 速히 繳銷ᄒᆞ던지 경히 刪定ᄒᆞ야 人民의 言論自由를 許ᄒᆞ고 束縛的 主意를 除去ᄒᆞ야 開明의 前途를 發達케 ᄒᆞᆷ을 希望ᄒᆞ노라" 하여 그 폐지나 개정을 요구하였던 것이다. 〈신문지법〉에 대한 여론은 "이제 더러케 까다로온 법을 마련ᄒᆞ엿스니 신문이 엇지 정부관리의 득실과 일반인민의 션악을 의론ᄒᆞ리오 이제ᄂᆞᆫ 신문ᄭᅥ쟈 노릇ᄒᆞᆯ 슈도 업슬 것이오 신문이라고 볼 것도 업스리라"는 반응이었다.[54]

(3) 〈신문지법〉의 개정

통감부에서 한국정부로 하여금 〈신문지법〉을 제정하도록 한 본래의 목적은 《대한매일신보》의 규제에 있었다. 그러나 〈신문지법〉은 한국인의 명의로

---

52) 崔起榮, 앞의 책(1991), 266~277쪽 참조.
53) 일본 신문지조례와 대한제국의 신문지법의 비교에 관해서는 崔起榮, 앞의 책(1991), 274~276쪽 참조.
54) 《帝國新聞》, 1907년 8월 8일, 논설 〈신문지법을 평론ᄒᆞᆷ〉.

발행하는 신문에만 적용되었다. 이미 이들 신문은 사전검열과 정간조치를 통하여 규제가 가능하였으므로, 실제 〈신문지법〉은 그것을 명문화한 것에 지나지 않았다. 일본인 발행의 신문은 1907년 7월 24일자로 개정된 별도의 〈保安規則〉의 적용을 받게 되었으나,[55] 그 밖의 외국인에게는 적용되지 않았다. 《대한매일신보》를 발행하던 영국인 배델을 지목하여 〈신문지법〉의 제정이 논의되었지만, 실제 반포된 법령에는 그 적용에 대하여 언급이 없었다. 아마도 일제는 영국측과의 외교교섭이 진행중인데다가, 고종의 퇴위라는 급작스런 한국정세의 변화 때문에 〈신문지법〉의 반포를 서둘렀던 것 같다. 그러나 〈신문지법〉은 오히려 《대한매일신보》의 성가를 더욱 높여 준 셈이었다. 따라서 통감부에서는 《대한매일신보》를 주된 목적으로 〈신문지법〉의 개정을 시도하지 않을 수 없었다.

〈신문지법〉의 개정에는 《대한매일신보》와 함께 국외에서 발행되어 국내에 유입되던 교포신문에 대한 규제도 계획되어 있었다. 미주 본토 샌프란시스코에서 발행되던 《공립신보》와 그것을 계승한 《신한민보》, 하와이에서 발행되던 《합셩신보》와 그것이 개제된 《신한국보》, 그리고 러시아령 블라디보스톡에서 발행되던 《히죠신문》과 《대동공보》는 1908·1909년에 걸쳐 상당수 유입되어 국민들에게 영향을 미치고 있었다. 이들 신문은 국외에서 발행되었기 때문에 일제의 사전검열을 받지 않아, 반일적인 내용이 주를 이루고 있었던 것이다.

《대한매일신보》와 교포신문의 규제를 목적으로 한 통감부의 〈신문지법〉 개정의 움직임은 1908년 4월 20일자의 법률 제8호 〈신문지법〉 개정으로 드러났다. 친일정권으로 하여금 〈신문지법〉을 개정하게 한 일제의 목적은 제34조에 명확하다.

> 外國에셔 發行亨 國文 或 國漢文 又는 漢文의 新聞紙와 又는 外國人이 內國에셔 發行亨 國文 或 國漢文 又는 漢文의 新聞紙로 治安을 妨害亨며 又는 風俗을 壞亂홈으로 認亨는 時는 內部大臣은 該新聞紙를 內國에셔 發賣頒布홈을 禁止亨고 該新聞紙를 押收홈을 得홈[56]

55) 《統監府公報》, 1907년 7월 27일.

즉 이 개정은 교포신문과 국내에서 외국인이 발행하는 신문에 대한 규제였음을 쉽게 알 수 있다. 국내에서 외국인이 발행하는 신문이란 일본인이 발행하는 신문이 1908년 4월 30일자로 반포된 〈新聞紙規則〉으로 〈신문지법〉에서 제외되었으므로,[57] 천주교와 기독교의 선교사들을 발행인으로 하고 있던 신문과 《대한매일신보》뿐이었다. 종교계에서 발행하는 신문은 부분적으로 《경향신문》이 문제가 되기도 하였지만, 《대한매일신보》를 규제대상으로 삼았음이 명약관화하다고 하겠다. 그러나 〈신문지법〉의 개정에 의해서도 《대한매일신보》에 대한 사전검열은 불가능하였다. 《대한매일신보》가 이후에도 여전히 일제의 국권침탈을 비판할 수 있었던 것은 내용과 논조에 따라 압수만이 가능하였던 것과 무관하지 않다. 압수처분은 이미 상당 분량의 신문이 배부된 뒤에야 이루어질 수 있었기 때문이다.

〈신문지법〉 개정 직후부터 《대한매일신보》와 교포신문의 압수처분이 줄을 이었다. 국교저해 · 폭도선동 · 질서문란 · 국권회복 · 凶行선동 등이 압수의 이유였다. 1908 · 1909년 신문의 압수상황을 정리하면 다음의 〈표 3〉과 같다.

〈표 3〉 1908 · 1909년 신문압수상황[58]

신문 / 연도		大韓每日申報		共立新報	합셩신보	히죠신문	大同公報	계
		국 문	국한문	新韓民報	新韓國報	大東共報		
1908	A	5	8	19	10	20	3	65
	B	4,936	6,727	10,264	542	1,569	668	24,706
1909	A	7	7	35	31	57		137
	B	3,592	12,722	1,217	1,181	2,235		20,947
계	A	12	15	54	41	77	3	202
	B	8,528	19,449	11,481	1,723	3,804	668	45,653

《대한매일신보》 국한문판은 15회의 압수처분에 매회당 1,300부 정도가 압수되고 있었으며, 《공립신보》와 《신한민보》의 경우를 보면 거의 매호가 압

56) 《舊韓國官報》, 1908년 4월 29일, 법률.
57) 《統監府公報》, 1908년 5월 2일.
58) 《統監府施政年報》 해당연도분과 《警察事務概要》 등을 참고로 재작성. A는 발행반포금지 횟수, B는 압수신문부수를 의미한다.

수처분을 받고 있었음을 알 수 있다.

이와 아울러 통감부에서는《대한매일신보》의 관여자, 즉 사장 베델과 총무 양기탁을 사법처분하고자 시도하였다. 앞서 언급한 바 있지만, 이미 통감부는 1907년 10월 9일 서울주재 영국총영사에게 베델을 고소하였으나 추방에 실패하였다. 일본은 이에 굴복하지 않고 1908년 5월 27일자로 다시 베델을 질서문란과 폭동격려, 그리고 한국의 정부와 국민을 이간하여 치안을 방해하였다는 죄명으로 고소하였다. 그 결과 베델은 3주간의 禁錮와 보증금의 납부라는 판결을 받아, 상해로 가서 금고형을 받았다. 통감부는 이에 만족하지 않고 베델이 상해에서 복역중이던 1908년 7월 양기탁을 국채보상금의 횡령혐의로 구속하였다. 국채보상운동의 저지와《대한매일신보》에 대한 규제를 목적으로 하였음은 자명한 일이었다. 그러나 양기탁의 구속사건은 영국정부가 항의하여, 양기탁은 2개월이 지난 9월 29일에 석방되었다.[59]

결국 일제는〈신문지법〉의 제정과 그 개정으로 한국에서의 반일언론을 법적으로 규제할 수 있도록 제도화하였다. 일제가 이처럼 신문규제에 열심이었던 까닭은 신문의 국권회복운동이 그만큼 한국민들에게 영향을 미치고 있었기 때문일 것이다. 단적으로 국채보상운동의 전개와 확산은 언론활동에 힘입고 있었다.[60] 따라서 일제가 신문의 어떠한 내용에 주목하였는가를 살펴본다면, 당시 언론이 지향하던 바를 어느 정도 짐작할 수 있을 것이다. 장황하지만《대한매일신보》1910년 5월 14일자의 논설〈所謂新聞押收處分〉을 인용한다.

> 邇來로 內部에셔 動쳡 治安妨害 四字에 藉하야 本報及海外韓人同胞의 발行ᄒᆞᄂᆞᆫ 新紙를 押收ᄒᆞ기에 吾儕ᄂᆞᆫ 彼의 治安妨害라 云ᄒᆞᄂᆞᆫ 範圍의 廣狹이 如何ᄒᆞᆫ지 不知ᄒᆞ야 甚訝ᄒᆞ며 甚鬱ᄒᆞ엿더니 今에 內部 警務局에셔 발行ᄒᆞᆫ 隆熙三年 警察事務概要의 中에 右各紙 押收된 內容을 揭載ᄒᆞ얏ᄂᆞᆫᄃᆡ 左와 如ᄒᆞ니
>
> 國權回復의 名을 藉ᄒᆞ야 日本保護를 反對ᄒᆞ야 反旗를 揭ᄒᆞᆷ을 鼓吹ᄒᆞᆫ 者
>
> 日本의 保護를 目ᄒᆞ야 韓國을 幷合ᄒᆞᆷ이라고 誣ᄒᆞ야 一般韓民의 反感을 起케

59) 이에 관해서는 崔埈,〈軍國日本의 對韓言論政策〉과〈梁記者拘束을 에워싼 英·日 간의 外交交涉〉(앞의 책, 1976) 및 鄭晉錫, 앞의 책(1987)을 참고할 것.

60) 이 문제에 관해서는 崔埈,〈國債報償運動과 프레스 캠페인〉(위의 책, 1976)과 鄭晉錫,〈國債報償運動과 言論의 역할〉(《日帝經濟侵略과 國債報償運動》)을 참조할 것.

ᄒᆞᆫ 者

無근의 流說을 傳ᄒᆞ야 人心을 惑亂케 ᄒᆞ고 又는 事를 誇大히 布張하야 國民을 憤慨케 ᄒᆞ야 官의 施設을 妨碍ᄒᆞ고 社會의 秩序를 攪亂ᄒᆞᆫ 者

國權回復은 國民의 共同一致를 要ᄒᆞᆫ다 ᄒᆞ야 團體의 組織을 奬勵ᄒᆞᆫ 者

國權回復은 國民의 文明을 要ᄒᆞᆫ다 ᄒᆞ야 新敎育의 普及을 唱導ᄒᆞᆫ 者

海蔘威地方으로써 韓國人의 國權回復團體의 근據지 숨기를 鼓吹ᄒᆞᆫ 者

暗殺者를 義士라 ᄒᆞ야 此思想을 鼓吹ᄒᆞᆷ을 努力ᄒᆞᆫ 者

暴徒를 言ᄒᆞ야 國歌에 忠ᄒᆞᆫ 者라 ᄒᆞ야 此에 聲援을 與ᄒᆞᆫ 者…

噫라 團體組織의 奬勵도 治安妨害라 ᄒᆞ며 新敎育普及의 唱導도 治安妨害라 ᄒᆞᆷ은 果然 不可思議의 一奇法이로다 然則 團體를 渙散케 ᄒᆞᆷ이 治安이며 新敎育을 沮碍ᄒᆞᆷ이 治安인가 其心中에 此思想이 有ᄒᆞᆯ지라도 엇지 如此히 和盤托出ᄒᆞᄂᆞ뇨…

일제가 '치안방해'라는 명목으로 민족언론을 탄압한 경우는 기본적으로 국권회복과 국민단결에 관련된 논의였다. 구체적으로는 국권회복을 내건 일본의 보호 반대와, 단체조직과 신교육의 지원, 의열투쟁의 찬양, 의병 옹호 등이 일제가 문제로 삼은 내용이었다. 그것으로 일제가 한국의 식민지화에 반대하는 조그마한 저항이라도 봉쇄하고자 하였던 사실과, 신문을 중심으로 한 민족언론의 저항이 국권회복의식과 애국심을 고취시키는 논조로 다양하게 계속되었음을 확인할 수 있다.

〈崔起榮〉

Ⅱ. 근대 종교운동

1. 유 교
2. 불 교
3. 천주교
4. 기독교
5. 천도교
6. 대종교

Ⅱ. 근대 종교운동

1. 유 교

1) 유교개혁사상의 발생

19세기 말의 개화사상에는 유교이념의 근본가치를 계승하면서 서양의 우세한 기술문명을 수용하겠다는 東道西器論의 경우처럼 온건개화론도 있고, 유교사회의 전통을 과감히 타파하고 서구문물과 제도를 전면적으로 수용하려는 급진개화론도 있다. 급진개화론에서는 사실상 유교에 대한 신념을 포기하거나 다른 종교적 신념을 받아들인 경우가 상당수 있다. 그러나 온건개화론자들 사이에서는 유교적 신념을 지키면서도 보수적 도학의 형식을 깨뜨리고 상당한 수준에서 사상적 혁신을 추구하고 있다는 사실을 주목할 필요가 있다.

유교개혁사상은 유교 내적인 전통의 성찰과 재인식의 작업이 하나의 주제요, 유교 외적인 근대 서구문물의 수용과 섭취의 작업이 다른 하나의 주제를 이루고 있다.

먼저 유교 내적인 전통을 성찰하는 과제를 크게 다음의 네 가지 사항으로 살펴볼 수 있을 것이다.

① 사회변혁에 대한 적응력과 변혁의지의 결핍 : 먼저 유교가 역사의 변화에 대한 적응력을 상실한데 대한 반성이 제기된다. 여기서 유교개혁사상은 교리의 개방적이고 현실적인 재해석을 시도하며, 모든 제도와 행동절차에 새로운 시대적 요구에 적합한 합리적 변혁을 추구한다.

② 민족의식의 자주적 각성의 결핍 : 유교전통이 중국중심의 중화주의에 사로잡혀 있거나 유교문화의 보편주의에 젖어서 민족의식에 대한 뚜렷한 자각을 보여주지 않았다는 점에 대한 반성이 제기된다. 이에 비해 유교개혁사상에서는

유교문화를 민족문화로서 발전시키고 정립시키며, 민족정신의 기초로서 추구하고 있다.

③ 민중적 기반의 결핍 : 유교전통이 통치권력의 옹호와 지배층으로서 신분윤리의 강화를 내세우면서 본래의 민본정신의 실천을 외면하는데 대한 반성이 제기된다. 유교개혁사상에서도 철저한 계급의식의 극복과 한자문화의 탈피를 성취한 것은 아니지만, 기본적으로 평등의식과 아동 및 여성교육에 대한 관심을 향상시키고 있는 뚜렷한 방향의 전환을 보여주고 있다.

④ 종교적 자기인식의 결핍 : 유교전통은 종교로서의 자기정체성에 대한 인식이 빈약하거나 자신의 종교성을 부정하기도 한다. 이에 비해 유교개혁사상은 기독교가 서양문명의 기초로서 서구사회를 이룬 원동력으로 이해한다. 그리하여 종교로서의 유교를 통한 동양적 정신력의 확립과 민중적 기반의 확보를 추구하였다.

다음으로 유교 외적인 근대 서구문화의 수용에 따른 성찰의 과제를 다음의 세 가지 사항으로 살펴볼 수 있을 것이다.

① 사회적 효용성의 결핍 : 급진개화사상은 서구 근대문물을 수용하기 위해 우리의 폐쇄성을 타파한다는 의도에 따라 우리의 사회전통적 생활관습을 파괴만하면서 아무런 사회적 효용성이 없는 지엽말단적 형식을 도입하고 있다는 비판적 반성이 제기된다.

② 문화적 자주의식의 결핍 : 서구 근대문물의 무분별한 전반적 수용은 이미 문화의 자주적 수용이 아니라 문화적 예속이거나 굴복이라 할 수 있다는 반성이 제기된다. 중국중심에서 서양중심으로 문화지향이 직접 건너가는 현실에서 우리 문화의 위치를 각성하고 민족사와 문화의 주체적 연관성을 탐색하는 작업이 추진되었다.

③ 민족적 자주성에 대한 위기의식의 결핍 : 서구문화의 우월성에 대한 신봉이 국권도 상실케 할 수 있음에 대한 비판적 반성이 제기됐다. 서구문화의 폭주 속에서 유교정신의 혁신을 통해 국민정신의 배양과 민족문화의 수호를 추구하는 유교개혁사상은 이 시대 민족정신의 발현방법의 하나다.

여기에서는 유교개혁사상의 유형을 분류하고, 각 유형에서 제기되는 사상적 문제의 주제와 체계를 파악하고자 한다. 이러한 유형의 인식을 통하여 이 시대의 유교사상이 지닌 문제의식과 해결방법의 다양성을 확인할 수 있다. 또한 이러한 문제들이 갖는 사상사적 의의와 시대적 한계를 인식함으로써 우리 시대에 남은 문제의 성격과 방향을 이해하는데 시사를 받을 수 있게 할 것이다.

2) 한말과 일제강점기 한국의 유교개혁사상

(1) 도학파의 유교개혁사상

가. 도학파의 종교관

먼저 도학자들이 제기하였던 종교관의 양상들을 살펴보면, 자신의 정통성에 대한 신념에 따라 다른 종교에 대한 배타적 태도에서 잘 드러나고 있다.

한말 도학의 대표적 주제는 위정척사론으로 인식된다. 여기서 척사의 대상이 되고 있는 것은 邪敎이다.[1] 사교는 천주교와 개신교를 포함하는 서양종교로서 기독교와 서양의 문물제도까지 포함하여 가리킨 것이다. 이 시기에 척사론의 입장에서는 겉으로 서구세력과 일본의 침략성을 비판하였지만 그 속으로 그들 문명의 근원에는 정신적 요소로서 기독교가 있음을 주목하였다. 따라서 서민대중 속에로 뻗어 가는 기독교의 강한 침투력과 확산력을 의식하면서 유교에 대한 자기각성을 하지 않을 수 없게 되었다.

이러한 시기에 한말의 도학자들 사이에서 일어났던 도학적 신념의 각성운동으로서 문헌편찬 활동을 유의할 필요가 있다. 곧 유교교육의 강화와 척사론적 신념을 재확인시키려는 의도에서 편찬된 두 편의 문헌을 들어보면, 하나는 기호지방에서 宋秉稷이 편찬하고, 48명이 참여하여 1900년에 간행한 《尊華錄》(6권 3책)이요, 다른 하나의 문헌은 영남지방에서 許拭과 郭漢一 등이 편찬하고, 52명이 참여하여 1903년 간행한 《大東正路》(6권 3책)이다.[2] 이 두 문헌은 편찬의도나 체제가 매우 유사할 뿐만 아니라, 1899년 고종이 내린 〈尊聖綸音〉을 공통으로 싣고 있다는 점에서도 상호 유사성을 보여준다. 당시 대한제국의 정부가 공자와 선현을 모신 사당인 文廟의 제사와 유교교육을 소홀히 한다는 유림들의 항의가 강하게 일어나자, 이에 상응하는 정부의 유교에 대한

1) '邪敎'는 邪道로 일컬어지며, 특히 더욱 엄격한 배척의 입장에서는 '邪術'로 일컫기도 한다.
2) 琴章泰, 《동서교섭과 근대한국사상》(성균관대 출판부, 1984), 268~285쪽.

태도를 밝힌 것이 바로 〈존성윤음〉이다.

이 윤음에서 고종은 "세계의 모든 나라가 종교를 극진히 존숭하는 것은 종교가 人心을 맑게 하고 정치의 도리가 여기서 나오기 때문이라" 하여, '종교'라는 용어를 사용함과 더불어 종교의 기능을 중요시하는 입장을 강조함으로써, 이 시기에 우리 사회의 종교관을 선명하게 밝히고 있다. 동시에 고종은 스스로 "우리 나라에서의 종교는 범상하게 존중되기 때문에 그 실지가 없다"라고 지적하여, 국가적으로 종교정책이 결핍되었음을 반성하고 있다. 여기서 한 걸음 나아가, "우리 나라의 종교는 공자의 도가 아니겠는가(我國之宗敎其非吾孔夫子道乎)"라고 단언하고 있다. 고종은 이 윤음을 통해 우리 나라의 종교 곧 국교를 유교라고 확인하였던 것이다. 또한 고종은 국가가 처하고 있는 위기도 종교가 밝지 않은 데서 오는 것이라 지적하고, 온 마음을 종교의 유지에 둘 것을 약속하면서, "앞으로는 朕과 태자가 한 나라 유교의 宗主로서, 箕子와 孔子의 도를 밝히며, 선조의 뜻을 잇고, 모든 신하들에게 물어서 진심으로 공자를 받들어 올리고 도를 따르겠다"[3]고 선언한다. 이 시기에 고종임금에 의해 유교에 대한 아무런 변혁의지도 없이 유교를 국교로 선언하고 있는 사실은, 당시 중국의 무술변법시기에서 康有爲가 孔敎의 변혁과 국교화를 요구하는 것과 비교할 때 우리 사회의 보수적 여건이 잘 드러난다.

위정척사론의 가장 강경한 입장을 지켰던 도학자로서 堤川의병을 비롯한 의병운동을 주도했던 柳麟錫(毅庵, 1842~1915)은 1913년에 지은 《宇宙問答》에서 중국문화를 구성하는 네 가지 조건 곧 제왕의 道統, 성현의 종교, 倫常의 正道, 衣髮의 重制를 제시하면서, 그 하나로 '성현의 종교'를 들고 있다. 그는 성현의 종교로서 중국의 '교'는 공자를 '宗'으로 삼는 것이라 밝히고 있다. 또한 그는 "인류로서 공자의 교를 '종'으로 삼지 않으면 인류가 아니다"라고 강조하여, 공자의 교를 모든 인류의 보편적 진리로 확신하는 자신의 신념을 보여준다. 그는 이 성현의 종교에서 최고의 도리 곧 上達道理가 나오는 것이라 하여 종교가 모든 도리의 근원인 것으로 인식하고 있다.[4] 이러한 정통도학

3) 《尊華錄》 권 6, 綸音.
《大東正路》 권 5, 尊聖綸音.

자들에 의해서도 유교가 종교로서 자기확인 되고 있다는 사실을 주목할 필요가 있다. 그것은 유교를 모든 종교 가운데 가장 우월한 종교라는 독단적 신념이지만, 이를 통하여 유인석은 '종교'라는 서구문화의 개념틀 속으로 한 걸음 들어가고 있는 사실을 보여준다.

나. 온건개화론의 유교관

다음으로 온건개화론자들의 유교관을 이해하고, 그 특성으로서 척사론을 벗어난 개방적 의식을 확인해 볼 수 있다.

도학자 출신으로서 온건개화사상에로 전향하였던 인물들도 東道西器論의 틀을 지키고 있는 만큼, 도학전통의 유교관을 보여주고 있음을 본다. 여기서는 신기선·김윤식의 경우를 검토해 보겠다.

申箕善(陽園, 1851~1909)은 유교의 보편적 원리와 당시대의 현실적 지식을 經과 緯로 엮어 교과서적인 유교입문서를 저술하려는 의도에 따라 1896년 《儒學經緯》를 저술하였다. 그는 공자의 도를 인도로 확인하면서 기독교(耶蘇之敎)를 강하게 비판하는 전통적 신념을 밝혔다.[5] 그러나 신기선은 1908년 조선통감인 이토 히로부미의 재정지원을 받고 이완용이 조종하는데 따라 세운 친일유교단체인 大東學會의 회장이 되었다. 兪吉濬·金允植 등도 그에 동조하여 유교조직 활동을 벌이기도 한다. 이러한 친일적 성향의 사실에서 동도서기론의 중간적 입장을 지녔던 인물들의 한계를 확인할 수 있다.

金允植(雲養, 1835~1922)은 〈敦化論〉에서 "敎라는 것은 사람에게 善을 권하여 恒心을 지키게 하는 것이다"라고 '교'를 정의하고 있다. 바로 이 '교'의 정의가 그의 종교관을 의미하는 것으로서, 그는 곧 종교의 가장 기초적 공통성을 도덕성과 인격성에서 확인한 것이다. 여기서 그는 서양에서 신앙의 자유가 허용되고 있음을 주목하여 종교간의 갈등의 해소를 중시하고 종파주의를 반대하였다.[6] 그의 孔敎觀에서 정통주의 내지 종파주의를 깨뜨리고 보편주의를 추구하고 조화주의의 성격으로 나가는 변화의 중대한 자취를

---

4) 柳麟錫, 《毅菴集》 권 51, 宇宙問答.
5) 申箕善, 《申箕善全集》 하, 儒學經緯(아세아문화사, 1981, 475~477쪽).
6) 金允植, 《金允植全集》 2, 敦化論(아세아문화사, 1980, 623~625쪽).

볼 수 있다.

다. 이승희의 공교운동

도학적 유교개혁사상가의 대표적 인물로 李承熙(韓溪, 1847~1916)의 공교운동과 유교개혁사상이 지닌 특성을 이해할 필요가 있다.

이승희는 心卽理說을 주창한 한말 영남도학의 거장인 李震相(寒洲)의 아들로서, 그 자신도 비중이 큰 도학자이다. 1880년 그는 청나라의 鄭觀應이 지은《易言》을 읽고서, "예수의 앞잡이고 맹자의 죄인이다"라고 비판할 만큼, 개화사상에 거부적인 정통도학적 입장을 고수하고 있었다. 그 후 그는 일제의 압박을 피하여 1908년 62세의 노년에 블라디보스톡으로 망명하였으며, 이듬해 1909년 만주로 옮겨가서 興凱湖 부근의 密山府 땅에 '대한을 부흥시킨다'는 뜻으로 韓興洞을 세워 동포들을 유교정신으로 결속시키기 위해 활동하였다. 여기서 그는 〈日則銘〉과 〈日誦五綱〉 및 〈五綱十目〉을 정하여 기도문처럼 날마다 성찰하고 암송하게 함으로써, 유교인으로서 지켜야 할 기본적 윤리강령과 실천조목을 제시하였다.

그는 1913년 67세의 노인이었으나, 당시 북경에 공교회가 조직되어 있음을 알고는 만주지역(東三省) 한국인 동포들을 결속하는 방법으로 '동삼성 한인 孔敎會'를 설치하기로 결의하였다. 곧 각지로 통문을 돌리며, 〈동삼성한인공교회취지서〉와 절목 10조를 제정한다. 康有爲와 陳煥章이 이끄는 공교회의 조직은 자신이 탐색해 오던 유교조직화의 추구에 해답을 제공했던 것으로 보인다.7)

이승희는 공교가 중화의 존망에 결정적 요소요, 교육은 공교의 존망에 결정적 조건임을 지적하고 다른 종교에 적응하는 의존적 방법이 아니라, 진실성과 분별 및 믿음과 실천을 통한 공교의 독자성과 내면적 심화를 추구하였다.

그는 공자의 도를 "천명의 성품에 근원하며, 인도의 경전을 수립한다"라 하여 천명과 인도의 두 축을 기준으로 정의하고, 공자를 "중화의 마음이요 만세의 마음이라" 하여 중화의 문화와 만세의 영원한 역사가 공자 없이는

---

7) 李承熙,《韓溪遺稿》 6, 東三省韓人孔敎會趣旨書(국사편찬위원회, 1979, 263~265쪽).

생명을 잃는 것으로 제시하고 있다.[8]

또한 공교에서 정치와 종교가 분리되지 않음을 강조하여 국가와 교가 멸망하지 않게 하기 위해서는 반드시 양자를 통합하고 新學과 舊學(공교)을 통합해야 한다고 역설한다.[9] 만약에 끝내 양자가 소통되지 않는다면, 孔廟와 학당에서라도 공교학과를 설립하여 공교가 현시대의 응용을 겸하고 있음을 밝힐 것을 주장하고 있다.[10] 공교가 공식 교육기구로부터 유리되는 것이 공교의 존립에서는 얼마나 심각한 문제인가를 예리하게 통찰하여 정교일치론을 주장하였던 것이다.

한 마디로 그의 공교사상과 유교개혁론은 도학적 전통의 내면에서 성장되어 나온 것으로 강유위의 공교사상과는 상당한 거리가 있지만 서로 맺어질 수 있는 사상 내적인 독특한 요인을 내포하고 있는 것이다.

(2) 애국계몽사상가의 유교개혁사상

가. 장지연의 유교개혁사상과 대동교

張志淵(韋菴, 1864~1920)은 영남도학의 학풍 속에서 성장하여, 먼저 李瀷과 丁若鏞의 실학사상에 접하면서, 이를 계기로 자강운동에 참여하게 되고 마침내 애국계몽사상가로 활동했다. 1899년《時事叢報》와《皇城新聞》의 주필이 되어 언론을 통한 계몽운동의 최선봉에 나섰다. 또한 1900년 廣文社의 출판위원으로서《朝鮮儒敎淵源》을 저술한 것도 유교를 통한 민족문화의 전통을 확인하는 작업을 수행한 것으로 이해할 수 있다.

《조선유교연원》은 한국유교사에 관한 최초의 통사적 서술이다. 그는 이 저술에서 도학과 실학의 양면을 모두 긍정적 시각에서 이해하고 있으며, 지금까지 아무의 관심도 끌지 못했던 관서와 관북지방의 유학자들에 대한 관심을 기울이는 것은 민족통합 의식을 투영하고 있는 것으로 보인다.《조선유교연원》의 부록에서 그는 유교의 기본성격을 재확인하고 역사를 통해 사회적 효용성을 성찰한다. 그는 유교전통의 가치를 중요시하면서도 당파적이고

---

8) 李承熙,《韓溪遺稿》6, 孔道會講說(362~364쪽).
9) 李承熙, 위와 같음(388~390쪽).
10) 위와 같음.

허세와 위선에 빠진 도학자들에 대한 예리한 비판의식을 통하여 유교개혁론의 근거를 확인한다.

장지연은 유교에 대한 역사적 비판론을 검토함으로서 당시의 국가멸망에 대한 유교의 책임을 묻는 비판을 넘어서 정당한 평가의 기준을 정립하고자 시도한다. 조선사회에서 사회의 참혹함과 붕당의 해독이 일어난 것은 유교가 그렇게 한 것이 아니라 정치가 순치시킨 것이며, 유교의 이름을 빌어 임금을 속인 자들의 죄요 유교의 죄가 아님을 강조한다.[11]

또한 그는 공자를 유교의 宗祖라 함으로써, 유교를 종교로 이해하고 공자를 종교의 교주로 본다. 그는 유교의 종교적 각성을 통하여 민족정신의 강화를 추구하였다. 그는 우리 민족의 종교적 시조를 단군의 神敎라 보고, 箕子를 한국유교의 종조라 한다. 우리의 종교사를 불교 우세시대와 유교·불교의 병행시대, 유교의 우세시대로 변천되어 왔음을 제시하며, 당시를 신앙의 자유와 종파적 다원화의 시대로서 민족통일의 관념이 결핍되는 것으로 지적하는 점에서도 알 수 있듯이 그의 유교개혁론은 민족운동이 기본이며 유교개혁사상이 민족의식에 깊이 뿌리박고 있다.[12]

그는 박은식 등과 1909년(융희 3) 9월 大同敎를 창건함으로써 당시 친일유교단체인 大同學會에 저항하여 민족정신을 기초로 유교를 조직화하는 민족적 종교운동을 전개하기도 하였다. 그는 종교의 국가적·민족적 역할을 주목하여, "종교란 국민의 腦質을 鑄造하는 원료요, 한 나라의 강약과 흥망이 종교에 걸려 있다"라고 종교의 특성을 정의함으로써, 종교의 사회적 요청을 강조한다. 그의 유교개혁사상은 개방적이고 진취적이며 민족적인 의식을 지닌 혁신적인 것으로서, 애국계몽사상의 이론과 더불어 강유위와 초기 양계초의 영향에 깊이 젖어 있음을 쉽게 발견할 수 있다.

나. 신채호의 민족주의적 유교개혁론

申采浩(丹齋, 1880~1936)는 任憲晦(鼓山)의 문인인 조부로부터 도학 전통의 학풍을 전수받고 1898년 19세로 성균관에 입학하였다. 바로 그 해 11월 萬民

11) 張志淵, 《朝鮮儒敎淵源》 권 3, 儒敎者辨(129~130쪽).
12) 張志淵, 《朝鮮儒敎淵源》 권 1, 儒敎者辨(1쪽).

共同會가 조직되는데 참여하면서 자강운동 내지 애국계몽운동에 뛰어들었다. 1905년 26세로 성균관 박사가 되었으며, 바로 그 해에 황성신문사의 논설기자가 되면서 본격적으로 언론을 통한 애국계몽운동을 전개하였다. 그는 역사연구를 통한 민족의식의 각성을 추구하고 각종 독립운동조직에 참여하였다.

신채호의 유교개혁론은 낡은 질서를 허물고 새 질서를 추구하는 진보주의적 관심과 국권의 자주성을 확립하기 위한 민족주의적 관심에 기초를 두고 있는 것으로 요약될 수 있다. 그는 국운이 쇠퇴한 책임을 유교에 돌리기보다는 올바른 유교적 신앙의 결여에서 찾았고, 당시 사회에서 그릇된 유교신앙의 폐단을 예리하게 성찰하고 있다.

그는 유교진리의 확장을 유교확장론의 기준으로 제시하고 진리의 위배는 유교의 멸망을 초래할 것이라 경고하고 "유교의 진리를 확장하여 허위를 버리고 실학에 힘쓰며, 소강을 버리고 대동을 힘써서 유교의 빛을 우주에 비출지어다"라고 선언한다. 여기서 '실학'은 도학파나 실학파에 의해 추구되어 온 유교전통의 과제라 할 수 있지만, '대동'의 과제는 강유위의 대동사상에서 영향을 받고 있는 이념으로 파악할 수 있다.[13]

또한 그는 박은식의 〈유교구신론〉(1909)을 유교개혁을 위한 새로운 빛으로 강조하면서, 그 자신의 유교개혁론이 추구하는 과제와 신념을 밝혀, "보수를 변하고 실천을 힘쓰며, 守舊를 변하고 就新을 힘쓰며, 沈靜을 변하고 활동을 힘쓰면, 반드시 백성의 지혜를 진흥하며 국가의 주권을 옹호하여 유가의 큰 광채를 번쩍일 날이 있을진저"라 주장한다. 그가 변혁하고자 하는 것은 보수·수구·침정의 폐쇄적이고 정체적인 낡은 질서요, 그가 힘쓰고자 하는 과제는 실천·취신·활동의 능동적이고 진보적인 새로운 질서로서,[14] 그의 유교개혁론이 지닌 실천적 현실성과 진보적 세계성의 기본성격과 방향을 보여준다.

애국계몽운동시기에서 신채호의 유교개혁론이 지닌 또 하나의 기본성격은 유교개혁의 전제로서 국권의 수호와 국민정신의 강화를 요구하는 민족의식

---

13) 申采浩, 〈儒敎擴張에 대한 論〉(《丹齋申采浩全集》 下, 乙酉文化社, 1972), 393~394쪽.

14) 申采浩, 〈儒敎界에 對한 一論〉(《丹齋申采浩全集》) 別集, 109쪽.

에서 드러난다. 그는 종교를 '국민에게 감화를 주는 하나의 큰 기관'으로 규정하고, '종교의 노예가 될 뿐이요 국가의 관념이 없는 종교'나 '종교의 신도가 될 뿐이요 국민의 정신이 없는 종교'는 20세기 새 국민의 종교가 될 수 없다고 거부한다.[15] 그는 민족주의적 관심에서 유교에만 사로잡혀 있지 않고 불교와 기독교를 비롯하여 천도교와 대종교 등 민족종교에도 적극적인 관심과 긍정적인 평가태도를 보여주고 있다.

다. 유인식에서 유림부패의 성찰과 국수수호론

柳寅植(東山, 1865~1928)은 안동출신으로 영남의 정통 학맥을 이은 전형적인 영남도학자이었다. 그는 1895년 31세 때 을미의병에 참여하였다가 관군에게 쫓겨 사방으로 피신하다가, 1903년 서울에 올라와 당시에 애국계몽운동을 하던 柳瑾·장지연·신채호 등과 교류하였다. 그 때까지 보수적 도학자이었던 그는 성균관에 머물면서 신채호와 여러 날 신학과 구학의 문제를 토론하였으나 신학에 승복하지 않았다. 이 때 신채호로부터 양계초의 《음빙실문집》을 빌려 며칠 동안 침잠하여 읽고 나서 홀연히 결심을 하고 머리를 깎으며 개화론자로 전환하였다. 머리를 깎으면서, 그는 "성리학(心性理氣)이 전날의 학술이라면, 자연과학(氣化聲光)은 오늘의 학설이요, 전통예복(峨冠法服)이 전날의 풍속이라면 서양복장(洋裝剃髮)은 오늘의 풍속이다"라 선언하여 서양문물의 수용을 시대적 과제로 확인하였다.

그는 일제의 침략으로 '4천년 神明의 종족이 서로 이끌고 남의 노예가 되어가는' 국가의 멸망을 목도하면서, 〈太息錄〉을 지어서 시대의 문제점을 통렬하게 성찰하고 문제 해결을 위한 과제를 검토하고 있다. 유인식은 〈태식록〉에서 우리 나라의 폐습을 구제하는 방법으로서 폐습의 원인을 먼저 성찰하여야 함을 강조하고 있고, 조선왕조의 망국 원인은 기본적으로 정부와 유림의 부패에 있었던 것으로 진단하며, 민족의 당면문제에 대한 책임은 오로지 유림에 있음을 단정한다. 여기서 그는 공허한 이론을 숭상하는 경학가(도학자)의 폐단이 날로 깊어지게 되어 나라의 멸망에까지 이르게 되었다 하여 도학파를 비판하고, 양명학의 심학파를 긍정적으로 평가하여 주목하고 있다.

---

15) 신채호, 〈二十世紀 新國民〉(《丹齋申采浩全集》 別集, 형설출판사, 1987), 227쪽.

또한 도학의 정통주의적 입장에 따라 다른 사상을 이단과 邪說로 규정하여 배척하였던 학풍이 창조성을 결여한 것을 비판하며 학문과 신앙의 자유를 강조한다.

그는 20세기 이후의 시대를 진화의 원리와 민권주의 원칙에 근거하고 있는 것으로 확인한다. 이 時宜에 따라 옛 질서를 혁신하고(革舊), 새로운 질서를 설립하는(維新) 것이 민족을 위한 계책으로 파악되고 있으며, 이 계책에 책임을 지는 선각자의 역할을 주목한다. 여기서 그는 이러한 선각자가 유림들 사이에서 나와야 할 것으로 요구한다. 이에 따라 그는 교육을 통한 젊은 인재의 배양이 중요함을 인식하고, 그 자신이 1907년 고향에서 協東學校를 세웠고, 李商在 등과 조선교육협회를 조직하기도 한다.

유인식은 1919년 양계초의 時務學堂 〈學記〉를 참조하고 우리의 청년들이 배우는데 필요로 하는 과제를 선정하여 15조의 〈學範〉을 제시하였다.[16] 그는 특히 15조(종교사상)에서 자신의 종교관과 유교관을 밝히고 있다. 곧 그는 공자를 "모든 성왕의 으뜸으로 만세토록 태평을 열어 주어 온 세상이 존숭한다"라 하고 공교를 '2천년 동안 국민정신의 정수'로 확인하고 있다. 그러나 근세에 종파가 다원화하면서 유교는 침체되고 사상가나 명망있는 인물이 모두 기독교(邪敎)에서 나오는 현실을 인정한다. 그는 당시에 출현한 민족종교인 대종교와 천도교는 공교의 범위를 벗어나지 않는 것이라 본다. 그는 이처럼 유교가 쇠퇴하는 원인을, 다른 종교가 미신을 진실하고 정성스러운 신앙으로 이루는 반면에, 유교는 경학의 대가조차도 입으로만 외울 뿐이요 진실한 정성과 실질의 얻음이 없는데 있는 것으로 규정한다.

유인식은 구교의 혁명으로서 루터(Martin Luther)의 입지와 공교의 복원으로서 강유위의 입지를 제시하여 종교사상가를 주목한다. 또한 일본인 요시다(吉田松陰)의 격언을 소개하거나 서양의 지식인을 '西儒'라 일컫고 있는 사실은 그가 폐쇄적인 국수주의나 척사론의 배타적 태도가 아니라 개방적 자세를 보여주는 것을 의미한다. 그것은 배타적 정통주의를 넘어 종교자유의 시

16) 유인식이 〈學範〉에서 제시하고 있는 학문을 위한 방법과 과제의 15조목을 열거하면, 1. 立志 2. 養心 3. 倫理學 4. 公德心 5. 熱誠 6. 毅力 7. 涵畜 8. 治身 9. 讀書 10. 窮理 11. 學文 12. 合群 13. 經世 14. 理想 15. 宗敎思想이다.

대에서 유교와 서양종교 사이에 조화 가능성을 확인하는 매우 개방적이고 진취적인 종교관을 보여준다.

(3) 심학(양명학)파의 유교개혁사상

朴殷植(白巖, 1859~1925)은 청년기에 정약용의 저술에서 영향을 받으면서 동시에 평북 태천에서 활동하던 화서학파의 도학자인 朴文一(雲菴)·朴文五(誠菴) 형제에게서 수학하였다. 그는 1898년 40세 때 독립협회에 가입하고 만민공동회에 참여하면서 애국계몽사상가로 전환하였다. 장지연과 더불어《황성신문》과《대한매일신보》의 주필로서 활동하고, 신민회·서북학회의 조직과 서북협성학교 설립 등에 종사하였으며, 1909년 51세 때 장지연 등과 대동교를 창립하여 본격적인 애국계몽운동과 유교개혁운동에 나섰다.

그의 초기 저작인《謙谷文稿》(1901) 속의〈종교설〉은 당시 사회의 당면과제 가운데서 종교문제를 절실한 것이라 강조하고 '교(宗敎)'를 "성인이 하늘을 대신하여 말씀을 정립하심으로써 만민을 깨우쳐 주는 것이다"라 하여 유교적 종교개념을 제시한다. 성인의 말씀을 매개로 하여 위로 하늘의 명령과 아래로 인간에 대한 교화를 일관시키는 것으로 제시하고 있다. 이와 더불어 유교의 종교적 근거를 마음의 개념적 인식에 기초를 두고 있다. 곧 마음을 중심으로 하여 우주의 통일된 질서를 제시하는 心學(陽明學)적 이해 위에서 유교의 종교적 인식을 선명하게 드러내었다.

박은식은 종교를 도덕의 학문이라 하고 일반과목의 학교(諸科學校)를 경제의 방법이라 구별하면서, 종교와 일반교육의 양자를 병행시킬 필요성을 인정한다. 그의 유교개혁론은 교육을 중심으로 유교조직을 지탱하고자 하는 전통적 방법을 계승하면서도, 먼저 정부로부터 분리시켜 유림에 의한 자립을 추구하고, 동시에 지식층 중심으로부터 벗어나 대중 속으로의 확산을 추구하는 두 방향으로 요약될 수 있을 것이다. 따라서 그는 교육을 중심으로 유교조직을 지탱하고자 하는 전통적 방법을 계승하면서도, 먼저 정부로부터 분리시켜 유림에 의한 자립을 추구하고, 동시에 지식층 중심으로부터 벗어나 대중 속으로의 확산을 추구하는 두 방향으로 나누어진다.

박은식이 추구한 유교개혁론은〈儒敎求新論〉에서 세 조목으로 집약되는 핵심문제를 드러내고 있다. 여기서 그는 유교가 개혁하지 않으면 융성할 수 없을 뿐만 아니라 결국은 멸망할 것임을 경고하면서 "차라리 여러 선배에게 죄를 받고 유림파에 노여움을 얻을지언정, 차마 공자의 도가 끝내 땅에 떨어지고 마는 것을 참을 수는 없다"고 하여 자신의 유교에 대한 신념을 밝혔다. 그가 제시한 〈유교구신론〉의 3대 문제를 요약하면, 군주중심을 벗어나 인민중심에로의 전환과 소극적 폐쇄성을 벗어나 적극적 전파활동 및 간단하고 절실한 양명학의 추구이다.[17] 다시 말하면 민주적 사회의식과 행동적 선교방법 그리고 주체적 신념의 교리를 지향하고 있는 것이다.

그렇지만 그가 말하는 '유교구신'에서의 '신'은 서양에서 온 것이 아니라, 유교의 고유한 빛이라 지적한다. 곧 공자의 "옛것을 익혀서 새것을 안다(溫故而知新)"라 하고, 張橫渠가 "낡은 견해를 씻어 내어 새로운 의식을 부른다"고 하는 '신'으로서, "도덕은 '날로 새로워짐'으로써 빛나고, 국가의 명맥은 '새롭게 함'으로써 길어진다"고 확인한다.[18]

박은식은 자신의 유교적 신념으로서 양명학을 체계적으로 인식하기 위해 《王陽明實記》(1910)를 저술하여 자신의 양명학적 신념을 확립한 뒤, 1909년 9월 11일 장지연 등과 대동교라는 명칭의 종교단체를 조직하였다.[19] 같은 해 10월 10일(음력 8월 27일) 대동교회 종교부장의 직책으로 〈孔夫子誕辰紀念講演〉에서 대동교의 배경과 종지 및 발전방법을 제시하고 있다. 그것은 '대동-소강'의 사회질서와 '據亂世-升平世-太平世'의 역사변천을 통해 공양학파 내지 금문학파를 형성하는 강유위의 대동사상을 수용한 것이다.

박은식에서 대동교운동은 양명학과 강유위의 대동사상을 우리 사회의 시대적 현실 속에서 유교개혁사상의 독특한 모범으로 계발한 것이라 할 수 있다. 그의 유교개혁사상은 우리의 민족의식과 새로운 서구문물의 수용을 위한 개화사상을 조화시키고 있는 애국계몽사상에 기초를 두고 있다.

그 밖에도 이 시기에 양명학과 관련되는 인물로서 개성출신의 金澤榮(滄江, 1850~1927)을 들어 볼 수 있다. 그는 20대의 청년시절에 강화학파의 계승

---

17) 박은식, 《朴殷植全書》 中, 儒敎求新論(檀國大 출판부, 1975), 44~48쪽.
18) 위와 같음(48쪽).
19) 愼鏞廈, 《朴殷植의 社會思想硏究》(서울대출판부, 1982), 201~206쪽.

자인 李建昌(寧齋)과 교유하였으며, 이 시대 대표적 문장가의 한 사람으로 널리 알려져 있다. 그는 왕양명의 학설에 상당한 관심을 가졌으나, 왕양명의 격물설에 대해서는 명백히 반대하였다. 또한 개성의 학자 金憲基가 왕양명이 氣를 理로 오인하였다 하고 良知를 氣로 보았다고 비판하는 것을 그대로 인용하고 있는 것을 보아 그는 결코 양명학을 표방하는 학자는 아니다. 그러나 그는 〈格物解〉에서 주회암과 왕양명 사이에서 나타난 격물설의 차이를 주목하면서, 誠意를 행위에서 앞서는 것이라 보고, 格物致知도 그 속에 포함된 것이라 봄으로써, 두 입장의 조화를 추구하고 있다. 또한 그는 〈大學古本私箋〉을 지은 것도 양명학과의 일정한 연관성을 보인다.[20]

여기서 김택영은 〈儒道無用於競爭之世論〉에서 유교를 다른 종교인 불교 및 기독교와 비교하면서, 유교만이 천하국가의 정치를 담당할 수 있고, 살리고 죽임을 주관할 수 있다고 강조한다. 또한 경쟁시대의 허위와 폭력에 유교가 참가할 수 없기 때문에 무용하게 보일 수도 있지만, 공자의 정신이 仁義의 불변적 도리(經)와 시대의 변화에 따른 적응(權)이 조화할 수 있기 때문에 경쟁시대에 유용성을 발휘할 수 있다는 확신을 밝히고 있다. 유교와 서양종교를 비교하면서, 유교의 인륜(秉彝)은 의리의 마음을 따르는 것이고, 서양종교의 자유는 혈기의 마음을 따르는 것이라 대조시킨다. 따라서 의리를 지키는 자는 천하에 드물고 혈기를 따르는 자는 무수히 많아 경쟁시대에 자유가 득세하는데 반하여, 인륜의 가르침이 힘을 잃고 있는 것이라 지적하기도 한다.[21] 그는 또한 공자의 정치사상을 전제정치라는 비판에 대해, 군신 상하의 질서를 잃은 상태인 '專制'와 군신 상하에 각각이 제자리를 지니는 '명분'을 대립시키면서, 명분의 보편적 원리에 따라 〈춘추〉의 대의요 대법이 오늘의 입헌이요, 요와 순 사이의 禪讓이 오늘의 공화라고 밝힌다.[22] 여기서 그는 유교가 우리 시대에 자기변혁을 통하여 새롭게 발휘될 수 있다는 확고한 신

20) 劉明鍾, 《韓國의 陽明學》(동화출판공사, 1983), 218~223쪽. 여기서 저자는 金澤榮을 순수한 양명학도가 아니라 소극적 동조자로 인정하며, 詩文에서도 泰州學派를 이은 性靈派가 아니라 神韻派에 속한다고 지적하였다.
21) 金澤榮, 《金澤榮全集》 2, 儒道無用於競爭之世論 · 雜言 3(아세아문화사, 1978, 77~81쪽, 109~110쪽).
22) 金澤榮, 《金澤榮全集》 2, 孔子專制辨(103~105쪽).

넘을 보여주고 있다.

3) 유교개혁사상의 한계와 의의

유교개혁사상의 전개양상에는 강한 신념과 새롭고 창의적인 구성체계를 지니고 있는 것이 사실이지만, 동시에 아직 실험되고 정착되지 못한 시론의 단계에는 많은 문제점과 한계도 드러나는 것은 당연한 일이다.

유교개혁사상이 성장과 쇠퇴과정에서 성취하고 좌절한 원인과 배경을 되돌아볼 필요가 있다. 여기서 우리는 한편으로 유교이념의 이론체계나 지도적 인물의 역할이라는 유교 내적 요인과 역사적 변화와 사회적 조건이라는 유교 외적 요인을 검토해 보고자 한다.

유교 내적 요인의 하나로서 이론체계의 문제로는 첫째, 도학의 보수적 정통 이념은 배타적 폐쇄성을 유지하면서 변혁의 가능성을 받아들이지 않았다. 그러나 이승희의 경우에서 보았던 것처럼 공교운동에 참여하면서 도학의 자발적인 변혁의 가능성을 제시해 주고 있는 경우를 볼 수 있다. 둘째, 강유위에 의해 체계화되고 梁啓超에 의해 구체적으로 제시된 공교사상은 公羊學 내지 今文經學의 체계로서 경전해석의 이론적 기초를 형성하기도 하고, 역사발전론적 진보의식을 통하여 사회변혁의 이념적 기초를 제공해 주었다. 셋째, 심학(양명학)은 정통의 도학이념이 객관적 규범체계에 의존하여 형식주의에 빠진 데 대한 반성에 따른 반작용으로 주체적 규범의식을 각성시켜 주는 역할을 하였다.

유교 내적 요인의 또 하나로서 유림공동체의 지도적 인물은 두 부류로 나눌 수 있다. 첫째, 문화적 입장의 유교개혁론자는 우리 사회의 전통 속에 자리잡은 유교문화의 축적된 힘을 계승하고 유지하는데 일차적 관심을 갖는다. 둘째, 종교적 입장의 유교개혁론자는 유교의 체질을 전면적으로 재각성시키려 한다.

이러한 이론적 입장이나 인물의 지향하는 성격에 따른 유교 내적 요인은 이 시대의 유교변혁론을 이끌어 가는 유교 자체의 능동적인 힘을 이루고 있었다. 그러나 유교개혁론은 이 시대의 사회 속에서 지속적으로 성장하는데 한계에 부딪쳤던 것이 사실이며, 그 좌절의 원인에는 유교 내적인 요인도 책임이 있다. 도학은 폐쇄성에 고착되어 포용성과 변혁을 위한 유연성을 상실하였다. 공교사상은 사회 저변으로 확산하기 위한 설계는 빈약한 상태에서 경학과 역사의식의 이론적 체계화에 치중하였다. 심학은 도학의 극복논리로서는 역할을 하였지만, 구체적 사회제도의 설계도 부족하며 더구나 실천의지는 매우 취약하였다. 한 마디로 유교개혁론의 이론적 접근은 실천의 손발을 갖추지 못하면서 스스로 공허함에 떨어지고 말았다.

유교 외적 요인의 하나로서 역사적 변화에는 현대 서양문명과 제도를 주류로 하는 변화와 일본제국주의의 침략에 의한 식민지로 전락된 현실이라는 두 문제가 유교변혁론에 충격을 주고 있음을 본다. 첫째, 서양문명과 제도에 기초한 신문화체제와 연관하여 유교개혁론은 능동적인 수용자세를 제기한다. 둘째, 일제의 침략과 식민지배 아래서 유교개혁론은 민족주의의식과 결합하여 유교의 혁신을 통해 민족정신의 강화를 추구하였다. 도학의 척사위정론적 저항론과 달리 민족정신의 각성을 통한 극복의 추구이다. 유교사상이 본격적으로 민족의식과 결합한 것은 유교개혁론에서 확인할 수 있다.

유교 외적 요인의 또 하나로서 사회적 조건에는 사회제도의 급격한 서구적 변화와 신분계층의 붕괴로 인한 사회질서의 혼란이 주목될 필요가 있다. 첫째, 사회제도의 변화에 따라 유교는 공공의 학교교육 기능도 제사기능도 상실하게 되는 붕괴의 위기를 만났다. 여기서 유교개혁론은 국가의존적 전통제도를 벗어나 민간조직으로서 재건하기 위한 지속적인 시도를 하였다. 둘째, 신분질서의 해체에 따른 평등한 사회질서 속에서 유교개혁론은 대중적 확산을 위한 경전의 국역과 아동 및 부녀자교육을 위한 계획을 추구하였다. 그러나 이러한 계획은 계획과 주장에 그치고 말았다.

이러한 역사적·사회적 조건의 유교 외적 요인은 유교개혁론이 해결해야 할 가장 큰 숙제였고, 여기서 결국 좌절하게 된 것으로 보인다. 민간조직으로서 유교개혁론의 조직화는 소수의 진보적 지식인집단에 의해 성취되었으나, 대중의 참여는 물론 보수적 유림들의 참여조차 유도하지 못하였다. 매우 정열적이고 신념에 충만한 선언은 있었지만 유교조직의 확산을 위한 추진력은 갖추지 못하였다는 점에 중요한 한계가 드러난다.

〈琴章泰〉

2. 불 교

1) 근대와 한국불교

조선왕조시대의 한국불교를 한마디로 말한다면 아마도 성리학적 국시에 밀려나 있던 일종의 수난사였다고도 할 수 있다. 이른바 崇儒抑佛이란 문화정책하에서의 핍박과 침탈이 실로 상상할 수 없을 정도이었다. 초기의 100년 동안은 그래도 고려의 유풍이 얼마쯤 남아 있어서, 그런 대로 터무니없는 상식 밖의 일들은 그다지 일어나지 않았다. 그러나 그 후 兩亂을 거쳐 후기로 내려오게 되면 그야말로 걷잡을 수 없이 내리막길을 가고 있던 것이 바로 당대의 상황이다. 그래서 학자에 따라서는 "승려로 하여금 눈물을 백세에 남기게 한 역사였다"는 평을 하는 경우도 있을 만큼,[1] 푸대접과 외면이 아주 심했었다.

그런데 한국불교가 바로 이와 같이 참담한 상황에 놓여 있을 때, 이른바 '문호개방'(1876)과 함께 일본의 침략세력들은 밀려오기 시작하는데, 두말할 것도 없이 이것은 정치·외교 내지는 군사력을 주축으로 하는 침략이었지마는, 다른 한편으로는 종교인-특히 불교인들을 앞잡이로 하는 일련의 문화적 침략이기도 하였다.

그렇다면 이와 같은 일본불교인들의 침략에 대해서, 그 때의 한국불교인들은 어떤 반응을 일으키면서 어떻게 변모를 하게 되는가. 다시 말해서 개화기의 한국불교는 일본불교와 접촉을 하면서 어느 정도의 자극을 받고 어떻게 동요와 변질을 경험하게 되는가. 곧 개화기 불교의 실상과 성격 내지는 그때 교단의 사상적 노선을 정리해 보고자 하는 것이다.

2) 문호개방과 한국불교

문호개방으로 일본의 침략세력들이 밀려오기 시작할 무렵 한국불교는 어

1) 姜裕文, 〈孤雲寺紀行文〉(《佛敎》(新) 22, 1930).

떤 상황에 놓여 있었던가. 학자에 따라서는 이 시기의 불교를 가리켜 '타성적 수난의 시대'[2]니 '가까스로 殘喘을 유지하고 있던 시기'[3]니 하는 평들을 하는 경우가 더러 있었다. 그만큼 이 시기의 불교는 혈맥이 거의 끊어지다시피 되었던 일종의 암흑기였다. 양반관료들로부터 아전에 이르기까지 침학이 혹심한 가운데 사회적 신분이 땅에 떨어져 있던 시대. 그리하여 심지어는 '宗乘도 없고 宗統도 없었다'[4]는 혹평과 함께 七賤이니 八賤이니 하였을 만큼,[5] 이 시대 불교의 위상은 초라하기 그지없었다.

문호개방 시기 한국불교의 이와 같은 위상을 가장 잘 상징하고 있던 것은 알다시피 승려에 대한 '도성출입 금지'의 악법이었다. 승려는 서울 장안 4대문의 출입을 할 수 없도록 막아 놓고 있던 악습이다. 《經國大典》 이하 역대 임금들의 敎命 가운데 이것과 관련되는 기사가 빈번하게 나타난다.

정조 때 把溪寺에 龍坡라는 고승이 있었다. 그가 승려들을 지긋지긋하게 괴롭히던 각종 잡역의 혁파운동에 앞장서고자 하였다. 그가 이 운동을 하기 위해서는 반드시 서울 장안 4대문을 출입해야 되겠는데, 위에서 말한 대로 이 때는 승려들의 출입을 완강히 막아 놓고 있던 시대였다. 그래서 그는 여러 가지로 궁리 끝에 俗服에 솔상투(솔잎으로 짠 상투)를 틀고 물장사를 하면서 일을 해냈다.[6]

또 순조 때 일로 秋史 金正喜와 大興寺의 草衣, 그리고 화가 小痴 許維로 이어지는 화단의 아름다운 이야기가 있다. 즉 초의가 일찍이 소치의 재질을 간파하고서 그를 추사에게 소개하기 위해 서울 사는 추사를 찾아간 일이 있었는데, 이 때 역시 초의는 성내에는 들어가지 못하고 동대문 밖의 淸凉寺에 기거하면서 추사와 교류를 하였다.[7]

---

2) 姜裕文, 〈最近百年間朝鮮佛敎槪觀〉(《불교》 10호, 1932).
3) 權相老, 《朝鮮佛敎史槪說》(1929), 53쪽.
4) 高橋亨, 《李朝佛敎》(1929), 895쪽.
5) 이것은 그 때 불교의 위상이 사회적으로 천대를 받던 일곱 가지 賤役 가운데 하나에 포함이 된다는 뜻인데, 이에 대해서는 그 부당성을 논증한 연구가 있다(정광호, 〈日本 침략초기의 한국 佛敎〉, 《李智冠스님 華甲記念論叢 韓國佛敎文化思想史》, 1992) 참조.
6) 洪月初, 《奉先寺本末寺誌》(1927) 중 87~106쪽의 〈水落山內院庵誌〉에 그 내용이 실려 있다.

이 밖에 도성출입에 대한 금령이 풀어진 지 3년 만인 1898년(광무 2)에 圜丘壇에서 郊祀를 지내는데, 어떤 중이 방갓을 쓰고 구경을 하다가 임금과 시선이 부딪힌 사건이 나자 또다시 금령이 내려졌다.[8] 그리고 金九의 《白凡逸志》에는 이 무렵 백범이 麻谷寺의 승려 신분으로 서울을 거쳐 북방으로 여행을 하는 이야기가 나오는데, 그 역시 성내에는 들어가지 못하고 이리저리 외곽지대로 돌아 북상을 하였다는 회고담이 있다.[9]

요컨대 19세기 후반의 불교는 사람으로서의 인권이 거의 무시된 상태에서 가지가지의 침탈과 핍박을 당하고 있었다. 그리고 이러한 상황 속에서 다시 각종 잡역과 誅求討索에 시달림을 받고 있던 것이 또한 그 때의 한국교단이었다.[10]

그러나 조선 후기의 이와 같은 사회적 배경이, 일본인들이 밀려온 뒤의 교단과 매우 밀접한 관계가 있는 것이라는 점만은 기억해 둘 필요가 있겠다. 왜냐하면 개화기의 한국불교는 대부분이 好日 내지는 附日의 경향를 가지게 되는데, 이 때의 이러한 경향은 바로 위와 같은 사회적 배경에 대한 반작용에서 나온 현상이었기 때문이다.

3) 개화운동과 불교

문호개방 시기의 불교가 위에서 말한 대로 무기력한 침체 속에 빠져 있을 때 교계에 특기할 만한 일이 있었다. 그것은 開化黨의 핵심 가운데 불교인이 많이 참여하고 있었다는 사실이다.

개화당이라면 말할 것도 없이 金玉均을 필두로 하는 洪英植·徐光範 등 20대의 소장 기예한 이들을 가리키는 말이다. 그리고 이들 약관의 양반출신 급진개혁파 인사들을 지도하고 있던 사람이 바로 劉大致(鴻基)인데, 그는 이 때 학식과 인격이 아울러 고매하던 中人출신의 은군자였다. 그러나 그는 결

7) 金東銑, 〈남농 허건 가문〉(《名家의 條件》, 1986), 219~241쪽.
8) 李能和, 《朝鮮佛敎通史》 하(1917), 927쪽.
9) 金 九, 《白凡逸志》(1989), 134쪽, 이 《백범일지》는 그 동안 원본의 영인을 비롯하여 여러 종류의 판본이 있어 왔다.
10) 정광호, 앞의 글 참조.

코 세상 밖으로 나와서 활동을 하는 사람이 아닌 까닭에, 그 때 이른바 '白衣정승'이란 별칭으로도 존경을 받고 있었던 선각자이다.

그런데 우리가 여기서 유대치란 선각자를 주목하게 되는 것은, 그가 불교와도 매우 깊은 관계가 있는 인물이었다는 점 때문이다. 다시 말해서 그의 사상적 바탕은 어디까지나 불교요, 따라서 그 때 개화파 인사들의 사상적 기초도 대부분은 불교일 수밖에 없었다는 점에 특색이 있다.

유대치가 전문적으로 불교를 연구한 학자는 물론 아니었는지도 모른다. 그가 남긴 저술이 없으니 그가 어떤 종류의 經·論을 연구한 사람인지 알 수 없고, 또 그의 법력을 가늠할 만한 근거도 분명한 것은 없는 것이다. 그러나 《佛敎通史》에 '好談禪'이라 했으니 그는 주로 선을 좋아했던 인물임을 알 수 있는데, 그렇다면 그의 저술이 없다는 것도 실은 괴이하게 여길 일이 아니다. 선의 속성은 흔히 말하듯이 '不立文字 直指人心'이 그 특색이오, 따라서 역대의 禪客들에게 저술이 별로 없는 것과도 유대치의 경우는 매우 흡사한 데가 있기 때문이다. 그러나 그가 호를 '如如'라고 했던 점으로 보나, "金玉均·徐光範… 등의 양반집 자제들과 육식을 하는 인사들이 그로부터 禪理를 듣고 발심을 하게 됐다"[11]는 점으로 보나, 또 혹은 李淙遠이라는 거사가 '如如(곧 유대치)를 따른다'는 뜻으로 '隨如'라는 호를 썼다는 점으로 보나, 그의 禪旨는 상당히 높은 경지에까지 가 있던 것을 짐작할 수 있다. 또 그 때 서울서는 김옥균뿐만 아니라 吳慶錫 기타 많은 인사들이 역시 그에게서 禪을 배우고 있었다는 기록도 있다. 그리하여 "선풍은 한때 서울을 풍미하게 되었다"는 표현도 있는 것을 보면,[12] 그의 지도적 위치는 높이 살 만하다. 다만 유대치는 李東仁에게서 불전을 배웠다는 말만 있을 뿐,[13] 엄격한 의미의 '師資相承'이 없다는 점이 흠이라면 흠이랄 수도 있을런지 모른다. 그러나 이 무렵에는 한국불교의 선맥이 끊어진 지 이미 오래되어 있던 상태라, 전문적 수도인이 아닌 사람에게 뚜렷한 師資관계가 있기를 바란다는 것은 무리한 일인 것이다.

---

11) 이능화, 앞의 책, 898쪽.
12) 위와 같음.
13) 古筠紀念會, 《金玉均傳》 상.

사실 그 때의 한국 선맥은 卍海 한용운도 말하고 있듯이,[14] 오랫동안 끊어져 있다가 1879년(고종 16) 鏡虛 惺牛의 悟道를 계기로 다시금 재생이 된다는 것이 오늘날 교계의 상식이다. 그리고 다음해인 1880년 경허는 법맥을 스스로 龍岩이라는 선사에게로 연결시키고 있는데,[15] 바로 이 때부터 한국 선풍은 사실상의 중흥이 되는 것이다. 따라서 경허가 한국 선풍의 중흥조로 추앙을 받게 되는 것은 말할 것도 없다. 요컨대 '사자상승'이란 경허같은 특별한 인물이 나와서 획기적인 평가를 받은 뒤에나 가능할 수 있는 것이다.

어쨌든 유대치의 사상적 기초는 불교요, 따라서 그 문하에 있던 인사들의 사상이 역시 불교였던 것은 매우 자연스러운 일이었다. 그 중에서도 비중이 가장 컸던, 이를테면 대표격이 되는 김옥균의 경우는 더욱 그러하였다.

김옥균 역시 전문적 수도인은 아니었다. 따라서 교학상 주목할 만한 업적이 있는 것은 물론 아니다. 그러나 그가 불교를 언제나 일상화하고 있었다는 사실은 여러모로 입증된다. 우선 그는 즐겨 古筠頭陀라는 별호를 쓰고 있었다는 사실을 들 수 있다. '두타'란 '번뇌의 티끌을 없애고 청정하게 수행하는 것'을 뜻하는 범어인데, 불제자 가운데 大迦葉은 바로 그 '두타제일'의 호칭을 듣는 사람이다.

그리고 그는 서법에도 깊은 조예가 있던 사람인데, 그가 남긴 작품들을 볼 것 같으면 거의 불전 기타 어록들에서 끌어다가 쓴 것들이 많다. 그 중에는 물론 보통 심상의 어록도 있지마는, 가끔은 아래와 같이 아주 고급 偈頌에 속하는 것도 있다는 사실은 주목되는 점이다.

詞鋒·探草…이런 것은 다 글장난에 불과한 것	詞鋒探草辨當人
喝 소리 한마디면 대번에 알아야지	一喝須知僞與眞
큰 바다 맑고 깊어 만상을 적시나니	大海淵澄涵萬象
牛跡[16]만을 보고서 공부의 심천을 논하지 말라	休將牛跡比功深

(예술의전당, 《韓國書藝一百年展圖錄》, 1988, 14쪽)

14) 韓龍雲, 〈鏡虛禪師略譜〉(《鏡虛集》, 1943) 1~2쪽.
15) 위와 같음.
16) '소의 발자국'이란 뜻인데, 이는 衲子가 참선 수행을 할 때의 어떤 단계를 말한다. 즉 참선 공부의 여러 단계를 소(牛)를 찾는 일에 비유하여 설명하는 그림 (곧 尋牛圖) 가운데의 어떤 대목을 가리키는 말이다.

이 작품은 첫 귀에 '辨當人'[17]이란 문자가 있어 일본 어떤 선사의 게송인 것만 짐작할 뿐 아직 상고하지는 못하였다. 그러나 김옥균이 하필 이 작품을 선택해 썼다는 데는 어쨌든 그 나름의 의미가 있을 법하다. 말할 것도 없이 그는 평소 이 작품에 어떤 애정이 있었기에 가져다가 쓴 것이 아니겠는가. 요컨대 이러한 사실들을 미루어 김옥균의 사상 기초에는 불교가 큰 비중을 가지고 있었음이 확실한 것이다.

다음은 吳慶錫 세 형제의 불교에 관한 것인데, 여기에도 물론 그들의 사상을 가늠할 만한 자료는 없다. 그러나 오경석의 아들인 吳世昌이 또한 불교에 매우 호감을 가지고 있었다는 사실은 저간의 사정을 간접적으로나마 입증하는 것이 아닐까 한다. 오세창은 아다시피 3·1운동 때 천도교의 핵심이었던 사람이지만, 동시에 그는 불교에 대해서도 깊은 이해와 함께 호감을 가지고 있던 사람이다.

이것은 일견 뜻밖의 사실로도 생각될 수 있겠으나, 그가 쓴 款識에 가끔 '削髮老俗漢'이란 것이 있고, 또 그의 낙관 중에는 萬法歸一·無上乘·如是·百劫餘生·是甚麽·眞住庵印·龍華香徒·小自在·眞主人庵·鴻爪 등등 명백하게 불교를 상징하는 문자도 꽤 많이 있다.[18] 뿐만 아니라 그의 친필로 된 '阮堂般若心經 跋文'[19]을 볼 것 같으면 이러한 사실은 더욱 실감난다.

> …(이 글을 보고 있노라면)… 古香은 향기롭고 妙旨도 깨우쳐서, 色과 空, 垢와 淨에 걸림이 없게 되니, 나와 같은 범부에게도 일찍이 上般若 夙因이 있어서 그러한 것인가. 후세의 동호인들도 응당 기꺼이 信受 봉행을 할 것이로다(의역).

이 정도의 조예와 신심이 있다는 것도 쉬운 일은 아닌 듯 싶다.

---

17) '辨當'이란 말은 일본어의 집 밖에서 먹기 위하여 가지고 가는 음식의 뜻. 轉하여 집 밖에서 먹을 때에 타인에게 가져오게 해서 먹는 음식. 여기서는 자기의 체험이 아닌 남의 글로 된 저술이나 문자를 가리키는 말인 듯하다.
18) 吳世昌, 〈吳世昌 印譜〉(《槿域印藪》, 국회도서관, 1968) 부록.
19) 阮堂 金正喜의 〈般若心經〉은 3~4종이 있는데, 이 중에서 吳世昌이 발문을 부친 것은 大興寺藏 楷書本으로 (草衣禪師에게 써 준 작품이라는 것) 현재 그 영인본이 항간에 유통하고 있다.

이 밖의《佛敎通史》에는 언급이 없으나, 大痴 문하의 엘리트 중에는 또 白春培가 있는데 이 사람도 사상은 불교였음이 확실하다. 그는《인명사서》에도 수록이 돼 있지 않은 사람이지만 그러나 개화파 인사로서의 비중은 적은 사람이 아니었다. 이것은 그가 젊은 나이로 요절을 하였을 때 柳瑾·張志淵 등의 애사[20]가 적잖은 분량으로 남아 있음을 미루어 짐작이 되는 일이다. 그 중의 일부를 들어 보면 이런 것이 있다.

높고 훌륭하며 강개한 뜻이 있어
西歐의 문명들을 두루두루 보았건만
평생에 품은 뜻 펴지를 못했으니
가신 뒤엔 그 이름만 외로이 남았구료

그렇다면 백춘배는 대체 어떤 사람이었던가. 대충 설명을 해보자면 그는 대개 이런 인물이었다.[21]

…그는 일찍이 當世의 뜻이 있어서, 일본과 러시아 등 각국을 유력하면서 그들의 유신제도와 문물·풍토를 살피고 돌아왔다. 그리하여 일변 개혁사상을 고취하면서 그는 김옥균과 함께 萬言疏를 올리는 등 힘써 국가유신의 방도를 강구하였다. 그러나 이는 도리어 時諱에 걸려서 피체, 옥중에서 많은 고생을 하다가 결국은 비명에 가니, 사람들이 모두 탄식하여 마지 않았다.

그런데 이와 같은 백춘배의 사상 기초가 역시 불교였다는 말이다. 이것은 몇 가지 상황을 미루어 짐작이 되는데, 우선 呂圭亨의 회고록에 따르면 그는 일찍이 여규형과 함께 古歡堂 姜瑋(1820~1884)에게서 시를 배웠다고 한다.[22] 강위는 아다시피 조선 후기의 秋史와 함께 대표적인 '在家人' 중의 한 사람이오,[23] 여규형(1849~1922)은 그 때 교단내의 금석문들을 가장 많이 썼던 문사로서 이름이 높던 사람이다. 따라서 이와 같은 상황 속에 교유하던 백춘배가 또한 불교를 좋아했다는 것은 자연스런 일이 아닐 수 없다. 그리고 그가

20) 張志淵, 〈弔白小香韻〉(편자미상,《名家筆譜》, 목판영인본 6권 74쪽).
21) 위《名家筆譜》목록 설명 중의 "早有當世之志 東遊日本…"의 글이 있다.
22) 呂圭亨, 〈弔白小香文〉(《名家筆譜》6권) 참조.
23) 李能和, 앞의 책, 하 897~899쪽 阮堂歡堂爲禪悅文 참조.

유대치의 문하로 '香山居士'라는 별호를 썼다든지, 또 혹은 그에 대한 추모사 가운데, "그대는 道를 배워 융통자재하였으니, 명예니 굴욕이니 하는 것이 안중에나 있었을까."[24] 등의 귀절이 있는 것을 보면 그것은 더욱 그러하다. 이 밖에 여타의 개혁파 인사들의 사상도 정도 차이는 있었으나 대부분 모두가 불교였다. 이능화의 '一時禪風 盛行京城'[25] 이라는 표현도 아마 이러한 상황을 염두에 두고서 한 말이었을 것이다.

그렇다면 이러한 불교와 그 때의 유신운동과는 어떠한 연관을 가지는 것인가. 교학상에서 불교를 보면 거기에는 물론 여러 가지 명제가 포괄될 수 있을 것이다. 그러나 그 중에서도 비중이 큰 것을 들면 그것은 아마도 '一切衆生 悉有佛性'에 입각한 만인평등주의가 아닌가 싶다. 그리고 이와 같은 명제를 전제로 하고서 세상을 본다면 그 때 조선사회에서와 같은 엄격한 양반·상인의 구별은 모순이 아닐 수 없는 것이다.

김옥균의 언설 가운데도 이와 같은 불평등주의의 타파를 역설하고 있는 대목이 더러 눈에 뜨인다. 물론 시대가 시대인만치 그가 이러한 논리를 강력하게 피력하고 있는 것은 아니었다. 이를테면 그 당시 양반사회의 부패와 비리를 고발하지만 다음과 같이 아주 완곡한 표현을 쓰고 있을 뿐이다.

> 방금 세계가 상업을 주로 하여 서로 생업의 多를 競할 時에 당하여 양반을 除하여 弊源을 芟盡할 사를 務치 아니하면 국가의 멸망을 기대할 뿐이오니(鈴木省吾 編,《朝鮮名士金氏行錄》, 東京, 1886, 109쪽).

그리고 김옥균이 일본망명중에 토로하고 있는 언설들을 볼 것 같으면, 그는 유가사상의 '형식적인 위계질서'에 염증을 느끼면서 대신 禪사상을 역설하고 있는 대목도 더러 나온다. 요컨대 그는 유가사회의 명분주의·형식주의를 타파하지 않고서는 문명사회로의 전이는 있을 수 없는 것이라는 생각을 하고 있었다.

그렇다면 김옥균이 생각하는 혁신사상의 밑바탕에는 명분주의 대신 평등주의, 그리고 형식주의 대신 無碍사상 같은 새 질서에로의 희망이 깔려 있었

24) 李鼎煥 〈弔白小香韻〉(《名家筆譜》 6권) 중의 "子旣學道得環中…".
25) 李能和, 앞의 책, 898쪽.

던 것이라고도 할 수 있겠다. 그리고 이것은 여타의 개화파 인사들의 사상에까지 확대를 해 본다 해도 큰 무리는 아닐 것 같다. 《조선불교통사》에 나오는 다음과 같은 서술은 바로 이와 같은 사정을 설명하고 있는 대목이랄 수도 있을 것이다.

> 김옥균·서광범 등은 본래 귀족들의 자제로서 육식도 하는 속인들이었다. 그렇지만 불법의 이치를 듣고부터는 더욱 확신을 얻고 日本으로 건너가 견문을 넓힌 다음, 드디어는 조선사회의 혁신을 결심하게 된다. 그리하여 뒷날 그들은 '정변'을 일으키게 되는데, 이는 그들이 배운 불법의 이치를 바로 세간법에다가 응용해 보려는 것이었다. 그러나 그 사상의 연원을 살펴본다면 이는 실로 유대치로부터 시발이 되는 것이다(李能和, 위의 책, 899쪽).

개화기 무기력과 침체 일로에 있던 한국 교계에, 개화당과 같은 일련의 혁신불교가 있었다는 것은 어쨌든 특이한 일이 아닐 수 없다.

이 밖에도 승려출신으로서 개화당에 들어 있던 사람-이를테면 개화승이라고도 할-이 간혹 있었다. 그 중에서도 이름이 확실하게 드러난 경우는 바로 李東仁과 卓夢聖(挺埴) 두 사람이다. 그러나 이들의 인물과 생평에 대해서는 너무도 불확실한 부분이 많아서 아직은 적절한 평가를 할 단계가 아닌 것 같기도 하다.

일찍이 李瑄根이 이동인에 관한 연구를 시도해 본[26] 이래 많은 연구들이 있어 왔으나, 그 출신들이 워낙 오리무중이라 전반적 해명을 한다는 것은 쉬운 일이 아니다. 그러나 이 중에서 우선 이동인의 경우만을 대충 적어 보기로 한다면 그의 활동은 대개 아래와 같이 압축이 된다.[27]

- 1878년 12월, 일본의 淨土眞宗 부산 별원을 찾아가 포교사 奧村圓心을 만나 시세를 담론.
- 1879년 초여름, 서울로 가서 개화당의 지도자 유대치·김옥균 등을 만난 다음 그들의 주선으로 일본에 밀항.
- 1880년 일자 미상, 수신사로 일본에 간 김홍집을 만나 그와 함께 귀국, 閔泳

---

26) 李瑄根, 〈奇傑했던 개화승 李東仁의 업적과 생애〉(《大韓佛教》 200, 1967, 6), 이후 9회 연재.

27) 李光麟, 〈開化僧 李東仁〉(《開化黨연구》 1973), 기타 참조.

翊에게 소개되어 그 집에 기거하며 국왕을 알현하고 국제정세를 상주.
- 1880년 9월, 외교사명을 띠고 재차 도일, 주일청국공사 何如璋을 만나 대미교섭에 관한 일을 상의하고 귀국.
- 1881년 3월, 통리기무아문의 참모관이 되어 무기구매 교섭차 출발 준비중 행방불명.

이 밖에 또 한 사람 卓夢聖도 비슷한 활동을 하다가 일본서 죽었는데,[28] 요컨대 이들은 2년 몇 달 동안 아주 눈부신 활동을 하다가 사라져 버린 일종의 풍운아들이었다. 그리고 이동인의 경우는 특히 오쿠무라(奧村)의 회고담에 "항상 국제간의 정세를 이야기하면서도 불교에 관해서는 말을 하려 하지 않았다"[29]고 보이듯이, 불교와는 별로 관계없이 활동을 했던 것 같기도 하다. 그래서 심지어 "이동인의 이름은 개화당사에는 기록될지 모르지만 불교사에서는 제외될 수밖에 없다. 여기에 僧 동인의 인간적 한계가 있다"[30]라는 평가를 하는 경우도 있을 정도이다. 그러나 이동인·탁몽성 등은 어쨌든 승려출신으로서 환속한 사실은 없었다. 그리고 개화당의 지도자 유대치가 불전과 신앙은 이동인에게서 배웠다는 흔적도 남아 있는 점에서 본다면,[31] 이동인의 불교와의 관련성은 결코 부인할 수 없는 것이다. 뿐만 아니라 개화당의 핵심들이 위에 말한 대로 모두 불교를 좋아하는 거사들이었다는 사실은 또 무엇을 말하는 것일까.

일본과 같이 '檀家'제도라는 것이 보편화돼 있지 않았던 유교사회에서 유대치·김옥균 등의 好佛은 일종의 居士林의 성격을 갖는 것이라 해도 상관이 없을 것이다. 그렇다면 그들의 개화운동이 비록 사원중심의 대세는 아니었다고 해도, 어디까지나 재가불교로서의 움직임이었던 것만은 사실이겠다. 1880년대 개화당의 혁신운동은 결국 그 당시 거사림의 불교를 모체로 하고서 추진된 것이었다.

---

28) 卓夢聖에 관해서는 근래 李光麟, 〈卓挺埴論〉(《開化黨研究》, 1994)에서 좀더 상세한 사실이 부각된 바 있으나 그도 결국은 개화운동가에 속하는 인물이다.
29) 大谷派本願寺 朝鮮開教監督府, 《朝鮮開教五十年誌》(東京, 1822), 137쪽.
30) 徐景洙, 〈開化思想家와 佛教〉(불교사학회 편, 《近代韓國佛教史論》, 1988), 305쪽.
31) 古筠紀念會, 《金玉均傳》.

4) 일본불교의 침투와 입성 해금

그러면 문호개방과 함께 밀려오게 되는 일본불교와 한국불교와의 관계는 어떻게 연결이 되는가. 대체로 '明治維新' 이전의 일본불교는 우리의 그것과 매우 상이한 위상을 가지고 있는 종교였다는 특징을 갖는다. 조선시대의 불교는 알다시피 성리학적 국시 아래 가지가지의 핍박 속에 여지없이 사회로부터 소외를 당하고 있었다. 그러나 일본에 있어서의 불교는 결코 그런 것이 아니었다. 글자 그대로 국교나 다름없는 지위를 누리면서 국가권력과 아주 밀착이 되어 있었다. 이를테면 그 나라의 호적까지 사원들이 장악하고 있을 정도의 세속적 영향력을 누리고 있던 종교가 바로 근대 이전의 일본불교이다. 그리하여 학자에 따라서는 '완전히 속권 앞에 굴복, 봉건질서를 유지하는 일 이외에 아무런 기능도 있지 않았던 종교'라는 혹평까지 서슴치 않았다.[32] 이것이 바로 德川시대의 일본불교인 것이다. 그리고 이러한 특징을 가지는 일본불교가 명치유신시대의 이른바 '廢佛毁釋'의 법난사태를 겪었다는 사실은 잘 알려진 일이다. 동시에 그들은 이러한 법난을 겪으면서 또 한 차례 변신, 더욱더 국수주의적인 종교가 된 사실 또한 알려져 있는 일이다.[33]

어쨌든 그 때의 일본불교는 이와 같이 국수적인 경향을 농후하게 띠고 있던 집단이다. 그래서 그들 역시 일본의 침략세력과 함께 이 땅으로 밀려오게 된다는 사실은 너무도 당연한 추세였다. 다시 말해서 어디까지나 침략세력의 앞잡이로서의 사명을 띠고 그들도 이 땅으로 밀려오기를 시작하는 것이다. 이는 물론 그 때 일본정권 당국과 매우 밀접한 관계 속에서 나타나는 현상이었다. 그리고 이것은 그들이 남긴 자료들을 가지고서 우리가 알 수 있는 일이기도 한데, 이를테면 아래와 같은 문건들을 볼 때 특히 그러하다.

> 우리 本願寺는 '종교는 정치와 서로 상부상조하며 국운의 진전발양을 도모해야 한다'는 것을 신조로 삼고 있었다. 明治정부가 유신의 대업을 완성한 뒤로부

---

32) 家長三郎, 〈日本の近代化と佛敎〉(《講座近代佛敎》 II, 京都, 1963), 9쪽.
33) 정광호, 〈明治佛敎의 Nationalism과 한국침략〉(《仁荷大人文科學硏究所論文集》 14, 1988), 참조.

터 점차 중국·조선에 향하여 발전을 도모함에 따라, 우리 본원사도 또한 北海道의 개척을 바롯하여 중국·조선의 개교를 계획하였다. 明治 10년(1877) 내무경 大久保씨는 외무경 寺島씨와 함께 본원사 管長 嚴如上人에게 '조선개교에 관한 일'을 종용 의뢰하였다. 이에 본원사에서는 곧 제1차 개교에 공로가 있는…奧村圓心과 平野惠粹 두 사람을 발탁, 釜山에 별원을 설치할 것을 명하였다(大谷派本願寺 朝鮮開敎監督府, 《朝鮮開敎五十年誌》, 東京, 1922, 18~19쪽).

요컨대 일본당국과 불교인들과의 관계가 어떤 것이었던가 함이 명쾌하게 드러나 있는 자료이다. 그리고 1898년대의 문건으로 조선개교사 奧村圓心이 東京 본산에 제출한 '光州개교에 관한 보고서'를 통하여 그 당시 무슨 일이 벌어졌는가 또 한 번 입증이 되는 것이다.

…일본과 한국은 唇齒와 같이 서로 불가분의 관계에 있다. 東邦의 형세 날로 악화되고 한국은 바야흐로 말하기조차 어려운 상태에 있는데, 이 때를 당하여 우리도 王法爲本·忠君愛國의 敎를 가지고 피국민을 유도 계발함은 실로 우리 敎의 本旨이다…(加藤文敎, 《朝鮮開敎論》, 東京, 1900, 20~21쪽).

거듭 말하거니와 이 때의 일본불교는 대외정책의 앞잡이로서의 역할을 스스로 담당하고 있었던 것이며, 그리하여 정부에서도 '조선개교'에 관한 일을 안심하고 그들에게 맡겨 버린 것이다.

이와 같은 맥락 속에서 그들은 문호개방(1876) 이후 끊임없이 한국으로 침투하게 된다. 1877년 眞宗本願寺 부산별원의 건립에서 비롯된 1890년 말까지 일본불교의 조선에 대한 침투활동은 아래와 같이 자못 다양한 것이었다.[34]

◦ 1877년 眞宗本願寺, 부산에 별원 건립.
◦ 1878년 대곡파 본원사, 부산에 별원 건립.
◦ 1878년 대곡파 본원사승 谷覺立·楓玄哲 등 朝鮮語학습을 위해 부산도착.
◦ 1879년 대곡파 본원사 유학생으로 金巴良忍 등 내한.
◦ 1880년 대곡파 본원사 元山별원 준공.
◦ 1881년 日蓮宗에서 부산 妙覺寺 건립.
◦ 1882년 일련종에서 원산 頂妙寺 건립.

---

34) 정광호, 〈日帝의 宗敎정책과 植民地佛敎〉(《韓國史學》 Ⅲ, 한국정신문화연구원, 1980) 85~89쪽 참조.

- 1885년 西本願寺에서 별원(장소미상) 건립.
- 1890년 日蓮宗, 부산에 해외선교회 조직.
- 1890년 대곡파 본원사, 경성포교소 설립.
- 1893년 일련종, 원산포교소 설립.
- 1895년 일련종, 경성에 일한학교 설립.
- 1895년 일련종승 旭日苗, 인천에 妙覺寺 건립.
- 1895년 경성에 日蓮宗 교무소 설치.
- 1897년 대곡파 본원사, 광주 및 木浦포교소 설치.
- 1898년 정토종에서 별원(장소미상) 건립.
- 1898년 일련종승 加藤文敎, 경성에 護國寺 건립.

그렇다면 이와 같이 침투해 들어온 일제의 불교인들은 그 목적 달성을 위해 구체적으로 어떤 형태의 활동을 하게 되는가. 우선 그들은 한국불교인들을 유인·포섭 내지는 개종까지 시키기 위해 각종 시도를 하게 되는데, 이 중에서도 아주 일반적인 것은 '좌담·물질공여[35]·교유·厚優' 등의 방법을 쓰는 것이며, 좀더 특수한 방법으로는 또 아래와 같은 방법도 있었다.

- 각종 기술, 예컨대 제면·제지·양잠 등을 가르쳐 물질적인 편의를 준다.
- 僧俗을 불문하고 저명 인사들에게 일본시찰을 알선하여 호감을 갖게 한다.[36]
- 朝鮮人 교사를 채용하는 학교를 만들어 청년을 계발한다.

이 밖에 日蓮宗 같은 데서는 이러한 방법들 이외에 특히 '저락된 韓僧의 지위를 향상시켜야 한다'는 테마가 주요한 것으로 채택되는데, 이것은 매우 중대한 의미를 갖는다. 왜냐하면 그 때의 한국불교는 위에 말한 대로 수백년에 걸친 수모·천대를 받아 오는 동안 사회적인 위상이 너무도 떨어진 상태에 있었기 때문이다.

---

35) 여기서 말하는 '물질공여'라는 것은 구체적으로 명시돼 있지 않으나, 앞의 《朝鮮開敎五十年誌》 143쪽에 개화승 李東仁이 일본에서 성냥이니 석유램프니 하는 것들을 가져다가 왕실과 개화파 인사들의 호기심을 자극하게 했다는 이야기가 있는 것으로 미루어, 아마도 이것과 흡사한 물건들이 아니었을까 한다.

36) 일본시찰에 관한 일은 일제 당국에서도 상당히 중시를 하고 있던 정책 중의 하나인데, 19세기 말 이후 1925년대까지 많은 숫자의 불교인들이 이 방침에 따라 여러 차례에 걸쳐 시찰을 하고 왔다(정광호, 앞의 글, 1980 참조).

그렇다면 이른바 '저락된 韓僧의 지위'를 향상시키기 위해서는 또 어떤 일들을 해야 했던가. 여러 가지가 있었겠으나 그들로서는 우선 '都城출입 금지'에 관한 악법부터 고쳐야 하는 것이 무엇보다도 시급한 일이었다. 말할 것도 없이 이것은 억불정책의 가장 대표적인 상징이었기 때문이다. 그리고 이것은 이른바 '破天荒의 은혜'를 베풀어 주는 격이었다는 표현까지 있는 것을 봐도[37] 저간의 사정은 짐작됨이 있을 듯하다.

하여간 이 일을 위해 그들은 우리 정부와 여러 가지 교섭 끝에 결국 '입성금지를 완화하라'는 판결을 얻어 내기에 성공하게 된다. 그리고 이것이 개화기 한국불교에 얼마나 큰 영향을 주었던가 하는 것은 말할 나위도 없다.

5) 입성 해금 이후의 교계 동향

'입성 해금' 문제는 당시의 사회적 분위기로 본다면, 일본승려의 활동이 아니었더라도 해결하기가 어려운 문제는 아니었던 것이라고 생각을 해 볼 수도 있다. 그러나 이것이 하필 일본승려의 주선으로 이루어졌다는 사실 때문에 한국교단에는 이로부터 여러 가지 부작용이 따르게 된다. 그들이 예상했던 대로 일제 또는 일제의 불교인들에 대해 급속도로 호감을 느끼게 되는 풍조가 일어나게 되기 때문이다. 대표적으로 '尙順'이란 법명을 쓰던 崔就墟를 들 수 있는데, 1895년 4월, 입성금지가 해결됨과 동시에 그는 佐野前勵에게 아래와 같은 요지의 감사장을 보냈다.

> 우리는 이 나라에서 이를 데 없이 천한 대접을 받아온 나머지, 不入城門의 차별 대우가 실로 수백년에 걸쳐 있었을 만큼 답답하고 억울한 생활을 하여 왔습니다. 그러다가 다행스럽게도 尊師께서 오시어 5백년래의 억울한 사정을 해결해 주시니, 그 감사하고 경하스러운 말을 무엇이라 말할 수 있겠습니까…(대의만 초역)(高橋亨, 《李朝佛教》, 1929).

위 감사장의 본문을 보면 이 사람이 일본승려에 대해 어떤 감정을 가지고 있었던가 하는 것을 쉽사리 알 수 있는데, 그 당시 한국승려로서의 이러한

---

37) 高橋 亨, 앞의 책.

감상은 어쩌면 당연한 것이었는지도 모른다. 왜냐하면 그 당시 한국불교에는 수백년래 쌓여 온 寃屈의 역사가 있었기 때문이다. 다시 말해서 이는 수백년 억불에 대한 반작용이랄 수도 있을 터인데, 아직은 일제의 야욕이 무엇이었던가를 간파할 만한 상황이 아니었던 점을 감안한다면 더욱 그러하다. 《韓國痛史》를 지은 朴殷植은 다음과 같은 글을 남겼다.

> …광무 4년 가을, 淨土宗 廣安선사께서 남산 아래 깨끗한 정사를 짓고…우리 황제 폐하의 정복을 축수하시며…널리 자비를 베풀어 중생들을 제도코자 하심이 오늘날 이 법회의 취지가 아니겠습니까…(朴殷植, 〈淨土宗開敎誌序〉, 《朴殷植全書》 중, 1975).

이것을 가지고 본다면 崔就墟의 감사장 같은 것은 실상 문제가 되지 않을런지도 모른다. 이 글은 어디까지나 일본불교인들의 공덕을 상당한 부분 시인하고 있는 듯한 논리로 되어 있는 것이기 때문이다. 하여간 그 때의 불교는 權相老도 일찍이 지적한 바 있다.

> …국정의 억압과 俗尙의 빈척으로 말미암아 岩穴로써 一區 樂界를 삼고…忘世 소요하던 조선 승려…(權相老, 《朝鮮佛敎略史》, 1917, 250쪽).

그 당시 불교가 이와 같이 무기력하고 침체해 있던 것이 사실인데, 이러한 한국교단에도 日帝의 침투와 함께 자극과 변화는 나타나고 있었다. 다만 그것이 "갈피를 못잡고 헤매는"[38] 불투명성은 있었으나, 어쨌든 무언가를 해보고자 하는 의욕과 호기심만은 있었던 것이다.

> …혹은 부화뇌동커나 혹은 (일제와 손잡고) 무슨 일인가를 꾸며보기도 하지마는, 요컨대는 모두가 남의 세력에만 의지코자 했던 것(李能和, 위의 책, 938쪽).

위와 같이 비판도 들을 만큼, 그 때의 교단은 주체성이 없었던 것이다. 권상로는 이 때의 상황을 가리켜 이렇게도 기술하였다.

---

38) 李能和, 앞의 책, 936쪽의 "於其宗旨 莫適所從" 운운.

> 승려계의 일부는 풍조를 흡인하고 일부는 습관을 고집하고, 혹은 세력을 希慕하여 외호도 의뢰코자 하며, 혹은 분개를 抱하여 자립으로 유지코자 하나, 그 대부분은 內地의 何宗과 연락하여 교세를 인상코자 하는 고로…(權相老, 앞의 책, 251쪽).

그리하여 이와 같은 상황 속에서 사찰들은 일제 내지는 그 불교인들과 손잡고 그들의 비호를 요청하는 사태가 여기저기서 나타나게 된다. 이른바 관리청원이란 형태로 구체화되는 피·아간의 접근이 바로 그것이었다. 관리청원이란 곧 일본측 모 종파와의 연합 또는 그 末寺 가입을 뜻하는 일본식 표현인데, 이것이 얼마나 비굴한 일이었던가 하는 것은 말할 것도 없다. 사찰에 따라서는 일본측의 加末(말사가입) 교섭을 단호히 거부한 예도 있기는 하나,[39] 어쨌든 아래와 같이 상당히 많은 사찰들이 그것을 수락하고 있었다는 것이다.[40]

◦ 통감부로부터 허가까지 얻은 사찰
김천 直指寺, 철원 四神庵, 박천 深源寺, 과천 戀主庵.

◦ 청원은 냈으나 허가를 얻지 못한 사찰
안주 大佛寺, 영변 普賢寺, 영변 法興寺, 영동 寧國寺, 고산 花岩寺, 합천 海印寺, 동소문외 華溪寺, 진주 大源寺, 용담 天皇寺, 회양 長安寺, 전주 鶴林寺, 동소문외 奉國寺, 동래 梵魚寺, 구례 華嚴寺.

이것으로 당시 교단의 일부 친일적 경향이 어떠했었던가를 대강 추찰할 수 있을 것이다. 그러다가 1910년대가 되면 드디어 한국사원 전체를 일제 불교와 연합시키려는 사건까지 있었을 만큼 그것은 한때 극도에 달했던 시기도 있었다. 이 음모는 朴漢永·韓龍雲 등의 반대운동에 부딪혀 결국 성공을 보지 못하고 말았지만, 일제 불교인들의 이면 활동이 얼마나 집요한 것이었

---

39) 가령 通度寺에서는 1910년 5월경, 淨土宗 승려 最美光瑞와 일부 승려와의 사이에 '加末' 교섭이 어느 정도 성립되어 있었으나, 이 때 그 절에는 몇 사람 비분강개한 승려가 있어 수원 龍珠寺의 姜大蓮과 합작, 그 日僧을 육박 추출한 쾌사가 있었다 한다(1920년대의 중앙포교사 金大隱 구술).

40) 앞의 《朝鮮開敎五十年誌》 195쪽 및 前華嚴寺 주지 鄭曼宇 구술. 그런데 이 관리청원의 연대는 일제 통감부의 한국사원관리규칙(1906. 11. 17)이 발포된 뒤의 일일 것이니 대개 1907년 이후 '합병' 직전까지의 사실일 듯하다.

던가 하는 점만은 상상해 볼 수 있겠다. 동시에 '寺刹令'(1911년 6월 3일) 이전의 한국불교가 대체로 고식적 苟安만을 찾아 헤매고 있었다는 평을 듣는 것은 또한 어쩔 수 없는 일이 아닌가 한다.

6) 임제종운동－반조동종운동

일본의 침략세력이 밀려오기 시작한 뒤로부터 개화기의 불교가 얼마나 이리저리 방황을 하고 있었던가는 앞에서 이미 언급하였다. 그러나 이와 같이 갈피를 잡지 못하고 있었다고는 해도, 대세는 역시 일본쪽—일본의 어떤 종파와 손잡고 그들의 세력을 빌려 고식적 苟安을 도모하려는 것이 그 때의 대세였다. 그러다가 1910년대가 되면 드디어 조선불교 전체를 일본의 어떤 종파와 합종하려는 음모까지 있었으니, 이는 실로 어처구니없는 망발이 아닐 수 없다. 장본인은 바로 해인사 주지로 있던 李晦光인데,《東師列傳》에 이른바 "…그가 하룻밤만 자고 간 뒤면 마치 사향노루가 봄바람에 노닐던 것 같아서 풀밭 위에 저절로 향기가 남아 있었다"[41]는 찬사가 있을 만큼, 한때는 사랑과 존경을 아울러 받던 그였던 것이다.

그러면 이와 같은 이회광이 어찌하여 그러한 망동을 하게 됐던 것인가. 자세한 내막은 알 수 없으나, 1907년 6월 25일 그가 불교연구회 회장과 明進學校 교장이 되면서부터 魔障은 일어나기 시작하였던 것 같다. '불교연구회'라고 하는 것은 처음부터 (일본)淨土宗을 표방하면서 조직을 했던 단체—이를테면 우리 나라 최초의 친일불교단체이다.[42] 그래서 이러한 상황에 분노를 느낀 나머지, 순수 전통에 입각한 통할기구를 갈망하는 여론도 또 한편에서는 일어나고 있었다 한다.[43] 그리하여 아직까지의 지도자였던 洪月初·李寶潭 등이 사직을 하고 대신 이회광이 이를 계승하게 되니, 이는 곧 위와 같은 여망에 부응하기 위한 조처였다. 그러니까 이 때 이회광의 정신이 정상적인

---

41) 梵海 覺岸, 〈晦光講伯傳〉(《東師列傳》 복간 6, 1957).
42) 불교연구회의 조직과 성격에 대해서는 앞의 《朝鮮佛敎通史》 하 935쪽 이하를 비롯해서 여기저기 언급이 있다.
43) 朴敬勛, 〈近世佛敎의 연구〉(불교사학회 편, 《近代韓國佛敎史論》, 1988), 32쪽 참조.

것이었다면, 그야말로 《동사열전》에서 말한 것과 같은 큰 법력을 발휘했어야 하는 것이다. 다시 말해서 불교연구회의 성격을 어디까지나 한국적 전통을 갖는 조직으로 바꾸어 놨어야 하는 것이었다.

그러나 이와 같은 '회장직'은 도리어 그의 부일적 야심만을 채우게 하는 계기가 됐을 뿐이니, 이는 실로 아이러니컬한 일이 아닐 수 없다. 어쨌든 그는 이듬해(1908) 3월, 각도 사찰대표 52인이 모인 회의에서 연구회와는 별도로 다시 圓宗宗務院이라는 것을 만들게 된다. 각도의 대표들이 모인 회의였으니 이는 그 때 일종의 중앙 통일기관의 성격을 갖는 것으로도 볼 수 있다.

그러나 여기에는 처음부터 많은 문제가 있었다. 우선 '원종'이란 종칭이 그러했고,[44] 또 원장 이회광이 一進會 회장 李容九로부터 "조선불교의 장래를 위해서는 반드시 일본불교의 원조를 받을 필요가 있다"[45]는 권유를 받고 이용구가 추천하는 타케다(武田範之)를 고문으로 추대하였다든가 하는 점 등이 바로 그것이었다. 타케다는 그 때 일본 침략주의자들의 대표격인 사람으로 이를테면 일종의 '浪人'이라고도 할 인물이었다. 따라서 그에 대해서는 아직 더 연구를 해봐야 할 여지가 많은 사람이지마는, 어쨌든 이 때는 여러모로 한국불교의 일본화를 획책하고 있던 사람이다. 그러니까 이회광이 이러한 타케다를 원종 고문으로 추대하고 있었다는 사실은 그의 야심이 어떤 것이었던가를 보여주기에 충분한 일이다.

때를 같이하여 일본 각 종파에서는 원종에 대해 여기저기서 손길을 보내오고 있었다. 그리하여 우여곡절 끝에 원종은 결국 曹洞宗측과의 연합이 이루어지는데, 이 때의 연합조건과 조인과정이 또한 맹랑한 것이었다. 즉 조동종으로서는 그들이 원종의 설립인가를 얻어 주겠다는 것 이외에 아무런 책임도 진 것이 없는 것으로 되어 있는데, 원종으로서는 너무도 많은 조건들을 용납해 놓고 있었다. 이를테면 원종에서는 우리 사찰들을 그쪽 포교활동에 있는 대로 제공하도록 규정을 하는 동시에, 일본승려를 다시 고문으로 초빙토록 하는 등, 글자 그대로 불평등조약이었던 것이다.

44) 圓宗의 성격에 대해서는 앞의 《조선불교통사》 하, 935~936쪽 기타에 여러 가지로 언급이 있으나, 요컨대 명백한 宗旨 설정이 있었던 것이 아니었다.

45) 高橋亨, 앞의 책, 935쪽.

뿐만 아니라 조약 상대방은 또 조동종의 管長도 아닌 일개 총무 弘津說三으로 돼 있었으니, 이회광의 야심은 과연 어떤 것이었기에 이렇게 만들어 놨던 것인가. 더구나 이 때는 이른바 '합병'조약이란 것이 체결된 지 꼭 38일째 되는 날(1910년 10월 6일)이었으니[46] 그 때의 상황은 과연 무어라고 해야 할 것인가.

그러나 이 때 한국교단에는 이회광과 같은 賣宗的 승려들만이 가득차 있는 것은 아니었다. 다만 무단정치의 서슬 때문에 표면적 행동이 신중하였을 뿐 거기에는 항상 친일승려들의 망동을 주의 깊게 바라보고 있던 일군의 애국승려들이 있었던 것이다. 朴漢永·韓龍雲 등을 주축으로 하는 전라·경상 지방의 老德들이 바로 이러한 승려들이었다.

이들은 이회광 등의 음모를 간취한 그 날부터 일제히 원종을 규탄 봉기하기 시작한다. 운동의 주체는 뒤에 '南震應 北漢永'의 이름을 들을 만큼 당대 교단의 쌍벽을 이루고 있던 진진응·박한영의 양대 講主와, 무서운 지조인으로 이름이 높던 한용운 등이었다. 이들은 문자와 언설을 통하여 동지들의 각성을 촉구하는 한편, 처음 澄心寺에서 총회를 부쳤으나 내집자가 없어 유회되매 다시금 松廣寺에서 총회를 열고 임시종무원을 설치, 여기에 임시관장으로 한용운을 추대하였다. 이와 함께 임제종 포교당까지 세워 가며 宗旨를 선포하다가, 1912년에는 雙溪寺에서 제2총회를 열고, 종무원을 梵魚寺로 옮기고, 또 그 규모도 좀 더 확대하여 대구·경성 등지에까지 포교당을 설치하는 등 활발하게 반대운동을 벌였던 것이다.

그리고 이와 같이하여 '합병' 직후의 한국교단은 한때 범어사 중심의 남방 임제종종무원과, 이회광 중심의 북방(서울 元興寺) 원종종무원과, 이렇게 양자가 서로 병립되는 사태가 벌어진 때가 있었다. 그러나 이 병립교단에 대해 총독부 당국에서는 그저 사태만을 관망할 뿐이었고, 전기 원종종무원의 인가 문제에 대해서도 그들은 우물쭈물 시간만을 끌 따름이었다. 그리고 이렇게 하는 동안 1911년 6월 3일 사찰령의 반포와 함께 한국교단은 원종·임제종을 막론하고 그들의 강력한 통제하에 들어가게 되는 것이며, 1912년 6월 20

46) 李能和, 앞의 책, 936~938쪽.
高橋亨, 앞의 책, 920~940쪽 참조.

일에는 드디어 양자의 문패가 한가지로 철거를 당하게 된다. 그리하여 이로부터 한국교단의 종칭도 결국 '禪敎兩宗'이란 강제적인 굴레 속에 갇혀 버리게 되었다. 그러나 이 反曺洞宗운동-곧 臨濟宗운동은 한국불교사상의 일대 쾌거요, 나아가서는 간접적인 반일투쟁이기도 하였던 것이다.

〈鄭珖鎬〉

3. 천주교

1) 한국근대사와 천주교회

근대 한국천주교회사의 전개는 박해정책하의 고난의 地下敎會에서 자유로운 地上敎會로의 전환과 근대적 발전을 추구하는 새 국면이 열리는 그것이었다. 그러나 그것은 여러 가지 객관적 조건과 교회 자신이 안고 있던 제약조건으로 말미암아 결코 순탄한 것이 아니었다.

정치적으로, 밖에서 달려드는 식민주의 열강세력의 간여 때문에 교회의 근대적 발전이 굴절되지 않을 수 없었다. 교회는 개항 후 국운이 기울어져 가는 민족사의 고난으로부터 결코 자유로울 수 없었기에 그 영향을 직접 받고 있었다. 한편 개항되었다 하나 한국천주교회 창설기부터 일관되게 가해지던 정부의 탄압정책의 영향은 끈질겼고 전통적인 유교사회의 斥邪衛正的 사회기풍은 좀처럼 사그러지지 않았다. 따라서 천주교회에 가해지는 시련은 박해정책이 종식된 후에도 '敎案'이 滋生하는 모습으로 계속되었던 것이다.

이러한 외적 제약조건에 못지 않은 교회의 내적 모순은 각박한 한국근대사와 호흡을 같이하지 못하는 외국인 성직자들의 주도하에 존재해야 했던 천주교회의 구조상의 문제였다. 철저한 政敎分離 원칙과 성직자 주도체제 보수엄격 권위지도 및 個人救靈 치중의 신앙성향 등 이방인 司牧者들의 사목방침이 민중과 거리를 두게 하였고, 때로는 교회가 위기의 한말 사회와 유리되어 고고하고 괴리적인 존재로 비추어짐으로써 민족의 아픔과 겉도는 아쉬

움 속에 천주신앙의 사회적 파급에 적지 않은 문제를 낳게 했다. 이러한 한국천주교와 민족사회의 부조화의 문제는, 한국천주교회 구성의 주체적 존재 즉 신자들은 한민족이지만 그 한민족을 정치적으로 지배하게 되는 실체는 일본제국주의였고, 그 한국교회의 사목권자는 프랑스인을 중심한 외국성직자였다는 삼각관계에서 조성된 문제였다. 일제시대에 접어들자 이 같은 괴리상황은 더욱 두드러지게 나타나게 되었다. 이러한 제약조건으로 말미암아 근대의 한국천주교회는 한민족사회에서 큰 자리를 차지하는 교회로 급속하게 발전할 수 없었다. 그럼에도 불구하고 천주교는 한국사회와 한국문화에 여러 가지로 뜻있게 기여했음은 주목되어야 한다.

2) 병인박해와 한국천주교회

한국근대사의 출발을 고종의 즉위와 興宣大院君의 집권부터로 규정할 때,[1] 한국천주교회의 근대사는 교회사상 최대의 수난인 丙寅迫害로 그 막이 열리는 것이었다. 병인박해의 대참극을 맞기 이전의 한국천주교회는 근 20년간 큰 박해 없이 평온을 즐기고 있었다. 철종 때부터 고종의 즉위 초까지 20년 동안, 평온에 힘입어 교회는 사목체제를 강화하였고, 선교의 자유가 보장되는 시대가 도래하기를 기대하며 준비하는 정신적 여유를 가지고 있었다.

철종년간(1849~1863)은 安東金氏의 노론 일당전제의 세도정치 아래서 교회는 그다지 큰 박해를 겪지 않았으며 그런대로 소강상태를 유지할 수 있었다. 이러한 평온은 국왕 철종 가문의 신상문제와도 관계되나,[2] 당시 집권세력인

---

1) 韓國近代史의 起點에 관하여는 학문적 異論이 엇갈리고 있다. 즉 고종의 즉위·興宣大院君의 집정부터로 잡는 견해와 달리, 朝鮮開港으로부터, 甲午東學·甲午改革運動으로부터라고 주장되기도 한다. 한편 19세기 전반에 전개된 民亂부터로 보아야 한다는 주장도 있다.

2) 철종의 조부인 恩彦君 裀(正祖의 庶弟)은 그 아들 常溪君의 모반죄로 정조대에 江華島로 유배되었었다. 서울에 잔류했던 恩彦君夫人과 그의 子婦인 常溪君夫人 두 사람이 당시 천주교의 여성회장이던 姜完淑의 인도로 周文謨神父로부터 모두 마리아라는 세례명을 받고 천주교에 입교하고 열심히 천주신앙을 봉행하다가 1801년의 辛酉迫害 때 이 사실이 드러나 두 분 모두 刑死된 일이 있었다. 철종은 은언군의 다른 아들로 강화로 같이 유배된 全溪君의 아들이다.

안동김씨가 온건 박해세력이었던 점도 작용하였다고 할 것이다. 이러한 평온을 틈타 조선천주교회는 이미 憲宗 때에 입국한 2명으로 된 성직조직을 보강하기 위해, 철종 때에 들어서면서 해외로부터 전교신부들을 비밀리에 계속 영입하였다. 여러 해 동안 귀국의 방도를 찾고 있던 邦人聖職者인 崔良業신부가 철종 때에 해로를 이용하여 마침내 고국에 돌아와 조선교회를 위해 활동하게 되었다.[3] 그 밖에 11명의 프랑스신부들도 해로를 이용하여 속속 한반도로 잠입하여 사목활동을 펴게 되었다. 1854년(철종 5)에는 조선교구 제4대 교구장인 베르뇌(Berneux, 한국명 張敬一)主敎가 朝鮮敎區聖職者會議를 소집하여 조선교회의 나아갈 길을 모색하였으며, 1856년 배론(舟論)神學校(현 堤川市 鳳陽邑 九鶴里)를 개교하여 장차 한국교회을 이끌고 나갈 방인성직자 교육을 시작하는 등 새로운 채비를 강구하게 되었다.

그러나 근 20년간의 평온한 상황은 1864년 고종이 즉위하고 홍선대원군의 집정이 시작되면서 새로운 국면으로 변화하였다. 왕권 재확립을 위하여 강력한 전제정치를 펴게 된 홍선대원군이 마침내 역사상 최대의 박해로 일컬어지는 전후 6년간에 걸친 병인대박해를 강행하여 천주교회에 일대 참극이 빚어지게 되었기 때문이다.[4]

집권 초기에 천주교문제에 유화적 대책을 취하던 홍선대원군은, 1860년 沿海州를 영유함으로써 조선과 국경을 접하게 된 러시아제국이 자주 豆滿江越境의 소동을 벌여 국제적 긴장을 야기하여 북변문제가 긴박해지자, 南鍾三의 '以夷制夷의 防俄策' 건의에 흥미를 보이며 한때 천주교 당국과의 연합을 꾀하는 책략을 구하기도 했다. 그러나 정치계의 갈등 속에서 천주교와의 접근

---

3) 崔良業神父는 일찍이 16세 때 金大建·崔方濟와 같이 Maubant신부에 의해 少年神學生으로 선발되어 1836년 멀리 中國 澳門(Macao)으로 유학하였다. 1842년에 귀국 길에 올라 중국 본토와 만주를 오가며 고국으로의 귀환을 위하여 노력했으나 여의치 못하다가 1849년 上海에서 敍品을 받고 김대건신부에 이어 한국인으로서는 두 번째로 신부가 되었다. 그 해 해로로 비밀리에 귀국하였고 이후 그가 1861년 6월에 지방 전교여행 도중 聞慶에서 善終할 때까지 12년간 전국을 누비며 전교 사목활동을 폈었다.

4) 丙寅迫害와 그 때의 순교자에 관하여는 다음 두 연구가 참고된다.
柳洪烈, 《高宗治下 西學受難의 硏究》(乙酉文化社, 1962).
崔奭祐, 《丙寅迫害資料硏究》(韓國敎會史硏究所, 1980).

이 자신의 정치적 생명에 위기를 초래할 위험성이 있다고 판단하자 돌연 천주교박해령을 선포하였으며, 이후 6년간에 걸쳐 역사 이래 최대규모의 종교박해를 강력히 추진하여 천주교회가 큰 희생을 치르게 되었다.

1866년 초부터 6년간을 두고 계속된 병인박해는 8,000명의 순교자를 전국 각지에서 양산한 대참극이었다. 이처럼 전국적 규모로 수많은 교도들에게 희생을 강요하는 대박해가 벌어지게 된 데에는 제너럴 셔만(General Sherman)호 사건, 프랑스에 의한 丙寅洋擾, Oppert 등에 의한 南延君墓盜掘事件이나 미함대에 의한 辛未洋擾 등 서구 식민주의세력에 의한 조선침공 소동이 계속 벌어진 사실도 크게 작용하였다. 이러한 일련의 사건들은 그것이 일어날 때마다 국가적 위기를 고조시켰고, 사회적으로는 척사위정세력을 자극하였으며 집권자 홍선대원군을 분격케 하였는데, 이들 사건이 외세에 부동하는 내부의 通外勢力에 의해 조성된 것이었다고 호도하였다. 이 때 누구보다 먼저 '通外分子'로 지목된 것이 천주교도들이었다. 집권세력은 내부에서 비등하는 침략적 외세에 대한 적개심을 이용하여 천주교도를 '招寇之徒'로 몰아 박해를 가하였다. 조선의 쇄국척양정책과 서교탄압은 이러한 여건과 배경에서 매우 철저한 형태로 진행되었다.

'先斬後啓令'이 발동된 가운데 다년간 계속된 천주교박해로 말미암아 조선교회는 많은 순교자를 낳게 된 한편 지리멸렬의 빈사상태에 몰리게 되었다. 프랑스 성직자 12명 중 9명이 순교한 것을 비롯하여 각지에서 8,000명의 순교자가 생겨났다(당시 조선천주교회 신자수는 23,000여 명 추산). 살아 남은 3명의 프랑스 성직자는 일단 모두 중국으로 피신하자 조선교회는 '성직자 없는 교회'가 되었고, 교회조직은 철저히 파괴되는 타격을 입었다.

전국 각지에서 격렬하게 벌어지는 박해의 현장을 두고 일단 중국으로 탈출한 조선교구 소속 성직자들은 제6대 교구장으로 임명된 리델(Ridel)주교를 중심으로 박해의 凍土인 한반도에 인접한 만주 땅 차쿠(岔溝)[5]에 朝鮮敎區臨

5) 조선왕국의 국경도시이던 義州에서 300여 리 상거로 遼東半島 남부 莊河변의 한 교인촌. 이 곳에 朝鮮敎區長 Ridel主敎와 Colae's, Blanc, Richard, Martineau, Coste, Deguette, Robert, Mutel 등 조선교구 소속 성직자들이 차차 모여들어 조선왕국으로의 입국을 대기하고 있었다.

時海外本部를 설치하고 새로이 조선교회 재흥의 노력을 기울였다. 그들은 조선교구로 파견되는 프랑스 성직자를 받아들여 성직 진용을 다시 보강하였으며, 조선교구에서 펼쳐질 장차의 활동에 대비하여 조선어학습에 힘쓰는 한편 조선어학습의 편의를 위하여《韓佛字典》과《韓語文典》을 편찬하였다. 그리고 1876년에는 드게트(Deguette)신부를 국내로 잠입시켜 교회 재건에 적극 나서게 된다.[6]

3) 그리스도 전교자유의 구현

조선천주교회는 그 창설 초기부터 정부의 박해정책으로 고난을 겪으며 성장하였다. 많은 순교자들이 줄을 잇는 시련의 역사였다. 교회활동은 이른바 '지하교회'로의 음성적인 방법을 취할 수밖에 없었다. 거듭되는 박해를 겪는 가운데 교회측에서 신앙자유를 위해 自救策을 강구한다는 것은 당연한 추세라 할 수 있다. 자구적인 신앙자유의 추구운동은 자유주의운동과 더불어 생겨나게 된 서구사회의 근대적인 신앙자유운동과 궤를 같이하는 것이 아니라 할지라도, 박해로부터 신앙생활의 안정을 보장받기 위한 몸부림이었기에 역사적으로 같은 신앙자유운동의 선상에서 인식되어야 할 것이다.

박해받는 조선천주교회의 신앙생활의 자유를 확보하기 위한 노력은 '안'과 '밖'에서 다양한 형태로 전개되었다. 안에서는 고난을 겪는 조선천주교인들이 자구적 차원에서 '洋舶請來運動'과 '對敎皇請願運動'을 전개하였고, 밖에서는 조선으로의 진출을 원하던 프랑스 식민주의세력이 군사적 개교압력과 외교적 교섭의 방법을 동원하였다.

이상과 같은 방법 가운데 시대적으로 가장 선행된 것은 박해시대 조선교인들에 의한 '양박청래운동'이었다. 즉 "만약 大舶을 맞이할 수 있다면 國禁이 완화되지 않을 수 없으며 吾道는 크게 廣揚될 것"[7]이라는 천주교인들의

6) Deguette신부는 1876년 Blanc신부와 같이 조선왕국으로 비밀리 입국하였다. 이들은 조선이 江華島條約으로 개항한 후 조선에 부임해 온 최초의 두 프랑스 성직자였다. Deguette신부는 1879년 公州에서 체포되었고 滿洲로 추방되었다.

7)《邪學懲義》권 1, 傳敎奏啓, 全羅監司金達淳密啓.

안이한 생각에서 서양의 힘을 빌어 그들 신앙의 자유를 얻고자 한 공작이었다. 이 공작은 평화적인 방법과 더불어 군사적 방법으로도 추진되었다. 조선교회 초창기, 즉 전교신부가 아직 입국하기 전 시기에 벌어졌던 천주교도 柳恒儉·尹有一 등을 중심한 '제1차 洋舶請來事件'[8]이나 1795년 조선왕국에 전교차 파송되어 비밀리에 입국한 周文謨神父와 柳觀儉·李承薰 등을 중심한 '제2차 洋舶請來事件'[9]은 서양 군주가 큰 배를 보내어 국서로 천주교신앙의 자유를 보장하도록 교섭해 달라는 생각을 담은 것이었다. 이에 대하여 1801년 辛酉迫害의 회오리 속에 黃嗣永 등이 帛書를 북경주교에 송부하여 조선교회 재건을 위해 밖에서 영향을 발휘해 주도록 제시한 다섯 가지 방법 가운데 하나인 '大舶請來武力開敎'의 공작은 외세의 무력시위에 의한 종교자유 획득을 목적하여 군사적 방법을 권유한 것이어서 정치성이 문제되는 자구책이었다.[10] 이보다 60여 년 후 흥선대원군 집정 초에 洪鳳周·南鐘三 등이 건의하였던 '以夷制夷의 防俄策'—그것이 직접적으로는 연해주를 차지한 후 자주 일어난 러시아인의 豆滿江越境事件으로 긴박해진 변방대책을 건의한 것으로—은 프랑스함대를 끌어들여 러시아남침세력을 방어하자는 것이 주요 내용이었다. 이들의 건의도 프랑스제국이라는 외세의 영향하에 천주교회활동의 자유를 얻고자 획책한 것이기에 성격상 황사영의 양박청래 구상과 착상을 같이하는 것이었다.[11]

---

8) 1790년 9월에 천주교도 柳恒儉·李家煥·柳重泰 등이 李承薰·洪樂敏 등과 밀의 끝에 '請來大舶'하기 위해 밀사 尹有一을 北京主敎에게 파견한 사건(《邪學懲義》 권 2, 移還送秩 및 柳恒儉等推案 참조).

9) 周文謨神父는 柳恒儉·觀儉형제, 黃沁, 李存昌 등과 밀의하여 1795년 이후 王千禧·金有山 등을 계속 北京主敎에게 파견하여 '洋舶出來'·'一場判決'을 도모하였다(《邪學懲義》 권 1, 全羅監司金達淳密啓 ; 《闢衛編》 하, 권 5, 討邪奏文 등 참조).

10) 山口正之, 《黃嗣永帛書硏究》(全國書房, 日本 ; 大阪, 1946).
石井壽夫, 〈黃嗣永帛書に就いて—朝鮮に於ける洋舶請來の思想—〉(《日本歷史學硏究》 10-1·2·3, 東京, 1940).
여진천신부 엮음, 《황사영백서논문선집》(도서출판 기쁜소식, 1994).
趙 珖, 〈黃嗣永帛書의 社會思想的 背景〉(《史叢》 21·22, 1977, 高大 史學會).
朱明俊, 〈天主敎信徒들의 西洋船舶請願〉(《敎會史硏究》 3, 韓國敎會史硏究所, 1981)
帛書의 洋舶請來를 제의하는 부분은 원문 110~111행에 걸쳐 있다.

이상 여러 모습으로 추진되었던 '洋船請來事'는 强穩의 차이는 있으나, 그리스도 서양제국의 막강한 군사력을 이용하여 천주신앙의 자유를 얻어 보고자 한 박해받는 교회의 자구적 종교자유 획득의 공작이었다. 그것은, 일면 천주교도들의 국제정치적 현명을 보여주는 일이기는 하였으나, 탐욕스러운 洋船勢力 즉 서양 식민주의국가의 야심을 자극하여 침략을 유발할 위험성이 내포된 대책이었다. 그러기에 이러한 공작들은 모두 '招寇'·'通外'의 '賣國之計'로 단정되어 이 공작을 추진한 교도들의 기대와는 달리 오히려 박해가 더욱 격화되었을 뿐이었다.

조선천주교도들의 자구적 종교자유의 획득 공작과는 별도로 조선왕국 밖의 식민주의 열강들은 그들이 신봉하는 서구식 신앙자유의 개념에 입각하여 조선에서의 천주신앙자유를 실현해 보려는 공작도 거듭하였다. 물론 그러한 서구 식민주의국가의 노력이 조선에서의 천주신앙자유의 구현에만 그 목적이 있는 것은 아니었다. 그것은 자국의 식민세력을 조선왕국에 부식하려는 식민주의적 침략 의도를 담은 것이기도 했다.

1839년 己亥迫害 때 巴里外邦傳敎會(La Société des Missions-Etrangéres de Paris, MEP) 소속 세 성직자(Imbert주교, Maubant·Chastan신부)를 처형한 데 대한 문책을 이유로,[12] 1846년 프랑스동양함대(사령관 Cecille제독)가 충청해안에 출동하여 국서를 전달하려고 하였으나 이 통교교섭은 조선정부의 일관된 통교 거부로 말미암아 그냥 돌아갔다.[13] 또 1866년에는 당시의 동양함대 사령관 로즈(Rose)의 결정에 의해 프랑스함대가 강화도를 1개월 이상 점거하고 한강을 봉쇄하며 홍선대원군의 굴복을 강요하는 사건인 병인양요가 일어났다. 이 때에도 병인박해 때 희생된 9명의 프랑스 성직자에 대해 자국인 살해를 문책한다는 것을 구실 삼아 무력침략을 감행하였으나 본의는 국교의 강요에 있었다.[14]

시대적 상황을 무시한 교인들의 자구 노력은 그 외세의존적 성격으로 인

11) 〈丙寅邪獄罪人鐘三鳳周等鞫案〉.

12) 《憲宗實錄》 권 13, 12년 7월 병술.

13) 李元淳, 〈韓佛條約과 宗敎自由의 문제〉(《朝鮮時代史論集》, 느티나무, 1993), 197~198쪽.

14) 李元淳, 위의 글, 198~201쪽.

해 실패할 수밖에 없었으며, 무력으로 굴종을 강요하는 서구 식민주의국가의 일방적 요구도 조선측의 거부나 강력한 저항에 직면함으로써 조선천주교회의 신앙자유의 획득에 어떤 도움이나 영향을 주지 못하였다.

조선왕국에서의 그리스도신앙의 자유는, 조선왕국이 개항함으로써 세계사의 조류에 합류하고 이에 따라 서구세력이 평화적으로 상륙하게 되는 시대 상황의 전환을 배경으로 외교적 절충이 진전되면서 부분적으로나마 실현될 수 있게 된다. 군사적 위협으로써가 아니라 평화적 외교절충으로써 외래선교사의 '傳教의 자유' 획득이 선행되고, 뒤이어 자생하는 '教案'의 해결을 위한 教民條約에 의해 조선천주교인이 '信教의 자유'를 보장받게 되기에 이르러 '종교의 자유'가 구현되었다. 봉건적 구속에서 근대적 자유로의 변화는 역사적 필연성을 띤 추세였기에 '종교의 자유'는 반드시 이루어져야 하는 근대적 과제였다.[15] 이 역사적 과제는 쇄국조선이 대외개방의 개항정책을 취하게 되고 종래 쇄국 일변도로 대응해 오던 서구열강에게 문호를 개방하는 수호조약이 체결되는 변화과정을 통해 금압에서 묵인, 묵인에서 교회존재의 인정, 다시 전교활동의 자유 보장, 끝으로 조선교인의 신교자유의 허용으로 4단계 과정을 거치며 종교자유가 구현된다.

쇄국조선이 개항하게 되는 것은 1876년 江華島條約에 의해서였다. 한·일간에 맺어진 이 조약에는 그리스도신앙에 관한 아무런 약정도 없었다. 그러나 조선이 일본에 대해 개항했다는 사실은 병인박해 후 만주 땅 챠쿠에 조선교구임시본부를 두고 조선 현지로 다시 진출할 날을 기다리던 프랑스 성직자들에게는 조선 잠입의 용기를 북돋아 주는 일이었다. 조선개항의 해에 블랑신부와 드게트신부가 그들의 사목 임지인 조선왕국으로 숨어 들어왔고, 그 다음해에는 리델주교가 다른 2명의 신부와 잠입활동하게 되니 조선천주교회는 11년 만에 다시 성직자들을 맞이할 수 있었다.

리델주교는 입국 후 얼마 가지 않아서 당국에 의해 체포되었으나 개항정책을 취하던 민씨정권은 일본의 석방 권유와 청국의 '査明解放'의 照會를 받아들여 중국으로 추방하는 조치만을 취했다.[16] 한편 1879년에는 뮈텔(Mutel)

15) 李元淳, 위의 글, 189~216쪽.
16) 《承政院日記》, 고종 15년 5월 4일.

신부와 레비(Laivitte)신부가 白川 땅에서 체포되었으나 조선정부는 지방관의 무지 때문에 일어난 일로 처리하여 국외로 추방하지도 않고 그대로 석방시켰다.[17] 이 두 사건은 조선정부의 대천주교정책이 금압에서 묵인으로 옮겨가고 있음을 뜻하는 것이었다.

1882년 조선이 미국과 수호함으로써 서구 국가에도 문호를 개방하자 종래 박해와 형살의 대상이던 이른바 '洋夷'들이 조약에 의해 정부의 보호를 받으며 한반도에 상륙할 수 있게 되었다. 조미조약에도 그리스도교에 대한 조항은 없었다. 그러나 조약체결 후에 전국 각지에서 斥和碑를 철거하도록 하였으니 이는 전통적인 척화·척사의 박해정책에 대한 획기적인 변화를 의미하였다.[18] 1883년 독일과 수호조약을 체결하면서 조선은 개항장에서 열리는 서양인들만의 종교행사를 보장하는 약정을 맺었다. 즉 외국인들이 특정한 장소에서 종교행사를 인정함으로써 외국인들에 대한 국내에서의 신앙생활을 공적으로 보장해 준 최초의 조치였다.[19]

조약상으로 조선 전국에 서양인에 의한 전교활동의 자유가 약정된 것은 1886년에 체결된 〈朝佛修好通商條約〉에서의 일이었다. 조선과 프랑스 사이에 수호조약이 교섭될 때 양국은 그리스도신앙의 문제를 가지고 1개월 이상이나 날카롭게 대립했으나 결국 護照를 가진 프랑스인의 내지여행의 자유를 보장하고(4조 6항), '敎誨'활동은 서로 보호한다는(9조 2항) 것을 약정하기에 이르렀다. 이 두 조항으로 조선에서의 전교활동이 명쾌히 규정되지는 않았으나 결국 외국인 선교사들의 전교활동이 실질적으로 확정된 것이었기에, 이후 천주교 성직자는 물론 개신교 선교사들이 조선 각지에서 활발한 전교활동을 펴게 되었다.[20]

《淸光緖朝中日交涉史料》 권 1, 제27 附件 1, 〈朝鮮國王咨覆釋放敎士文〉.

17) 《서울敎區年報》 1, 明洞天主敎會200年史資料集(明洞天主敎會, 1984), 19~22쪽(이 資料集은 巴里外邦傳敎會의 각 布敎地別報告書인 《Compte Rendu》를 韓國敎會史硏究所에서 번역한 것이다).

18) 日本辨理公使 *花房義質*의 요청에 의해 辛未洋擾 때 각지에 竪立하였던 斥和碑의 拔去를 하교하였고 議政府가 이를 포고하여 전국에서 拔去케 했다(《承政院日記》, 고종 19년 8월 5일).

19) 〈朝德修好通商條約〉 第四款二.

20) 1886년 6월 4일 조인된 〈朝佛修好通商條約〉의 내용 중 傳敎自由와 관련된 조

4) 교안과 신교자유의 문제

한불조약을 계기로 조선은 외국인에 대한 그리스도신앙 전교의 자유를 보장하게 되었으나 내국인까지 '信敎의 자유'를 허용한 것은 아니었다. 또한 약정 내용도 명시적인 것이 아니었고, 약정 사실을 국민 앞에 공시적으로 선포한 것도 아니었다. 그러기에 외국인 전교사의 지방진출과 전교활동이 활발해지면서 지방관이나 지방민인들과 외국인 전교사·교인 사이에 분쟁이 생기고 그것이 외교문제로 확대되는 일도 벌어지게 되는 가운데 '敎案'은 큰 사회문제로 등장하게 된 것이다.

'교안'이란 종교적인 문제로 말미암아 발생한 사안을 뜻하는 용어로서, 그런 사안 가운데 특히 외교문제로 확대되거나 법률적 분쟁으로까지 발전한 문제를 지칭하는 관용적인 역사용어이다.[21] 우리 나라에서 교안은 1886년에 체결된 한불조약에 의해 외국인의 전교활동이 허용됨에 따라 전교신부들이 정부가 발행하는 護照를 지니고 지방 각지에서 활동하면서부터 滋生하게 된다. 종교탄압정책이 종식된 후 교회와 당국, 지방 전교신부와 지방관료, 그리고 교인과 비교인 사이에 벌어진 각종 교안이 그것이다.

한불조약의 전교활동약정으로 한 세기에 걸친 천주교 박해, 외국인 배격의 사회적 분위기가 바뀐 것은 아니었다. 특히 지방관료나 지방사회에서의 천주교·서양인에 대한 감정은 여전하였다. 한편 천주교회측과 천주교인들은 그 조약문에 외교적으로 완곡하게 표현되어 있는 서양인의 전교활동 보장을 한국인의 천주교신앙에 대한 신교의 자유까지 허용한 내용으로 보고 점차 신앙활동을 공공연히 드러내놓게 됨으로써 비교인과의 사이에 여러 가지 이유

문은 4款 6項과 9款 2項 등이다.

21) '敎案'이란 역사적 용어는 중국에서 그리스도교와 관계되는 박해사건, 외교사안 등을 표현하는 말로 사용되었다. 1616년 禮部侍郞署南京尙書이던 沈㴶의 공작으로 벌어진 南京에서의 천주교박해사건을 '南京敎案'이라고 기록한 데서 비롯됐다. 우리 나라에서는 한말의 黃玹이 광무 7년에 黃海道 일대에서 벌어진 교인과 민인 사이의 충돌소요를 '海西敎案'이라고 표현한 후 역사적 용어로 널리 사용되고 있다(《梅泉野錄》 권 3, 광무 7년 6월).

에서 잦은 알륵을 빚게 되었다. 폭행사태로 진전되고 심지어는 재판으로까지 이어지는 사례도 적지 않았다. 이와 같이 사태가 심각하게 확대된 것은 치외법권의 특권을 누리는 외국인 성직자들이 사건에 개입하거나, 지방관료가 이에 현명하게 대처하지 못한 것이 확대 요인으로 작용하였다.

1886~1906년에 발생한 교안을 당시의 각종 기록을 통해 발생 원인에 따라 유형별로 보면 대략 다섯 가지로 구분된다.

첫째, 프랑스 성직자들이 내지에서 전도활동을 펴면서 야기된 성직자 축출, 성직자에 대한 폭행으로 말미암아 발생한 교안이다.

둘째, 교인·비교인 사이에 여러 가지 사정으로 감정이 악화되어 서로 다투는 사건이 교안으로 확대된 경우다. 이런 충돌은 종교적 이유에서 생기는 예도 있었으나, 재산·이권 다툼에서 벌어진 싸움이나 소송이 종교적 성격으로 윤색된 경우가 많다.

셋째, 전통적 박해의 사회적 기풍에 젖은 지방관이 중앙정부의 전교자유 방침을 외면하거나 몰지각하게 관권을 남용하여 교도들에 핍박을 가하게 됨으로써 발생하는 교안이다.

넷째, 동학세력이나 商務社·皇國協會·一進會 등 보수성향의 사회조직이 천주교측에 대해 조직적인 폭력을 감행함으로써 빚어진 교안이다.

다섯째, 치외법권을 향유하는 '洋大人'인 서양성직자의 그늘에서 엉뚱한 이득을 취하려는 藉托敎人이나, 관에 쫓기다 신앙과 관계없이 입교한 동학도 등 似以非敎人들 때문에 각지에서 발생한 크고 작은 교안도 있다.

한말에 벌어진 200여 건에 달하는 교안[22] 가운데 교당건축 문제로, 또는 서양성직자의 內地 침투로 전국 각지에서 발생한 교안이 많은 부분을 차지한다. 한편 심각한 사회문제로 전국을 떠들썩하게 한 교안으로는 1899년의 江鏡(景)浦敎案,[23] 1903년의 海西敎案,[24] 1901년의 濟州島辛丑敎案[25] 등이 있

22) 우리 나라에서 처음으로 '敎案'(Anti Christian Movement)문제를 다룬 연구는 李元淳의 〈朝鮮末期社會의 敎案硏究〉이다(이 글은 1973년 《歷史敎育》 5, 〈朝鮮末期社會의 對西敎問題硏究—敎案을 中心으로 한—〉이라는 이름으로 발표된 것이나, 그 후 1986년 《韓國天主敎會史硏究》에 앞의 제목으로 재수록 공간하였다. 167~240쪽).

23) 이 敎案은 당시 《漢城新聞》·《皇城新聞》·《帝國新聞》·《獨立新聞》 등에 연일

다. 해서교안은 황해도 서부 일대에 확대되었던 교안이며, 제주도신축교안은 제주도가 지닌 역사적 특수성에서 비롯된 것으로, 제주읍성 攻守戰이 벌어져 일시에 800명에 가까운 희생자를 냈으며 프랑스함대의 출동으로까지 확대된 점에서 가장 대규모의 희생을 낸 교안이었다.

각지에서 자생하는 교안은, 교인의 입장을 옹호하려는 지방의 전교사와 비교인의 권익을 감싸려는 지방관의 타협으로 자체적으로 해결되는 경우가 많았다. 그러나 때로는 문제가 보다 상부인 주교와 조선정부의 內部와의 교섭으로까지 비화되는 심각한 경우도 있었고, 더 나아가서는 프랑스공사관과 우리 정부의 외교기관인 外部간의 교섭으로 겨우 진정되기에 이르는 경우도 있었다. 근 20년을 두고 계속 제기되는 대소 교안의 뒷처리 대책은 교회 당사자나 정부당국자 모두에게 괴로운 일이 아닐 수 없었다. 이에 교회와 정부는 교안문제 발생의 근본대책과 상호간의 책임 한계를 확정지을 필요성이 절실하다고 깨닫게 되었고 양자간의 협상이 진행된 끝에 1899년 3월 마침내 〈敎民條約〉[26]의 체결을 보았다.

보도되었다(《舊韓國外交文書(法案)》 1053호에는 江鏡(景)浦의 張敎士事件으로 나와 있다).

24) 宋順姬, 〈海西敎案硏究－1900～1910년까지의 黃海道地方起鬧事件－〉(1978) 참조.

25) 濟州島辛丑敎案에 대하여는 이를 敎難으로 규정하는 ① 교회사적 연구와, 제주도민의 민란으로 그 성격을 파악하는 ② 민중사적 연구가 엇갈려 있다. 민란으로 이해하는 연구는 이 사건을 '李在守의 亂' 또는 '1901년의 濟州民亂'이라고 부르고 있다. 두 견해의 대표적인 연구는 다음과 같다.
① 柳洪烈, 〈濟州島에 있어서의 天主敎迫害〉(《李丙燾華甲論文集》, 一潮閣, 1956).
金玉姬, 《濟州島 辛丑年 敎難史》, 천주교 제주교구, 1960).
② 金洋植, 〈1901년의 濟州民亂의 再檢討〉(《濟州島硏究》 6, 제주도연구회, 1989).

26) 이 조약문(아래의 전문 9개조)은 李元淳이 1965년에 명동성당 지하서고에 보관되어 있던 Mutel주교의 문서류를 韓國敎會史硏究所의 의뢰로 조사할 때 內部 地方局長 鄭駿時와 閔德孝(Mutel主敎의 한국명)가 조인한 원문을 발견하여 학계에 보고함으로써 알려졌다(Mutel文書 M－1899－9 敎民條約, 현재 韓國敎會史硏究所 소장). Mutel문서에 관해서는 李元淳, 〈未公開史料 Mutel文書〉(《韓國史硏究》 3, 1969) 참조.
제1조 敎民의 보호 및 징계사건은 地方局長이 主敎와 더불어 타협 상의하여 立約할 事
제2조 傳敎師는 行政에 간여하지 아니하며 行政官은 傳敎에 간섭하지 아니할 事

조선천주교회와 정부책임자 사이에 조인된 〈敎民條約〉은 근대민족국가의 발전을 배경으로 한 로마교황과 세속적 통치권을 대표하는 국가원수 사이에 종교와 정치활동의 책임 한계를 약정한 콩코루다조약(Concordatum)[27]과는 그 의의가 다르지만, 근대국가에 있어서의 교회와 정부의 기능 한계를 확정지은 점에서는 궤를 같이하는 준콩코루다툼적인 약정이었다. 〈교민조약〉이 체결된 후 교안이 현저히 줄어들었으나 근절된 것은 아니었다. 이에 조선천주교회의 사목활동을 영도하던 프랑스 성직자들의 종교활동을 근대적 규정으로 확정짓고자 프랑스공사관이 나서서 조선정부와 사이에 '敎民犯法團束條例인 宣敎條約'의 체결 교섭이 진행되었던 것이다. 이 선교조약의 조인 여부는 단언할

제3조 敎民 가운데 만약 범법자가 있으면 어느 지방을 막론하고 담당관리가 체포할 때 그 지방 神父가 비호 온익치 못하며, 담당관청의 아전들이 足債를 요구하여 만약 討索하는 폐가 있으면 그 아전을 단호히 엄징할 것이며 그 돈은 모두 推還할 事

제4조 犯法敎民이 지방관아에서 재판을 받을 때 그 지방 神父가 직접 참여하여 간여치 못하며, 그 지방관아는 愛憎으로 소송을 판결치 못할 事

제5조 각 지방의 敎民들이 神父의 지시 가르침을 藉托하여 平民을 捉去하지 못할 事

제6조 敎民 가운데 만약 억울한 일이 있는데도 혹 지방관리와 관계되어 스스로 말하지 못하는 사람이 있으면 地方局에 來訴할 것이며, 地方局長은 그 지방에 사실을 조사토록 하여 공정히 판결할 事

제7조 혹 敎中에 관계된 대사건이 있어 지방관이 능히 擅便치 못하면 地方局長에게 조목조목 보고할 것이며 그 지방 神父 또한 거듭 主敎에게 보고한 즉, 주교와 지방국장이 서로 사실을 밝혀 상의하여 일을 결정할 것이요, 여기서도 擅便치 못하면 地方局長은 大臣에게 아뢰고 主敎는 公使에게 보고하여 공정함에 이르도록 할 事

제8조 敎民이 만약 의외의 橫厄을 당하여 平民이 연고 없이 원망을 받은 즉, 그 지방관은 특별히 비호하여 越權함을 나타내지 아니할 事

제9조 어떠한 허락 사항을 막론하고 약정이 이루어지기 이전에 관계된 것이라도 약정이 이루어진 날을 논하지 말고 시행할 事

27) Concordatum의 번역용어는 〈政敎條約〉이며 그것은 교회와 국가가 교회권과 국가권의 최고권자들이 맺은 조약이었다. 역사상 최초의 政敎條約은 聖職敍任權의 분쟁을 둘러싸고 교황 Callistus Ⅱ와 독일 Heinrich Ⅴ 사이에 체결된 보름스조약이나, 근대에 들어 국권이 강화되면서 교권과 자주 분쟁을 야기하게 되자 敎皇廳과 佛·獨·伊 등 근대국가 사이에 상호 이해가 공통적으로 관계되는 문제를 평화적으로 해결하기 위해 마련한 제도적 장치인 콩코루다조약이 유럽 근대국가와 교황청 사이에 속속 체결되어 정교분쟁을 미연에 방지하게 된다.

수 없으나 조선정부의 외부대신과 프랑스공사 사이에 조인되어야 했던 것이므로 교민조약의 국제판이라 할 수 있는 것이었다.[28]

5) 제도교회로의 발전과 새로운 고민

1886년에 체결된 한불조약에 의해 외국인 선교사에 대한 전교활동의 자유가 외교적으로 약정되었다. 그 후 잇따라 敎案의 근원적 해결을 위해 천주교 당사자와 內部 당국자가 〈교민조약〉을 체결하게 되었고, 1904년 선교조약이 타결되는 것을 계기로 한국교인들에 대해서도 신교의 자유가 보장되기에 이름으로써,[29] 조선천주교회는 그 창설 이후 1세기 남짓에 걸쳤던 박해의 시기를 벗어나 종교의 자유가 보장되는 새로운 시대를 맞게 되었다. 즉 박해받는 '잠행적인 지하교회'로서의 역사가 법으로 보호받는 '자유로운 지상교회'로 새롭게 발돋움하게 된 것이다.

근대교회로의 발전은 먼저 사목권의 강화로 나타났다. 丙子修好條約으로 조선왕국이 개항정책을 취하게 된 후인 1877년에 조선교구 제6대 교구장 리델(Ridel)주교가 드세(Ducet)·로베르(Robert) 등 두 신부를 대동하고 만주의 조선교구 해외임시본부로부터 조선으로 들어왔다. 그러나 그는 3개월 후 당국에 체포되어 만주로 추방되자 프랑스로 돌아감으로써 조선교구의 사목권자의 자리가 비게 되었다. 그가 1884년 사망한 후 조선교구의 교구장이 된 성직자는 리델주교 추방 후 副主敎 직책을 맡아 오던 블랑(Blanc)주교였다.[30]

블랑주교는 조만간 실현될 종교의 자유시대를 대비하여 原州 부흥골(현 京畿道 驪州郡 康川面 釜坪里) 산협에 조선교회의 邦人성직자 양성을 위한 신학교를 설립하였다. 이 신학교는 한불조약체결 후에 서울 龍山으로 이설하여 '예

---

28) 이 조약안은 大韓帝國 外部大臣 李夏榮과 프랑스代理公使 Fontaney(漢字이름 馮道來) 사이에 妥商된 것으로, 《帝國新聞》 기사에 의하면 〈敎民犯法團束擬稿〉라는 이름으로 전문 8조로 되어 있었다(李元淳, 앞의 글, 1986, 232~235쪽 참조).

29) 宣敎條約의 조문에 한국인의 신교자유가 명시적으로 규정되어 있는 것은 아니다. 그러나 교인들의 신교를 묵인적으로 전제하고 선교사들의 활동에 관해 규정하고 있음에 유의해야 한다.

30) Blanc, Jean Marie Gustav(1844~1890, 한국명 白圭三, 朝鮮敎區 제7대 敎區長 1882~1890 재임).

수성심신학교'로 개편된 오늘날 가톨릭대학교 신학대학의 전신이다. 블랑주교는 지상교회로 전교의 자유를 보장받은 새 교회의 사목지침으로 '敎會指導書'을 제정 공포하는 한편, 개방시대의 전교활동에 필요한 교리서를 찍어 낼 인쇄시설로 그간 일본 長崎에 두었던 조선교구의 聖書出版所를 서울에 이설하였다. 또한 조선전도의 협력자로 프랑스 샬트르聖바오로女子修道會를 조선으로 유치하는 등 근대교회로 발전할 체제정비에 힘썼다.[31] 1890년에 사망한 블랑주교의 뒤를 이은 교구장은 뮈텔(Mutel, 閔德孝)주교였다.[32]

뮈텔주교는 원래 1880년에 조선교구 소속의 전교신부로 조선에 입국하여 5년간 전교활동에 종사하다가 1885년 파리본부로 소환되어 파리외방전교회 신학교의 학감직을 맡던 중 조선교구 8대 교구장이 되어 재차 조선왕국으로 나오게 되었다. 1891년 2월 그는 조선으로 부임해 왔다. 조선전교의 경험자인 그는 이제 박해에서 벗어난 조선교회의 발전을 새로운 각도에서 추진할 필요가 있음을 누구보다도 잘 알고 있었다. 그는 1933년에 서울에서 善終할 때까지 43년간을 조선천주교회 최고책임자로서의 직무를 수행하였다. 조선왕국이 일제침략의 마수 때문에 국운이 기울기 시작하던 무렵부터 1910년 일제에 의해 한반도가 강점된 후에도 23년 동안, 그는 主敎座가 있던 명동에서 지내면서 한민족의 고난과 일제의 만행을 지켜 보왔다.

그는 지상교회로서의 새 역사를 다지게 된 조선천주교회의 근대적 발전을 부단히 추진하였다. 그가 조선에 부임하기 전인 1888년에는 교인 15,416명에 성직자가 16명이고 전국에 성당이 네 곳뿐이던 교회를, 조선이 일제의 식민지로 전락하는 1910년에 이르러는 교인 73,517명, 성직자 63명, 수녀 59명에 전국 69개의 성당을 가지는 교회로 교세를 신장시켰다. 이처럼 조선교회는 藥峴·明洞 등에 우리 나라 최초의 서양식 교회건물을 마련하고 파리본부로부터 전교성직자를 증원받아 성직 진용을 강화하였고, 仁川·大邱·旺林·水原·咸悅·橫城·豊水院·釜山·全州·江景·倭館·元山·濟州 등과 그 밖의 전국 각지에 교회를 설립하여 교세를 확장하기에 힘썼다.

---

31) Blanc文書, 韓國敎會史硏究所 소장의 佛文文書(복사간행).

32) Mutel, Gustav Charles Marie(1854~1933, 한국명 閔德孝, 朝鮮敎區 제8대 敎區長, 1890. 8~1933. 1. 재임).

또한 조선교인 자제들을 교육하기 위하여 각지에 교회 부설의 사립학교를 속속 설립하였다. 한편 조선에서 교사교육을 담당시키는 동시에 조선교회 전도의 동반자로 독일의 베네딕트(聖芬道)수도회를 유치하였으며, 교인을 중심한 조선인들의 근대적 계몽을 위하여 《京鄕新聞》과 《京鄕雜誌》를 창간하기도 했다. 그는 한국천주교회가 낳은 순교자들의 순교사적 조사에도 힘을 기울여 뒷날 韓國聖人들이 생겨날 수 있는 기초자료를 작성하는 등 한국천주교회의 발전에 크게 공헌하였다.[33] 그의 권위주의적이며 성직자중심(Clericalism)적인 교회사목과 敎階制度를 강조하는 교회운동은 조선교인들의 신앙생활에 특이한 영향을 미치게 했다. 가혹한 박해시대에 진취적이고 적극적인 신앙자세로 목숨을 걸고 박해에 맞서면서 교회발전에 헌신적이던 조선교인들로 하여금 차차 성직자의 영향력에 안주하고 순종적·소극적·퇴영적인 신앙자세에 젖어들게 하였고, 내세지향적인 個人救靈 신앙, 초월주의적 신앙으로만 흐르게 되는 신앙자세를 낳게 했다. 한편 그의 철저한 정교분리의 사목방침은 서구신학의 聖俗二元論을 수용하고 초월주의적·경건주의적 신앙의 충직한 봉행에 치중하던 파리외방전교회의 기본 성향을 받은 것이었으나, 동시에 신앙자유정책 구현 후 새로운 박해자로 등장할 일제 침략세력으로부터 한국천주교회의 안전을 도모하려는 계책이기도 했다. 뮈텔주교는 정치에 대한 비판과 항쟁을 금지하는 사목방침을 취하며 일제에 대한 타협 내지는 그들의 조선침략정책에 대한 체제옹호적인 입장을 고수하였다.[34]

물론 조선교구 소속의 프랑스인 성직자나 조선인 성직자 가운데 한말 사회에서 자행되는 일제의 침략정책과 만행에 대해 음성적인 반대나 저항을

33) Mgr. Larribeau, *Un grand Evéque missinnaire, S. Exc. Mgr. Gustave Mutel*, Paris, 1935.

34) Mutel主教는 비정하리만치 철저하게 정교분리의 사목원칙을 고수하였다. 그는 교인들이 항일투쟁에 나서 교회에 難境을 초래하게 됨을 극도로 경계하였다. 그 하나의 예로 安重根義士가 하얼삔에서 伊藤博文을 포살하고 체포된 후 旅順監獄에서 재판받고 1910년에 사형에 처해지게 되었을 때 최후의 告解를 위해서 그에게 洗禮를 베풀어 주었고 또 그 동안 뒤에서 후원해 주던 Wilhelm신부를 旅順으로 오도록 간청한 일이 있었는데 Mutel주교는 朝鮮敎區 책임자로서 Wilhelm신부의 旅順行을 끝내 허락하지 않았다. Wilhelm신부가 이 명을 어기고 旅順에 가서 사형 전의 安重根義士를 만나자 Mutel주교는 Wilhelm신부의 聖事權을 정지시키고 프랑스로 추방하는 조치를 취했다.

시도한 예가 없지 않았다. 교구장의 이러한 사목방침에도 불구하고 일제침략으로 가물거리는 조국의 운명을 돌이키고자 하는 조선인 신자들의 구국운동이 여러 형태로 전개되었었다.[35] 조선인 성직자들은 교구장의 엄격한 정교분리의 원칙에 따라 직접적인 정치참여나 저항투쟁보다 의거·의사의 막후 지원이나 교육사업을 통한 애국계몽운동의 형태로 구국운동에 간접적으로 참여하였었다. 이러한 한말 교회의 존재는 조여드는 일제 침략세력 앞에 놓였던 조선인의 절박한 위기의식 속에서 구국투쟁과는 거리를 느끼게 하는 것으로 비추일 수밖에 없었다. 그러기에 제도교회로의 발전과 달리 민족교회로의 사회적 기대치는 오히려 낮아지고 있었다. 한말의 한국천주교회는 정교분리를 내세우는 사목방침의 고수와 개인구령적 경건주의신앙·몰사회적 영혼의 悅福이나 소박한 내적 안식, 세속과의 절연, 사회 무관의 초월주의적 신앙자세로 비춰지면서 민족교회로의 발전이나 사회흡인력의 강화와는 거리가 멀어지게 되었으며, 천주신앙으로의 입교율이 체감되는 현상을 낳게 되었다.[36]

6) 근대 천주교회의 사회적 기여

조선의 천주신앙 수용은 종교사적인 면에서 한민족사회와 새로운 고등종교와의 만남을 뜻하는 것이지만, 문화사적으로는 그리스도신앙이 기반된 새로운 가치체계의 수용과 실천을 뜻하는 것이다. 겨우 종교적 신앙생활을 유

---

35) 豊水院聖堂의 본당신부이던 鄭圭夏신부가 의병을 격려하고 자금을 대주는 등 적극적으로 도운 바 있고, 천주교인 安重根의 의거와 安明根의 安岳事件과 李基唐의 南滿州에서의 무장독립운동이나 國債報償運動을 선도한 大邱의 교인 徐相燉(敦) 등의 일은 유명하다. 그 밖에 黃海道와 間島지방에서도 천주교인들이 주도한 항일운동이 한말, 일제 초기에 걸쳐 끊임없이 전개된 바 있다(盧吉明, 《가톨릭과 朝鮮後期 社會變動》, 高麗大 民族文化硏究所, 1988, 266~274쪽).

36) 1900~1904년 그리스도신앙인의 연평균 증가율은 가톨릭 10.19%, 장로교 14.95%, 감리교 12.58%로 모두가 10%를 약간 상회하였으나, 1905~1909년 연평균 신자 증가율은 가톨릭 2.24%, 장로교 43,77%, 감리교 49.75%로 가톨릭은 매우 저조한 반면에 개신교의 신자 증가율은 놀랄 만큼 상승한 것으로 나타난다. 가톨릭의 경우에는 乙巳條約이 체결된 1905년 이후 1년간은 오히려 신자수가 감소된 것으로 나타나고 있다(盧吉明, 위의 글, 286~287쪽).

지함에 급급할 수밖에 없었던 '潛行的 朝鮮天主敎會'는 신앙자유의 근대를 맞아 '顯在的인 地上敎會'로의 활동이 보장되면서 그리스도적 가치체계는 전통적 조선사회에 여러 모로 영향을 미친다. 그리스도적 가치체계의 영향은 신앙생활에만이 아니라 사회생활과 문화활동 전반에 걸치는 것이었다. 한국천주교회는 그리스도가치체계에 입각하는 교육·문화활동을 전개하게 되고 그리스도적 사랑을 나누는 사회복지사업을 벌이게 된다.

(1) 교육활동

한반도에서의 유교적 전통교육과 다른 그리스도적 가치체계에 터전한 교육활동은 천주교에 의해 그 단서가 열린다. 천주교 사목자의 양성을 위한 신학교육과 교인자제나 서민대중을 상대로 한 근대지향 교육활동이 각지에 산재되어 있던 천주교회를 배경으로 하여 시작되었다. 그리스도적 초등사학 활동은 각지로 급속히 파급되면서 봉건적 전통사회의 변성촉매로도 작용하였던 것이다. 천주교회의 신학교육은 성직자 양성을 위한 특수교육의 국면이지만 이미 박해시대로부터 신학생을 해외신학교로 파견하는 국면과 국내에서 비밀리에 신학생을 교육하거나 신학교를 설립하는 국면으로 전개되었다.

신학생의 해외유학은 일찍이 1835년에 김대건 등 세 소년이 중국 남단 澳門(Macao)으로 파견됨으로써 시작되었는데, 이는 서양학을 배우기 위한 우리나라 역사상 최초의 해외파견이었다.[37] 이로써 유학의 단서가 열리자 1854년과 1858년에는 각각 3명의 신학생을 멀리 말레이지아의 Penan(彼南)으로 유학시켰으며,[38] 개항한 후인 1882년부터 3년에 걸쳐서는 조선의 종교활동을 사목할 본방인 성직자를 양성하기 위하여 도합 21명의 신학생을 역시 페낭으로 유학시킨 일이 있었다.[39]

---

37) ①金大建, ②崔良業, ③崔方濟 등 세 신학생이 유학하였으나 ③은 면학 도중 현지에서 병사하고 ①은 1845년, ②는 1849년에 上海에서 서품되어 한국인으로서 첫째와 둘째의 邦人聖職者가 되어 활동하였음은 널리 알려진 사실이다.

38) 1854년 11월 4일에 작성된 崔良業신부의 서한에 세 신학생을 上海로 유학시킨 사실이 기록되어 있다(林忠信·崔奭祐 譯註, 《崔良業神父書翰集》, 한국교회사연구소, 153~155쪽). Penan으로 유학했던 이들은 林빈첸시오 金요한, 李바울리노였다(朱在用, 《배론(舟論)聖地》, 가톨릭출판사, 1975, 133쪽).

39) 1882~1884년 사이에도 朝鮮神學生을 계속 Penan에 유학시켰다. 그러나 이들

천주신학을 국내에서 교육하기 시작한 것은 조선교구의 제2대 교구장이었던 앵베르(Imbert)주교였다. 그는 앞서 마카오로 유학보낸 金大建 등 소년 신학생과는 별도로 1838년경 丁夏祥 등 네 명의 교인을 신학생으로 선발하여 직접 교육하기 시작했으나, 다음해에 벌어진 己亥迫害로 관계자가 모두 순교함으로써 뜻을 이루지 못한 바 있다.40) 그러나 이는 신학교가 정식으로 설립된 토대 위에서 실시된 교육이 아니었다. 박해시대의 조선에 최초의 신학교가 설립된 것은 1856년의 일이다. 조선교구 제4대 교구장 베르뇌(Berneux, 張敬一)주교가 충청도 산협인 배론(舟論—현 忠北 堤川市 鳳陽邑 九鶴里)에 '聖요셉神學校'을 설립한 것이 효시였다.41) 그러나 이 학교는 1866년의 병인박해로 소멸될 수밖에 없었다. 그 후 국내에서의 신학교육이 재개된 것은 1885년의 일로, 原州 부흥골(現 京畿道 驪州郡 康川面 釜坪里)에 설립된 이른바 '부흥골신학당'이 이 일을 담당하였다.42) 비밀리에 개교된 부흥골신학당은 한불조약체결로 전교활동의 자유가 약정된 후인 1887년에 서울 龍山으로 이설되어 '예수성심신학교'라는 이름으로 재개교되었다. 이 학교는 한국천주교회 邦人聖職者 양성의 교육기관으로 자리를 굳혀 오늘날 서울의 가톨릭대학교 신학대학으로 그 역사가 이어지고 있다.43)

이상의 신학교육은 물론 천주교의 성직자를 양성하기 위한 교육활동이다. 그러나 신학을 전공하기에 앞서 그 기초교육으로 근대 서양의 기초적 인문교육과정을 이수시키고 있었다는 점에서, 천주교 신학교육은 개항 전후기에 운영된 한국 최초의 근대 서양인문학교육의 마당이기도 했다는 점에 유의하여야 할 것이다.

한편 한국천주교회는 봉건적 전통사회에서의 서민자제를 대상으로 서구적

은 1885년 原州 부흥골에 신학교가 개설되자 차차로 귀국하였고, 후에 龍山의 예수聖心神學校에서 계속 수학하고 몇 명은 서품 받고 모국교회를 위해 활동하였다(《가톨릭 朝鮮》 1935년 9·10월호, 朝鮮神學校의 由來, 平壤敎區).

40) 《가톨릭大學史資料集》(가톨릭大 出版部, 1991), 54쪽.

41) 배론의 聖요셉神學校는 교장 Pourthie신부, 敎授神父 Petiniclas교수가 10명내외의 신학생을 상대로 교육활동을 폈다. 1866년 丙寅迫害 때 두 신부와 신학교의 명의상 주인이던 張樂紹가 순교함으로써 폐쇄되었다(위의 책, 46~51쪽).

42) 위의 책, 61~64쪽.

43) 위의 책, 65~375쪽.

내용을 담은 초등교육 실시에 선도적 역할을 하였다. 일찍이 서양에서도 각 교회 부설의 敎理學校가 아직 교육의 혜택을 누리지 못하던 서양중세 서민 자제를 대상으로 하여 읽기·쓰기·노래부르기 같은 초등교육을 신앙교육과 교리교육에 겸하여 실시함으로써 그리스도교회의 교육사적 기여가 서양교육 사상에서도 높이 평가되고 있다. 한국천주교회도 전교자유의 시대에 접어들자 교리교육과 더불어 초등교양을 주기 위한 교육활동을 시작하였다.

이런 초등교육의 효시는 1882년에 리델주교가 시작한 서울의 仁峴學堂(인현붓재글방)이었다. 소수의 교인자제를 수용하여 시작된 이 인현학당은 전통적 한학교육과 그리스도적인 서양교양을 심어 주는 일종의 '改良書堂'적 성격을 띤 교육의 장이었다. 인현학당은 다음해 鐘峴聖堂 부지 안에 옮겨져 '鐘峴學堂'이라고 불리게 되었다. 이 종현학당(漢韓學堂이라고도 함)은 1909년에 시행된 정부의 학제규정에 따라 啓星學校로 개편되어 오늘에 이어져 오고 있다.[44] 차차 각지에 세워지는 교회 부설의 학당인 소규모의 학교들은 천주교신자의 교리학습을 위한 기초교육을 실시하는 한편, 개화의 시대 조류에 따라 어린이들에게 근대적 초등교육도 실시하는 이중의 의의를 지닌 교육의 장이었다.

정부의 개화정책에 따라 각지의 천주교회는 교회 부설의 학당을 설치 운영하는 열의를 보였고 이 열의는 각지로 번져 갔다. 한말의 애국계몽기에는 더욱 교육활동에 힘쓰게 되었다. 1900년의 교세통계에 의하면, 본당(천주교회) 40개에 부설학교가 61개나 되었다고 하며, 1910년에는 전국 54개 본당에 124개의 학교가 있었을 정도로 교육활동이 활발하였다고 한다(본당에 학교가 2개 이상이던 것은 본당과 그 하부교회인 公所에서도 학교를 설립 경영한 때문이다).[45] 1899년에는 제물포, 다음해에는 서울에 샬트르성바오로수녀회에 의해 女學校가 설립되었고 뒤이어 평양·진남포·안악·제주 등에도 소규모의 여학교가 설립되어 여아들에게 초등교육의 기회가 주어졌다. 물론 이들 천주교계통의 학교(학당·학원·학교 등으로 불림)는 소규모였고 또 정규의 법제적 교육기관으로 완비되었던 것도 아니었으나 우리 나라 근대교육사상 초등교육의 선봉

---

44) 《韓國샬트르聖바오로修女會 100년사》(샬트르聖바오로회, 1991), 195~198쪽.
45) 開化期 天主敎會의 敎育活動 統計(1882~1911).

적 활동으로 주목할 존재였다. 천주교신자 자제들을 비롯하여 지방의 비신자 청소년들에게도 근대문물에 대한 깨우침을 주는데 크게 공헌하였다. 이 밖에도 교회는 농촌과 노동계층을 위한 夜學校와 職業學校를 각지에 설립 운영하였다.46)

이처럼 교육사업이 활발해지자 근대적 전문지식을 지닌 교사를 양성하기 위한 師範敎育과 근대적 技術敎育을 실시하기 위해 한국천주교회의 사목책임을 지닌 뮈텔주교는 마침내 교육사업면에서 세계적으로 유명한 독일계의 성베네딕트(聖芬道)수도회를 한국으로 유치하였다. 뮈텔주교의 요청에 의해 1909년에 한반도로 진출한 베네딕트회는 다음해인 1910년에 崇工學校, 1911

적요 / 연도	남 학 교		여 학 교		합 계		본당수	학교 / 본당
	학 교	학 생	학 교	학 생	학 교	학 생		
82~83	1	11	·	·				
83~84	1	29	·	·				
84~85	1	21	·	·				
89~90	17	176	·	·			13	1.31
90~91	30	177	·	·			14	2.14
91~92	28	188	·	·			18	1.56
92~93	36	246	·	·			18	2.00
93~94	40	293	·	·			18	2.22
94~95	21	205	·	·			17	1.24
95~96	21	204	·	·			19	1.11
96~97	31	333	·	·			24	1.29
97~98	35	329	·	·			28	1.25
98~99	35	274	·	·			31	1.13
99~00	59	481	·	·			35	1.69
00~01	73	657	3	60	76	717	40	1.83
01~02	50	544	3	79	53	623	48	1.10
02~03	85	695	3	82	88	777	48	1.83
03~04	73	648	2	45	75	693	48	1.56
09~10	114	2573	10	475	124	3048	54	2.30
10~11	106	2198	11	709	117	2907	59	1.98

* 전거 : 韓國敎會史硏究所 소장 朝鮮敎區 敎勢統計表에서 재정리.
* 1885~1888, 1905~1909 통계누락.

46) 金海 농군학교, 永川·高山 노동夜學校, 鎭南浦夜學校, 蔚山 農務學校, 鴻山 勞動學校, 高山·魯城·信川 등 測量學校 등이 운영되었다(崔奭祐, 《韓國宗敎運動史》; 〈天主敎〉, 《韓國文化史大系》 V, 1980, 高麗大 民族文化硏究所, 235쪽).

년에는 崇信學校를 세워 목공기술과 사범교육이 실시되게 하였던 것이다.[47] 한편 을사조약이 강제로 체결된 1905년 이후 안중근이 민족의 장래를 위해 교회가 대학을 설립해 줄 것을 제기한 바 있었다. 그러나 이런 요청은 뮈텔 주교에 의해 묵살당하고 말았다.

(2) 근대적 출판·언론 문화활동

신앙전도활동은 말씀과 글을 매개로 이루어진다. 信敎者의 전교활동 없이 조선 후기사회 전통지식인들의 서학활동을 통해, 세계사적으로 그 유례를 찾을 수 없는 자생적 교회창설로 시작된 한국천주교회는 한문으로 된 글(한역 교리서)를 통해 천주신앙을 깨우친 교회였다. 초기 한국천주교인들은 그런 漢文敎理書를 붓으로 필사하여 교리를 익혔고, 한편 그들 자신이 깨우친 신앙을 간추린 교리서(《聖敎要旨》·《主敎要旨》 등)[48] 등을 지어 유포시키며 포교에 힘썼다. 이러한 교리서를 붓으로 복사하는 그것 자체가 신앙의 실천이기도 하였다. 박해사건이 벌어질 때마다 이렇게 필사하여 유포된 여러 종류의 교리·신앙관계 서적이 다수 압류당하는 것을 보아도 그들 박해시대 교인들이 이와 같은 일에 얼마나 열성적이었나를 짐작하고도 남는다.

교리서를 붓으로 베껴 쓰는 식의 초기의 교리서 유포는 우리 나라의 오랜 인쇄술 발달의 전통을 살려 목판인쇄에 의한 교리서의 간행으로 대량 보급시키게 된다. 고종 초에 조선교구장 베르뇌주교는 서울에 비밀리에 木版敎理書刊行所를 설치하고 全長雲·崔炯 등에게 운영을 맡겨 8종 13권의 교리서를 간행하여 유포시켰다.[49] 그러나 이 일은 병인박해 때 관계자 모두가 순교하였기 때문에 계속되지 못하였다. 병인박해 후 남만주 챠쿠에 조선교구 임시해외본부를 두고 조선으로의 재진출을 위한 공작을 전개하고 있을 때, 리

47) 聖芬道會(베네딕트회 Benedictine Order O.S.B)는 Mutel主敎 요청에 의해 1909년 2월에 한국에 진출, 그들이 운영하게 되었던 교사양성의 학교인 崇信學院은 1913년 폐교됨으로써 교사양성의 목적을 이루지 못했다(崔奭祐, 〈韓國芬道會의 初期修道生活과 敎育事業〉, 《史學硏究》 36, 1963, 韓國史學會).

48) 《聖敎要旨》는 李檗, 《主敎要旨》는 丁若鏞 등 한국교회 창설기의 지도적 교인이 편술한 간추린 敎理書이다.

49) 敎理問答 1권, 聖敎工課 4권, 禮規 2권, 神明初行 2권, 悔罪要旨 1권, 領洗大意 1권, 省察紀略 1권, 主敎要旨 1권 등 8종 13권.

델주교는 장래를 위하여 일본 長崎에 근대적 활판인쇄시설을 설치하고 聖書活版所를 운영하게 되었다. 그 후 시대가 달라짐에 성서출판소를 서울로 옮겨 활판인쇄에 의해 성서와 교리서 발간에 힘쓰게 되었다(1888).

한글교리서의 유통은 신앙생활을 통한 한글보급에 크게 보탬이 되었다. 이와 더불어 한글문화상 주목할 일은 외국인 전교자들의 편리를 위하여《韓佛字典》과《韓語文典》이라는 서양언어와 한글의 사전과 서양문법론에 터전한 한글문법연구서가 간행된 일이다. 이들 귀한 한글연구서는 모두 조선교구 해외임시본부이던 만주 챠쿠에서 프랑스 성직자가 주동이 되어 이룩한 한글문화서이나, 1880년과 그 이듬해에 일본에서 출간되어 외국인의 한글학습에 크게 기여했다.[50]

조선왕국의 개항과 개화정책에 따라 박해받던 '잠행적 지하교회'로부터 '현재적 지상교회'로, 근대적 신앙활동을 보장받게 된 한국천주교회는 전도활동을 공개적으로 진행할 수 있게 되자 근대적 개화의식의 계몽에 목적을 두고 1906년 10월에 한글판 주간지인《경향신문》을 발행하였다. 타부로이드판 4면과 국판 8면의 부록인《寶鑑》을 포함한 12면의 신문을 내게 된 것이다. 4면의 주간신문과 달리 부록인 보감은 창간호에서 밝히고 있듯이 한 번 읽고 버리는 신문과 달리 신앙도리·교회지식·교회사와 더불어 법률상담 등을 실어 책으로 묶어 두고 요긴한 지식을 항상 익혀 생활에 활용하도록 꾸며진 민족계몽지였다. 순 한글로 된《경향신문》은 신자뿐만 아니라 일반독자도 많아 1907년에는 독자가 4,200여 명에 달하였다고 한다. 보호정치하에 조선왕국의 실권을 장악한 통감부의 미움을 받으면서도 洋大人으로 불리며 치외법권적 지위를 누리던 서양주교의 영향으로 4년간이나 발행을 계속하여 한글보급·사회계몽과 신앙전도에 크게 기여를 할 수 있었다. 그러나 1910년 일제

---

50) 이들 두 책의 저자는 라틴어로 '파리外邦傳敎會 韓國宣敎師'들이라고 적혀 있어 공동작업에 의했음을 알 수 있다. 다음의 연구가 참조된다.
이응호, 〈《한불자전》에 대하여〉(《한글》 179), 133~160쪽.
高永根, 〈19世紀 中葉의 불란서 宣敎師들의 韓國語 硏究에 對하여〉(《金亨奎敎授停年退任紀念論文集》).
沈在箕, 〈Gramaire Coréenne의 硏究〉(《韓國天主敎會史創設二百周年紀念 韓國敎會史論文集 Ⅲ》, 1985).

의 조선왕국 무력강점으로 식민지 무단정치가 시작되면서 《경향신문》은 폐간당하였고 부록으로 간행되던 《보감》은 일시 발간 정지되었으나 다음해 《경향잡지》라는 이름으로 복간되었다. 《경향잡지》는 24면으로 그 발행면수는 늘어났으나 전교적인 성격보다는 교리지식과 교회소식·교회사 등 기사로 채워지던 격주간지로 성격이 바뀌었다. 그러나 일제하에서도 천주교신자로 고정 독자를 현대적 계몽과 교리학습을 통한 한글보급에 크게 기여할 수 있었다.[51]

이처럼 한국천주교회는 인쇄술·한글연구·언론활동을 통해 한국 근대사회에 기여한 바가 컸다.

(3) 근대적 사회복지사업의 전개

끊임없는 회개와 평화를 추구하며 사랑의 나눔을 가르치는 가치의식에 터전한 한국천주교회는 박해시대로부터 사회복지에 대해 관심을 가졌다. 이런 관심은 '지상교회'로 공적 활동을 펴게 됨에 따라 아동·노인·빈민을 대상한 사회사업기관을 설립 운영하게 되었고 조직적으로 의료사업을 펴게 된다.

19세기 전반 세도정치의 학정과 거듭되는 자연재해 그리고 콜레라 같은 질병의 유행으로 농촌사회에서는 棄兒가 많이 발생하였다. 이들 기아에 대한 교회의 손길이 1854년경 '聖嬰會'의 설립에 의해 규모는 큰 것이 아니었으나 고아구제사업이 시작되었다. 즉 박해의 고난 가운데서도 프랑스로부터 재정적 도움을 받아 기아를 거두어 신자 가정에 위탁 양육하는 아동복지사업을 추진하였다. 1859년의 선교활동 보고서에 의하면 의탁아동 양육수가 43명이었다 한다. 성영회의 규약이나 아이를 데려오고 또 양육을 의탁하는 규식의 내용을 보면 단지 고아들의 의식주를 해결할 뿐만 아니라, 그들이 자립할 수 있도록 생업을 가르치고 취업을 알선해 주도록 되어 있으니 그 활동을 근대적 아동복지사업의 효시라 할 수 있다. 그러나 이 사업은 병인박해로 인하여

---

51) 《京鄕新聞》은 일제 패망 후 일간지로 창간되었다(1946. 10. 6). 이 신문은 천주교회와 관계는 있으나 복간 성격을 띠지 않은 창간지였다. 한편 《寶鑑》은 《경향잡지》라는 제호로 복간되어 오늘날까지 발행되고 있다(1911. 1. 15).

중도에 좌절될 수밖에 없었다.[52]

1884년 조선교구 제7대 교구장 블랑(白)주교는 아동구제사업에 관심이 컸다. 그는 1885년에 서울 곤당골(현 渼洞)에 집을 구입하여 고아원을 설립하고 60~70명의 고아를 수용하였다.[53] 해마다 수용고아가 늘어나니 교회는 이 사업으로 말미암아 적지 않은 재정과 인력의 부담을 안게 되었다. 이에 블랑주교는 프랑스의 샬트르성바오로수녀회에 고아원과 양로원사업을 위해 수녀들을 파견해 주도록 요청하였다. 1888년 프랑스로부터 수녀들이 서울에 파견되었으며 鐘峴(현 명동)에 서양식 벽돌집을 짓고 본격적으로 근대적 고아구제사업을 시작하게 되었다. 블랑주교는 고아들에게 초등교육과 실업을 가르치도록 조치하는 한편, 상점·약국·목공소·철공소를 설치하고 기술교육을 실시하기도 하여 구제와 더불어 자활을 위한 교육에 힘쓰게 했다. 샬트르성바오로수녀회는 그 후 濟物浦에도 고아원 분원을 설립하게 되었으며 차차로 아동복지사업을 전국으로 확대하였다. 시설관계로 고아원에 직접 수용치 못하고 원외에 위탁하여 돌보는 아이들도 수백에 달하였다.[54]

천주교회의 노인복지사업은 아동복지사업과 병행해서 전개되었다. 1885년 고아원을 설립하면서 동시에 종로 똥골(현 貫鐵洞)에 의지할 곳 없는 노인들 수용시설을 마련하니 이것이 한국 초유의 양로원이었다. 이 양로원에는 노인건강문제를 전담하는 施藥所까지 부설하였다.[55] 근대 노인복지사업의 효시라고 할 수 있는 이 양로원은 그 후 종현으로 옮겨졌다.

천주교회의 구빈활동은 먼저 같은 교인끼리 주고 받는 사랑의 나눔으로 시작하였다고 할 수 있다. 더욱이 박해의 강화로 난을 피하여 각지로 흩어져

---

52) 盧吉明, 〈韓國가톨릭敎會의 社會·文化活動〉(《가톨릭과 朝鮮後期 社會變動》, 高大 民族文化硏究所, 1988), 189~195쪽. 한편 聖嬰會(Saint Enfant)는 1843년 프랑스에서 창설된 兒童福祉事業團體였다. 1852년에 조선에 입국한 Maistre신부가 우리 나라 처지를 감안하여 파리에 있는 聖嬰會 본부에서 재정적 원조를 청하여 조선에서 활동을 펴게 되었었다(Ch. Dallet 著, 崔奭祐·安應烈 譯, 《한국천주교회사》 하, 209~210쪽).

53) Compte Rendu, 1885 보고서로 明洞天主敎會200年史資料集 Ⅰ輯인 《서울敎區年報(1) 1878~1903》(서울 明洞天主敎會, 1984), 40쪽.

54) 《한국샬트르성바오로수녀회100년사》(샬트르성바오로수녀회, 1991), 156~180쪽.

55) 위의 책, 184쪽.

비밀리에 이루게 된 교우촌은 신앙과 더불어 삶을 나누는 공동체였다. 박해에 몰린 교도들의 동류적 공동의식의 응집력이 사랑과 물질의 나눔으로의 사회적 구빈활동의 실천으로 발전될 수 있었다. 1889년 호남지방이 격심한 기근을 겪게 되었을 때 교회는 주한외교관과 구호위원회를 조직하고 구호활동을 전개하였던 것이다.[56]

한편 구빈, 구호활동의 일환으로 施藥醫療事業도 시작되었다. 1857년에 처음 개설한 시약소는 비록 소규모였지만 지속적으로 유지되다가 1866년의 병인박해 때에 문을 닫고 말았다. 시약의료사업이 재개된 것은 종로의 양로원에 시약소가 부설되면서부터였다. 서울을 무대로 활동하던 이 시약소는 1898년에 진료소로 발전적으로 재편되어 의료사업을 전개해 나갔으며, 1900년에는 濟物浦에도 진료소가 설치되었다. 이들 진료소에서의 사회복지사업을 주관한 것은 샬트르성바오로수녀회였다. 수녀들은 사회사업 使徒職의 수행을 위해 아동·노인복지사업과 더불어 의료사업에 헌신적으로 봉사하여 한국 근대복지사업 발전에 잊을 수 없는 공헌을 쌓게 된다.[57]

〈李元淳〉

4. 기독교

1) 기독교의 수용과 정착

19세기 후반 개항과 함께 수용된 기독교는 조선 후기 우리 나라 전통사회의 모순을 개혁하고 사회의 근대화를 위한 에너지를 공급하는 원천으로, 일제강점기에는 민족해방운동의 정신적·인적 자원을 공급해 주는 기지로서의 역할을 감당해 왔다. 한편 서양선교사들에 의하여 선교활동이 주도되고 교권이 운영됨에 따라서 민족기독교로서의 발전과 그 정착이 왜곡된 부분이 있

56) 盧吉明, 앞의 책, 221~222쪽.
57) 한국샬트르성바오로수녀회, 앞의 책, 151~180쪽. 한편 수도회의 진료소 설치에 앞서 개신교가 설립 운영하던 廣惠院이 있었다(1888. 4. 설립).

었음도 사실이다. 한국기독교의 이러한 성격은 19세기 후반에서 20세기 초에 이르는 한국사회의 역사 발전과정의 특수성과도 관계가 있을 것으로 생각되지만 이러한 한국기독교사를 구명하는 것은 이 시기 한국사회의 발전과정과 그 성격을 이해하는 데에도 중요한 한 부분이 될 것으로 생각된다.

이러한 문제의식에 유의하면서 기독교가 전래·수용된 19세기 후반으로부터 우리 나라가 일제에 강제 합병된 1910년까지의 발전과정을 살펴보고자 한다. 여기서 '기독교'라 함은 로마가톨릭교회, 그리스정교회 대한 프로테스탄티즘, 즉 개신교회를 말한다.

(1) 중국과 일본을 통한 접촉

한국은 조선 후기 서세동점기에 우리 나라 연안에 출몰하던 이양선을 통하여 처음으로 기독교와 접하였다. 기독교와의 최초의 접촉은 네델란드선교회 소속의 독일태생 유태계 선교사 귀츨라프(Karl Fredrich Gützlaff, 郭實獵 1803~1851)를 통한 것이었다. 그는 마카오에서 중국 최초의 개신교 선교사로 활동하던 모리슨(Robert Morrison, 馬禮遜)과 친교를 맺는 한편 기독교 선교에 관심을 가지고 있던 영국 동인도회사 소속 선장 린제이(Hugh H. Lindsay)와도 교분을 갖게 되었다.[1]

이 무렵 동인도회사는 북중국과 조선·일본·오키나와·타이완 등지를 순항하면서 통상교역 가능성과 이에 대한 현지주민들의 관심도를 조사·보고할 책임을 부여하면서 린제이를 동사 소속 1천톤급 상선 로드 애머스트호(The Lord Amherst)의 선장에 임명하였다. 귀츨라프는 린제이로부터 통역겸 船醫로 동승해 줄 것을 제의받고 모리슨으로부터 받은 한문성서와 전도문서 등을 갖고 승선하여 항해에 나서 1832년(순조 32) 7월 황해도 백령도에 기착하였다.[2] 일행은 주민들과 필담을 나누고 책과 물건을 나누어 주면서 현지인들과의 접근을 시도하였으나 주민들이 서양인과의 접촉을 두려워한 나머지 물건들을 되돌려 주고 지방관과의 면담 주선도 거절하므로 당국자와의 교섭에 실패하였다. 귀츨라프 일행은 운항을 계속하여 그 해 7월 하순 충

1) 이진호, 《동양을 섬긴 귀츨라프》(한국감리교사학회, 1988), 39쪽.
2) 白樂濬, 《韓國改新敎史》(延世大 出版部, 1973), 41쪽.

청도 홍주만 古代島에 정박하여 홍주목 관리들을 만나 왕에게 보내는 서신과 성서 등 선물을 국왕에게 전해 주도록 요청하였다. 서울로부터의 회신을 기다리는 동안 일행은 현지 주민들과 접촉을 계속하여 한문 전도문서를 나누어 주고 주민들을 선상에 초대하는 한편 지방관들의 식사초대에도 응하는 등 호의적인 반응을 얻었다.[3]

그러나 8월 9일 서울에서 역관을 대동하고 온 왕의 특사는 선물을 되돌려 주면서 중국황제의 허락 없이는 외국과 통상할 수 없음을 통고하고 철수할 것을 요구하였다. 귀츨라프 일행은 조정의 회답을 이유로 장기간 기다리게 한 책임을 묻는 한편 조선이 중국의 속국이 아님을 주장하였지만 일개 지방관이 관여할 문제가 아니었으므로 식량과 식수를 공급받은 후 조선해안을 떠나지 않을 수 없었다. 조선에 대한 선교는 뜻을 이룰 수는 없었지만 그의 여행기[4]가 출간되어 조선에 대한 서양인들의 관심과 선교 열의가 높아졌다.

이로부터 30여 년이 지난 1866년(고종 3)에 조선은 영국 會衆敎會(Congregationalist)의 중국주재 선교사 토마스(Robert Jermain Thomas, 托馬浚 혹은 崔蘭軒, 1840~1866)를 통하여 다시 기독교와 접할 수 있었다. 토마스는 자신의 임지인 상해에서 선교회 현지 책임자와의 불화 등으로 일시 芝罘의 청국해관 통역연수관으로 일하고 있었는데 여기서 스코틀랜드성서공회 책임자 윌리엄슨의 소개를 받아 조선에서 박해를 피해 밀항해 온 천주교신자들[5]을 만나게 되었으며 이를 계기로 조선선교를 결심하게 되었다. 토마스는 이 천주교신자들의 안내를 받아 목선으로 1865년 9월 13일 서해안 紫羅里[6]에 기착하였는데 그 해 12월 산동반도 동남단 貔子窩에 귀환할 때까지 두 달여간 연해민들에게 한문성서 등을 나누어 주는 한편 한국어와 한국사정에 관한

3) 金良善은, '귀츨라프 일행은 현지주민에게 의약품을 나누어 주는 한편 洪州牧使 李敏會와 水軍虞侯 金瑩綬를 통하여 純祖에게 西洋布, 時辰表, 千里鏡, 聖書, 敎理書 등 수십종의 獻上品과 영국과의 통상을 요청하는 上奏文을 올렸다'고 하였다(金良善, 《韓國基督敎史 硏究》, 基督敎文社, 1971, 42쪽).

4) K. F. A. Gützlaff, *Journal of Three Voyages Along the Coast of China in 1831, 1832 & 1833, with Notices of Siam, Corea, and the Loo-Choo Islands*, London, Frederich Westley & A. H. Danis, 1834.

5) 김양선은 이들을 金子平·崔善一이라고 말한다(金良善, 위의 책, 48쪽).

6) 황해도 松川[솔내]설, 옹진설, 백령도설 등이 있다.

많은 지식을 얻었던 것으로 보인다. 토마스는 북경에 귀임하여 런던선교회가 운영하는 중서학원(Anglo-Chinese College) 임시원장직에 있으면서 1865년 겨울부터 다음해 4월경까지 조선동지사 宿廳과 선교회 사무실을 오가며 동지사 일행과 접촉하였는데 이 과정에서 한국선교의 가능성을 다시 확인했던 것으로 보인다. 이 무렵 토마스는 박해를 피하여 조선을 탈출한 리델신부 등으로부터 한국에서의 천주교 박해상황을 자세히 들었으나 개신교에 대하여는 박해를 하지 않을 것이라고 오해하고 있었던 것 같다.

프랑스신부학살에 대한 보복으로 조선정벌을 계획하고 있던 로즈(P. G. Rose)제독으로부터 통역으로 동행해 줄 것을 요청받은 토마스는 이를 수락하고 芝罘에 왔으나 프랑스함대의 출동이 연기되자 미국인 프레스톤(Preston) 소유의 제너럴 셔만(General Sherman)호에 탑승하여 1866년 8월 조선으로 향하였다. 그러나 대동강 입구에서 평안도관찰사 박규수의 퇴거명령을 무시하고 항해를 계속하므로 평양관민의 화공을 받아 침몰하고 토마스와 승무원들이 처형되는 이른바 '셔만호사건'이 일어나게 된 것이다. 그 27년 후인 1893년 평양에 온 미국북장로회 선교사 모페트(Samuel Austin Moffett, 馬布三悅)는 사형이 집행되는 순간에 토마스로부터 중국어 성서를 건네 받았다고 하는 한 조선인 신자를 만난 사실을 증언함으로써[7] 토마스의 순교를 통하여 개종자가 생기게 되었음을 확인하였다.

한편 중국이 개항하자 1860~1870년대에는 만주지역 개항장 營口를 중심으로 영국계 장로교회의 선교가 활발히 전개되었다. 앞서 토마스의 조선행을 주선해 준 윌리엄슨(Alexander Williamson)은 開市場을 왕래하는 조선상인들에게 漢譯 성서를 나누어 주는 한편 북경에서 런던선교회를 왕래하면서 서양문물을 접한 동지사 金益文 등을 통하여 국내사정을 파악하여 그의 저서[8]에 기술함으로써 서구 기독교계에 조선을 소개하였다.

만주 牛莊에서 활동하던 스코틀랜드장로회 선교사 로스(Joel Baker Ross)는 1871년 가을과 72년 봄 한만국경 開市場에서 조선 상인들로부터 국내사정을

7) 白樂濬, 앞의 책, 48쪽.

8) Alexander Williamson, *Journeys in North China, Manchuria, and East Mongolia, with some account of Corea*, London, 2 vols., 1870.

비교적 상세히 파악할 수 있었다. 여기서 로스는 자신의 조선어 개인교사가 된 의주상인 李應贊을 만나게 되었는데 그는 白鴻俊·李成夏·金鎭基·李益世 등과 함께 로스의 동료 선교사 매킨타이어(John MacIntyre)로부터 세례를 받음으로 한국 최초의 개신교 受洗者가 되었다. 이들은 로스와 매킨타이어가 진행중인 성서 한국어 번역사업에 참가하여 1882~1884년에 이르는 동안 〈마태복음〉·〈마가복음〉·〈누가복음〉·〈요한복음〉·〈사도행전〉 등을 譯刊하였다.[9] 이어 만주 일대에서 紅蔘행상을 하던 徐相崙·景祚 형제가 개종하여 매킨타이어로부터 세례를 받았다. 서북지방 상인들이었던 이들 중 일부는 로스의 勸書人이 되어 만주 일대 한인촌과 국내에 한글성서를 보급하고 기독교를 전파하였다.

미국선교부의 선교가 시작되기 이전 우리 나라에 기독교가 전해진 또 하나의 경로는 일본을 통한 것이었는데 여기에는 임오군란 후 수신사 閔泳翊의 개인 隨員으로 도일하였던 李樹廷의 역할이 컸다. 그는 일행이 귀국한 이후에도 일본에 남아서 저명한 농학자이며 기독교계의 지도적 지위에 있던 津田仙과 교유하였으며 일본인 목사 安川亨으로부터 성서와 교리를 배우고 1883년 4월에는 세례를 받았다[10] 이수정은 일본주재 미국성서공회 총무 루미스(Henry Loomis)의 요청으로 《懸吐漢韓新約聖書》 간행업무에 종사하였으며 1885년에는 橫濱에서 《마가복음》을 韓譯하여 1,000부를 간행하였다. 이때 일본 기독교계에서는 한국에 선교사를 파견하는 문제에 관심을 갖고 있었는데 이수정은 당시 한일간의 정치적 갈등을 고려하고 또 미국으로부터의 직접 수용이 좋을 것이라고 생각하고 있었던 것 같다. 그리하여 재일미국인 선교사 낙스(George W. Knox), 루미스 등에게 대필시켜 1883년 3월과 12월에 《세계선교평론》(Missionary Review of the World)과 《해외선교사》(The Foreign Missionary) 등 선교계 잡지에 '한국의 사정'이란 호소문을 게재하여 한국선교의 필요성을 해외 기독교계에 호소하였다.[11]

---

9) 金良善, 〈Ross Version과 한국 Protestantism〉(《白山學報》 3, 1967), 424쪽.
10) 李光麟, 〈李樹廷의 人物과 그 活動〉(《韓國開化史硏究》, 一潮閣, 1981), 134~241쪽.
11) 吳允台, 《日韓キリスト敎交流史》(東京 ; 新敎出版社, 1968), 87~88쪽.

(2) 한미수호조약의 채결과 미국의 대한선교

1882년(고종 19) 5월 한미수호조약이 체결되자 조선정부는 다음해 7월에 민영익을 전권사절, 홍영식을 부사, 서광범을 종사관으로 하는 특별사절단을 미국에 파견하였다.[12] 샌프란시스코에 도착한 일행은 9월 4일 대륙횡단철도를 이용하여 뉴욕으로 향하던 중 열차 안에서 미국감리교회의 목사이며 후에 볼티모어대학을 창설한 가우처(John F. Goucher)박사와 동행하게 되었다. 해외선교에 관심을 갖고 있던 가우처는 3일간에 걸친 한국사절단과의 열차여행 기간중 한국사정을 소상히 접하게 되었으며 한국선교의 필요성을 절감하였다. 1883년 11월 미국감리교 해외선교본부에 재일선교사들이 지장이 없겠다고 생각하면 그들의 선교사업을 '隱居의 나라'에 뻗쳐서 한국에서 선교사업을 수립하기 바란다는 편지와 함께 2,000달러(弗)의 선교기금을 기탁하는 한편 재일감리교선교회 대표자 매클레이(Robert S. Maclay)에게 편지를 보내 한국을 직접 답사하도록 권하였다.[13]

한미간에 정식국교가 수립되어 서울에 미국공사관이 설치되고 양국사절이 교환되는 등 외교관계가 진전되자 미국 감리교와 장로교의 해외선교부는 한국에서 선교사업을 시작하는데 따른 위험이 더 이상 없을 것이라고 판단하고 선교사업 개시를 결정하였다. 이에 따라 맥클레이가 선교 가능성을 조사하기 위하여 1884년 6월에 입국하였으며, 미국장로교 선교부는 그 해 9월 중국 상해주자 의료선교사 알렌(Horace N. Allen)을 서울에 파견하였다. 매클레이는 약 2주간 국내에 체류하는 동안 일본에서 수차 접촉한 바 있는 김옥균을 통하여 조선에서 미국인들이 교육과 의료사업을 할 수 있도록 허락해 달라는 서한을 왕에게 올렸다. 고종의 윤허를 전하는 김옥균과의 면담 상황을 매클레이는 이렇게 전하고 있다.

> 김옥균은 우리를 매우 정중하게 맞았다. 이어서 폐하께서 나의 편지를 신중히 검토하신 후 나의 요구대로 (미국) 선교부가 조선에서 병원과 학교사업을

---

12) 崔文衡, 〈修交直後의 韓美關係와 使節交換〉(《한미수교 100년사》, 국제역사학회의 한국위원회 1982), 71~81쪽.

13) 白樂濬, 앞의 책, 81~82쪽.

할 수 있게 허락해 주셨다…사업을 우선 시작해도 좋을 것이다…(Robert S. Maclay, Korea's Permit to Christianity, *Missionary Review of the World*, 1896, Apr., p. 289).

기독교 선교가 직접 언급되지는 않았지만 선교사들의 국내에서의 교육·의료사업이 일단 허용된 것이다. 미국공사 푸트(Lucius H. Foote)의 국왕 알현에 통역으로 배석하였던 윤치호는 그의 일기에서 "주상께서 미국상선의 내해 항해와 미국인들이 병원과 학교를 설립하는 일과 전신 설치의 일을 허락하시다"[14]라고 당시의 상황을 기술하고 있다. 그러나 아직도 알렌은 선교사의 신분을 감추고 미국공사관 公醫신분으로 활동하고 있었으며 집안에서 가정예배를 드리는 것이 서울에서의 그의 유일한 종교활동이었다. 한국에서의 가톨릭교회의 수난과 순교에 관해서 익히 알고 있던 당시 선교사들의 가장 큰 관심사는 한국정부가 과연 기독교 선교를 승인할 것인가라는 문제였다.

1884년 12월에 발생한 갑신정변에서 정권의 실력자이며 한미수호조약체결 후 報聘使로 미국을 방문한 바 있는 민영익이 개화당 자객들의 습격을 받아 생명이 위독하게 되었을 때 알렌이 그를 치료하여 완쾌시킨 것을 계기로 선교사들에 대한 왕실의 신임이 커지므로 자유로운 선교활동의 가능성이 커졌다. 왕은 알렌이 '선교사임을 알면서도' 시의로 임명했을 뿐 아니라 정변 때 피살된 홍영식의 저택을 주어 병원을 설립하도록 허락하므로 선교사들의 활동을 사실상 인정한 것이다.[15] 이와 같이 만주와 일본 등지에서 개종자들이 생기고 이들에 의하여 성서가 번역되어 국내에 유입되는 한편 한미수교를 계기로 정부가 미국선교사들의 활동을 암묵적으로 인정하는 등 한국에 있어서의 선교 여건이 성숙되고 있었다.

한국선교 착수 여부를 관망하고 있던 미북장로교와 북감리교본부는 한국이 다시 종래의 排外政策으로 돌아가지 못할 것이라는 확신 아래 언더우드(Horace G. Underwood)와 아펜젤러(Henry G. Appenzeller)를 각각 최초의 주한

14) 尹致昊, 《尹致昊 日記》, 1884년 7월 4일.
15) 이만열, 〈선교초기의 의료사업〉(《한국기독교수용사연구》, 두레시대, 1998), 250~256쪽.

선교사로 임명하였다. 이들은 일본을 거쳐 1885년 4월 5일 부활절에 인천에 도착하였다. 이어서 감리회의 스크랜튼(M. F. Scranton)부부, 장로회의 헤론(J. W. Heron)부부 등 선교사들이 속속 입국하여 선교사업을 진행하는 동시에 구미 각국의 선교단체가 다음 〈표 1〉에 보이는 바와 같이 잇따라 선교사를 파견하였다

〈표 1〉 구미 각국 선교단체의 선교사파견 현황

선교개시 연도	선 교 회	선 교 사
1888	캐나다장로회	게일, 펜윅, 하디, 애비슨, 매켄지, 그리어슨, 맥레, 푸트
1889	오스트레일리아장로교회	데이비스, 메리 데이비스 남매
1892	미국남장로회	테이트, 레이놀즈, 전킨
1895	엘라딩 기념선교회	E. C. Paulling, A. Gadeline
1896	미국남감리회	리드
1896	풀리머스형제단	乘松雅休, 브랜드(H. G. Brand)
1898	캐나다장로회	게일, 펜윅, 하디, 애비슨, 매켄지
1904	제7일안식교	國谷喜之介, W. S. Smith
1907	동양선교회	金相濬, 鄭彬

1889년에는 영국성공회와 러시아정교회의 선교가 각각 시작되었다.

2) 교회의 발전

(1) 교회의 설립과 교단조직

1879년 만주에서 白鴻俊·李應贊 등 4명이, 1882년에는 金靑松·徐相崙 등 로스·매킨타이어의 성서 한국어 번역에 참여하였던 서북지방인들이 각각 세례를 받아 기독교인이 된 후 이들을 중심으로 하는 기독교공동체가 형성되어 정기적인 신앙집회가 열리고 있었다. 營口에서 시작된 신앙집회는 奉天·集安

등 서간도지역과 의주·강계·자성·초산·벽동·후창 등 압록강 연안으로 펴져 나가 이들 지역에 가정교회 형태의 신앙집단들이 생겨났다.[16]

같은 시기에 일본 동경에서는 장로교 선교사 낙스(G. W. Knox)에게 세례를 받고 미국성서공회 일본지부 총무 루미스(H. Loomis)와 함께 성서를 한역 출간[17]한 바 있는 이수정이 중심이 되어 10여 명이 참여하는 신앙집회가 계속되었다. 그러나 일본에서 형성된 신앙공동체는 만주의 그것과 같이 계속되지 못하였고 국내로 전파되지도 못하였다.

만주에서 개종하여 매서인으로 국내에 파견된 서상륜·백홍준·최성균·이성하 등의 전도로 많은 세례지망자들이 나타났으며 황해도 소래에서도 신앙집회가 이루어지게 되었다. 서울에서의 최초의 교회는, 이들 '봉천에서 로스의 파견을 받아 국내에 들어온 사람의 사촌들이 장로로 선출된'[18] 1887년 9월 27일, 14명의 한국인 개종자들이 참석한 가운데 언더우드에 의하여 창립된 정동장로교회(현재의 새문안교회)이다.[19] 같은 해 10월 9일 아펜젤러에 의하여 최초의 감리교회가 창립되었다. 창립예배에는 만주에서 매킨타이어로부터 세례를 받은 '서(Sye)씨', 배재학당 학생 박중상과 한용경, 로스목사로부터 추천받은 매서인 최(Choi)씨와 장(Chang)씨, 그리고 매서인 '최씨부인' 등이 참석하였다. 최씨부인은 1887년 10월 23일 한국개신교 최초의 여성 세례자가 되었다.[20]

이어서 1893년에 장로회의 공동골교회, 평양 대동문교회, 부산교회, 군산교회가 설립되었고 1894년에 약연교회와 장연의 소래교회가, 1895년에는 연못골교회가 설립되었다. 감리회는 동대문교회(Baldwin Chapel)가 1892년에, 상동교회와 제물포교회가 1893년에 각각 설립되었다.

---

16) 이덕주, 〈한국기독교 초기신앙공동체 형성과정〉(《초기 한국기독교사 연구》, 한국기독교역사연구소, 1995), 13쪽.

17) 한국에 온 첫 선교사 Appenzeller와 Underwood는 그 해 2월 橫濱에서 인쇄된 그 《신약마가젼복음셔언해》를 갖고 입국하였다(이만열, 〈이수정의 개종과 활동〉, 앞의 책, 122~123쪽).

18) J. Ross, The Christian Dawn in Korea, *The Missionary Review of the World*, Apr. 1890. p. 247.

19) 새문안교회역사편찬위원회, (《새문안교회100년사》, 1995) 91쪽.

20) 이덕주, 앞의 책, 22~25쪽.

이후 교세가 점차 확장되어 1910년 현재 장로교공의회 소속교단은 선교사 67명, 한국인 사역자 36명, 미조직 교회를 포함한 예배소 287개소[21]를, 북감리교는 9개 지방 66개 조직교회에 선교사 28명 한국인 사역자 137명, 신도 24,700여 명을 확보하게 되었으며[22] 교세가 증가함에 따라 장로교와 감리교 등의 교단조직이 확립되었다.

1889년 호주장로교의 데이비스(J. H. Davis)가 입국하여 부산을 중심으로 선교를 시작하자 미북장로교선교부와의 협의체로 한국선교연합공의회(United Council of Missions in Korea)가 설치 운영되었으나 1890 데이비스의 사망으로 활동이 중단되었다. 그 후 레이놀즈(W. D. Reynolds) 등 미국남장로교 선교사들이 입국하여 활동을 시작하였는데 1893년 1월에는 미국남·북장로교선교회 간에 선교협의회(Council of Mission)가 조직되고 '장로교 정치체제를 채용하는 선교부공의회'(Council of Missions Holding the Presbyterian Form of Government)가 창설되었는데 여기에는 캐나다·호주장로교를 포함하는 모든 장로교 선교사가 참여하였다. 1900년까지는 선교사들만이 참가하는 선교사공의회, 이후는 한국인 지도자도 참가하는 장로회공의회(合同公議會 혹은 宣敎師及朝鮮人總代合成公議會·韓宣連席會議)로 운영되었다. 공의회에 참여한 4개 교단 선교부는 '독립한 한국장로교회'를 설립한 것을 본국 각 교단본부로부터 승인받고 1907년 9월 평양 장대재예배당에서 조선예수교장로회 老會를 창설하였다.

북감리교선교부는 1897년 한국선교회(Korea Mission of the Methodist Episcopal Church)와 그 산하에 서울구역회(Seoul Circuit)를 조직·운영하였는데 1900년에는 한국선교지방 산하에 9개의 구역을 설치하였고 1901년에는 인천의 한국서지방회, 평양의 한국북지방회, 서울의 한국남지방회의 3개의 지방회로 확대 개편되었다. 1905년에는 선교회가 선교연회(Annual Session Korea Mission Conference of the Methodist Episcopal Church)로 발전하였다. 1896년 한국선교를 시작한 남감리교 선교부는 이듬해 조선선교회(Korea Mission of the

21) 朝鮮耶蘇敎書會(《長老敎會史典彙集》, 大正 7). 209쪽.
22) 基督敎大韓監理會 100周年記念事業委員會編, *Official Journal of the Korea Annual Conference*. pp. 138~139 Statistics.

Methodist Episcopal Church, South)를, 1918년에는 남감리회조선매연회(Korea Annual Conference Methodist Episcopal Church, South)를 조직하여 1939년 남북 감리교가 통합되어 基督敎朝鮮監理會를 성립시키기까지 계속되었다.23)

(2) 선교지역 분할과 교파 연합활동

1885년 이래 구미제국의 각 선교단체들이 한국에서 경쟁적으로 선교를 시작하였다. 따라서 각 선교단체들간에 시간 · 인력 · 선교자금의 중복을 막고 효율적인 활동을 수행하기 위하여 선교지역 분할(敎界禮讓 : Comity Arrangement) 협의가 진행되었다.

인구 5,000명 이상의 대도시와 개항장은 각 선교부가 공동점유하고, 5,000명 미만 도시의 경우, 최소 1년에 2회 이상 선교사가 직접 방문하는 준선교기지(Sub-Station)를 설정 · 운영하고 있는 교파에 대하여 선점권을 인정한다는 등의 합의가 1892년에 북장로교와 북감리교 선교부간에 이루어졌다. 양대 교파 선교부에 의하여 이루어진 이 합의는 이후 여타 교파 선교부에 의하여 승인 채택됨으로써 한국에서의 선교지역 분할의 준거가 되었다. 한편 한 교파 교인이 다른 교파로 교적을 옮기려 할 경우 교회 담임자의 추천을 받도록 하고 교회를 위하여 일하는 한국인 助事 · 교사 등이 다른 교파로부터 지원을 받을 수 없도록 규정함으로서 한국교회에 대한 선교사들의 통제를 제도화하였다.24)

장로회선교부간의 지역분할은 장로회연합선교공의회를 통하여 이루어졌다. 1893년에는 남장로회가 충남 · 호남지역을, 1898년에는 캐나다장로회가 원산지역을, 1909년에는 호주장로회가 부산과 경남지역을 각각 북장로회로부터 인수하였다. 감리회의 경우 서울 · 송도를 중심으로 활동하던 남감리회가 1901년 원산지역을 북감리회로부터 인수하였다. 이러한 경로를 통하여 1909년 대체로 그 윤곽이 확정된 선교회별 선교지역은 아래의 〈표 2〉와 같다.

---

23) 基督敎大韓監理會 100周年記念事業委員會編, 《朝鮮監理會年會錄》 vol. 1 · 6 · 7(1984) 참조.

24) 한국기독교사연구회, 앞의 책, 213~214쪽.

〈표 2〉 1909년 각 선교회별 선교지역

선교회명	도	도시 및 지방
북장로회	경기	서울 고양 파주 교하 양근 광주 과천 용인 양지 진위 양성 안성 시흥 김포 죽산 통진 지평 양주
	충북	연풍 청주 문의 영동 회인 청산 보은 청안 옥천 황간 괴산
	경북	대구 안동 경주 등 전 지역
	황해	봉산 수안 곡산 황주 은율 문화 장연 신천 송화 풍천 안악 재령 평산 서흥
	평남	평양 안주 숙천 영유 순안 강동 자산 삼등 중화 상원 영원 덕천 개천 순천 은산 맹산 성천 강서 증산 용강
	평북	의주 용천 철산 선천 곽산 정주 초산 위원 강계 자성 후창
남장로회	충남	대전 부여 목천
	전북	전 역
	전남	전 역
	제주	전 역
호주장로회	경남	전 역
캐나다장로회	함남	원산 성진 문천 등 북부지역
	함북	전 역
북감리회	경기	서울 인천 수원 안산 남양 교동 강화 부평 여주 광주 이천 음죽 양근 양천
	충북	진천 음성 충주 제천 청풍 영춘 단양 괴산
	강원	원주 횡성 평창 영월 정선 강릉 삼척 울진 평해
	황해	옹진 강녕 해주 연안 배천 평산 신계 봉산 수안 서흥
	평남	평양 양덕 함종 삼화 맹산 성천 개천 은산 순천 강서 증산 강동 용강
	평북	태천 운산 회천 연변
남감리회	경기	서울 송도
	강원	춘천 철원 양구 이천 지경대
	함남	원산 회양 안변 용동

이상의 선교지역 분할로 인력과 재정의 중복을 막고 선교회간의 마찰을 줄일 수 있었으나 한국내에 단일교회를 수립하는데 실패하였음은 물론 같은

교파내에서조차 각 선교부의 배경에 따라 분파적 현상을 보임으로써 후일 지방색에 따른 교권 분쟁과 교회 분열의 한 원인이 된 것으로 지적되고 있다.[25]

또한 각 선교회간의 지역 분할작업이 진행되던 1890년대 초에서 1910년에 이르는 시기는 일제의 한국침략이 본격화하여 그것이 완성되는 시기와 일치하고 있는 바, 영·미계 기독교선교부의 한국선교지역 분할점거와 일제의 식민지지배체제의 완성이 그 시기를 같이하고 있었다는 사실은 선교지역 분할점거가 일제와의 일정한 타협의 결과였을 가능성을 전망하게 한다.[26]

각 선교회 지도부는 선교지역을 분할하는 이외에 연합활동에도 노력하였다. 장로교회의 경우 1889년 북장로교와 호주장로교 사이의 연합공의회(United Council of Missions in Korea)에 이어 한국에 단일 장로교회를 세울 목적으로 이미 장로교 4개 교파가 참여한 선교회공의회를 구성한 바 있다. 한 걸음 나아가 1905년에는 장로교 4파와 감리교 2파 150여 명의 선교사 거의 모두가 참여한 한국복음주의선교연합공의회(The General Council of Protestant Evangelical Missions in Korea)가 조직되었는데 이는 선교사업에서의 협력뿐 아니라 장차 한국에서의 단일 개신교회를 조직하고자 하는 목표를 표방하고 있었다.[27] 공의회에서는 '장로교'·'감리교' 등을 대신하여 '대한예수교회'라는 명칭을 사용하는 문제가 제안되었으며 양교파간의 교리적 차이 때문에 통합에 장애가 되지는 않을 것이라는 점과, 당시 장·감 양 교파의 통합논의가 진행중이던 캐나다연합교회의 교리를 한국그리스도교회(Church of Christ) 교리의 전거로 삼는데 별다른 문제가 없다는 사실을 확인하는 데까지 논의가 진전되었다.

성서 번역사업과 大韓聖敎書會 사업에서도 장·감 양 교파의 협력체제가 구축되었다. 양 교파의 영문잡지 《The Korea Field》와 《The Korea Methodist》가 통합되어 《The Korea Mission Field》가 창간되었으며 장로교의 《찬양가》와 감리교의 《찬미가》가 통합되어 《찬송가》가 간행되는 등 문서·출판사업에서의 협력체제가 갖추어졌다. 북장로교와 북감리교가 따로 설치 운영하던 배

25) 한국기독교사연구회, 앞의 책, 218쪽.
26) 이만열, 앞의 책, 334~335쪽.
27) *Annual Report of the General Council of Protestant Evangelical Missions in Korea*. Oct., 1901, p. 35.

재·경신·숭실·숭의 등 교육기관이 통합 운영되었으며 연희전문학교가 양교파 연합으로 설립되었다. 세브란스의학교와 제중원·기홀병원 등 의료기관도 공동 운영되었다.

그러나 최대의 현안이었던 교파를 초월한 단일교회 수립에는 실패하였다. 서구제국의 기독교 발전과정에서 '진리의 어떤 부분을 특히 강조하거나 덜 중요시한 결과로 빚어진',[28] 따라서 한국적 현실과는 아무런 관계도 없이 형성된 교파의 한계를 극복하고 단일 한국교회를 수립하고자 하는 한국교인들의 열망은 각 선교회 지도부의 이해관계로 인하여 무산되고 말았다.[29]

(3) 네비우스선교방법과 대부흥운동

초기 한국선교사들은 선교지에 들어오기 전에 전문적인 선교사로서의 훈련을 받지 못하였을 뿐 아니라 현지의 언어·문화 등에 대한 이해나 牧會경험이 부족한 인사들로서 다만 신앙적 정열만을 가지고 임지에 나온 젊은 목회자들이었다.[30] 또한 각각 다른 신앙과 교리적 배경을 갖고 있었을 뿐 아니라 그들을 파견한 선교부가 각각 달랐으므로 선교활동 과정에서 조화를 이루지 못하고 자주 갈등을 일으켜 왔다. 이러한 상황에서 1854년 이래 30여년간 중국에서 활동하고 있던 노련한 미국북장로회소속 선교사 네비우스(J. L. Nevius)가 한국을 방문하였다. 그는 약 2주간 한국에 머물면서 재한 선교사들과 선교전략을 협의하고 선교방법을 제시하였다. 흔히 自進傳道·自力運營·自主治理로 요약되는 이른바 이 네비우스선교방법은 1891년 북장로회선교회규칙과 1893년 한국장로교선교부공의회가 채택한 정책들에 반영되었으며 이후 재한개신교 각 선교부의 선교원칙으로 정착되었다.

본국인 신자를 통하여 전도하되 신자들은 자기 생업에 종사하면서 이웃에게 전도하도록 하며, 한국교인들이 감당할 수 있는 범위의 교회 治理방법과 치리기구를 설치하며, 경제적 능력이 허용하는 한도내에서 전도전담자를 채

28) Missionary Union in Korea, *The Korea Review*, Sept., 1905, pp. 342~343.

29) 한국에서의 교파연합 실패 원인에 대하여 白樂濬은 '각 교회가 성장함에 따라 각 선교부는 각자의 사업강화에 열중하였고 자기 선교중심지에 필요한 자체 기관들을 설립하였기 때문'이라고 말하고 있다(白樂濬, 앞의 책, 400쪽).

30) 이만열, 앞의 책, 336~337쪽.

용하게 하고, 교회 건물은 한국교인 스스로 짓도록 한다는 등의 이 네비우스 선교방법 원리는 한국기독교인들에게 희생과 봉사를 내용으로 하는 기독교 윤리를 가르치고 자립정신과 헌금의 습관을 가르쳐 교회의 서양화를 방지하는 등 교회발전에 일정한 기여를 한 것으로 평가되고 있다.[31]

그러나 이를 실천하는 과정에서 한국교회의 발전을 저해하는 요인들도 나타났다. 남장로회선교부 소속의 영향력 있는 선교사 레이놀즈(W. D. Reynolds)는 네비우스선교방법에 기초하여 작성한 한국인 교역자 양성원칙을 다음과 같이 제시하였다.

- 외국재정을 가지고 그를 講道師나 傳道師로 채용치 않도록 최선을 다할 것.
- 선교초창기에는 그를 교육시키기 위하여 미국에 보내지 말 것
- 기독교인의 교양과 현대문명이 향상됨에 따라서 한국인 목회자의 교육정도를 높일 것, 그의 교육은 일반에게 존경을 받고 권위가 설 수 있도록 한국인의 평균 교육수준보다 약간 높을 만큼하고 너무 지나쳐서 일반이 猜忌心이나 離脫感을 가지지 않도록 할 것.
- 어떤 특정인을 교역자로 양성할 저의를 가지고 있더라도 상대방에게는 오랫동안 그 생각을 알리지 말 것.

(白樂濬, 《韓國改新敎史》, 226쪽).

한국교회 지도자의 교육수준을 교인들보다 '약간 높은' 수준에 설정함으로써 그 자질을 제도적으로 규제하려고 한 것이다. 당시 한국교인들의 지적 수준이 매우 낮은 상황이었음을 고려한다면 선교사들의 그것과 현격한 차이를 보이지 않을 수 없었다. 그 결과 선교사들의 의도와는 반대로 한국인 지도자들은 교인들로부터 존경과 권위를 인정받지 못하였을 뿐 아니라 지식인 일반으로부터 '목사・장로와 같은 교회지도자들 자신이 현대문명과 과학에 대하여 이해가 없기 때문에 이를 세상지식이라 하여 천하게 여긴다'[32]는 비판을 면치 못하게 되었다. 후대의 선교사들까지도 '교회조직과 예배만을 지나

31) 金良善, 앞의 책, 73쪽.
白樂濬, 앞의 책, 306쪽.
민경배, 《改正版 韓國基督敎會史, 1982》, 195쪽.

32) 李光洙, 〈今日 朝鮮耶蘇敎會의 缺點〉(《靑春》 11. 1917. 11).

치게 강조한 결과 교회가 그리스도인 공동체로 별개의 공동체가 되어 사회적 문제에 관심을 두지 않는 경향으로 흘렀으며'[33] 교회 외의 문제에 대하며 무관심하고 소극적이며 사회적·민족적 모순에 대하여 외면할 수밖에 없는 병폐를 체질화하게 된 것으로 비판을 받게 된 것이다.

1900년대 초 일종의 영적 각성운동으로 기독교계의 대부흥운동이 일어났다. 이 운동은 1903년 원산지역 선교사들이 그들의 선교활동 성과가 만족스럽지 못한 데 대한 자기반성의 취지에서 개최한 기도회에서 비롯되어 1907년에 평양에서 절정에 달하였다. 원산지역 선교사들과 한국교인들이 참석한 이 기도회에서 남감리회소속 하디(R. A. Hardie)는 선교활동에서 소기의 결실을 거두지 못한 이유를 자신의 허물, 즉 한국인들에 대한 백인으로서의 우월감과 권위의식·자만심에 있었음을 공개적으로 고백하고 반성하는 공중기도를 올렸다. 이러한 자기반성은 선교 초기의 열정과 한국인들에 대한 겸허하고 소박한 선교열이 식어지고, 호화사치한 생활로 한국인들에 대하여 우월적 자만심을 갖게 된 데 대한 자기반성이기도 하였다.[34] 또한 1900년 의화단사건 이후 외국인배척운동에 직면하고 있던 중국주재 선교사들이 어려운 여건을 감내하면서 선교활동을 하고 있는 것에 비하여 자신들은 좋은 선교여건에서 활동하고 있음에도 불구하고 소기의 성과를 거두지 못하고 있는데 대한 자책과 반성의 의미도 포함하고 있었다.

원산에서 시작된 부흥운동은 평양과 삼남지방에까지 전파되었다. 부흥집회는 1907년 평양 장대현교회에서, 후에 한국인 최초의 목사가 된 吉善宙 등이 주도한 査經會에서 절정에 달하였다. 이러한 사경회에서는 선교사와 한국교인들이 서로 자신들의 죄를 회개하고 뉘우치는 기도와 고백으로 일주일 정도 진행되었는데, 崇實·崇德·光成 등 선교계 학교의 학생들은 수업을 전폐하고 참가하였으며 여성만을 위한 특별여자사경회도 개최되었다. 평양 등 대도시에서 개최되는 사경회에 참가하기 위하여 전국 각지로부터 수많은 신자들이 운집하였다. 1907년 부흥운동이 마무리되는 시점에 한국교회의 교세

---

33) W. Scott, *Canadians in Korea*, p. 53.
한국기독교사연구회, 앞의 책, 225쪽에서 재인용.

34) 이만열, 〈선교사의 洋大人化 과정〉(앞의 책), 184~192쪽 참조.

는 다음 〈표 3〉에서 보는 바와 같이 1905년의 그것에 비하여 평균 267%의 증가를 보이고 있다.[35]

〈표 3〉 1905년과 1907년 한국교회 교세대비표

연 도	교회수	전도소	세례교인	학습교인	헌금(원)
1905	321	470	9,761	30,136	1,351,867
1907	642	1,045	18,964	99,300	5,319,785
증가율(%)	200	223	194	329	393

이 1900년대 부흥운동은 기독교의 순수신앙과 그 정신이 한국기독교에 뿌리내리고 한국인 신자들과 선교사들간의 이해를 증진시키며 개인의 내면의 죄를 고백함으로 교인들의 도덕성이 강화되고 경건성을 구현하는 계기가 되었던 것으로 이해되고 있다. 또한 사경회의 형식을 통하여 성서연구에 대한 열의가 고조되었으며 이를 통하여 복음주의적 한국교회의 정형을 이룩한 요인이 되었던 것으로 평가되고 있다.[36]

그런데 부흥운동이 전개된 1900년대의 국내의 정치상황은 1904년 한일의정서가 체결되고 1905년 을사조약이 勒結되어 일제에게 사실상 국권을 강탈당하였으며 1907년에는 고종이 강제 폐위되고 대한제국 군대가 해산당하는 등 국운이 위태로운 시기였다. 이러한 시기에 미국 선교사들이 주도한 이 운동은 한국이 당면한 민족적 과제로부터 교도들의 관심을 彼岸의 세계로 돌려놓음으로써 일제의 한국지배를 지원하는 본국 외교정책에 협력하는 한편 일제와의 협력을 통하여 한국교회에 대한 재한미국선교사들의 통제력을 유지·강화하고자 했던 것이 아닌가 하는 의문이 제기되기도 한다.[37] 이런 점에서

---

35) H. G. Underwood, *The Call of Korea*, New York, Fleming H. Revell Company. 1908, p. 148.

36) 한국기독교사연구회, 앞의 책, 273~275쪽.

37) 이 문제의 이해를 위해서는 朴淳敬, 〈한국민족과 기독교 선교의 문제〉(《민족통일과 기독교》, 한길사 1986), 노대준, 〈1907년 대부흥운동의 성격〉(《韓國基督敎史硏究》 15·16, 1987) 등 부흥운동에 대한 비판적인 견해와 이와는 약간의 시각을 달리하는 閔庚培, 《韓國民族敎會形成史論》(延世大 出版部 1974), 서정민, 〈초기한국교회 대부흥운동의 이해〉(《한국기독교와 민족운동》, 종로서적,

부흥운동 이후, 교회를 민족운동의 통로로 이용하고자 했던 많은 민족운동지도자들이 교회로부터 이탈하여, 일시적으로 교인 수의 감소를 보였던 사실은 이 운동의 성격을 이해하는 하나의 시각을 제시하여 주는 것으로 생각된다

1880년대 한국에 전래된 기독교는 1900년대에 이르러 양적으로 크게 성장하는 한편 민족적·사회적 모순에 대하여 이를 외면하고 관심을 돌리려는 교회의 비정치화가 체질화되어 이후 한국교회의 성격형성에 영향을 끼쳤다.

3) 기독교와 민족의식

(1) 민족의식의 태동

기독교가 전래된 19세기 말기의 한국사회는, 안으로는 봉건지배구조를 타파하고 밖으로는 일본을 비롯한 외세의 위협으로부터 국권을 수호해야 하는 두 가지 민족적 과제를 안고 있었다. 따라서 초기 신자들은 순수한 종교적 동기와 함께 각자의 사회적·계급적 입장에 기초하여 현실적 모순을 타개·극복하기 위한 방편으로 기독교로의 개종을 모색하였다.

기독교수용 초기에 일부 전·현직관료들이 기독교에 귀의하였다. 전직관료들이 현실에 대한 불만을 타개할 방편을 기독교에서 구하려고 한 데 비하여 일부 현직관료들은 구국의 한 방편으로 기독교로의 개종을 생각하고 있었던 것 같다. 그러나 양반관료들이 그들의 지위와 특권을 옹호해 주는 봉건지배체제를 부정·극복한다는 것은 어려운 일이었고 따라서 인간의 평등과 자유, 민권을 주창하는 기독교를 부정적으로 보게 되었을 것이며 개종을 주저하게 하는 한 요인이 되었을 것이다.[38] 일찍이 구미 선진문화를 경험한 서재필·윤치호 등 양반지식인들은 종교·교육활동을 통하여 문명개화를 이루고자 교회에 귀의하였으며 독립협회에 참여한 개화론자들 대부분이 후일 구국·개화의 방편으로 개종하였다.

전·현직관료들과 양반지식인 등 지배계층 인사들은 기독교를 개화와 국권수호의 한 방편으로 생각하고 있었던 데 비하여, 기층민중들의 개종은 기

1992) 등의 연구 참조.

38) 이만열, 〈韓末 기독교인의 민족의식 형성과정〉(《한국기독교와 민족운동》, 종로서적, 1992), 19쪽.

독교 선교사들과 교회의 힘에 의지하여 관리들의 착취와 억압으로부터 벗어나 보려는 동기에서 개종하여 권력의 불법에 저항하는 민권운동을 전개시켜 나가고 있었는데 이에 대하여 《독립신문》은 다음과 같이 보도하고 있다.

> 서도 관장들은 해 지방 백성의 재산을 어떻게 보호를 하여 주는지 그 지방 백성들의 말이 관장의 보호를 믿다가는 큰 낭패들을 보겠으니, 다시는 관장을 믿지 말고 외국교에나 들어서 각기 생명과 재산을 보호받게 하자(《독립신문》 광무 3년 8월 14).

이와 관련하여《황성신문》은 '근래 기독교도가 증가하고 있는 것은 관리들의 탐학을 피하여 교회로 귀의하는 자가 늘어나기 때문이라고 보도[39]함으로써 당시의 상황을 말해주고 있다.

선교사들의 영향을 받았을 것으로 보이는 이 시기 일부 개종자들의 주장에는 근대 법치국가의 신체의 자유, 불법징세에 대한 조세저항을 연상케 하는 진보적인 주장도 보인다.《황성신문》은 교도 鄭雲復이 재판도 없이 1개월여를 구속되어 있는데 대하여 '즉시 재판에 회부하여 죄가 있으면 죄를 받게 하고 무죄이면 즉시 석방하라'고 당국에 요구하는 교도들의 항의 내용을 보도하고 있다.[40] 나아가 부당징세에 항의하고, 지방관의 재산약탈 사실을 내부대신에게 고발하는 등 민권운동으로 발전하는 양태를 보이고 있다.[41]

기독교에 귀의한 양반지배층 개종자들의 활동이 개화와 국권수호운동에 초점을 두고 있는데 반하여 민중들의 이러한 움직임은 민권의식의 발로로 신분사회 구조에 대한 저항운동으로 발전할 가능성을 엿보게 하고 있다. 이는 당시 한국사회가 안고 있는 민족적·계급적 모순구조가 교회내에도 그대로 투영되고 있었던 것으로 보인다.

광무년간에 이르러서는 교회 구성원들의 의식구조와 그 활동이 忠君愛國의 방향으로 전개되기 시작하였다. 이는 반봉건 과제보다 외세침략에 대한 대응이 더 시급한 민족적 과제였던 당시의 역사적 상황을 반영하는 것으로 보인다.

---

39) 《皇城新聞》, 광무 6년 8월 16일.
40) 《皇城新聞》, 광무 4년 2월 28일.
41) 《皇城新聞》, 광무 3년 10월 16일 및 5년 12월 20일.

이러한 현상은 황실의 안녕과 국왕의 만수무강을 기원하는 교도들의 집회들에서 확인되는데, 당시의 언론들이 국왕이나 태자의 생일을 맞아 "각처 교당에서 교인들이 일심으로 모여서 대황제폐하의 만수무강하심을 하나님께 간절히 기도하고 혹 경축하는 대지를 연설도 하며 혹 애국가를 노래로 하여 서로 송축하는 정성을 표하였다더라"[42]라고 한 것이나, "어저께 모화관에서 야소교회 교원들이 대군주탄신경축회를 하였는데 사람들이 근 천명이나 모여 애국가를 하고 하나님께 기도하기를 성체안강하심과 조선인민의 부강함을 축수하고 전국 인민이 동심합력하여…조선사람이 외국사람에게 무리하게 욕을 보든지 곤경을 당하든지 하면 전국 인민이 자기가 당한 것과 같이 그 사람의 역성을 하고 임군과 국기를 자기 목숨들보다 더 중히 생각하며…"[43]라고 보도하고 있는 데서 당시 교회가 황실을 중심으로 민족적 단결을 추구하는 애국운동에 임하고 있음을 알 수 있다.

> 이 교회 회원들이 먼저 대군주폐하와 전국인민을 사랑하는 마음이 있어 이런 대회를 하고 이런 뜻을 세계에 보이며 미국 교사들이 조선사람이 이런 새 생각이 생기는 것을 너무 즐거워하여 자기들을 힘껏 도와주고 이 대회가 매우 잘 되었으니…이 대회가 조선사람을 여러 가지를 가르치는 것이 있으니 첫째는 위국위민하는 뜻이오 둘째는 이런 마음이 있으면 다만 마음에 먹어 둘 뿐이 아니라 세계에 광고하여 이런 마음 있는 것을 알게 하며 이런 마음 없는 사람을 있도록 감동을 시키며, 셋째는 야소교를 하여 전국인민이 층등이 없이 모두 형제같이 사랑하고 도와주어 나라이 잘 되어야 옳고 곧은 풍속과 법률이 성하게 하며…(《독립신문》 1-65, 1896년 9월 3일).

《독립신문》의 위와 같은 기사는 선교사들의 후원으로 진행되는 이러한 운동이 민중의 애국심과 평등사상을 고취하고 기독교적 공동체를 형성하는데 기여할 것임을 전하고 있다.

교회가 주도한 천여 명의 대규모 집회를 통하여 근대적 여론형성의 통로를 열었을 뿐 아니라 이러한 민중집회는 후일 독립협회 주도하의 만민공동회와 같은 민중집회를 가능하게 하였으며 이를 통하여 정부를 비판 편달하

---

42) 《대한크리스도인회보》 3-35, 1899년 8월 30일.
43) 《독립신문》 1-65, 1896년 9월 3일.

고 민중을 계몽하여 정치적으로 각성시키는 역할을 하였다.[44] 또한 성탄절과 敎會曆상의 각종 기념일에는 교회가 경영하는 학교와 교도들의 가정에 국기를 게양하고 각종 집회에서 애국가를 제창하는 등 자발적으로 국가와 황실에 대한 충성심을 고양하였다.

한국교회의 지도자들은 교회 내·외의 각종 행사와 대중집회, 기독교계 학교교육을 통하여 교도들에게 근대적 가치를 가르치는 한편 교계신문을 통하여 국가경제의 위기상황과 일제의 한국침략 준비상황, 구미 선진제국의 정부형태의 소개 등 계몽적 기사를 통하여 교도들의 정치·사회적 현실인식을 높여 나갔다. 또한 교계언론들은 일제가 한국침략의 전위역을 담당할 이민을 선발·파견하기 위한 준비단계로 한국의 풍습과 제도, 지방특산물 등을 예의 조사하고 실제로 일본이민이 급속히 증가하고 있으며 對日무역 역조가 심화되어 국가경제가 위기에 처하고 있음에도 불구하고 정부당국이 속수무책으로 방관하고 있음을 지적하면서 "정부가 또한 그 모양인즉 불가불 그 형편을 아는 우리 교우들이 그 직책을 담당할 수밖에 없는지라"[45]라고 기독교도들의 정치·사회적 책임을 강조하고 있다.

(2) 교회의 비정치화

교도들의 근대적 민족의식이 성장하고 정치·사회문제에 대한 참여가 확대됨에 따라 교회의 정치적 발언권이 강화되었으며 이는 청일·러일전쟁을 통하여 한국의 식민지지배를 열강으로부터 사실상 승인 받은 일제에 대한 저항으로 나타나고 있었다. 이러한 상황전개는 선교사들로 하여금 교회가 '정치무대화'할 가능성을 예견하게 하였다. 세속과 종교를 분리하고 정치적 무관심의 靜肅主義를 기반으로 하는 복음주의자들[46]이었던 선교사들에게 있어서 한국교회의 이러한 상황전개는 비신앙적인 것으로 받아들여졌다. 또한 교회가 항일민족운동의 기지가 될 가능성이 점쳐지고 있다는 사실은 대부분 미국계였던 당시 재한선교사들에게는, 일제의 한국지배를 사실상 승인 동조하

44) 이만열, 앞의 책(1992), 34쪽.
45) 《그리스도신문》 5-10, 1901년 3월 7일.
46) 閔庚培, 앞의 책, 148~149쪽.

고 있는 본국정부 외교정책에 배치되는 양상으로 인식되었던 것으로 보인다. 이러한 상황에서 1901년 장로회공의회는 '교회와 정부 사이에 교제할 몇 가지 조건'이라는 제목으로 교회의 정치참여 문제에 대한 선교부의 입장을 천명하였다. 牧會書信 형태로 전국교도들에게 보내진 공의회의 결의는 다음과 같다.

> 우리 목사들은 대한나라 일과 정부일과 관원 일에 대하여 도무지 그 일에 간섭하지 아니하기를 작정한 것이요 대한국과 우리 나라들과 서로 약조가 있는데 그 약조대로 정사를 받되 교회일과 나라일은 같은 일 아니라 또 우리가 교우 가르치기를 교회가 나라일 보는 회가 아니오, 또한 나라일은 간섭할 것도 아니오 대한 백성들이 예수교회에 들어와서 교인이 될지라도 그 전과 같이 백성인데 우리 가르치기를 하나님 말씀 거스름 없이 황제를 충성으로 섬기며 관원을 복종하며 나라법을 다 순종할 것이오 교회가 교인이 사사로이 나라일 편당에 참예하는 것을 시킬 것 아니오 금할 것도 아니오. 또 만일 교인이 나라 일에 실수하거나 범죄하거나 그 가운데 당한 일은 교회가 담당할 것 아니오 가리울 것도 아니오 교회는 성신에 붙인 교회요 나라일 보는 교회 아닌데 예배당이나 교회 학당이나 교회일을 위하여 쓸 집이오 나라일 의논하는 집은 아니오 그 집에서 나라일 공론하러 모일 것도 아니오 또한 누구든지 교인이 되어서 다른 데 공론하지 못할 나라일을 목사의 사랑에서 더욱 못할 것이오(《그리스도신문》 5-40, (1901. 10. 3)).

한국교회의 治理權을 장악하고 있던 공의회가 한국교회의 비정치화 원칙을 분명하게 밝힌 것이다. 뿐만 아니라 선교사들은 모든 권력은 하나님으로부터 나온 것으로 (교도들은) 그에 복종하여야 하며 국가에 세금을 바치고 순종해야 함을 가르치면서 가이사의 것은 가이사에게 하나님의 것은 하나님께 바치라는 성서의 구절을 인용하며 권력에 복종할 것을 강조하였다.[47] 1905년 을사늑약을 전후한 시기에 정치적 목적을 가진 민족주의자들이 교회를 통하여 국권수호운동에 임하자 선교사들은 직접적으로 이를 억압하기 시작하였다. 그 한 예로 감리회의 청년운동 조직인 엡윗청년회(Epworth League)는 감독 해리스(Bishop M. C. Harris)에 의하여 "(엡윗 청년회가) 여러 곳에서 교회의 목적을 왜곡하고 정치적 목적으로 이용되었으며 季朔會[48]의 권한을 침해하

47) 선교사들이 교회와 국가의 관계를 밝히기 위하여 인용한 《신약성서》 구절들은 대략 다음과 같다. 〈로마서〉 13장, 〈디모데전서〉 2장, 〈베드로전서〉 2장, 〈마태복음〉 17장 · 22장, 〈요한복음〉 18장(이만열, 앞의 책, 1992, 45쪽).

고 있을 뿐 아니라…그 단체를 세상 목적으로 이용하고 있는 외계분자들의 지배 밑으로 빠져 들어가고 있다"[49]는 이유로 해산되었다.

한국기독교는 수용 이래로 민족문제를 중심으로 선교사들과의 일정한 긴장관계를 유지하면서 근대적 민족의식을 축적해 왔다. 이렇게 축적된 민족적 역량은 합병 이후 기독교가 민족해방운동 선상에서 응분의 기여를 할 수 있었던 한 동인이 되었던 것으로 생각된다. 즉 민족문제를 둘러싼 민족주의자들과 선교사들의 입장의 차이는 한국기독교 발전과정의 한 갈등 요인이기도 하였지만 또한 이러한 과정을 통하여 기독교도들의 민족의식을 계발하고 교도들의 의식을 근대화하는 데 기여한 한 측면이 있었던 것으로 이해된다.

이러한 문제의식의 기반에서 다음에 살피고자 하는 선교사들의 주도로 추진된 근대화·개화운동과 그 역사적 성과가 조명되어야 할 것이다.

4) 기독교와 한국의 근대화

(1) 의료활동

한국에 수용된 기독교는 서구문물을 도입·소개하고 전파함으로써 전통사회의 모순을 극복하고 한국사회를 근대화하는 데 기여하였다. 이러한 기독교회의 활동은 서양의학의 도입과 보급, 근대교육기관의 설립 운영, 여성의 지위향상을 위한 노력, 각종 도서의 출판과 보급을 통한 근대과학의 도입과 한글의 보급. 문맹퇴치 그리고 재래의 각종 폐습타파와 생활의 합리화 등 여러 분야에 걸쳐서 주로 선교사들의 주도로 이루어졌다.

개화기 서양의술은 개항장에 개설된 일본 해군병원을 통하여 유입된 일본계 서양의술과 서구제국과의 국교수립 이후 영국·프랑스·독일 등을 통하여 들어온 서구계 의술, 그리고 미국 개신교선교사들을 통하여 들어온 미국

---

48) 總會·年會·地方會·季朔會·堂會로 구성되어 있는 감리교회 의회조직 중 하나로 관할지역내의 교회소송사건과 주일학교 및 엡웟청년회의 업무를 관할하는 기구(基督敎文社,《基督敎大百科事典》Ⅰ, 1985, 648쪽).

49) *Annual Report of the Board of Foreign Mission of the Methodist Episcopal Church*, 1906. p. 325(이하 *M. E. Report*로 씀).
白樂濬, 앞의 책, 368쪽.

계 의술로 대별된다.[50] 그 중 가장 활발한 활동으로 한국의학 발전에 기여한 것은 선교사들에 의하여 도입 발전된 미국계 의료기관의 활동이었다.

초기 선교사들의 의료활동은 그 자체가 선교를 위한 하나의 수단이었다.[51] 그러므로 공식적인 기독교 선교가 아직 허용되지 않던 1884년 9월에 입국한 알렌은 미국공사관의 公醫로 신분을 위장할 수밖에 없었으며 뒤이어 들어온 언더우드·아펜젤러·스크랜튼 등도 교육·의료사업을 명분으로 국내 활동을 허락 받을 수 있었다.

갑신정변에서 부상한 민영익을 치료하여 당시 민씨정권 실력자들과 국왕으로부터 신임을 얻은 알렌은 정부의 승인을 받아 개화파 인물로 정변시에 피살된 홍영식의 사저를 정부로부터 인수하여 1885년 4월 최초의 서양식 의료기관을 개설하였다. 惠民署라는 古來의 명칭이 廣惠院, 濟衆院으로 바뀌면서 개설 1년 만에 800명의 여성을 포함하여 10,460명의 환자를 진료하였다. 1886년 3월부터는 한국인에 대한 의료교육을 시작하였으며 감리회의 스크랜튼(W. B. Scranton), 장로회의 헤론(John W. Heron) 등 의료선교사들이 진료에 합류하였다. 그 해 7월 간호원 엘러즈(Miss A. J. Ellers)의 입국으로 제중원내에 부녀과가 설립되었으며 1888년에는 의학박사 호튼(Lillias S. Horton)이 부임하여 정동과 모화관에 진료소를 설치하는 한편 제중원을 구리개의 새 건물로 이전하는 등 발전을 거듭하였다.[52] 1892년 제중원의 책임자가 된 빈튼(C. C. Vinton)은 자택에 진료소를 개설하여 양쪽에서 환자를 진료하였으며 다음해 1월에는 여성들을 위하여 부인진료소(The Hugh O'Neil Jr. Memorial Dispensary)를 열었는데 개원식에는 외아문독판과 서울주재 외교사절들이 참석하였다.[53] 같은 해에 기포드(D. L. Gifford)부인이 여성과 어린이를 위한 진료소를 서울에서, 브라운(Hugh M. Brown)이 부산에서 진료를 각기 시작하였다.

---

50) 趙英烈, 〈西歐諸國을 통한 西洋醫學의 受容〉(《國史館論叢》 9, 國史編纂委員會, 1989), 133~145쪽.

51) 李春蘭, 〈韓國에 있어서의 美國 宣教醫療活動, 1884~1934〉(《梨大史苑》 10, 1972), 1쪽.

52) 이만열, 〈초기선교사들의 활동-선교초기의 의료사업〉(앞의 책, 1998), 255쪽.

53) *Annual Report of the Foreign Mission of the Presbyterian Church of U. S. A.*, 1893 p. 135.

1893년 11월 1일 캐나다로부터 입국한 애비슨(O. R. Avison)이 빈튼을 대신하여 제중원 원장에 취임하였다. 당시 병원의 당면 과제는 1,500달러 상당의 정부보조금이 무위도식하는 主事職 사무원들의 생활비로 낭비되고 있는 것과 보조금을 둘러싼 이들의 횡령·독직 등 부정문제였다. 애비슨은 취임 즉시 간호원 역할을 하던 妓女·醫女들과 주사직 인원을 정리하고 선교본부에 간호원의 파견을 요청하는 등 병원 운영의 개혁을 단행하였다. 국립제중원의 운영권이 미국북장로회선교부로 이관됨에 따라 병원내에서의 선교활동이 어느 정도 자유롭게 되었으며 콜레라의 만연으로 5천여 명이 사망한 1895년에는 다른 진료시설의 선교사들과 함께 2천여 명의 환자를 진료하였다. 1896년 초에는 화이팅(Miss Georgiana Whiting), 재콥슨(Miss Anna P. Jacobson) 등 의료진이 보강되어 제중원은 더욱 활발한 의료활동을 펼 수 있었다.

입국 초기 한때 제중원에서 알렌과 함께 진료에 종사하던 감리회의 스크랜튼은 1885년 9월 미국으로부터 의약품과 의료기구를 들여와 사저에 독자적으로 진료소를 개설하였다. '미국의원시병원'·'美國醫員施病院'·'American Doctor's Dispensary'라는 간판을 달고 한글과 영어로 "남녀노소를 물론하고 병 있는 사람은 누구나 어느 날이든지 낮 10시에 빈 병을 가지고 와서 미국의원에게 보이시오"[54]라는 광고를 게시하고 진료를 시작하였다. 감리교 선교부의 시병원은 장로교의 제중원보다 더 개방적으로 운영되어 '움막을 치고 살거나 그것마저도 없이 살며, 아주 버림을 받아 빌어먹고 사는 제일 불쌍하고 가난한 사람들'을 위하여 진료가 시행되었다.[55] 일년 동안 여자 105명과 일본인 환자 46명을 포함하여 약 800여 명을 진료하였다. 당시 시병원에서 진료를 받은 환자는, 1886년 여름에 창궐하여 수천 명이 사망한 호열자 환자를 비롯하여 惡寒·피부병·연주창·매독·안질환자 등이었다.[56] 경제적으로 여유 있는 환자는 유료로, 부랑자나 가난한 환자들은 무료로 진료하였다.

이어 미국감리회 여성해외선교부에서 파견된 하워드(Meta Howard)가 입국함에 따라 이화학당 구내에 최초의 부인진료소를 개설하였는데 민비로부터

54) *M. E. Report, for 1886.* p. 272.
55) *Ibid.*, p. 274.
56) 위와 같음.

保救女館(Salvation for all Women Hospital)이라는 원명을 하사받았다. 미국북감리교 1891년도 연례보고서에 의하면 전년도에 정동병원에서 5,360명, 부인병원에서 1,576명(9개월간), 애오개진료소에서 상반기 6개월간 297명, 남대문병원에서 2개월간 300명 등 총 7,533명을 진료한 것으로 나타났다.57)

1900년대에 이르러서는 의료사업에 변화가 일기 시작하였다. 그 하나는 초기에 선교활동을 위한 하나의 방편으로 시행되어 온 의료활동이, 선교의 자유가 주어짐에 따라 그 자체의 중요성과 독자성을 갖게 되었다는 것이며, 다른 하나는 각 선교회가 지방에 새 선교지부(Mission Station)를 설치할 때에는 반드시 의료요원을 배치하는 것을 원칙으로 정함으로써 서울 중심의 의료활동이 전국적으로 확장되었다는 점이다. 이 시기에 각 교파 선교부가 지방에 파견한 의료진은 대략 다음 〈표 4〉와 같다.58)

〈표 4〉 각교파 선교부별 지방파견 의료진

지 역	교 파	의 료 진
선 천	북장로회	샤록스(A. M. Sharrocks)
원 산	북감리회 캐나다장로회	맥길(W. B. McGill), 하디(R. A. Hardie) 그리어슨(R. Grierson)
청 진	캐나다장로회	그리어슨, 맥밀리언(K. McMillian)
평 양	북감리회 북장로회	폴웰(E. D. Follwell), 홀(W. J. Hall) 웰즈(J. H. Wells)
재 령	북장로회	화이팅(H. C. Whiting)
송 도	남감리회	로스(J. B. Ross) 소오돈(D. E. Sawdon)
군 산	남장로회	다니엘즈(T. H. Daniels)
전 주	남장로회	잉골(M. Ingold)
부 산	북장로회	어빈(C. H. Irvin)
진 주	호주선교회	커렐(H. Currel)
광 주	남장로회	놀란(J. W. Nolan)
목 포	남장로회	포사이드(W. H. Forsythe)
대 구	북장로회	존슨(W. O. Johnson)

57) 이만열, 앞의 책(1998), 274쪽.
58) 白樂濬, 앞의 책, 345~353쪽 참조.

제중원의 운영을 개혁하여 발전의 기틀을 마련한 바 있는 애비슨은 1899년 휴가차 미국에 가서 뉴욕에서 개최된 만국선교사회의에 참석하여 한국에서의 병원설립과 의학교육의 중요성을 역설하였다. 이에 감동한 클리브랜드의 실업가 세브란스(Louis H. Serverance)로부터 15,000달러를 희사 받고 선교본부가 제공한 10,000달러의 기금을 합쳐 1904년에 남대문밖 복숭아골(도동)에 기금제공자의 이름을 딴 세브란스병원을 건립하였다. 이 병원은 시내의 소규모 병원들을 통합하여 종합병원을 만들고 각 교파연합 의학교육기관을 설립하여 한국인 의사를 양성함으로 한국 근대의학 발전에 기여하였다.[59]

(2) 교육활동

한국사회의 근대화에 있어서 기독교의 역할은 근대의학과 함께 근대교육을 통하여 이루어졌다. 그것은 '교회 옆에 병원과 학교'라는 미국 해외선교부의 선교방침을 구체화한 것이며 동시에 '선교사가 (선교의 방편으로) 의존하고 있는 교회·학교·병원의 삼각대'[60] 중 하나인 학교의 설립·운영이, 병원의 그것과 같이 선교전략의 일환으로 전개되었음을 의미하는 것이다.

개항 이후 서양 근대지식의 필요성을 인식한 대한제국정부는 일본과 청에 신사유람단과 영선사를 파견하여 서양문물을 도입코자 하였다. 그러나 서양인에 의한 직접적인 교육활동은 1883년 정부가 육영공원을 설립하여 핼리팩스(T. E. Halifax)를 초빙하고 길모어(G. W. Gilmore), 벙커(D. A. Bunker), 헐버트(H. B. Hulbert) 등이 고용되어 수학·외국어·정치·경제 등을 교수한 데서 비롯되었다. 제중원의 경우에서와 같이 학교공금에 대한 관리들의 유용·횡령 등 부정 때문에 이들은 모두 사임하고 1894년에 폐지되고 말았다.[61]

그 후 1885년 6월에 입국한 감리교선교부의 아펜젤러는 먼저 서울에 들어와 있던 스크랜튼의 집 한 채를 사서 교실을 만들고 그 해 8월 3일 李謙

59) 연세대학교창립백주년기념사업회, 《연세대학교백년사》 I (1985), 37쪽.

60) 李春蘭, 앞의 글, 1쪽.

61) 白樂濬, 앞의 책, 132~133쪽. 이후 Bunker와 Hulbert는 감리회 선교사로 활동하였다.

羅·高永弼 두 학생을 맞아 영어를 가르치기 시작하였는데 고종은 학교설립을 허가하면서 培材學堂이라는 교명을 하사하였다. 1887년에는 르네상스식의 현대적 벽돌 校舍가 완공되고 '미국인들이 한국에 보내는 선물'로 워렌(Bishop H. W. Warren)감독에 의하여 봉헌되었다. 학생들에게 자립심을 가르치기 위하여 월사금을 내게 하였으며 自助部를 설치하여 고학생들이 스스로 학비를 마련할 수 있도록 하였다.[62)]

한국에서의 근대 여성교육은 '한국인들이 보다 좋은 한국인이 되는 것만을 기뻐하며 그들이 한국적인 것을 자랑스러워하고 나아가서는 그리스도와 그의 교훈을 통하여 훌륭한 한국이 되기를 원한다'[63)]는 설립목적에 따라 감리회선교부의 스크랜튼(Mrs. Mary F. Scranton)이 1886년 5월에 시작한 '여자학당과 부녀원'에서 비롯되었다. 서양인들에 대한 일반인들의 불신과 의혹 때문에 학생을 모을 수 없었던 스크랜튼은 왕비의 통역이 되기를 바라는 한 관리의 첩과, 극심한 가난 때문에 그를 찾아온 한 소녀를 학생으로 맞아 학교를 시작하여 1887년에는 민비로부터 '梨花學堂'이라는 명칭을 하사받아[64)] 오늘의 이화여자대학교로 발전되었다.

1886년에 시작한 언더우드학당은 그 후 예수교학당(1891)·민노아학당(1893)·경신학교(1905)로 교명을 바꾸며 발전하였고 후에 미북장로회, 캐나다장로회, 남·북감리회 등 4교파 선교부연합위원회의 관리로 경신학교 대학부를 개교하여 연희전문학교로 발전하였다. 병원의 경우와 같이 전국적으로 새 선교지부가 설치되는 곳에 학교를 세워 근대교육기관이 전국적 규모로 보급되므로 한국인들이 근대교육을 받을 기회가 확대되었을 뿐 아니라 이러한 교육기관을 통하여 훈련받은 인력은 한국 근대화에 크게 기여하였다. 1900년대까지 설립된 선교계 학교는 대략 아래의 〈표 5〉와 같다.[65)]

---

62) 白樂濬, 위의 책, 136~137쪽.
국제역사학회의 한국위원회, 《한미수교100년사》(1982), 210~211쪽.

63) *The Gospel in All Lands, for 1888* p. 373.
白樂濬, 위의 책, 135쪽에서 재인용.

64) *M. E. Report for 1887*. p. 313.

65) 孫仁銖, 〈韓末日帝治下의 私學史 硏究〉(《韓國近代敎育史》, 延世大 出版部, 1971), 24쪽.

〈표 5〉 1885~1909 선교계 학교설립 현황

연 대	학 교 명	교 파	소 재 지
1885	廣惠院	장로교·감리교	서 울
	培材學堂	감리교	
1886	梨花學堂	감리교	서 울
	儆 新	장로교	
1887	貞信女	장로교	서 울
1894	光成·崇德·正義女	감리교	평 양
1895	日 新	감리교	동 래
	正 進		평 양
1896	攻 玉	감리교	서 울
1897	崇 實	장로교	평 양
	信 軍	감리교	서 울
	永 化	〃	인 천
1898	培花女	감리교	서 울
	盲啞學校	〃	평 양
	明 信	장로교	재 령
1901	平壤神學校	장로교	평 양
1903	崇義女	장로교	평 양
	三 一	감리교	수 원
	樓氏女	〃	원 산
	貞明女	장로교	목 포
1904	德 明	감리교	원 산
	好壽敦女	〃	개 성
	眞誠女	장로교	원 산
	懿 昌	감리교	해 주
1905	永 明	감리교	공 주
1906	啓 聖	장로교	대 구
	信聖·保聖女	〃	선 천
	義 明	안식교	순 안
1907	須皮亞女	장로교	광 주
	信明女	〃	대 구
	紀全女	〃	전 주
1908	新 興	장로교	전 주
	昌 信		마 산
1909	懿 貞	감리교	해 주

(3) 사회개혁운동

한국사회의 근대화에 있어서 기독교의 역할 중 하나는 봉건적 유교전통 속에서 오랫동안 강제되어 온 남존여비의 사회윤리를 타파하고 남녀가 평등한 권리와 의무를 향유하도록 노력하고 실천한 것이었다.[66] 이러한 남녀평등·여권신장을 위한 교회의 노력은 그 근거를 성서에 기초하여 그것을 기독교의 본질로 파악한 데서부터 시작되고 있다. 1897년 12월 31일 정동예배당 청년회가 주최한 '남녀를 같은 학문으로써 교육하며 동등권을 주는 것이 가하다'는 주제의 토론회에서 행한 연설에서 서재필은 다음과 같은 언급을 하였다.

> 하나님께서 사람을 생하심이 무론 남녀하고 이목구비와 심의 성정은 다 한가지며 만물의 가운데 제일 총명하고 신령한지라, 동양풍속이 어찌하여 사나이는 기와집과 같다 하고 여편네는 초가집과 같다 하여 남녀간에 값이 높고 낮은 줄로 분별을 하는지 극히 개탄할 일이라…(《독립신문》 3권 1호, 1898. 1. 4. 논설).

서재필은 남녀가 평등함은 하나님이 인간을 창조한 뜻이라고 말하고 있다. 이러한 교회의 입장은 당시의 사회적 상황에서 교도들에 대한 계몽적인 성격이 강했던 것으로 보이지만 '남녀에게 균등한 교육기회를 제공할 것'[67], '男女七歲不同席 같은 폐습을 타파할 것'[68], 등 구체적 사례도 제시하고 있다, 1901년 6월 황해도 평산의 한 교회에서는 교도들이 '부부가 서로 존댓말을 쓸 것과 식사는 한자리에서 할 것'[69] 등을 결정한 사실이 보도되고 있는 것처럼 교회의 이러한 운동은 구체적이고 실천적인 것이었다.

여성의 권익신장을 위하여 무엇보다 여성교육의 중요성이 강조되고 있는데 이는 초기 선교사들이 선교지침으로 채택한, 상류계급보다는 근로자 및 부녀자와 장차 어머니가 될 소녀들에게 선교의 중점을 두도록 한 네비우스 선교방법 으로부터 비롯된 것이다.

---

66) 이만열, 앞의 책(1998), 429쪽.
67) 《대한그리스도인회보》, 광무 2년 8월 3일, 〈녀학교론〉.
68) 《대한크리스도인회보》, 광무 3년 5월 10일, 〈리화학당 녀학도의 화류〉.
69) 《그리스도신문》 5-25, 1901년 6월 20일, 〈교회통신〉.

장로회공의회는 한국의 풍속 중에 고쳐야 할 다섯 가지를 조혼, 재가금지법, 불신자와의 혼인, 혼인시의 지참금, 부녀를 압제하는 일 등 다섯 가지로 규정하고 이를 시정해야 할 것임을 공식적으로 논의하고 있다.[70] 각 교회들은 축첩이 성서적으로 죄가 된다는 사실을 교도들에게 가르치는 한편 축첩자가 入敎人이 되는 것을 금하였을 뿐 아니라 이미 교인이 된 자라도 첩실과의 관계를 정리하지 않은 자에게는 출교처분을 하는 등 구체적인 사례들이 나타나고 있었다. 최초의 감리교회인 정동교회는 7인 창립교인의 한 사람으로 '최씨 부인'이 포함되어 있으며 그녀는 1887년 10월 23일에 거행된 우리 나라 최초의 성례전(성만찬)에 참례[71]함으로써 한국기독교가 여성 권익옹호의 선구적 기능을 함과 동시에 여성의 주도적 역할을 통하여 발전될 것임을 예견케 하였다.

한국의 근대화에 끼친 기독교의 역할을 논함에 있어서 출판분야에 관하여 말하지 않을 수 없다. 교회는 성서를 비롯한 각종 도서류를 저술·번역·간행·반포[72]하므로 기독교신앙을 전파하는 것은 물론 한국 신문화운동에 선구적 역할을 하였다. 이들은 한글의 가치를 새로이 발견하고 그것을 재생·발전·보급시킴으로써 특히 여성의 문자해독율을 높였을 뿐 아니라 서구 과학사상의 도입, 새로운 인생관의 계발, 생활의 개선, 현대문학의 형성 등으로 한국사회 근대화에 기여하였다. 감리회 선교사 올링거(F. Ohlinger)가 상해에

---

70) 《그리스도신문》, 5-40, 1901년 10월 3일.

71) 이덕주, 앞의 글(1995), 24~25쪽.

72) 선교개시 이래 1910년 이전까지 간행된 출판물은 대략 다음과 같다.

1) 聖書 : 《누가복음》(John Ross · John McIntire 李應贊 白鴻俊 共譯) 외 28종.
2) 讚頌歌 : 《찬미가》(G. H. Jones · Miss L. G. Rothweiler 共編) 외 16종.
3) 敎理書 · 傳道文件 · 敎科書 등 74종.
4) 新聞 : 《죠션크리스도인회보》(監理敎機關紙, 1897~1899), 《그리스도신문》(長老敎機關紙, 1897~1905), 《대한그리스도인회보》(죠션크리스도인회보 改題, 1899~1905), 《그리스도신문》(長 · 監兩敎派 聯合新聞, 1905~1907), 《예수교신보》(그리스도신문 改題, 1907~1910), 《예수교회보》(長老敎機關紙, 1910~1914).
5) 韓國硏究書 : *A Korean Primer* (John Ross p. 89, Shanghai, 1877) 외 17종.

金良善 〈韓國基督敎 初期刊行物에 關하여〉(《史叢》 12 · 13, 金成植博士華甲紀念論叢》 1968), 586~597쪽 참조.

서 인쇄기를 수입하고 일본에서 鉛活字를 제조해 와서 1889년 봄에 배재학당 구내에 三文出版社(The Trilingual Press, 후에 The Methodist Publishing House)를 세운 것이 우리 나라 최초의 출판시설이었으며 1890년 6월 아펜젤러, 언더우드, 게일, 헐버트, 레이놀즈, 벙커를 창립위원으로 하여 조선성교서회(朝鮮聖敎書會 : The Korea Religious Tract Society)가 교파연합으로 설립되어[73] 한국기독교 출판사업의 중심적 역할을 하게 되었다.

최초의 복음선교사 아펜젤러와 언더우드가 입국할 때 루미스(Loomis)와 이수정이 일본에서 번역 간행한 《마가복음서》·《신약마가전복음서언해》를 가지고 입국했을 뿐 아니라 그들이 입국하였을 때에는 이미 로스·매킨타이어와 이응찬·백홍준 등 한국인 개종자들에 의하여 만주에서 번역 간행된 신약성서 복음서가 이미 서울과 서북지방 일대에 광범하게 반포되어 있었다. 이것들을 기반으로 하여 선교를 시작한 지 2년밖에 안된 1887년에 신약성서 《마가복음서언해》를 출간할 수 있었다. 선교사들이 성서국역에 정성을 다한 것은 기독교 진리를 한국인들이 쉽게 접하도록 하기 위한 것이었음은 물론이다. 그러나 이를 통하여 기독교도들의 한글해독율이 높아지고 문맹퇴치에 기여한 것은 그에 따른 부수적인 성과라 할 것이다. 최초의 번역본인 Ross Version 《누가복음서》는 그 번역에 참여하였던 이응찬·김진기·백홍준 등이 평안도 출신이었던 관계로, 서울인사들을 통하여 수차에 걸쳐 수정을 하였음에도 불구하고, 서북지방 방언이 많이 남아 있었다.[74] 따라서 1887년 아펜젤러·언더우드·스크랜튼·헤론 등으로 구성된 성서번역위원회는 로스버젼의 방언과 오역 등을 바로잡아 한반도 전체에서 사용할 수 있는 복음서를 1890년에 출간함으로써 한글의 대중화와 그 표준화에 기여하였다.[75]

예배의식에 사용된 최초의 찬송가로 감리교의 《찬미가》가 1892년에 간행되고 다음해에 四聲部의 악보와 가사가 합편된 언더우드의 《찬양가》가 간행됨으로써 서양음악 수용사에 있어서 중요한 계기를 마련하였다.[76] 이후 1907

73) 李章植, 《大韓基督敎書會百年史》(大韓基督敎書會, 1984), 16쪽.
74) 金良善, 앞의 글(1967), 427쪽.
75) 李元淳, 〈聖書國譯史論考〉(《민족문화》 3, 1977), 39쪽.
76) 이만열, 〈찬송가의 편찬〉(앞의 책, 1998), 366쪽.

년 長·監 양 교파의 《합동찬송가》가 公刊되기까지 여러 가지 형태의 예배 의식용 음악도서가 간행됨으로써 서양음악 보급과 그 대중화에 기여하였다.

1907년 황성기독교청년회(Y.M.C.A.) 회관이 신축되고 이상재가 종교교육부 총무로 취임한 것을 계기로 종교활동 이외에 목공·철공·제화·사진·인쇄 등 기술교육과 함께 축구·야구·농구 등 체육경기를 도입 소개함으로써 이 분야의 선구적 기능을 담당하였다.[77]

또한 교회는 한국 전통사회의 구습을 타파·개혁하고자 하였다. 예컨대 선교사들은, 한국인들이 버려야 할 풍습으로 '농부의 집은 너무 깨끗하면 안된다'는 예로부터의 풍속을 비판 없이 무조건 받아들이려 한다든지, 사람들이 종일 서로 앉아서 공담만 하면서 정부관리들의 일을 헐뜯고 각색 핑계를 하며 일하기를 싫어하며 사람마다 조금만 어려운 일을 당해도 '나는 할 수 없다'고 하는 등의 자세는 시급히 고쳐야 할 태도라고 비판하면서 근로와 노동의 중요성을 강조하고 있다. 또한 '산과 언덕을 임의로 파지 못하여 그 가운데 하나님이 주신 보화를 캐어 쓰지 아니하고 타국 사람이 취한 바 되게 하니…',[78] 이것이 광산채굴권 등을 외국에 빼앗기게 되는 원인이라고 지적하고 있다. 이러한 종류의 비판은 한국인들이 전통적으로 신봉하고 있는 풍수사상 등 민간정서에 대한 이해의 부족으로부터 비롯된 일면이 있는 것으로 생각되지만 선교사들의 입장에서는 시급히 개혁되어야 할 폐습으로 인식되었던 것이다. 또한 '술은 수고하여 모은 재물을 빼앗으며 걸인과 죄인을 만들고 집을 망하며 협잡과 뇌물과 사정을 성행케 하는 물건'[79]으로 규정하여 戒酒論을 지어 교도들에게 금주를 요구하고 있다. 북감리교 선교사연회는 "또 술 먹는 것이 크리스도교의 큰 원수도 되려니와 교중일에 방해가 되니 우리 교에 유전하는 말대로 무론 무슨 술이던지 도무지 일절 금단하며…"[80] 라고 교단의 공식 결정을 교도들에게 전하고 있다. 이와 함께 담배와 아편에 대하여서도 건강을 해치고 가정과 사회의 경제를 피폐하게 하는 요인으로

---

77) 《基督敎大百科事典》 2 (基督敎文社, 1981), 1189쪽.
78) 《그리스도신문》 5-32, 1901년 8월 8일.
79) 《대한크리스도인회보》 48호, 1897년 12월 30일.
80) 《죠션크리스도인회보》 22호, 1897년 6월 30일.

지적하면서 교도들이 금해야 할 것으로 가르치고 있다. 대부분의 초기 재한 선교사들이 경건주의적 보수신앙 노선을 신봉하는 성직자들이었다는 사실은 한국기독교의 특징적 현상으로 술·담배 등에 대한 엄격한 금제를 규범화한 요인이 된 것으로 생각된다.

기독교신앙의 본질이 유일신에 대한 절대신앙에 근거하고 있는 것과도 관계가 있을 것으로 생각되지만 초기 한국기독교는 불교를 포함한[81] 풍수지리·제례·占卜 등 민간신앙에 대하여 이를 우상숭배로 규정하고 그 타파에 진력하였다. 조혼의 폐습을 개혁하기 위하여 장로회공의회는 지참금제도와 함께 이를 공식적으로 금하기로 결의한 바 있으며, 장성한 남녀가 그들의 자유의사에 따라 동등한 자격으로 결혼하는 서양의 풍습을 소개하면서 교도들에 대하여 이러한 형태의 혼인을 권장하고 있다.[82] 장례에 있어서도 '머리 풀고 크게 우는 것과 베옷 입고 삼년상 입는 것과 장사지낼 때에 음식을 많이 차려 놓고 배불리 먹는 것은 없이할 풍속'[83]이라 하여 유교가례에 의한 허례를 버리고 죽은 이에 대한 진정한 추모를 드릴 것을 강조하면서 서양식의 장의제도를 장려한 것 등은, 우상숭배라 하여 제사를 폐지하도록 한 조치와 함께 사회적 반대에 부딪치므로 이후 교회와 전통사회간의 한 갈등요인이 되었다.

이상에서 본 바와 같이 한국의 기독교는 선교사가 입국하기 전에 이미 한국인 자신들에 의하여 만주와 일본을 통하여 주체적으로 수용되었다. 미국선교사들에 의한 공식 선교가 시작된 후 교세가 확장 발전함에 따라서 기독교는 전통사회의 모순을 타파 극복하고 근대적 가치를 구현하는데 기여하였으며 국권이 위협받고 있던 시기에 있어서는 민족의식을 고취하고 충군애국의 방법을 통하여 국권을 수호하고자 하였다. 기독교는 이러한 전통을 계승·발전시켜 한국이 일제에 병탄된 이후에는 민족해방운동의 동력을 제공해 주는 역할을 담당하였다.

〈趙英烈〉

81) 李萬烈은 당시의 불교가 미신화하고 있었던 것도 그 하나의 요인이었을 것이라고 말한다(李萬烈, 《韓國基督敎와 歷史意識》, 知識産業社, 1981, 31쪽).
82) 《독립신문》, 4-164, 1899년 7월 20일.
83) 위와 같음.

5. 천도교

1) 천도교의 성립

동학농민군의 갑오년 봉기가 실패로 끝난 뒤 동학교단은 全琫準을 비롯하여 대다수의 지도자들이 체포·처형되었으며, 봉기에 적극 참여했던 일반 교도들도 수십만 명이 희생되었다. 특히 동학농민군 봉기의 중심 기반이 되었던 전라도·충청도·경상도 등 이른바 三南지방의 동학조직은 거의 와해되고 말았다.

그뿐 아니라 갑오년 봉기의 와중에서 가까스로 살아 남은 崔時亨을 비롯한 소수의 지도자와 일부 교도들은 관변측과 향촌사회로부터 더욱 가혹한 지목과 탄압에 직면했다. 예를 들면 동학농민전쟁이 거의 종결된 1894년 12월 전라감영에서는 〈伍家統節目〉과 〈鄕約章程〉을 발하여 동학을 향촌사회에서 완전히 추방하려고 하는 정책을 펼쳤다.[1] 이러한 가혹한 탄압이 가해지는 가운데 최시형은 강원도 산간을 전전하면서 피난생활을 계속했다. 따라서 삼남지방에 일부 잔존하고 있던 동학지도자 및 교도들과의 연락체계도 거의 두절되었으며 극히 일부의 지도자들이 최시형과 연락을 취하며 교단조직의 재건을 시도하긴 했으나 이 같은 시도도 사실상 성공하기 어려웠다.

한편 참담한 패배로 귀결된 갑오년 봉기에 대한 동학교단 내부에서의 책임문제는 심각한 양상을 드러내고 있었다. 즉 가까스로 살아 남은 동학지도자들 사이에서는 갑오년에 이르기까지의 교단의 지도노선에 대한 비판과 반성의 분위기가 강해지고 있었으며 이러한 분위기 속에서 일부 지도자와 교도들은 동학교단을 이탈하는 현상도 적지 않게 일어나고 있었다. 시기는 비교적 뒤늦기는 하지만 1893년(고종 30)의 敎祖伸寃運動과 1894년 동학농민전쟁 당시에 유력한 지도자의 한 사람이었던 徐璋玉이 1896년 12월 최시형에

1) 申榮祐, 〈甲午農民戰爭 以後 嶺南 北西部 兩班支配層의 農民統制策〉(《忠北史學》 5, 충북대, 1992) 참조.

게 편지를 보내 "佛道를 숭상하라"[2]고 했다고 한다. 서장옥의 편지 내용은 여러 측면에서 검토될 수 있겠지만 무엇보다도 주목되는 것은 갑오년 봉기 이후 동학교단을 둘러싼 분화현상의 하나로 볼 수 있다는 점일 것이다. 그러나 이러한 현상도 여전히 道統의 정통을 대변하는 최시형이 체포되는 1898년(광무 2)까지는 급격히 대두되지는 않았던 것으로 보인다. 비록 봉기 실패로 인한 책임문제는 있었을지라도, 최시형이 지니고 있던 도통의 정통성을 거역할 만큼의 힘을 가진 지도자가 부재했기 때문으로 생각된다.

동학교단의 분화현상이 노골화되는 계기가 된 것은 1898년 최시형의 체포·처형이었다. 최시형은 갑오년 봉기 후 극소수의 지도자 및 교도들의 도움을 받아 가며 강원도 산간지대에 은신하고 있었다. 그러나 앞에서 서술한 바와 같이 관변측과 향촌사회의 동학 탄압은 가혹하기 그지 없었으며 특히 동학교단의 최고 지도자 최시형에 대한 지목은 해가 갈수록 격화되어 갔다. 이 같은 상황 아래에서 1898년 1월에는 최시형의 측근 金洛喆이 경기도 여주에서 체포되었으며,[3] 이 때 가까스로 체포를 면했던 최시형도 마침내 동년 5월 24일(음력 4월 5일) 강원도 원주 송골에서 체포되기에 이르렀다.[4] 서울로 압송된 최시형은 7월 18일 고등재판소의 사형 판결을 받아 7월 20일 교수형에 처해졌다.[5] 뿐만 아니라 1900년에는 최시형의 3대 제자였던 孫天民과 金演局이 잇따라 체포되었고, 갑오년 봉기 이후에도 살아 남았던 서장옥마저 1900년 9월경에 체포되어 그 달 20일에 손천민과 함께 사형 판결을 받고 처형되었다.[6] 이로써 동학교단은 거의 전면적인 와해의 위기에 직면하게 되었다.

1898년의 최시형의 체포·처형 그리고 1900년의 손천민·서장옥의 체포·처형 및 김연국의 체포 등으로 사실상 동학교단의 최고 지도자가 된 孫秉熙는 관변측의 감시와 탄압 아래에서 교단 재건을 위한 일련의 활동을 전개하

2) 東學農民戰爭百周年紀念事業推進委員會 編, 〈昌山后人曺錫憲歷史〉(《東學農民戰爭史料叢書》 10, 1996), 192~193쪽.
3) 東學農民戰爭百周年紀念事業推進委員會, 〈金洛喆歷史〉(위의 책 7, 1996), 292~293쪽.
4) 東學農民戰爭百周年紀念事業推進委員會, 위의 글, 299쪽.
5) 東學農民戰爭百周年紀念事業推進委員會, 〈東學關聯判決宣告書〉(앞의 책 18, 1996), 523~534쪽.
6) 東學農民戰爭百周年紀念事業推進委員會, 위의 글, 567~568쪽.

고 있었던 것으로 확인된다. 사료에 의하면 그는 최시형이 체포·처형당하던 시기를 전후하여 서울로 올라와 동학사상에 공감하는 일부 민중들의 보호를 받으면서 몇몇 개화파 인사들과 접촉하여 문명개화의 공기를 들이마셨던 것으로 확인된다. 즉 후일 3·1독립운동의 33인 '민족대표'의 한 사람이 되는 默庵 李鍾一은 1898년 1월 손병희와 서울에서 대면하고 있다.[7] 이종일은 손병희에게 민권운동을 펼칠 것을 설득하였지만, 오히려 그는 손병희와의 교제를 거듭해 가는 가운데 손병희의 감화를 받아 1899년에 동학에 입교하고 있다.[8] 1899년에 손병희가 지었다고 알려져 있는 《覺世眞經》·《授受明實錄》·《道訣》 등의 저작은 손병희와 개화파 인사와의 교류를 통해서 이루어진 것으로 보인다.[9]

개화파 인사와의 교류를 통해 문명개화에 대한 일정한 인식을 가질 수 있었던 손병희는 마침내 근대문명 섭취를 위한 외유의 길을 떠나게 된다. 즉 그는 1901년 미국으로 외유의 길을 떠나려고 했으나 그것이 여의치 않게 되자 일본으로 건너가게 되었다. 1901년 3월 일본으로 건너간 손병희는 동년 9월 일시 귀국하여 국내 동학지도자를 평안도지방으로 파견하여 교도들을 격려하도록 한 뒤 1902년 3월에 다시 鄭廣朝 등 유학생 24명을 이끌고 일본으로 건너갔다.

손병희의 일본생활은 도중 반년 정도의 일시 귀국기간(1901년 10월~1902년 3월)을 제외하고 1906년 1월 말까지 계속되었다. 일본에서 그는 李祥憲이라는 가명을 쓰면서 朴泳孝·吳世昌·權東鎭 등 망명 개화파 인사들과 교제를 맺고,[10] 동학의 장래에 대한 전망을 모색하였다. 이 시기의 손병희는 근대문명 수용을 통한 이른바 근대적인 동학교단 체제정비를 깊이 연구하고 있었던 것으로 생각된다. 그의 근대적인 동학교단 체제구상은 1902년 국내의 교도를 대상으로 쓰여진 《三戰論》에 잘 나타나 있다. 즉 《삼전론》에서 손병희는 道戰·財戰·言戰을 통한 문명개화의 방도를 제시함으로써 동학교단의

7) 〈默庵備忘錄〉(《韓國思想》 16, 1978), 273쪽.
8) 위의 글, 279·338쪽.
9) 이들 저작에 나타나는 사상적 특징에 대해서는 후술한다.
10) 李敦化, 《天道敎創建史》(京城, 1933), 28쪽.

근대적 체제구상의 일단을 개진하고 있다.[11]

그러나 손병희에 의한 동학교단의 근대적 체제구상이 정비되어 가는 상황 아래에서도 관변측의 동학 탄압은 끈질기게 이어지고 있었다. 그리하여 손병희는 동학교단의 근대적 체제정비를 위해서는 무엇보다도 체제측으로부터의 공인이 필요하며 이 공인을 위하여 일대 전기를 마련하지 않으면 안된다고 판단했던 것으로 보인다. 1902년 2월 국내에 있는 李容九에게 보낸 '敬通'에서 손병희는 천하의 대세가 三戰에 있다고 강조하고 특히 언전편에서는 "외교적 담판의 중요성을 강조하여 러·일 양세력의 각축 속에서 우리 나라가 어느 편이 승전할 것인가의 국제정세를 잘 살펴 예견하는 외교적 자립책을 강구"[12]하고 있다. 손병희는 러·일간의 전쟁위기가 목전에 다가오고 있음을 주시하고 국내 교도들에게 한국과 일본이 공동 출병하여 한국도 전승국의 지위를 차지하도록 해야 함을 설득하는 한편 일본 육군당국과도 비밀리에 접촉을 시도하였다. 《천도교창건사》에 의하면 손병희는 당시 일본 육군참모본부차장인 타무라 이요조(田村怡與造, 1854~1903)를 만나 동학교도를 상인으로 가장시켜 한국에 상륙하는 일본군을 돕게 하고 동학교도와 일본군이 연합하여 친러파정권을 타도하자는 제안을 하였다.[13] 그러나 이 제안은 참모본부차장 타무라의 급작스런 사망으로 인해 수포로 돌아갔다고 한다.[14] 손병희의 이러한 제안은 1894년 동학농민전쟁 당시의 반일투쟁과는 정반대로 가는 것이었다. 여기에 종래의 동학교단과 손병희가 지도하는 1900년대 동학과의 노선 차이가 존재하고 있다. 요약하자면 1898년 최시형의 체포·처형 이후 손병희에 의해 지도되는 동학교단은 이른바 문명개화의 근대주의 노선을 수용하는 대신 종래의 반일투쟁 노선에서 친일 연합노선 쪽으로 한 걸음 내딛게 되었던 것이다.

손병희의 친일노선은 타무라에 대한 제안이 수포로 돌아간 뒤에도 계속되었다. 즉 그는 1904년 2월 러·일이 개전하자 자신의 성의를 표시하기 위해

---

11) 〈三戰論〉(《天道敎創建史》, 1933), 82~86쪽.
12) 申一澈, 〈천도교의 민족운동〉(《동학사상의 이해》, 사회비평사, 1995), 174쪽.
13) 李敦化, 앞의 책, 32~33쪽.
14) 《大日本人名辭書》(增訂 11版, 東京, 1937).

일본 육군성에 10,000엔을 기증하였으며, 또 일본과 협력하기 위한 토대를 만들기 위해 러·일 개전 직후 일본에 있던 동학 간부 40명 정도를 동경의 처소로 소집하여 民會 개설운동을 전개하도록 지시하였다.15) 이 같은 손병희의 지시에 따라 국내의 동학지도자들은 먼저 1904년 4월 大同會를 조직하였으나 정부에 의해 강제 해산당하였다. 이에 9월에 다시 대동회를 이은 中立會를 설립했으나 친일 또는 친러단체로 오해되어 그것은 다시 進步會로 개칭되었다.

진보회는 손병희의 심복이라고도 할 수 있는 李容九에 의해 지도되고 있었는데 진보회는 ① 황실을 존중하고 독립 기초를 공고히 할 것, ② 정부를 개선할 것, ③ 군정 및 재정을 정비할 것 등 입헌군주제를 일단 인정하면서 독립국가의 보전, 근대적인 조정개혁을 선언하고 160,000명의 동학교도들이 일제히 단발을 단행하게 했다.16)

동학교도의 단발은 진보회가 개화주의임과 동시에 반일단체가 아니라는 사실을 보여주는 것이었다.17) 이것은 당시 일본군부를 배경으로 一進會를 조직한 宋秉畯과 진보회를 사실상 이끌고 있던 이용구와의 결합을 촉진하는 계기가 되었다. 즉 단발을 단행하여 개화주의와 반일이 아님을 증명해 보인 진보회를 본 송병준은 진보회와의 합동을 결심하고 이후 줄곧 진보회를 옹호하는 활동을 펼치게 된다.18) 송병준 등의 지원을 받은 진보회는 스스로 자신들은 옛날의 동학도가 아니라 개명한 단체이므로 각지에서 체포당하고 있는 동학도들은 당연히 석방되어야 한다는 운동을 펼쳤다. 진보회와 일진회는 1904년 12월에 합동하여 합동일진회로 개칭된 이후 공공연한 친일 정치활동을 펼쳐가게 된다.

진보회와 합동한 일진회는 이후 일본이 군용으로 필요로 하고 있던 京義

15) 李敦化, 앞의 책, 43쪽.
16) 천도교에서는 이를 甲辰革新運動 또는 甲辰開化運動이라 하여 그 역사적 의미를 높게 평가하고 있다. 그러나 동학농민전쟁 당시의 반일노선에서 친일노선으로의 변화라는 측면도 있기 때문에 재검토되어야 할 문제점이 있다고 생각된다.
17) 趙景達, 〈大韓帝國期の東學〉(《異端の民衆反亂》, 東京 ; 岩波書店, 1998), 364쪽.
18) 위와 같음.

線 부설공사와 한국의 북방으로의 군수물자 수송에 전면적인 협력을 하는 한편, 러시아군에 대한 첩보수집 활동에도 종사하였다. 특히 서울과 신의주를 잇는 경의선 부설공사의 경우 일진회는 평안도·황해도의 동학도를 대동원하여 지원을 자청하였다고 한다.[19] 사상자가 나올 정도로 위험한 공사였지만 일진회원들은 사료에 의하면 '自費助役'할 정도로 헌신적인 협력을 아끼지 않았다고 한다.

이 같은 일본에 대한 협력은 원래 일본에 체류하고 있던 손병희의 지시에 의한 것으로 진보회 설립단계로부터 이루어지고 있었다. 그러나 한국에 대한 보호국화가 결정된 1905년 11월 17일의 이른바 '乙巳保護條約'체결 직전인 11월 5일 일진회가 '일진회 회장 이용구'의 명의로 일본의 보호를 요청하는 성명서를 발표함으로써 여론이 反一進會를 외치게 되자 일본에 머물고 있던 손병희는 깊은 위기감을 갖게 되었다. 앞에서 살펴본 바와 같이 1900년대의 손병희는 종래의 동학지도자들과는 달리 이른바 '친일 연합노선'논자였지만,[20] 《천도교창건사》에 의하면 당시 한국의 독립을 실질적으로 포기하는 것과 다름이 없는 이용구 등의 보호국론에 대해서는 반대했다고 한다.[21] 또한 그는 무엇보다도 동학의 정치적 분신인 일진회에 대한 비판이 동학교단에 대한 비판으로 이어지는 것을 가장 염려했던 것으로 생각된다.

이용구의 행위에 위기의식을 느낀 손병희는 이용구를 불러 보호독립의 허구성을 지적하면서 다음과 같이 호령했다고 한다.

> 보호를 받으면 독립이 아니오 독립을 하면 보호가 불필요할 텐데 보호독립이란 말이 성립된단 말인가(《天道敎創建史》 3編 7章, 甲辰革新運動 참조).

또한 손병희는 1905년 12월 천도교의 탄생을 고하는 광고를 당시 일간지

---

19) 鄭在貞, 〈大韓帝國期 鐵道建設勞動者의 動員과 沿線住民의 抵抗運動〉(《韓國史硏究》 73, 1991), 88~93쪽.

20) 1900년대 손병희의 '친일노선'에 대해서는 검토의 여지가 있다는 점은 앞에서 이미 지적한 바 있다. 한편 1900년 손병희의 노선을 '連日獨立'으로(申一澈, 앞의 책, 176쪽) 보는 경우와 또 다른 경우는 '일본과의 동맹론자'(趙景達, 앞의 책, 365쪽)라는 표현을 통해 1900년대 손병희의 '친일노선'을 지적하고 있다.

21) 李敦化, 앞의 책, 53쪽.

에 게재하여 동학에 대한 일반 인심의 일신을 도모하게 하였다. 그리고 다음해 1월 일본으로부터 귀국하여 교단 정비에 착수하였다. 즉 1906년 2월에는《天道教大憲》을 공포하여 동학을 근대적 체제를 갖춘 종교로 정비하고 친일 매국단체로 전락한 일진회의 이용구 등에게는 政教分離를 내세워 친일 정치활동을 중단하고 천도교의 종교운동에 귀의할 것을 요구하였다. 그러나 이용구 등은 손병희의 요구를 거절하고 친일 정치활동을 계속해 갔다. 천도교가 출범하게 되는 초기의 복잡한 내부 사정은 다음과 같은 吳知泳의 지적에 잘 나타나 있다.

> 천도교 중앙총부 안에는 내지(일본)로부터 선생(손병희)과 같이 나온 오세창·권동진·양한묵 등 일파와 일진회 골자인 이용구·송병준 일파와 비개화파인 김연국 일파가 한 곳에 섞여 있어 외면으로는 비록 번번한 듯하나 그 내막에 있어서는 癰齒格으로 仇讎와 같이 되어 있었던 터이다(《吳知泳, 〈東學史〉,《東學思想資料集》2, 亞細亞文化社, 1979, 555쪽).

이른바 吳越同舟의 상황이었다. 손병희는 마침내 1906년 9월 17일 이용구와 송병준에 대해 일진회를 탈퇴하라는 통첩을 내려 최후의 설득을 시도했다. 그러나 그것이 거부될 것으로 판단한 손병희는 이용구를 비롯한 일진회원 62명의 黜教처분을 내렸다. 이 같은 손병희의 용단은 천도교로 하여금 인적·재정적 고립에 직면하게 만들었으나 친일단체라고 여론의 강한 비판을 받고 있던 일진회로부터 천도교를 분리해 내는 데 성공하게 만들었으며, 이후 일진회 등과는 일정한 거리를 둔 독자적인 노선을 걷는 기반이 되게 하였다.

한편 손병회로부터 출교처분을 당한 이용구 등은 같은 해 12월 새로이 侍天教를 창립하는 한편 일진회 활동도 계속해 간다. 뿐만 아니라 인적·재정적으로 고립된 손병희가 이끄는 천도교에 대해 와해공작마저 시도하였다[22]고 한다. 그러나 손병희는 그에 굴하지 않고 천도교의 근대화와 그 재건을 위해 적극적인 활동을 펼쳐 갔다. 우선 그는 1906년부터 천도교의 기본의례에 해당하는 五款 즉 ① 呪文, ② 淸水, ③ 侍日, ④ 祈禱, ⑤ 誠米 등의 5대 의례를 제정하고 교도들에게 그것을 성실히 지킬 것을 선언하였으며, 그 때까

22) 崔琉鉉, 〈侍天教歷史〉(《東學思想資料集》3, 1979), 172~174쪽.

지도 표준화가 되지 않고 있던 종래의 제사의례를 개혁하여 제단에 오직 청수 한 그릇만 차리는 방향으로 간소화하였다. 또한 1907년 4월에는 천도교의 部區總會를 개최하여 천도교 재정의 유지방안을 논의하였다. 이 때 오지영이 제안한 '성미의 납부' 즉 교도 1인당 식사 때마다 쌀 한 숟갈씩을 거두는 방안이 채택되어 대대적인 '성미운동'으로 발전하게 되었다. 뿐만 아니라 근대적인 교리해설서 출판을 위해 천도교 산하에 普文館이라는 인쇄소를 설치하여 1907년부터 천도교 '中央總部發刊'이라는 간기가 인쇄된 《東經演義》·《大宗正義》 등을 비롯한 다수의 근대적 교리서를 인쇄·보급하였다. 1908년에는 제1차 교리강습회를 개최하여 천도교의 중견 지도자 양성에도 힘을 기울였다.

이상과 같이 근대적 의례의 제정, 성미운동의 전개, 근대적 교리서의 보급 및 교리강습회를 통한 중견 지도자의 양성 등으로 천도교는 그간의 인적·재정적 고립이라는 위기를 극복하고 근대적 체제를 갖춘 종교로서의 확립에 성공하게 된다. 그러나 종래의 동학에서 근대적 종교로 확립을 본 천도교는 종래 동학사상 속에서 강하게 표출되고 있었던 '輔國安民'이라는 민족주의적 성격이 점차 약화되어 간다[23]는 문제점을 떠안게 된다.

2) 천도교의 중심사상

먼저 천도교사상의 유래와 연원을 말한다면 두말할 나위도 없이 1860년에 창도된 동학사상을 말할 수밖에 없다. 그러나 동학은 1894년 동학농민전쟁이 실패로 돌아간 뒤 사실상 여러 갈래로 분화되어 천도교만이 동학사상을 계승했다고 볼 수는 없다.

여기서 1894년의 봉기 실패 이후 분파화된 동학의 여러 갈래를 간단히 소개하면 다음과 같다. 첫째는 갑오년 봉기에서 강하게 드러나고 있었던 반봉건·반외세투쟁을 계속해 가는 세력을 들 수 있다. 예를 들면 제2차 동학농민전쟁 때부터 나타나는 의병, 갑오년 이후의 英學黨·活貧黨에 의한 투쟁, 1910년 이후 만주지방의 독립군 등에 편입되어 활동하는 동학세력 등을 들

---

23) 趙景達, 앞의 책, 372쪽.

수 있다. 둘째 갑오년의 반봉건·반외세의 이념을 완전히 저버린 채 급격히 체제내화하거나 일면 개화를 표방하여 친일화하는 세력이다. 여기에는 동학교도를 탄압하는 관료로 진출하거나 침략자 일제의 앞잡이로 변신한 일진회 및 시천교 등을 대표적으로 들 수 있다. 특히 주목되는 것은 갑오년 봉기의 중심 무대였던 전라도지역의 경우 그 대부분이 일진회 또는 시천교의 세력권으로 전화되어 간다는 점이다. 셋째 1894년 동학농민전쟁은 '반봉건적임과 동시에 반자본주의적·반식민지주의적이며 반근대적 변혁'이라고 할 수 있는 것이었는데,[24] 종래 동학이 표방했던 반근대적 노선을 버리고 일본을 통한 근대문명을 수용하여 종래의 동학교단을 크게 쇄신하려고 한 세력을 들 수 있다. 그것이 바로 손병희를 중심으로 한 망명 개화파 인사들이 이끄는 천도교이다. 넷째 갑오년 봉기의 실패는 동학교단의 지나친 현실참여 내지는 정치참여에 있다고 비판하고 1894년 이후 철저하게 종교적 수도주의, 은둔, 현실 불간섭을 표방하여 순수한 종교운동에만 전념하는 세력이다. 여기에는 경상북도 尙州를 비롯, 충청남도 鷄龍山 등을 근거지로 삼아 활동하는 敬天敎·靑林敎·東學敎·上帝敎 등의 동학계 신종교들이 있다. 시천교 창립 초기에 일시 가담했던 김연국의 경우에는 1920년경에는 수도은둔주의를 내걸고 계룡산으로 들어가 상제교를 창립하여 활동한다. 다섯째 동학과는 완전 결별하여 새로운 종교운동에 나서거나 다른 종교로 개종하는 세력을 들 수 있다. 새 종교운동의 대표적 사례로는 1901년에 창립되는 姜一淳의 甑山敎, 1916년에 전라남도 영광에서 창립되는 朴重彬의 圓佛敎 등을 꼽을 수 있으며, 다른 종교로 개종하는 사례로는 가톨릭으로의 개종(황해도의 경우가 대표적이다)을 들 수 있다.

이상에서 지적한 바와 같이 천도교는 갑오년 봉기 이후 여러 갈래로 분화되는 동학의 한 갈래로 이해함이 타당할 것이다. 따라서 종래 1860년에 성립을 본 동학과, 1905년에 성립을 본 천도교를 동일선상에 두어 이해하려는 견해는[25] 수정되어야 마땅할 것이다.

---

24) 趙景達, 〈甲午農民戰爭指導者 全琫準의 硏究〉(《朝鮮史叢》 7, 1983), 71~72쪽.
25) 예를 들면 姜在彦은 1969년에 〈東學=天道敎의 思想的 性格〉(《思想》 537, 東京 ; 岩波書店, 1969년 3월호)이라는 논문을 발표하여 동학과 천도교를 동일

그렇다면 천도교와 동학사상의 차이는 어디에 있는 것일까. 양자의 차이는 천도교를 성립시키는 손병희의 갑오년 직후부터 1905년까지의 행적, 그리고 해당 시기의 천도교의 교리서에 대한 분석을 통해 규명할 수 있을 것으로 생각된다.

앞에서도 이미 지적한 바와 같이 1898년 7월에 최시형이 체포되어 처형되는 시기를 전후하여 손병희는 서울로 올라와 이종일을 비롯한 문명개화적 인사들과 접촉하였다.[26] 이 같은 사실로 미루어 손병희는 1898년경부터 이미 동학사상에 근대문명을 결합시키고자 하는 생각을 가졌던 것으로 보인다. 따라서 1901년 손병희의 일본으로의 외유는 표면적으로는 관변측의 탄압으로부터 벗어나려는 의도였다고 하더라도 그보다 더욱 중요했던 의도는 '근대문명 섭취를 위한 외유'[27]로 보는 것이 타당하다고 하겠다. 일본에서의 외유기간 동안 손병희는 앞에서도 지적한 바와 같이 박영효·오세창·권동진·양한묵 등 망명 개화파 인사들과 교유하며 근대문명에 대한 이해를 심화시켜 갔던 것이다.

손병희의 근대문명에 대한 이해는 드디어 1902년에 이르러 《삼전론》이라는 저술을 통해 구체화되었다. 이 삼전론은 물론 종래 동학의 天道사상에 그 근간을 두고 있는 것이였지만 더욱 주목해야 할 것은 근대문명에 대한 이해에 기반을 두고 있다는 점이다. 《삼전론》의 구성은 먼저 서언에 이어, 道戰·財戰·言戰으로 이어지고, 마지막에 결어로 되어 있다. 우선 손병희는 서언에서 천도의 근본원리는 불멸이지만 시세의 변화에 의해 다스리는 방법은 변한다(治異道同 時異規同也)라고 자신의 견해를 밝히고 있다. 또 도전·재전·언전 즉 사상전·경제전·외교전의 세 가지를 들면서 새로운 정세에 대응하는 동학사상의 문명개화적 방도를 제시하고자 하였다. 그런데 이것이 "동학이 근대적으로 다시 태어났다는 사실을 재빠르게 선언하는 것에 다름이 아니었다"[28]고 하는 평가가 있다. 그러나 그보다 더욱 주목할 만한 내용

선상에 두는 견해를 보이고 있는데 이것은 갑오년 봉기 이후 여러 갈래로 나뉘어진 동학의 분화현상에 대해 적절하게 고려하지 못한 데서 온 결과로 생각된다.

26) 앞의 주 7)과 같음.

27) 趙景達, 앞의 책, 363쪽.

은 동학이 지니고 있었던 민족주의적 성격에 변화가 나타나고 있다는 점이다. 즉 《삼전론》에서 손병희는 제국주의가 각축하는 시대에 대외적으로는 천도의 원리를 固持하여 국제간의 분쟁을 병력이 아니라 담판에 의해서 해결해야 한다고 지적하였고, 대내적으로는 신사회를 향한 구태의 탈피를 위해서 필요한 기본적인 권력의 문제를 제기하지 않고 '人和之策'으로써 국교의 확립을 기본과제로 제기하는 등 근대문명과 동학사상을 일체화시키고 있다. 그 결과 동학이 본래 지니고 있었던 '輔國安民'이라는 민족주의적 성격은 점차 약화되어 갔던 것으로 생각된다.

《삼전론》 외에 손병희의 저작으로 알려지고 있는 《覺世眞經》(1899)·《授受明實錄》(1899)·《道訣》(1899)·《明理傳》(1903)·《大宗正義》(1905) 등에는 초기 천도교의 天觀이 드러나고 있어 주목되고 있다.[29] 예를 들어 종래 동학교조 최제우가 제시했던 '侍天主'의 관념은 초기 천도교 교리서 속에 어떻게 반영되어 있을까. 1899년에 지었다고 알려진 《각세진경》에서는 '시천주'대신 단지 '侍天'이라고만 기록되어 '主'자가 탈락하고 있다. 본래 동학에서 말하는 '시천주'의 '주'는 하늘(天)에 대한 존칭을 뜻하는 것인데 천도교에 들어와 탈락되고 있는 것이다.

또 이 '시천주'와 관련된 표현이 초기 천도교 교리서에 자주 등장하고 있는데, 예를 들면 《수수명실록》 및 《도결》 등에 있어서는 '人是天人'이란 표현이 보이고 있으며, 이 표현은 또한 1903년에 지었다고 하는 《명리전》에도 나타나고 있다. 그리고 1905년경에 지어진 것으로 생각되는 《대종정의》에서는 그 유명한 '人乃天'이란 표현이 등장하고 있다.

요약하면 동학의 '시천주'가 천도교 초기에 들어와 '주'자가 탈락된 '人以侍天'이란 표현으로 나타나고, 그것이 다시 '人是天人'이란 표현으로, 그리고 마침내 1905년경에는 '인내천'이란 표현으로 정리되고 있는 것이다.

그러면 왜 천도교에서는 종래 동학의 '시천주'에서 굳이 '주'를 탈락시키고

---

28) 위와 같음.

29) 이들 저작이 손병희 개인의 저작인지에 대해서는 검토의 여지가 있다. 그러나 이들 저작이 손병희 개인의 저작이 아니라 할지라도 초기 천도교사상을 살피는데 있어서는 문제될 것이 없다고 생각된다.

'시천'이라고만 했을까. '시천'은 하느님(天主)이 아니라 하늘(天)을 모시는 것으로 이것은 하느님의 의지적 성격을 부정하려는 의식적인 의도였다고 한다.[30] 다시 말하면 '시천'에서 말하는 천, 즉 하늘은 만물의 생성을 설명하는 원리 또는 원소를 뜻한다. 그러므로 존경의 대상일 수 없고 따라서 존칭을 뜻하는 님(主)을 붙일 필요가 없게 된다[31]는 것이다.

다음으로 '인내천'이란 천도교의 宗旨에 대해 부언하고자 한다. 일반적으로 '인내천'은 조선 민중사상의 도달점이며 평등사상을 가장 간명하게 선언한 것으로 간주되어 왔다. 그러나 천도교 초기 저작에는 오히려 性理學(朱子學)의 방향[32]이 농후하다고 지적하면서 그 표현이 지나치게 철학화되고 있을 뿐[33]이라고 설명하는 견해가 있다. 뿐만 아니라 "인내천이란 있는 그대로의 인간에게 전일적으로 인정될 수 있는 것이 결코 아니었으며,"[34] 오히려 "최시형이 범신론적 천관의 통속적 전개에 의해 한 걸음 진전시킨 愚民觀의 극복이 오히려 후퇴하고 있다"[35]고 하는 비판적 견해도 있다. 위의 두 견해는 반드시 정당하다고 볼 수 없을지라도 종래 동학에서 강조되어 온 인격적 天觀의 측면이 천도교에 들어와 후퇴하는 가운데 하늘(天)의 철학적·원리적 측면이 강조되는 '인내천'으로 정리되었다는 점만은 부정할 수 없을 것이다.

끝으로 천도교사상과 관련하여 지적해 두고자 하는 것은 普文館이라는 근대적 인쇄시설에 대해서이다. 천도교 직할 인쇄소이기도 한 보문관은 1907년 이후 집중적으로 천도교의 교리해설서[36]를 간행하고 있다. 그리고 1910년 8월에 창간호가 나온《天道敎會月報》에 관해서도 언급하지 않을 수 없다.

보문관판 천도교 교리서들은 이미 지적했듯이 '中央總部發刊'이라는 이름

---

30) 崔東熙, 〈韓國 東學 및 天道敎史〉(《韓國文化史大系》 Ⅵ, 高麗大 民族文化硏究所, 1970), 767쪽.
31) 崔東熙, 위의 글, 767쪽.
32) 崔東熙, 위의 글, 770쪽.
33) 崔東熙, 위의 글, 771쪽.
34) 趙景達, 앞의 책, 369쪽.
35) 위와 같음.
36) 1900년대 집중적으로 간행되는 천도교의 교리서에 대해서는 崔起榮과 필자가 공동 편집한 다음의 자료집이 참고가 된다.
崔起榮·朴孟洙 編,《韓末 天道敎資料集》 상·하(國學資料院, 1997).

으로 나왔다. 그 중에서도 가장 주목할 만한 교리서는 1907년에 나온《東經演義》가 아닐까 생각된다. 이것은 芝江 梁漢默의 집필로서 동학의 기본경전인《東經大全》을 근대주의의 입장에서 체계적으로 해석한 저술이다. 이것은 천도교 초기사상을 연구하는데 매우 중요한 위치를 차지하고 있으며, 특히 종래 동학사상과의 비교검토를 하는데 있어서도 참고하지 않으면 안되는 교리서로 볼 수 있다.《천도교회월보》는 1910년에 천도교의 기관지로서 창간되었기 때문에 천도교 초기의 교리에 관한 기사가 풍부하여 초기 천도교사상 연구에 없어서는 안될 자료라 할 것이다.

3) 천도교의 민족운동

천도교는 1905년의 성립 당시부터 1945년 '해방'에 이르기까지 다양한 방법으로 민족운동을 전개하였다. 천도교가 전개해 온 민족운동은 3단계로 나눌 수 있다. 제1단계는 1905년 천도교의 성립에서 1919년 3·1독립운동 직전까지로, 제2단계는 1919년 3·1독립운동에 있어서 천도교의 역할을 중심으로, 그리고 마지막 제3단계는 1919년 3·1독립운동 이후 즉 이른바 '문화통치'기부터 1945년 해방에 이르기까지이다. 여기에서는 제1단계와 제2단계까지의 민족운동의 전개 양상과 그 특징을 고찰하기로 하겠다.

(1) 제1단계 천도교의 민족운동

먼저 제1단계인 1905년부터 1919년 3·1독립운동 직전까지 천도교가 펼쳐온 민족운동을 교육운동·출판문화운동·3·1독립운동의 기반조성운동 등으로 삼대별하여 고찰한다.

천도교의 초대 교주였던 손병희는 1907년에 교주의 지위를 朴寅浩에게 물려주고 교육·출판문화운동의 전면에 나섰다. 그는 우선 인재양성을 위해 한말에 李容翊이 설립했던 普成學校·普成中學校·普成法律商業學校(이것은 뒤에 보성전문학교로 개칭된다. 현재의 高麗大學校의 전신) 등을 인계받아 경영했다. 보성중학교 교장 崔麟과 보성전문학교 교장 尹益善 등은 모두 손병희가 육성한 인재였다. 보성전문학교의 경우를 보면, 교주인 李鍾浩가 新民會에 참여하여 운동의 간부로서 해외독립기지 건설을 위해 안창호와 더불어 망명하자 당시 보성전문의 학감 윤익선은 손병희의 도움과 천도교로부터 나온 재원으로 학교를 경영할 수 있었다.[37] 손병희는 1909년에는 同德女學校(현 동덕여자대학교)를 설립했으며, 지방인 全州에 昌東學校, 서울에 宗學院 등을 설립하여 교육운동을 펼쳤다.

손병희는 또 1905년에 이미 근대적 인쇄시설을 갖춘 보문관을 설립하여 천도교사상을 해설한 근대적 교리서를 간행했으며, 그의 지도로 천도교인이 된 이종일·오세창 등을 시켜 1906년에 《萬歲報》를 창간하도록 함으로써 출판을 통한 애국계몽운동에도 적극적으로 나섰다. 한말의 유명한 언론인이자 대표적인 신소설 작가로 알려진 李人稙은 《만세보》의 주필로 활동하였을 뿐 아니라 〈血의 淚〉라고 하는 신소설을 발표하기도 하였는데 이것은 근대 한국 최초의 신소설로 평가되고 있다.

한편 손병희는 1907년 4월 5일에 천도교 부구총회를 소집하여 천도교의 재정자립책을 논의하였다. 이 회의에서는 전라북도 益山敎區의 오지영이 제안한 교인 1인당 매 식사 때마다 쌀 한 숟갈씩 거두는 방안이 채택되어 이른바 천도교의 대대적인 '誠米運動'으로 발전하게 되었다. 이 '성미운동'에 의해 축적된 천도교의 재정은 교단의 조직이 정비되고 교도수가 증가함에 따라 그 규모가 크게 팽창하였다. 예를 들면, 1919년 3·1독립운동 직전에는 100만 신도들이 낸 성미를 통해 조성한 자금이 100만원의 거금이 되었다고 전한다.[38] 이 때 조성된 자금은 3·1독립운동의 거사자금뿐만 아니라 기독교 쪽에도 거사자금으로 제공되었다.

손병희가 전개한 운동의 또 다른 측면은 제1·2차 교리강습회를 통한 지방의 중견지도자 양성 그리고 大敎區制 도입을 통한 천도교 조직의 정비를 들 수 있다. 교리강습회는 1908년에 제1차가 1912년에는 제2차가 개최되었으며, 제2차의 강습회 때에는 500명에 이르는 지방의 중견지도자들이 참가했다고 한다.[39]

손병희는 또한 교단조직 정비에도 눈을 돌려 1910년 4월에는 천도교 간부

37) 申一澈, 〈천도교의 민족운동〉(《동학사상의 이해》, 사회비평사, 1995), 180쪽.
38) 위와 같음.
39) 위와 같음.

74인을 한 자리에 불러 共同傳授心法式을 거행하였다. 이 공동전수심법식은 교단의 도통을 교도들에게 공동전수하는 과감한 대중화의 길을 여는 것이었으며 1914년에는 '衆議制'를 채택하여 종래의 비민주적이며 권위적인 교주제를 폐지하게 하였다. 또한 같은 해 7월에는 전국에 대교구제를 시행하니 전국은 37개 대교구, 185교구에 달했으며 北間島·西邊지역의 교구를 합치면 194교구를 넘었다고 한다.[40)]

이상과 같이 1905년 이후 손병희를 중심으로 한 천도교는 근대적 교단체제를 갖추어 나가는 한편으로 교육운동·출판문화운동·3·1독립운동을 위한 인재양성, 재정기반의 확충, 교단조직의 정비를 성공적으로 이룩하였다. 그 결과 종래 동학교리 속에 혼재되어 있던 민간신앙적 요소는 제거되고 합리화되어 천도교의 宗旨는 人乃天으로 정리되었다. 사회개벽을 내세워 현실주의적 색채를 선명히 했으며 그 구체적 슬로건이 輔國安民·布德天下·廣濟蒼生·地上天國 건설로 요약할 수 있다.

'성미'운동을 통한 재정난의 해소, 교구체 시행을 통한 전국적인 조직망의 정비 등이 성공적으로 추진되었다. 이와 같은 조직적 에너지를 기반으로 삼아 천도교는 1919년 3·1독립운동에 대대적으로 참가할 수 있게 된다.

(2) 제2단계 천도교의 민족운동

천도교 민족운동의 제2단계인 1919년 3·1독립운동은 1894년 동학농민전쟁과 함께 동학·천도교의 민족운동사상 그 정점을 이루는 운동이었다.

3·1독립운동에 있어서 천도교측의 역할을 분석·검토해 보기로 한다. 주지하듯이 1919년 3·1독립운동은 3월 1일 오후 2시, 이른바 '민족대표' 33인 가운데 29인의 대표가 서울의 조선요리점 泰(太)華館에 모여 獨立宣言書를 발표한 것을 계기로 촉발되었다. 당시 독립선언서에 서명한 민족대표 33인을 종교별로 구분해 보면 천도교인 15인, 기독교 15인, 불교 2인, 기타 1인이다. 이들 가운데 천도교인 15인의 주요 직력 및 경력을 분석해 보면 다음의 〈표 1〉과 같다.[41)]

---

40) 申一澈, 위의 글, 182쪽.
韓沽劤, 《韓國通史》(平木實 譯, 東京 ; 學生社, 1976), 552쪽.

〈표 1〉 천도교인 경력표

이 름	직 력	정 치 력
孫秉熙	천도교 제3세 교주 보성학원, 문종, 종학, 교남, 동덕, 일신, 보창, 명신, 양덕, 창동 각 학교 설립경영	동학농민전쟁(이하 동학)참가, 보국안민 3책제창
梁漢默	탁지부 주사, 능주세무관, 보성전문, 동덕여학교 경영	동학참가, 진보회조직, 헌정연구회조직, 자강회참가, 이재명사건 관여
朴準承	임실 천도교 접주, 수접주, 대교구장, 순유위원, 지주	동학참가[42]
崔 麟	함남관찰부 집사, 외사부 주사	활빈당가입, 일심회가입, 신민회가입, 보호조약반대 구금처분
李鍾勳		동학참가, 갑진혁신운동, 계몽운동참가, 이완용가방화사건 관여
金完圭	여수통신 주사, 한성부 주사, 봉도법암장	
洪基兆	천도교 황해·평안양도 수접주	동학참가, 창의대령 갑진혁신운동참가
李鍾一	대한황성신문 사장, 정삼품 의관, 천도교월보 과장	성수망세불경사건 관여
吳世昌	박문국 주사, 한성순보 기자, 군국기무소 비서관, 농상공부 참의, 우정국 통신국장, 만세보, 대한민보 사장, 대한협회 부회장, 광성학교 부교장	
權秉悳	천도교 대접주, 시천교 종무장, 금융관장, 보문관장	동학참가
權東鎭	함안군수, 육군장교	임오군란참가, 개화당입당, 혁신운동참가, 동학참가
羅龍煥		동학참가
羅仁協		동학참가
林禮煥		동학참가
洪秉基		동학참가

위의 〈표 1〉에 의하면 15인의 천도교인 가운데 11인이 1894년의 동학농민

41) 姜德相, 〈3·1運動における民族代表と朝鮮人民〉(《思想》 537, 東京; 岩波書店, 1969년 3월호), 336쪽.

전쟁에 참가하여 반봉건·반외세투쟁을 했던 경험을 가지고 있음을 알 수 있다. 또한 동학농민전쟁에 참여하지 않았던 4인 즉 최린·김완규·이종일·오세창의 경우를 보면, 활빈당·헌정연구회·자강회·대한협회·신민회 등 1900년대 활발히 전개되었던 애국계몽운동에 적극 참여한 경력을 가진 인물들임을 알 수 있다. 그러므로 3·1독립운동을 적극 주도하는 천도교인들은 동학농민전쟁 및 애국계몽운동·의병전쟁의 투쟁이념 및 그 전통을 계승하고 있다고 볼 수 있다.

이상과 같이 1894년 동학농민전쟁 및 애국계몽운동·의병전쟁 투쟁이념을 계승하고자 했던 천도교인들은 3·1독립운동을 어떻게 준비해 왔는가. 그 구체적 준비 및 실행과정을 천도교측의 동향을 중심으로 고찰해 보기로 한다.

1910년대 말 세계적인 추세가 되고 있던 민족자결 및 독립운동의 고양을 계기로 국내외 민족운동가들은 그것을 조선독립의 절호의 기회로 받아들이고 적극적인 독립운동을 개시하게 된다.

국내에서는 1918년 11월경에 미국대통령 윌슨의 민족자결론 제창과 관련된 신문보도를 접한 천도교의 중견 간부 權東鎭·吳世昌·李鍾一·崔麟 등이 중심이 되어 그 해 12월에 이르러 민족자결에 관한 의견을 나누었다. 그들은 이 모임에서 조선의 '自治'운동을 개시하기 위해 다음해 봄 동경으로 갈 것을 결정했다. 그 뒤 1919년 1월에 이르러 권동진 등은 국외 동포들의 독립운동 소식과 宋繼白(당시 일본 早稻田大學 학생이었다)을 통해 재일유학생들의 독립운동계획을 접하고 그것과 보조를 함께 하기 위해 당초의 '자치'운동을 독립운동으로 전환할 것을 결정하였다. 1월 말에서 2월 초경에는 최린을 중심으로 宋鎭禹(중앙학교교장), 玄相允(중앙학교교사), 崔南善(역사가) 등이 모여 독립운동 실행계획을 토의·결정했다. 그 내용은 ① 동지를 모을 것, ② 독립선언서를 작성·발표할 것, ③ 일본정부 및 일본의 귀족원과 중의원·조선총독에게 의견서를 제출할 것, ④ 미국대통령과 파리강화회의에 청원서를 보낼 것 등이었다.[43]

2월 초순경부터 그들은 독립운동계획을 실현하기 위한 구체적인 준비 행동

42) 姜德相이 작성한 표에는 없지만 필자가 보충하였다.
43) 市川正明 編, 《3·1獨立運動》 1(東京 ; 原書房, 1983), 116~117쪽, 216쪽.

에 들어갔다. 즉 선언서의 기초는 최남선이 담당하며 선언서를 '민족대표'의 이름으로 발표하기 위해 대한제국시대에 고관을 지냈던 朴泳孝·尹用求·韓圭卨·金允植·尹致昊·宋秉畯 등을 포섭 대상으로 역할을 분담하고 교섭에 들어갔다. 그러나 그들은 독립운동계획에 협조해 줄 것을 요청하는 천도교 인사들의 제안을 모조리 거절했다. 이에 천도교측 인사들은 2월 8일경 기독교측과 제휴하기 위한 접촉을 시도하였다. 이 무렵 평양의 장로교파 기독교도들 사이에서도 독립운동계획이 독자적으로 검토되고 있었는데 천도교측의 호소에 따라 五山學校長 李昇薰이 교섭에 나섰다. 그 뒤에 여러 우여곡절을 거친 끝에 서울의 기독교도(감리교파)도 참여를 결정하여 2월 24일 천도교와 기독교의 연합이 결정되었으며,[44] 기독교측의 참여가 결정되자 불교측도 그 연합에 참여하여 3교연합이 성립되었다.

2월 25일에는 독립선언서에 서명하는 '민족대표'에 대한 심사가 있었으며 선언서의 발표를 3월 1일 서울의 탑골공원에서 할 것, 그리고 선언서를 서울 및 각 지방에 배포할 것 등이 결정되었다. 27일에는 천도교가 경영하고 있던 普成社 인쇄소에서 21,000매의 선언서가 인쇄되었으며, 28일부터 3월 초에 걸쳐 천도교를 비롯한 기독교 조직, 학생들을 통해 서울과 각 지방에 비밀리에 배포되었다. 이들 천도교측·기독교측·학생측에 의해 각지에 배포된 독립선언서는 지방에서의 독립만세 시위운동의 기폭제가 되었음은 두말할 필요가 없다.[45]

3월 1일 오후 2시 독립선언서는 33인의 민족대표 가운데 29인이 참석한 가운데 본래 선언서가 발표될 예정이었던 탑골공원이 아닌 조선요리점 태화관에서 발표되었고, 선언서를 발표한 직후 민족대표들은 즉각 자수하였다. 그러나 민족대표들의 이 같은 애매모호한 투쟁에도 불구하고,[46] 탑골공원에

---

44) 이 때 기독교측의 거사자금을 천도교측에서 제공했다고 한다.

45) 天道敎는 당시 37개의 대교구 아래 북간도를 포함하여 지방에 194개의 교구를 거느리고 있었다. 이들 지방교구가 중심이 된 지방의 독립만세 시위운동에 대한 실증적 연구는 금후의 과제가 아닐 수 없다.

46) 민족대표들의 애매모호한 투쟁방식에 대해서는 여러 연구자들에 의해 엄격한 비판이 있어 왔다. 대표적인 비판으로는 다음과 같은 글이 있다.
姜德相, 앞의 글.
康成銀, 〈3·1運動における民族代表の活動に關する一考察〉(《朝鮮學報》 130,

모인 학생 및 일반 민중에 의한 독립만세 시위운동은 높이 고양되어 갔으며, 그 열기는 이윽고 각 지방에까지 파급되었다. 각 지방에서 전개되는 3·1독립만세 시위운동은 특히 지방의 천도교·기독교조직 및 서울에서 파견된 학생들에 의해 지도되는 경우가 많았다. 예를 들면, 전라북도 임실의 경우 천도교 임실교구가 임실지방의 만세시위운동을 적극적으로 주도하였으며,[47] 임실과 이웃한 남원에서도 천도교 남원교구장 柳泰洪 등이 남원지방 시위운동을 주도하였다.[48] 이상에서 고찰한 바와 같이 천도교는 1905년 성립 직후부터 손병희의 지도 아래 근대적인 종교로 재정비되었으며, 그 같은 재정비과정에서 교육·문화·출판운동을 대대적으로 전개하고, 교구조직을 정비하여 3·1독립운동의 전개 기반을 확립하였다.

또한 1919년 3·1독립운동에서 그 구체적인 전개 방법상으로 적지 않은 문제점을 안고 있었지만, 천도교가 주도적인 역할을 하였다는 사실을 부정할 수는 없을 것이다. 뿐만 아니라 지방교구 중심의 만세시위운동도 활발히 전개되었다는 사실을 통해서도 3·1독립운동에 있어 천도교의 역할을 과소평가 할 수는 없을 것이다.

〈朴孟洙〉

6. 대종교

1) 대종교의 창립과 의의

일본제국주의가 한국을 반식민지화하자 국권을 회복하기 위한 항일투쟁이 다양하게 전개되었다. 그것은 크게 두 조류로 나누어 흐름을 살펴볼 수 있는데, 하나는 衛正斥邪사상에 바탕을 둔 의병계열이고, 다른 하나는 개화사상에 바탕을 두었던 애국계몽운동계열이다.

朝鮮學會, 1989년).

47) 《天道敎任實敎史》(프린트본, 1980).

48) 崔炳鉉, 《天道敎南原郡宗理院史》(筆寫本, 1924).

일제는 청일·노일전쟁이 외세의 침략으로부터 한국의 자주독립을 보장하기 위한 것이라고 전쟁을 합리화하면서 이들 전쟁을 수행하였다. 그러나 노일전쟁의 결과 일제는 대륙침략정책의 일환으로 한국을 반식민지화하였고 이에 대항하여 羅喆동지 일행은 대일민간외교와 을사오적 암살시도로써 일제의 침략을 막는데 전력을 경주하였다. 이러한 시도들은 실패하고 말았다. 그리하여 나철 일행은 일개 민간외교나 몇 명의 매국노 저격으로는 일제의 침략을 방어할 수 없다는 것을 깨닫고 방략을 전환하게 되었다. 이러한 흐름 가운데 국권회복을 위한 정신사적 첩경의 방략이 무엇이겠는가의 고민 속에서 한민족 전체의 힘으로 일제의 침략을 방어하는 데는 어디까지나 국조 단군을 구심점으로 새로운 민족종교를 창시하여 거족적인 대일항쟁을 하지 않으면 안되겠다는 점에서 단군을 대황조로 하는 민족고유의 종교를 창업한 것이 바로 1909년 단군교(뒤의 대종교)의 重光이었다. 민족종교의 원류는 단군조선으로부터 계승되어 부여에서 代天敎, 신라에서 崇天敎, 고구려에서 敬天敎, 발해에서 眞倧敎, 고려에서는 王儉敎로 전해졌다. 그런데 몽고의 침략으로 고려 元宗 때에 민족종교가 단절되었다고 생각한 나철 등이 일제의 침략에 대항하여 한국 고유의 민족종교를 중광시켜려고 하였다. 물론 단군교는 종교로 정립되었지만, 이는 강렬한 항일투쟁을 목표로 한 항일비밀결사단체의 성격을 띤 것이었다. 곧 국권회복을 위해 檀君敎를 창립, 항일민족독립운동단체를 성립시켰던 것이다. 나철이 교조가 되었는 바 그는 문장이 뛰어났으며, 또한 인격을 갖춘 항일열에 불타는 항일구국운동의 화신이었다. 따라서 구관료양반·항일지사·열사·애국청년들이 단군교에 입교하였다.

그러나 단군교를 1년 만에 大倧敎로 개칭하고, 국내에서의 항일투쟁에 한계성을 느껴 대종교의 總本司를 국내로부터 만주지역으로 이동하였다. 종교적인 측면에서는 각지에 교단조직을 추진하여 포교활동과 동시에 민족교육을 전개하였고, 그 바탕 위에 항일독립운동단체를 조직하여 독립전쟁과 독립운동을 추진하였다.

일찍이 나철과 吳基鎬 등은 일제의 한국에 대한 식민지화정책을 저지하기 위해 여러 차례 渡日하여 일제와의 민간외교 교섭을 추진하였으나 실패를 거듭하였다. 이에 차선의 실천방법으로 일제에 국권을 팔았던 을사오적을 저격하였으나 이것마저 실패하였다. 이로 인해 그는 한민족의 단합만이 일제의 침략을 막을 수 있다고 생각하고 단군교를 창립하였던 것이다.

이러한 성격을 띤 대종교의 활동은 일제의 무단통치하에서 유지될 수 없었으므로 대종교의 지사가 1911년 백두산에 설치되었다. 이어서 1914년에는 대종교의 총본사를 만주로 이전하였으며 국내의 남도본사는 1915년에 조선총독부에 의해 불법화되었다. 이는 대종교가 민족종교인 동시에 항일독립운동단체의 성격이 있었다는 것을 여실히 입증한다고 하겠다.

1916년 나철교조가 사망하고, 1917년 제2세 교주로 金敎獻이 취임하여 종리와 종사를 체계화하고《神檀民史》등의 저술로 민족주의사관을 정립하였다. 그는 1917년에 대종교의 총본사가 있는 만주로 부임하여 교단조직과 포교활동에 전념하고, 또한 민족의식의 고취에도 이바지하였다. 만주방면에서 대종교의 교단조직에 따르는 시교당 설치는 바로 항일독립운동의 거점 설치나 다름없었으며, 포교활동은 바로 항일운동인 동시에 민족의식과 항일의식을 고취시키는 운동으로서 항일독립운동의 측면지원운동인 것이었다.

대종교는 일제 식민지하에서는 종교적 측면보다는 항일독립운동의 측면에서 더욱 돋보인 것이 사실이다. 대종교의 바탕 위에, 즉 대종교 신자를 기반으로 한 재만한인사회가 항일투쟁의 기반이 되었고, 대종교 4종사 중의 1인인 서일종사는 1911년 이후 중광단 · 정의단 · 군정부 · 북로군정서 · 대한독립군단의 단장과 총재로 추대되어 독립전쟁을 수행하였다. 서일총재의 자결 후에는 김좌진장군을 비롯한 대종교 간부에 의하여 신민부 · 한족총연합회 · 재만무정부주의자동맹 등으로 맥락이 계승되면서 대일투쟁을 전개하였다.

한편 대종교는 종교적인 면에서도 항일투쟁과 동시에 종립학교와 시교당 설치를 통하여 민족의식과 항일의식을 재만한인사회에 고취시켰으며 아울러 그러한 바탕 위에 서일과 김좌진을 중심한 대종교 간부에 의한 항일독립운동과 독립전쟁을 수행하였다. 이러한 면에서 대종교의 중광은 구국항일독립운동단체의 성격을 띤 가장 뚜렷한 민족종교라고 할 수 있으며, 정신사로서 주체적인 민족주의사관을 정립하는 데에도 크게 공헌하였다고 할 수 있다.

2) 대종교의 교단조직과 포교활동

(1) 나철교조시기 교단조직과 포교활동

대종교는 1909년 중광되어 1914년 北間島 和龍縣 靑波湖에 있는 대종교 총본사와 古經閣이 설치될 때까지 국내에서 교단을 조직하고 포교활동을 전개하였다. 그런데 대종교의 총본사가 만주에서 교무를 집행하기 전인 1910년 10월 25일 북간도 三道溝에 지사를 설치한 바 있었다. 그리고 대종교의 교조인 나철은 1911년 7월 서울·평양을 경유하여 대종교의 靈地인 백두산 일대와 백두산 북록 청파호로 가서 백두산을 중심으로 4교구의 설치를 선포한 바 있었다. 그러나 1914년까지는 나철교조를 중심으로 南道교구에서 교단을 조직하고 포교활동을 전개하였다.[1)]

먼저 대종교 총본사에서 교조 나철과 교무인 金敎獻·吳基鎬·柳璀 등이 남도지사의 책임자인 姜虞를 중심으로 국내에서 전개한 활동상황을 살펴보면 다음과 같다.[2)] 나철교조는 1909년 1월 15일 단군교를 중광하고 교도들이 우선 지켜야 할 奉神成願의 呪頌을 반포하였는데, 그 내용은 "가마히 우에 계시사 한으로 듣고 보시며 낳아 살리시고 늘 나려 주소서"[3)]라는 것이었다.

그리고 나철은 2월 16일에 "純曰道 一日誠 勿作事 勿服飾 道者靜 誠者儉 不一自欺通"[4)]이라는 密誡 22音을 默受하고 자필로 써서 '檀君大皇祖神位'前 병풍에 붙였다. 그리고 4월 10일에 단군교 의식을 근엄하게 행사하기 위하여 술을 금하고 담배를 끊게 하였다.

이 해 6월 11일에는 歌調 檀檀調를 지었는데, "백두산 돌아드니 단군유업이 아닌가. 잃은 강토 찾아내고 죽은 인민 살리라면 아마도 단군후예로 一體檀檀"[5)]이라고 한 것을 보면, 교조 나철은 일제에 국권이 상실된 상태에서 단

---

1) 大倧敎倧經倧史編纂委員會, 〈敎勢의 擴張〉(《大倧敎重光六十年史(稿)》), 165~166쪽.

2) 獨立運動史編纂委員會 編, 〈志山外遊日記〉(《獨立運動史資料》 8, 臨時政府史 獨立有功者事業基金運營委員會, 1974), 337~342쪽.

3) 大倧敎倧經倧史編纂委員會, 〈奉神成願의 呪頌〉(앞의 책), 150쪽.

4) 大倧敎倧經倧史編纂委員會, 〈密誡22音〉(위의 책), 150쪽.

군을 국조로 한 민족종교 아래 일치단결해야만 우리의 영토와 국민을 살릴 수 있다는 것을 강조하였음을 알 수 있다.

나철교조가 만든 단군가 7절 중에서 마지막 절을 인용해 보면, "형제들아 자매들아. 배달겨레 모든 人衆 우리 형제자매들아. 함께 至誠하여 一心하여 빛내보세 빛내보세 大皇祖의 베푼 神敎 빛내보세"[6]라고 하였다. 단군 대황조의 은덕을 각 절마다 찬양하고 끝절에 배달민족이 일치단결하여 단군교를 발전시켜 이를 통해 국권회복을 이룩하자는, 즉 거족적인 항일투쟁을 하자는 뜻이 담겨져 있다고 보여진다.

1909년 12월 1일에는 五大宗旨로서 단군교 이념의 실천강령으로 발표하였다. 그 내용은 인물의 본원을 아는 것, 인생의 良能을 가질 것, 人世의 평화를 얻을 것, 인간의 자유를 누릴 것, 그리고 인류의 문명을 밝힐 것으로 심리의 결속과 함께 천국 실현화에 이바지할 것[7]을 밝혀 놓았다.

1910년 8월 대종교 총본사의 天眞에 天祖影幀(단군)을 봉안하고 제례를 행하였다. 그리고 8월 5일 서울 시내에 남부지사와 북부지사를 설치하고, 오기호를 남부지사의 사교로 鄭薰模를 북부지사의 사교로 각각 임명하였다.[8]

그 후 의식규례를 제정 발포하였는데, 의식규례발포안·施敎式·自信式·敬拜式·慶賀式[9] 등이었다. 의식규례를 제정하기 이전, 즉 1909년 단군교를 중광하게 되었을 때 발표한 것으로는 이미 밝힌 바 있지만, 檀君敎佈明書를 위시하여 重光源由·走筆記事·杜兄面談·原本神歌·入敎儀節·奉敎節次·奉敎課規·誓辭 등이 있다.[10] 이렇게 나철교조는 단군교의 중광 초창기에 교리와 의식 등을 만들어 갖추었던 것이다.

나철교조는 이미 백두산지역을 1차 답사하고 1910년 6월에 북간도 화룡현 삼도구에 대종교 지사를 설치한 바 있었다. 그가 만주지역에 지사를 설치한 것은 국내의 정세로 보아 총본사를 이전하기 위한 작업이었다고 볼 수 있다.

---

5) 大倧敎倧經倧史編纂委員會, 〈歌調 檀檀調〉(위의 책), 151쪽.
6) 大倧敎倧經倧史編纂委員會, 〈檀君歌〉(위의 책), 151~152쪽.
7) 大倧敎倧經倧史編纂委員會, 〈五大宗旨〉(위의 책), 152~153쪽.
8) 大倧敎倧經倧史編纂委員會, 〈교세의 확장〉(위의 책), 159쪽.
9) 大倧敎倧經倧史編纂委員會, 〈교세의 확장〉(위의 책), 160~165쪽.
10) 大倧敎倧經倧史編纂委員會, 〈檀君敎佈明書〉(위의 책), 80~103쪽.

김교헌이 이미 1914년에 이전한 만주소재의 총본사에 부임하였다. 그러나 이에 앞서 교조 나철은 만주지역에 이전된 총본사에 머물지 않고 교무 김교헌 등 간부의 일부와 남도지사인 서울에 체류하였다.

교조 나철을 중심으로 한 대종교 간부는 장차 대종교의 총본사뿐 아니라 대종교 간부들까지 만주지역으로 이전할 준비를 이미 하고 있었다. 나철교조는 이동 준비의 일환으로 국내의 대종교인과 항일독립운동세력, 애국청년·지사들에게 만주지역으로 이동할 것을 앞서 권유 또는 안내한 적이 있었다. 특히 대종교 핵심간부인 김교헌·오기호·유근 등도 권유 안내하였고, 이들에 의해 권유받은 鄭元澤 등도 한 사례로서 들 수 있다. 교조 나철은 주로 이들에게 대종교의 교리와 장차 구국항일운동을 전개할 지역은 만주지역이라는 점을 강조하여 민족의식과 항일의식을 고취하였던 것이다.[11]

교조 나철은 중광할 때에 창립주로서 기반을 세웠다. 그러나 대종교의 倧理나 倧史의 체계화는 주로 교무의 직책을 맡았던 김교헌과 그의 동지들에 의해 이루어졌다고 해도 과언이 아니다. 1916년 나철이 죽자 1917년에 제2세 교주가 된 김교헌의 전력을 보면, 본관이 경주로서 명문거족이었다. 그는 일찍이 18세에 庭試文科 병과에 급제하였고, 그 후 權知副正字, 藝文館檢閱겸春秋館記事官, 成均館典籍, 弘文館副敎理, 侍講院文學, 弘文館應敎·修撰, 禮曺參議, 成均館大司成, 承政院左副承旨, 1903년 文獻備考纂輯委員, 1909년 奎章閣副提學으로서 國朝寶鑑監印委員 등을 역임하였으며 嘉善大夫까지 승진하였다. 그리고 1910년에 대종교에 입교하여 종리와 종사를 연구하였다. 또한 1914년에는《神檀實記》·《神檀民史》·《檀奇古史》의 저술과《三一神誥》의 편수 등과 1912년 倧經會에서《神誥講義》·《神理大全》·《會三經》·《神事記》·《朝天記》·《神歌集》간행 등을 주관하였다. 그는 종래의 사대주의사상을 불식하고 민족주의사관을 정립하여 대종교 교리와 종사에 기여하였으며 본사의 교무 직책과 남도지사의 都講師로서 대종교 발전에 크게 이바지하였다. 그는 淵博한 학문으로 攷據에도 권위가 있었으며 한국사에도 능하였다.[12] 그의 학문은 후에

11) 獨立運動史編纂委員會 編, 〈志山外遊日記〉(앞의 책), 337~342쪽.
12) 朴永錫, 〈김교헌의 저술활동〉(《한민족독립운동사연구－만주지역을 중심으로》, 일조각, 1982), 156~159쪽.

박은식·신채호의 민족사학에도 크게 영향을 미쳤으며,[13] 최남선도 그에게 사사하였다.[14]

김교헌이 1910년 대종교에 입교할 때, 鄭寬(광복 후 대종교 교주) 등을 위시한 종래의 관리·학자·양반층 특히 구국애국지사들이 많이 입교하여 대종교만이 민족종교로서 구국대일항쟁을 할 수 있다고 자부하였다. 또한 대종교의 민족자주의식, 민족사관에 의하여 저술된 문헌과 그들이 민족의식을 고취하므로써 대종교의 교세가 확대되었고, 이로 인해 항일투쟁을 위하여 많은 인사들이 만주로 망명하게 된 것이다.

대종교 총본사에서는 대종교를 중광하여 교리와 의식을 정비하고 민족종교로서 민족의식과 항일의식을 고취하고 종래의 사대주의사상에 젖었던 한계성을 탈피하기 위해, 즉 민족주체사관을 정립하기 위해 많은 문헌을 저술하고 편찬하였다. 그리고 대종교 총본사와 남도지사는 국내에서의 대일항쟁 수행의 한계성을 절감하고, 많은 애국청년들을 대종교에 귀의시켜 장차 독립전쟁을 전개하고자 만주로 망명하게 하였다. 또한 대종교 자체에서도 솔선하여 1911년에 만주에 지사를 설치함과 아울러 1914년에는 대종교의 총본사까지도 만주로 이전하였던 것이다.

1915년 조선총독부령 제83호로 종교통제안이 공포되어 대종교를 불법화하자, 다음해 8월 교조 나철은 황해도 구월산 三聖祠로 떠나게 되었다. 이 때에 전송한 在京敎人은 金科奉(尙敎)·嚴柱天(知敎)·安藝中(參敎)·金書鍾(參敎) 등 수백 명이었다. 이어 8월 15일 교조 나철은 사망하고, 그의 유서에 의하여 김교헌이 제2세 교주로 임명되어[15] 1917년 만주의 대종교 총본사로 부임

13) 韓永愚, 〈1910년대의 신채호의 역사인식〉 2(韓沽劤博士停年紀念史學論叢刊行準備委員會 編, 《韓沽劤博士停年紀念史學論叢》, 지식산업사, 1981), 629쪽.

14) 김교헌이 만주로 망명한 후 그의 서적의 대부분은 최남선이 소유하고 있었으나 오늘날 그 서적은 고려대학교 아세아문제연구소에서 소장하고 있다. 김교헌의 손자(金汸經)와 필자와의 대담(1982년 12월 5일 건국대 사학과 연구실).

15) 〈傳授道統文〉

大倧敎都司敎第二世
神命曆數在爾嘉躬 勗哉欽哉
檀君降世四千三百七十三年丙辰八月十五日
大倧敎都司敎 羅喆
司敎 金獻 嘉棣

하였던 것이다.

(2) 제2세 교주 김교헌시기의 교단조직과 포교활동

대종교의 총본사는 1914년 만주로 이전하였지만, 교조 나철이나 핵심 간부인 김교헌·오기호·유근 등은 이동하지 않았다. 그러나 1915년 조선총독부 경무국으로부터 대종교가 불법화되어 대종교에 대한 탄압이 심화되고, 1916년에는 나철교조가 사망하자 이에 지역을 옮겨 본래의 목적인 항일구국독립운동을 적극 추진하였다.

제2세 교주 金敎獻이 만주로 망명하여 포교활동을 전개하였다. 이미 만주에는 지사가 설치되어 있고 또한 대종교 총본사도 이전되어 있었다. 그러나 대종교의 활동은 아직 미미한 상태였다. 이와 같이 종리연구와 교사편찬에 전력을 경주하는 한편 敎政처리와 교무수행에 노력하고 포교활동에 힘쓰던 중, 1920년 일본군의 만주출병으로 많은 대종교인들이 희생되었다. 이에 김교헌은 화룡·寧安·密山 등지를 전전하며 대책에 부심하면서도 포교활동에 전념하였다.

제2세 교주 김교헌은 동지들과 함께 포교활동에 노력하여 46개소의 시교당을 설치하였다.[16] 시교당을 지역별로 보면, 만주지역이 34개소, 한국지역이 6개소, 노령지역이 3개소, 중국본토가 3개소로 되어 있다. 시교당의 수가 확대되면서부터 이의 관리를 위한 여러 규정들이 만들어졌다. 즉 敎區分理·敎區分理條例·施敎堂分屬發佈案·誠金관리와, 誠捐모금·성금관리에 관한 倧諭文·誠捐募集文·蘇扶稧認施, 徐一에 의한 墓柵建立·육영사업과 청년운동·敎史저술과 교적간행이 제정되었던 것이다. 이로써 대종교의 敎德의 증가와 시교당의 확대에 따른 관리를 할 수 있게 되었다.[17]

1922년 倧經會에서 《신고강의》·《신리대전》·《회삼경》·《신사기》·《조천기》·《신단민사》·《신가집》 등 7종의 교적을 등사·간행하고 이어서 施敎會에서 성금을 모아 敎經을 인쇄·간행하였다. 또한 이듬해인 1923년에 와서

大倧敎倧經倧史編纂委員會 修撰, 《大倧敎重光六十年史(稿)》, 210쪽.

16) 朴永錫, 《韓民族獨立運動史硏究》(一潮閣, 1982), 165~166쪽.

17) 大倧敎倧經倧史編纂委員會, 〈茂園宗師의 佈敎〉(앞의 책), 334~356쪽.

는 종경회에서 倧理問答·重訂神歌集·增刪倧禮抄略·國漢文三一神誥·神理大全 등을 검정한 후, 시교회에서《國文懸吐神誥講義》·《신리대전》·《신사기》·《국한문신단민사》·《배달족강역형세도》 등을 간행하였다. 이러한 간행활동은 포교활동의 활성화와 교세확장에 이바지하였다. 이 중에서도 김교헌의《신단민사》와 李源臺의《배달족강역형세도》는 대종교인뿐 아니라 당시 항일독립운동자를 양성했던 사관학교 학생들에게까지 민족사의 교재로 이용되어 항일의식을 고취시키는 역할을 하였다.[18]

김교헌교주는 渡滿 이후에도 계속해서 종리와 교사편찬 및 포교활동에 노력함으로써 시교당의 수를 확대시켰으며, 종리·교사의 연구, 시교당의 확대를 통해 항일독립운동의 기반을 마련하였다. 종리와 교사의 연구는 항일독립운동과 민족의식을 고취시켰고, 시교당 설치는 바로 항일독립운동의 교육장인 동시에 항일독립운동의 거점이 되었다. 김교헌 재임기간 동안 일본군의 만주출병이 있었으나 이에 대응하여 독립전쟁과 항일독립운동에서 많은 성과를 올릴 수 있었던 것은 오로지 대종교를 중심으로, 특히 김교헌교주에 의한 노력으로 교단조직과 포교활동이 이루어진 데 힘입은 바가 컸다고 할 수 있다.

일본군의 만주출병으로 재만한국인의 희생도 또한 컸다(琿春大事件). 그 가운데 대종교의 지도급 인사들의 희생도 많았는데 1921년에 徐一이, 1922년에는 申圭植이 사망하였다. 김교헌은 이들의 희생에 크게 상심하던 중 1923년 11월 寧安縣에서 사망하고 말았다.[19] 그는 죽음에 앞서 尹世復을 제3세 교주로 지명하였다.

1910년에 경남 密陽에서 상경한 윤세복은 교조 나철을 만나 대종교에 입교하였다. 그 후 1911년 가산을 정리하여 만주의 桓仁縣에서 東昌學校를 설립하고 민족교육을 실시하였다. 그러던 중 일제가 중국관헌을 사주함으로써 동창학교가 폐쇄되자 그는 撫松縣으로 가서 전전하게 되었다. 그러나 그는 대종교의 시교당 설치에 헌신하면서 興業團 등에 관여하여 독립운동에도 이바지하였다.[20]

---

18) 大倧敎倧經倧史編纂委員會, 〈敎史著述과 敎籍刊行〉(위의 책), 353~354쪽.
19) 大倧敎倧經倧史編纂委員會, 〈茂園宗師의 朝天〉(위의 책), 362~365쪽.

윤세복이 나철교조를 만난 것은 1910년 12월의 일로 기간은 3일에 불과했다. 제2세 교주인 김교헌도 나철교조와 함께 윤세복을 한 번 만났으나 그와 대담한 적은 없었다. 서일은 단 한 번도 만난 적이 없었다. 그럼에도 제2세 교주로부터 후계자로 임명된 것은 평소 그가 대종교에 대한 신앙심이 깊었고 동창학교를 운영하여 민족교육에도 힘쓰고 또한 항일독립정신과 위인됨이 뛰어나다는 것이 널리 알려졌기 때문이었을 것이다. 특히 학문과 종교적 신앙심, 그리고 가계를 통해 볼 때 당대에 명망 높았던 제2세 교주의 지명을 받았다는 사실은 윤세복의 탁월함을 그대로 입증하는 것이라 하겠다.[21)]

3) 대종교의 항일민족독립운동

대종교는 중광된 시점부터 항일구국투쟁의 성격을 띠었다. 대종교의 교단조직과 포교활동, 그리고 민족교육 자체가 항일민족독립운동의 일환이었다고 볼 수 있다. 그러나 대종교계 항일독립운동단체의 독립군이 직접 독립전쟁이나 항일민족독립운동을 수행한 것만을 서술 대상으로 했으며, 이러한 항일독립군과 독립운동단체를 만들 수 있게 한 대종교계의 민족학교 또는 무관학교도 포함시키기로 하겠다. 그리고 항일독립운동단체 또는 독립군의 발족과 재편과정에서의 맥락, 그 속의 인맥과 항일선상에 있어서의 방략과 전략·전술문제, 지리적 문제(관할) 등에 유의하여 서술하려고 한다.

、북간도·북만지역과 서간도·全滿지역으로 대별해 고찰하려고 한다. 우선 북간도 및 북만지역에는 興業團·軍備團·重光團·正義團·軍政府·北路軍政署·新民府·韓族總聯合會·在滿朝鮮無政府主義者聯盟과 明東學校·東昌學校 등으로 맥락을 이어 볼 수 있다. 서간도와 전만지역에서는 신민회의 맥락을 이어서 新興講習所·西路軍政署·大韓統義府·義烈團·光復團·歸一黨·正義府로 맥락을 이을 수 있다. 그러나 인맥과 재편과정에서 체계적으로 그 계열이 그대로 계승된 것은 아니고 다수의 이탈이 있었던 것도 사실이다.

먼저 북간도와 북만지역을 중심으로 보면, 중광단·정의단·군정부·북로

---

20) 大倧敎倧經倧史編纂委員會, 〈奉敎와 入滿活動〉(위의 책), 393~394쪽.
21) 大倧敎倧經倧史編纂委員會, 〈靈骸奉藏〉(위의 책), 395~396쪽.

군정서(일명 대한군정서)·신민부·한족총연합회·재만조선인무정부주의자연맹으로 맥락이 이어졌다고 할 수 있다. 이러한 대맥을 계승하는 가운데 군소 항일독립운동단체(대종교계)가 가입 이탈하는 것을 포함시켜 재편성과정에서 나타나는 대종교계열의 인맥과 대종교의 교리에 바탕을 둔 항일독립운동의 이념 등을 추구하면서 전개한 항일민족독립운동의 성과를 구명해 보고자 한다.

대종교계에서 가장 먼저 항일독립운동단체로서 발족한 것은 중광단이라고 할 수 있다. 중광단은 국내에서 의병전쟁을 전개하다가, 1910년 일제가 한국을 강점하자 그 한계성을 느끼고 두만강을 건너 독립전쟁을 기도한 구한국 군인출신들로 구성된 조직이었다. 이들을 규합하여 중광단을 조직한 중심인물은 서일이다. 서일은 함북 慶源郡 출신으로 일찍이 咸一師範學校를 졸업하고 만주로 망명하여 명동학교를 설립, 항일민족교육에 투신하였다. 그러던 중 대종교가 만주로 이전한 후에 대종교에 입교하여 施敎師·東一道本司 典理·總本司 典講을 역임하고《五大宗旨講演》·《圖解》·《神誥講義》·《眞理圖說》·《會三經》등을 저술하였다. 그는 명동학교에서의 재만 한국청소년들의 민족교육과 대종교의 포교활동에 기여하고 아울러 대종교의 종리연구에도 큰 업적을 남겼다. 또한 그 바탕 위에서 조직적인 항일독립운동을 추진하기 위해 망명한 의병을 중심한 대종교인으로 독립군단을 조직하였다. 단장에 선임된 서일은 중광단의 소재지를 길림성 汪淸縣으로 하였다. 서일은 단원들에게 대종교의 교리와 항일민족독립운동에 대한 의식을 고취시켰다. 그는 무기의 미비로 직접적인 군사행동을 취하지는 못하였지만 그 대신 군사학을 강조하였다.[22]

서일은 일찍이 신학인 함일사범학교에서 수학할 당시 동북아시아 정세의 급변과 외세의 침략을 간파하여 교육으로서 구국해야겠다는 애국계몽운동을 전개하였다. 1910년 일제가 한국을 강점하자 그는 만주로 망명, 일단 구국교육에 투신하였다. 애국교육을 위한 민족교육과 아울러 민족종교가 필요하다고 생각할 즈음, 대종교가 만주로 이전하자, 그는 대종교에 귀의하게 되었던 것이다.

---

22) 金厚卿·申載洪, 〈徐一先生〉(《大韓民國獨立運動功勳史》, 韓國民族運動硏究所), 576~577쪽.
蔡根植, 〈北路軍政署〉(《武裝獨立運動秘史》, 大韓民國 公報處, 1949), 78~79쪽.

그러나 애국교육과 민족종교인 대종교만으로는 목적한 바를 달성할 수 없다고 여기고, 독립전쟁만이 일제를 한국으로부터 구축할 수 있다고 생각하게 되었다. 이러한 선견지명을 가지고 망명의병을 바탕으로 망명대종교와 구국교육을 기반으로 하는 강력한 항일독립운동단체인 중광단을 조직하게 된 것이다.23)

1918년에 만주·노령 유지일동이란 명의로 戊午獨立宣言書가 발표되었다. 이는 대종교의 제2세 교주인 김교헌 외 38명의 이름으로 발표되었다.24) 이 무오독립선언서는 3·1운동의 도화선이 된 2·8독립선언서보다도 앞서는 것으로 항일독립운동의 책원지였던 북간도지역에서 선구적으로 발표되었다는 사실에 큰 의의가 있다.

1910년 일제에 의해 한국이 강점되자 애국계몽운동을 추진하던 항일투사나 의병전쟁을 전개하던 의병, 그리고 애국지사들의 대다수가 망명한 곳은 만주와 노령지역이었다. 특히 북간도는 해외 망명지역 중에서 가장 항일의식이 높았으며 국내 진격작전도 많았던 지역이었다. 1911년에 대종교의 지사가 이 곳으로 이전하고 뒤이어 1914년에 대종교의 총본사마저 이 곳으로 이전함으로써 대종교는 이 지역에서 민족종교로서 항일독립운동에 중추적인 역할을 하였다. 민족학교의 설립과 교육, 그리고 대종교를 바탕으로 항일무장투쟁을 위한 중광단이 창립되었고, 여기에 대종교 시교당이 설치되어 포교활동이 전개됨으로써 항일민족의식을 고취하였던 것이다.

이러한 구국독립운동의 방략으로 대종교의 바탕 위에서 이루어진 중광단이 1918년 무오독립선언서를 발표한 것이다. 무오독립선언서는 대종교의 제2세 교주인 金敎獻이 작성하였다고도 하며, 한편으로는 趙素昻이 지었다는 설도 있다.25) 구국항일을 위하여 대종교에 투신한 김교헌은 《神檀民史》와 《神檀實記》를 저술한 대사학자이고, 대종교의 종리를 연구하여 체계화시킨 위인이었다.

---

23) 金厚卿·申載洪 위와 같음.
愛國同志援護會, 〈北路軍政署〉(《韓國獨立運動史》), 309~310쪽.

24) 李鉉淙 편저, 〈戊午獨立宣言書(1918)〉(《近代民族意識의 脈絡》, 亞細亞文化社, 1979), 175쪽.

25) 三均學會 編, 《素昻先生文集》 하(횃불사, 1979), 157쪽.

무오독립선언서의 서명자에는 대종교의 중진인 김교헌을 비롯하여 3세 교주 윤세복과 金東三・申圭植・朴殷植・朴贊翊・金佐鎭・李始榮・李相龍・申采浩・李東寧 등이 있다. 만주・노령지역 이외에서는 李承晩・安昌浩 등이 명단에 들어 있다. 만주・노령지역 이외에까지 항일독립운동에 명성을 크게 떨친 명사를 포함시킨 것으로 보아, 대종교가 중심이 되어 진행된 항일독립운동은 만주・노령지역의 독립운동세력뿐만 아니라 거족적 차원에서 전개하였던 것이라고 하겠다.

무오독립선언서에 담겨 있는 항일민족독립운동의 방략 등은 종래 나철교조가 대일민간외교에서 주장한 동양평화론 등과는 달리 민족종교의 바탕 위에서 항일민족의식을 고취시켜 조국을 광복하고 말겠다는 굳은 결심과 결단코 殺身成仁으로 독립전쟁에서 민족의 자주독립을 쟁취하겠다는 것을 강하게 투영하고 있다.

무오독립선언은 곧 重光團宣言書로 대종교 간부가 중심이 되어 움직였지만 이 선언은 당시 항일독립운동의 策源地에서 발표된 한민족 전체의 대일항쟁선언이요, 의지의 표현이라고 할 수 있다. 이 무오독립선언이 기폭제가 되어 敵都에서 동경유학생에 의한 2・8독립선언이 나왔고, 국내에서는 3・1독립선언이 거국적으로 일어났다고 해도 과언이 아닐 것이다. 물론 북간도에는 기독교계의 북간도국민회와 大韓正義軍政司・義軍府・光復團・義民團・野團・軍備團・太極團・大震團 등 독립운동단체가 많이 있었다. 3・1운동 직후인 3월 25일 중광단이 정의단으로 재편성되었는데, 대종교인인 徐一・桂和・蔡五・梁玄 등이 주축을 이루었다. 중광단과 마찬가지로 정의단도 무력항쟁을 투쟁목표로 삼았다. 그러나 현실적으로 무기가 없었기 때문에 군사훈련만 계속하던 차에 국내에서 광복단 사건으로 3년간 옥고를 치르고, 1917년 만주로 망명한 金佐鎭장군을 맞이하게 되었다. 중광단・정의단에서 군사면에 역점을 두었던 서일단장을 비롯한 간부진이 김좌진장군과 함께 항일방략에 대해 고심하던 상황에서, 마침 국내에서의 3・1운동의 여파로 항일의식이 고조되어 만주로 망명하는 청년들의 수가 많아졌다. 또한 무기도 구입하게 되었다. 이에 따라 정의단은 더욱 확장되어 항일운동단체와 독립군으로서의 면모를 갖출 수 있게 되었던 것이다.[26]

북간도는 훈춘·화룡·연길·왕청 등 4현을 주로 지칭하는데 초기 대종교인이 거주한 곳은 바로 이 지역이었다. 이 곳의 대종교인을 기반으로 항일민족독립운동을 지도한 것이 중광단·정의단이었다. 여기에서 3·1운동 이후 항일무장독립운동을 총지도한 것은 대종교인 가운데 徐一과 羅仲昭였다. 정의단은 김좌진장군을 맞이하였으며, 3·1운동 후 망명해 온 혁명가와 애국청년들이 수가 늘어나 민족의식이 더욱 고조되었다. 이에 대종교인을 중심으로 한 하나의 항일독립운동단체의 성격을 벗어나 1919년 8월 7일에 정의단을 군정부로 개편하였다. 군정부는 항일독립운동단체 가운데 가장 강력한 무장독립군을 보유한 단체였다. 동시에 행정부를 겸비한 명실상부한 군정부였다. 그 소재지는 汪淸縣 十里坪이고 행정구역은 왕청현을 중심으로 북간도 전지역을 대상으로 하였다. 중심인물은 徐一·玄天默·金佐鎭·金奎植·李章寧·李範奭[27] 등이었는데, 이들의 인물구성을 살펴보면 대종교의 4倧師의 한 사람이었던 서일, 대종교의 핵심간부와 의병출신인 김규식, 舊韓國軍將校 중에서도 명성이 높았던 김좌진장군을 위시한 曺成煥, 그리고 중국 講武堂(中國士官學校) 출신인 동시에 서간도의 新興武官學校 교관을 지낸 李範奭과 李章寧·金燦洙·洪忠憙 등이었다.

특히 일제가 한국을 강점한 직후 장차 조국광복을 위하여 新興講習所가 설립됨으로써 해외 망명지도자들의 군사이론이 크게 발전하였다. 이 신흥무관학교에서 민족의식과 항일의식 그리고 민족주체사관을 정립한 유능한 독립군 지도자들이 북간도의 군정부로 이동하여 독립전쟁에 임하게 되었다. 이렇듯 대종교를 신봉하는 재만한인들의 바탕 위에 강력한 군정부가 수립되어 역사적인 사명을 완수할 준비단계에 이르게 된 것이다.

대종교의 4종사인 서일과 김좌진장군이 주도한 군정부는 다른 독립운동단체가 생각하지 못하였던 재민한인사회를 기반으로 행정구역을 획정하고, 하나의 군사정부를 수립하였던 것이다. 군정부가 수립되자 이를 바탕으로 항일

---

26) 崔衡宇, 〈正義團과 北路軍政署〉(《海外朝鮮革命運動小史》, 東方文化社, 1945), 57~60쪽.
蔡根植, 앞의 글, 78~79쪽.

27) 獨立運動史編纂委員會, 〈北路軍政署의 成立〉(《獨立運動史 5, 獨立軍 戰鬪史(상)》, 獨立有功者事業基金運用委員會, 1973), 363~364쪽.

독립운동을 추진하면서 군사훈련, 무기구입, 재만한인사회의 권익옹호, 대중교섭, 대일항쟁에 대한 방략 구상에 진력하였다. 그러던 중 1919년 4월 3·1운동의 결과로 한국과 해외에 각기 수립되었던 망명임시정부, 즉 漢城政府·露領政府 등 많은 단체들이 효과적인 항일태세를 갖추기 위해 상해에 새로이 대한민국임시정부를 탄생시켰다. 3·1운동 이후 민족의식이 크게 고조된 가운데 小我를 버리고 대국적 견지에서 망명정부가 둘이 있을 수 없다는 것이 주창되었는데, 이것은 항일세력의 힘을 하나로 결집시켜 효과적인 항일독립투쟁을 추진하자는 것이었다. 이에 발맞추어 왕청현에 만들어졌던 군정부도 1919년 12월 북로군정서로 개편되었다. 이러한 개편으로 비록 명칭은 개칭되었으나 사실상 재만한인사회의 조직이나 군정부 자체에는 조직의 재개편에 불과할 뿐 근본적인 변화는 없었다.

북로군정서의 소재지는 왕청현 春明鄕이며 조직부서는 총재 서일, 총사령관 김좌진, 참모장 이장녕 등이었고,[28] 군정서 구성원의 대다수는 대종교인으로서 강한 민족주의자들이었다. 署員은 1,600~1,700명으로 노령으로부터 구입한 무기로 무장되었으며, 속성사관학교를 설치하여 강훈련을 통해 정예의 독립군을 배출하였다.[29] 소장에는 김좌진장군이었고, 교관은 주로 신흥무관학교의 교관이었던 이장녕·이범석·김규식 등이었다. 이들 북로군정서는 재만한인사회의 행정과 노령으로부터의 계속적인 무기 구입·보충(특히 체코제의 기관총 등), 그리고 단기 속성사관학교의 군사훈련과 계속적인 국내로부터의 망명청년의 증가에 따른 독립군의 보충으로 날이 갈수록 강력해졌다.[30]

이와 더불어 북로군정서의 지도층과 구성원의 의식에도 변화를 가져오게 되었다. 중국 동북지역은 장작림의 동북군벌이 지배·통치하고 있었으나 이 지역의 지배층과 대지주들은 거의가 한족이며 민족주의의 성향이 짙은 편이었다. 이 곳에 자리하고 있는 북로군정서의 지도층이나 구성원은 의병과 관료출신, 구한말 군인, 학자 등 다양하였다. 이들 대다수는 외세로부터 조국을

---

28) 愛國同志援護會, 〈北路軍政署〉(앞의 책), 309~310쪽.
29) 慶北警察局, 《高等警察要史》(1929?, 1967년 영인본), 113쪽.
30) 金正明, 〈大韓軍政署司令部日誌送付の件〉(《朝鮮獨立運動 Ⅲ－民族主義運動編》, 東京 ; 原書房, 1968), 967~978쪽.

광복해야 하겠다는 민족의식이 강렬한 인사들이었다. 그러나 상당한 인원이 복벽적 민족주의자라고 해도 과언이 아니었다. 당시 중국의 국가체제는 종래의 전제군주체제에서 공화체제로 전환하였고, 세계적인 사조도 공화정체로 변하였다. 1919년 4월에 탄생한 상해의 대한민국임시정부도 국체를 공화제로 선언하게 되었다. 이와 같이 공화정체가 선포되자 군정부도 1919년 12월 상해의 대한민국임시정부 산하로 들어갔다. 이에 북로군정서로 명칭을 변경함으로써 공화제를 따른 것으로 보아야 할 것이다. 그러나 북로군정서의 지도층이나 구성원 전체가 공화적 민주주의자가 된 것은 아니고, 그 가운데 일부는 복벽적 민족주의자로 잔류한 자도 있었다. 그럼에도 불구하고 북로군정서의 대다수는 대종교인이었으며 북로군정서의 속성사관학교의 국사교재도 김교헌이 저술한 《신단민사》로 교수한 것으로 보아 민족주체사상의 고취와 민족사관의 정립, 그리고 시대적인 흐름에서 공화적 민주주의로의 의식의 변화를 가져와 민족군대의 성격을 지닌 강력한 군정부와 독립군이 이룩되었다고 하겠다.[31]

〈朴永錫〉

---

31) 李達淳, 《韓國政治史 II 韓國獨立運動의 政治史的 硏究》, 中央大 出版局, 1979, 221~230쪽 참고.
金永珍(1920년 滿洲 密山에 居住 : 大倧敎幹部 金永肅과 再從間임)과 필자와의 대담(1982년 9월 20일 청계천 3가 효창빌딩 205호 사무실). 김영진 자신이 직접 《신단민사》를 김교헌 제2세 교주에게 사사하였다고 하고 그 당시 들은 바에 의하면 재만독립운동자는 물론이고 북로군정서 속성사관학교 등 대종교인 재만교육기관에서 교재로서 사용되었다고 증언.

Ⅲ. 근대 과학기술

1. 서양과학에 대한 인식

2. 근대 과학기술의 도입

Ⅲ. 근대 과학기술

1. 서양과학에 대한 인식

실학시대를 거치면서 조선의 일부 식자들 사이에는 서양 근대과학에 대한 동경심이 성장하고 있었다. 하지만 막상 그런 동경이 널리 사회에 퍼져 큰 힘으로 작용하지는 못하는 가운데 조선왕조는 1876년의 개국과 그 후의 개화기를 맞았다. 실학자들에 의한 開眼과 그 후 기독교 때문에 비롯된 지배계층의 위기의식과 위축은 19세기 중반까지 계속되었다. 당연히 아직 서양과학기술을 적극적으로 배워들이겠다는 의식은 자라지 못한 채 나라의 문이 열린 것이다.

집권 초기에 얼마 동안 대원군 李昰應은 서양기술에 관심을 보인 것이 사실이다. 그는 서양 배를 건조하고 서양식 무기를 만들거나 또는 서양무기를 이겨 보려는 신무기 개발에 노력을 기울이기도 했다.[1] 마치 대원군시대 집권자의 의지가 아직 뚜렷하게 근대과학에 대하여 손들어 환영하지 못한 것처럼, 당시 지식층은 아직 일부 실학자들의 저서 속에 흐르는 서양과학의 맥에 접근조차 하지 못하고 있었던 것이 분명하다. 예를 들면 1860년대 중반까지도 책을 쓰고 있었던 崔漢綺(1803~1877)의 여러 글 가운데에는 이미 서양과학의 많은 정보가 담겨져 있었지만, 그것이 얼마나 널리 당시 사회에 퍼졌는지는 의문이다.

결국 개국 이후 서양과학의 내용은 다시 1880년대에 들어가서야 제대로 사회지도층 사이에 전파되기 시작했다고 판단할 수 있다. 특히 1881년 중국 天津에 파견된 조선 역사상 최초의 기술유학생 38명은 領選使行이란 이름으로 알려져 있는데, 비록 짧은 반 년 정도밖에 유학하지 못했지만, 그런대

---

1) 朴星來, 〈大院君 時代의 科學技術〉(《한국과학사학회지》 2-1, 1980), 3~15쪽.

로 가장 초기에 근대 과학교육을 받은 조선인들이었다. 같은 해에 일본에 파견된 紳士遊覽團은 62명의 고급관리 중심으로 구성되었는데, 체계적 교육을 받은 것은 아니었으나 급속히 발전해 가는 일본의 근대문명을 구경하면서 근대과학과 기술의 힘을 주목하게 되었다. 하지만 이런 노력은 지속된 일이 아니었고, 이 두 번만으로 조선에 근대과학의 싹이 트기는 어려운 일이었다.

결국 보다 대중적인 근대과학의 수용은 다른 방법으로 진행될 수밖에 없는 형편이었던 셈이다. 그리고 그런 역할을 담당한 대표적인 경우로는 새로 시작된 대중교육기관이라 할 수 있는《漢城旬報》와《漢城周報》의 발행을 들 수 있다. 물론 1880년대를 특징지어 주는 이 신문들은 당시 중국에 나오고 있던 신문·잡지를 대체로 그대로 옮겨 싣고 있었다. 뒤에는 일본의 신문·잡지도 영향을 주기 시작했지만, 아직 중국어를 읽기는 쉬워도 일본어를 읽는 조선 지식인은 적을 때였기 때문이다.

그런 가운데 근대식 초등 내지 중등 정도의 근대식 교육이 시작되었다. 교육의 확대가 과학을 알리는 시작이 되기도 한다. 1883년 최초의 근대식 학교라는 元山學舍, 그리고 同文學이 시작되었고, 배재학당(85), 이화학당(86)이 등장했다. 1910년까지 문을 연 사립학교 숫자는 약 3,000이었다고 한다. 그러나 이들에서 정말로 내실 있는 근대과학 교육이 시행되었다고는 말하기는 어렵다. 또 학교의 규모와 짜임새로 보아 아직 근대과학을 충실하게 교육할 수 있는 준비는 절대 부족이었다. 우선 근대과학을 교육할 수 있는 인적 자원이 절대 부족했다. 育英公院에는 미국의 대학을 갓 졸업한 선교사겸 교사 3명이 학생을 가르치고 있었지만, 그들이 영어로 가르치는 내용을 얼마나 효과적으로 습득할 수 있었던지도 의문이고, 또 그 교육과정 가운데 들어 있는 과학분야가 실제로 많이 가르쳐지기는 어려웠을 것도 확실하다. 1880년대의 여러 학교에서《한성순보》에 많이 실린 과학기사를 읽는 정도로 과학학습을 했을 것을 짐작할 수 있는데, 이런 학습으로는 과학의 초등교육조차 제대로 할 수는 없는 상황이었다.

결국 근대과학의 수용은 1890년대로 들어가서야 상당히 체계적으로 시작되었다고 판단하게 된다. 특히 1894년의 갑오개혁을 전후해서는 학교교육도 더 충실해질 수 있었는데, 그것은 그 동안에 일본에서 교육받은 지식인들이 생겨났고, 그들이 교사로서 또는 글의 집필을 통하여 근대과학과 근대문명을 계몽하기 시작했던 때문이다. 일본에 유학하는 조선 청년은 1870년대에 이미 생기기 시작했다. 하지만 1880년대까지도 그런 유학은 아주 적은 숫자가 개인적으로 거의 비밀스럽게 진행되었다. 하지만 1884년의 갑신정변에 여러 명의 재일유학생이 귀국해 참가했던 사실에서 알 수 있는 것처럼 1894년 이전에 이미 적지 않은 유학생이 일본을 다녀왔던 것을 알 수 있다.

이런 인력 때문에 갑오개혁 때에는 사범학교를 비롯하여 여러 초·중등학교가 문을 열 수 있었고, 특히 기술관련의 학교들이 생겨날 수도 있었다. 기예학교(1895)·경성의학교(1899)·상공학교(1899)·광무학교(1900) 등이 그것이며 같은 시기에 위생국·전신국·철도국·광산국·기기국 그리고 공업전습소(1902) 같은 정부기관도 등장하여 이들의 활동 영역이 넓혀지기 시작했던 셈이다. 1894년의 갑오개혁이 내세운 〈洪範 14條〉가 젊은이들의 외국유학을 규정하고 있는 것도 이런 필요성을 드러내고 있다. 실제로 그 이듬해 1895년에 당장 182명의 유학생이 일본 慶應義塾에 파견되었는데, 개화기의 최대 규모의 유학이다. 이 교섭은 당시 학부대신 李完用과 경응의숙 社頭 후쿠자와(福澤諭吉) 사이에 맺은 계약에 따른 것인데, 그 후에도 해마다 300명 정도의 유학생을 파견할 예정으로 되어 있었다. 그 후 이 계약대로 유학생이 파견되지 못하고 말았지만, 당시의 인력 수요를 반영하고 있음을 알 수 있다. 그리고 이들 유학생은 일본에서 가르쳐지고 있는 과학을 배워오기 마련이었다. 일본에 간 청소년들은 대체로 초등교육 정도에 머물렀거나, 또는 기술교육을 받고 돌아온 경우가 많았다. 그러나 그나마 이들이 주역이 되어 대한제국시기의 학교교육에서 근대 과학교육이 초보적이나마 실시될 수 있었고, 이들이 또한 근대과학의 교재와 신문·잡지의 글을 통해 근대과학 수용에 중요한 몫을 담당할 수 있었다.[2)]

2) 朴星來, 〈開化期의 科學 受容〉(《韓國史學》 1, 한국정신문화연구원, 1980), 251~268쪽.

1) 수 학

지금 우리는 과학 앞에 수학을 먼저 다루는 수가 많지만, 근대 서양과학 지식이 이 땅에 들어오기 시작할 때에는 수학에 대한 관심은 극히 낮았다. 아니 거의 수학은 관심 밖에 있었다고 생각된다. 그것은 수학이란 전통사회에서의 算術과 근본적으로 달라 보이지 않았기 때문일 것이다.

물론 일부 선각자들은 일찍부터 북경에 들어온 서양수학에서 감동을 어느 정도 받았던 것을 알 수 있다. 그 결과 홍대용도《籌解需用》이란 수학책을 썼고, 또 서양 학문의 특징을 수학적 정확성에서 보았다고 할 수 있다. 마찬가지로 최한기는《習算津筏》이란 수학책을 남기고 있다. 특히 그는 인재를 등용하는 데 수학을 참고하라고 말하고 있기도 하다.[3] 특히 기하학은 동양 사람들에게는 더욱 신기한 분야로 여겨졌음을 알 수 있다. 19세기 초의 李圭景이 그의 〈幾何原本〉에 대한 긴 글에서 말하고 있는 것처럼 그것은 마음을 다스리는 좋은 약(治心之良藥)과도 같이 평가되기도 했다.[4]

그런 가운데 1876년 개국이 있었고, 그에 이어 일본에 몇 차례 수신사가 파견되었으며, 1881년에는 중국에 영선사행이, 그리고 일본에는 신사유람단이 파견되어 근대 서양문명의 진수를 경험할 기회를 갖게 되었다. 이들은 상당히 기술 발달에 눈을 크게 뜨고 감탄했다는 것을 알 수 있다. 하지만 중국에 갔던 기술유학생이나 일본에 갔던 유람단 어느 쪽에서도 수학에 특히 관심을 갖게 된 기록은 보이지 않는다. 80년대에 나온《한성순보》같은 대중매체 역시 수학에는 관심을 보이지 않은 것도 같은 맥락이다.

결국 근대수학의 도입은 정식으로 학교교육이 시작되면서 비롯되었다고 할 수 있다. 1886년 시작된 최초의 근대식 공립학교라 할 수 있는 育英公院에서는 매일 공부해야 할 과목의 하나로 算學을 들고 있는데, 당시 서양선교사들이 처음 와서 가르친 수학이 어느 수준의 것이었던지 확실하지 않다. 우선 교재도 없었을 것이고, 전혀 서양 근대수학에 대한 충분한 지식이 없었을

---

3) 金容雲,《한국수학사》(과학과 인간사, 1977), 219쪽.
4) 李圭景,《五洲衍文長箋散稿》권 15, 幾何原本辨證說(東國文化社 영인본, 1959).

터이기 때문이다.[5]

하기는 최초의 근대식 학교로 인정되는 元山學舍에서도 개교한 1883년부터 수학은 가르쳐졌다고 기록은 전한다. 근대식 학교라면 당연히 근대식 수학도 가르쳐야한다는 인식이 있었음을 알 수 있다. 1886년에 문을 연 이화학당의 초기 교과목에도 산수는 들어 있다. 여기서 가르친 과목으로는 영어·인문·창가·역사·영어·문법·글쓰기·산술 등이 나열되었음을 보아 알 수 있다. 그러나 1880년대의 조선 신식 학교가 어떤 정도의 수학을 어떻게 가르쳤는지 지금 알 수는 없다. 당시 발행된 대중적 매체인 《한성순보》와 《한성주보》에는 과학에 관한 높은 관심은 잘 나타나, 많은 과학기술에 관한 기사를 볼 수 있지만, 수학에 관한 관심은 전혀 드러나지 않는다. 그것은 수학은 상당히 기술적인 분야라고 여겨져 대중 상대로 일반적 지식을 전달할 필요성을 느끼지 못했던 때문이라 생각된다.

결국 수학은 학교교육이라는 제도권 교육을 통해서만 근대화 과정을 겪을 수밖에 없었던 것이다. 그리고 그 학교교육의 근대화는 90년대에 들어가서야 본격화한다. 1895년 4월 한성사범학교 관제가 공포되었다. 그리고 이어서 7월에는 소학교령이 나오는 등 각급학교가 정식으로 설립되기에 이른 것이다. 그리고 이들 여러 학교에는 모두 근대식 수학교육을 의무화했다. 일본은 1872년부터 서양식 수학(洋算)을 공식적으로 채택했지만, 조선왕조는 1895년에서야 이런 조치가 취해진 셈이라고도 할 수 있다.

한성사범의 경우 주간 수업시간은 30시간인데, 그 가운데 수학 수업에 몇 퍼센트를 할애했던가. 규정에 의하면 한 주일의 수업시간 34~35시간 가운데 4~5시간이라고 되어 있다. 수업시간의 10분의 1 정도를 수학교육에 할애한 것이 된다.[6] 수학을 제대로 공부하고 교사가 되는 일이 아직 없을 때였기 때문에, 학교교육에서조차 수학 수준은 극히 낮았을 것은 물론이다.

1895년의 學部令은 수학교육의 목표를 다음과 같이 정의하고 있다—算術

5) 이광린, 〈育英公院의 設置와 그 變遷〉(《韓國開化史硏究》, 一潮閣, 1974 개정), 103~133쪽.

6) 김용운, 〈韓國數學史〉(《韓國現代文化史大系》 III 科學技術史, 高麗大 民族文化硏究所, 1977), 77쪽.

은 日用計算에 習熟하게 하고 겸하야 사상을 정밀케 하고 또한 생업상에 유익한 지식을 여함을 요旨로 함—이런 목표 아래 가르치는 내용으로는 그리 크지 않은 자리수의 加減乘除를 중심으로 한다고 밝혀져 있다. 아울러 소수와 분수도 교육한다고 되어 있으며, 이를 가르치는 데에는 필산과 주산을 함께 가르치는 것으로 되어 있다. 특히 주목할 만한 점으로 수학교육의 내용에 도량형, 화폐, 시각의 계산을 가르치는 것으로 밝혀져 있다. 당시의 시대적 요청을 잘 반영하고 있다고 생각된다.[7)]

그러나 아직 이런 근대식 교육제도가 확립될 수 있는 배경을 갖추지 못한 조선왕조에서는 이런 규정을 급히 일본의 그것을 옮겨 놓기만 한 것으로 드러났다. 실제로 이런 방향의 교육이 보다 본격적으로 시작된 것은 1900년대로 들어가서부터의 일이었다. 1896년 학부에서 펴낸《簡易四則問題集》이후 가장 일찍 출간된 근대식 수학교재로는 1900년의 것을 대표로 들 수 있다.

《精選算學》(1900)은 당시 일본에서 사용되고 있던 수학책 가운데 중요한 것을 골라 편찬한 것이라고 밝혀져 있다. 국한문 세로쓰기지만 算式만은 아라비아숫자로 가로쓰기로 나타낸 것이 당시로서는 대단한 개혁일 듯하다.《算術新書》(1900)는 더욱 가로쓰기를 확대하여 수식과 그 수식이 포함된 문장도 가로쓰기로 하되, 큰 줄기는 여전히 세로쓰기로 하고 있다. 일본의 우에노 키요시(上野淸, 1854~1924)의《近世算術》의 번역으로 광무 4년 7월 19일 學部 편집국장 李圭桓의 서문이 들어 있다. 이에 의하면 學士 李相卨이 우에노의 책을 옮겨 만든 책임자라고 밝혀져 있다. 그런데 이규환의 서문은 순 한문이다. 원서가 된 책의 원래 이름은《普通敎育近世算術》(1888)이고, 지은이는 당시 일본의 민간 수학자로 많은 책을 남겼다.

이보다 1년 뒤인 1901년의《新訂算術》(1901)은 1895년의 소학교령에 의하여 엮어진 尋常科用의 교과서로 각 학년 1권씩이다. 당시 조선의 사정에 맞는 문제를 새로 만들어 사용하고 있어서 당시 사회상을 연구하는 자료로도 유용할 것이다. 그러나 본문이 국한문 혼용인 것과 달리 서문은 역시 순 한문으로 되어 있다.[8)]

---

7) 金貞欽,〈韓國科學敎育史〉(《韓國現代文化史大系》Ⅲ 科學技術史, 高麗大 民族文化硏究所, 1977), 32쪽.

그 후의 대표적인 수학책으로는 대한예수회에서 낸《算學新編》(상·하, 1907)을 들 수 있다. 중학교과서로 만든 이 책은 미국책의 번안판이며, 전면 가로쓰기에 순 한글이다. 구구단이 12단까지 실려 있는 특징을 가지고 있으며, 특히 일본책이 아니라 미국책을 직접 번역한 것으로 보여 당시 다른 교재에 비해 아주 특이하다. 지은이는 미국의사 필하와(Eva Field)이고, 옮겨 풀이한 사람이 申海永이라 밝혀져 있다.

당시 수학교과서 가운데 한 가지 더 예를 들자면《初等算術敎科書》(상·하, 1908)가 있다. 柳一宣이 지은 것으로 밝혀져 있다. 또 표지에는 이 책이 皇城(서울) 倉洞의 精理舍 藏版이라 밝혀져 있는데, 인쇄된 곳은 일본 橫濱(요코하마)으로 기록되고 있다. 유일선은 정리사를 경영한 것으로 보이고, 한국 역사상 최초의 수학잡지인《數理雜志》를 1905년 11월호부터 1906년까지 통권 8호를 발행한 선구자이다. 또 그는 당시 徽文義塾長을 지냈다.

개화기 동안에 출간된 근대수학 교과서들을 출판연도별로 정리하면 다음과 같다.[9)]

1900,《精選算學》, 南舜熙 저 塔印社.
《算術新書》, 上野清 저, 李相卨 역편
1906,《新訂算術》, 李敎承 저, ? (발행)
1907,《簡易四則》, ?, 玄公廉 발행
1908,《代數學敎科書》, 金俊鳳 저, 柳一宣 교열, 발행 鄭象煥
《算術敎科書》, 李敎承 저, 李晃宇 共閱, 李晃宇法律事務所 발행
《高等算學新編》, 필하와 저, 申海永 술, 대한예수교서회 발행
《新訂敎科算學通編》, 李命七 저, 李敎承 교열, 玄公廉 발행
《新撰算術通義(上)》, 洪種旭 편, 博學書館
《中等敎科算術新書》, 上野清 저, 李相卨 역편, 玄公廉
《中等算術敎科書》, ?, 博學書館
《中等算學), 李元祚 저, 大同報社
《算學通編》 상·하, 1908, 李命七 著述, 李敎承 校閱, 玄公廉
《初等近世算術》, 李相益 편, 徽文館

8) 김용운, 앞의 책(1977a), 299~304쪽.
9) 김봉희,《한국 개화기 서적문화 연구》(이화여대 출판부, 1999), 247~253쪽을 수정 보충.

《初等算術敎科書》, 柳一宣 저, 新舊書林
《最新算術》, 金夏鼎 저, 興文社
1909, 《高等小學算術書》, ? 저, 博文書館 발행
《近世代數》, 李相益 編, 唯一書館
《普通敎科算術書》, 洪秀璇 저, 博文書館
《算術書》, 학부 편집국 편, 學部 발행
《算術要解》, 李聖和 저, 廣德書館 발행
《算術指南》, 柳錫泰 저, 廣德書館 柳廷烈 발행
《算學通編》, ? , ?
《平面幾何學》, 李命求 저, 柳一宣 校, 廣東書局
1910, 《新撰代數學敎科書》, 李敎承 저, ?

또 유일선·이상설·이상익 등 이 때 활약한 수학교육자들은 모두 아마추어들임을 알 수 있다. 다른 분야도 마찬가지였으나, 수학의 경우도 일본수학책을 필요에 따라 번역하고, 그것을 새로 생긴 출판 수단을 통해 발간하여 학교교육 등에 사용하고 있었음을 알 수 있다. 예를 들면 위에 소개한 《산술신서》 또는 《중등교과산술신서》를 편역한 李相卨(1870~1917)의 경우 그는 원래 당시 학부 편집국장 李圭桓의 부탁으로 일본 수학자 우에노의 《근세산술》을 번역해 편집한 것으로 서문에 밝혀져 있다. 그가 그 전부터 수학에 어느 정도 관심이 있었다는 것은 알 수 있다. 그는 1886~1887년 쯤에 이미 《數理》라는 책을 쓴 것을 알 수 있고, 1906년 북간도로 망명해 간 다음에도 자신이 세운 학교(瑞甸書塾)에서 《산술신서》로 학생들을 가르쳤다고 밝혀져 있다. 또 그는 당시 천재적 재능을 가진 젊은이로 조선에 수학을 처음 받아들인 사람으로도 《騎驢隨筆》에는 기록되어 있다.[10)]

또 역시 앞에 소개한 유일선처럼 몇 가지 수학교재와 함께 최초의 수학잡지까지 내면서 근세수학의 수용에 노력한 인물이 있지만 이들 모두는 당시 전문수학자가 아니었고, 또 그 후에도 전문수학자로 성장하지 못했다. 그 대표적인 경우로 이상설은 망명 이후 독립운동가로 크게 이름을 후세에 남겼을 뿐이지, 수학을 연구하고 보급하는 일에는 더 이상 종사할 수 없었다.

10) 尹炳奭, 《李相卨傳》(一潮閣, 1984), 16~19쪽.

이것이 개화기 근대수학 내지 근대과학의 특징이라 할 수 있을 것이다.

2) 물리학

근대 서양물리학에 관한 여러 가지 지식은 17세기 이래 서양선교사들이 중국에서 소개한 서양과학의 내용을 흡수하는 과정에서 조금씩 국내 학자들에게 알려졌다. 예를 들면 李瀷·洪大容·丁若鏞을 거쳐 최한기에 이르기까지 상당한 정도의 잡다한 근대 물리학 지식이 조선의 실학자들에게 알려져 있었음을 알 수 있는 것이다.[11] 천체의 운동에 대해서는 이들 사이에 이미 인력 개념이 들어오기 시작했음을 보여준다. 그러나 최한기는 1836년의 《推測錄》에서는 아직도 데카르트의 渦動論(vortex)을 바탕으로 천체의 인력을 설명하고 있으며, 그 후 1858년의 《地球典要》에서 그의 인력 개념이 더 분명해지는 것으로 보인다. 전기와 자기에 대한 근대 물리학적 지식은 역시 19세기 초에서야 나타난다.

나침반은 동양에서는 이미 고대부터 알려졌던 것이어서 새롭지 않았으나, '電氣'란 말이 처음 보이는 것은 최한기의 《身機踐驗》에서였던 것으로 보인다. 이 책은 그가 중국에서 활동하던 선교의사 홉슨(Benjamin Hobson)의 서양의학 및 과학에 관한 책을 토대로 1866년에 쓴 것인데, 끝 부분에 전기란 제목 아래 상당히 상세하게 당시의 전기에 대하여 물리학 지식을 소개하고 있다.[12]

1866년의 전기에 관한 최한기의 지식은 곧 보다 대중적으로 되어 갔을 것으로 보인다. 그보다 앞서서 이미 서울에는 일본에서 수입한 정전기 발생장치가 일부 식자층의 장난감으로 여겨지고 있었던 것으로 보인다. 이규경이 1830년쯤 보았다는 雷法器가 바로 그것이다. 하지만 실제적으로 전기를 몸으로 경험하여 배운 최초의 조선인으로는 1881년 중국에 파견되었던 金允植의 영선사행 가운데 尙澐·安浚·趙漢根 등을 들 수 있다. 1881년 말 천진에 도착한 38명의 기술연수생 가운데 상운과 안준이 전기를 공부하게 되었고, 조

11) 朴星來, 〈19세기 朝鮮의 近代物理學 수용〉(《外大史學》 5, 1993), 243~260쪽.
12) 崔漢綺, 《身機踐驗》 8, 電氣.

한근은 水雷砲를 공부하도록 배치되었다. 1882년 3월 상운은 전기기구 21가지를 가지고 귀국했고, 뒤의 기록에 의하면 상운과 조한근은 국내에서 최초의 전보기술자로도 활동한 것이 밝혀져 있다.13) 이들의 물리학 지식이 어느 정도였던지는 지금 알 수 없다.

광학지식은 역시 서양 근대과학의 핵심부분으로 이익 이래 여러 가지로 알려졌다. 빛의 굴절현상에 대한 지식이 알려지고, 망원경이 1631년 이래 전해졌지만, 그에 대한 구체적 응용이나 지식이 늘어 가지는 못한 채 19세기 중반으로 접어든다. 최한기는 1836년의 《神氣通》에서 소리의 파동현상을 설명하고 있고, 인체의 다른 감각현상도 파동현상으로 설명하고 있는 것이 특이하다. 그가 어디서 이런 생각을 가지게 되었는지는 아직 밝혀져 있지 않다.

개국 이후 물리학 수용의 자취는 당시 널리 지식층 사이에 소개되던 신문이나 책 등을 살펴보아야 그 내용을 파악할 수 있다. 그런 의미에서는 최초로 '物理'란 용어가 근대적 의미로 사용된 것은 《한성순보》가 처음으로 보인다. 1883년 11월 1일자 《한성순보》 제4호는 '論電氣'라는 기사에서 처음으로 근대적 의미의 물리를 말하고 있다. 전기현상에 대한 서양과학을 소개한 이 기사는 '물리'라는 표현을 '物理學家'라는 단어로 처음 사용하고 있다. 순 한문 기사인 이 기사에서는 물리학자라는 뜻의 단어로만 사용되었으나, 그로부터 반년 뒤인 1884년 5월 11일자 《한성순보》에서는 서양의 職工학교, 즉 지금으로 치면 직업학교 제도를 말하면서 東京직공학교의 예를 들고 있다. 이 기사에서 이 일본의 학교는 예과와 본과로 구성되었는데, 예과에서 공부하는 과목으로 대수학·對數용법·기하학·삼각술·물리학·화학·畵學 및 畵法 기하학을 들고 있다.

'물리'라는 표현이 일본에서 들어오고 있음을 보여준다고도 할 수 있다. 실제로 물리라는 근대과학 분야를 가리키는 말은 일본에서 처음 만들어져 동아시아 한문 사용권에 퍼졌다. 실제로 《한성순보》의 이 기사가 일본신문에서 베낀 것인지 또는 중국 언론에서 옮겨 놓은 것인지 확실하지 않지만, 그 때까지도 여전히 중국에서 옮겨 쓴 기록은 대체로 물리란 표현을 사용하지 않

13) 朴星來, 앞의 글(1993), 243~260쪽.

고 있었다고 생각된다.

예를 들면 일본에서도 전에 공부했지만, 그 후 중국에서 오래 있었던 兪吉濬은 그의 《西遊見聞》(1895)에서 '格物學'과 '화학'을 나란히 말하고 있어서 그가 말하는 격물학이 바로 지금의 물리학임을 알 수 있다. 이 책은 1895년 일본에서 발행되었으나, 훨씬 전에 이미 집필되어 있었던 것으로 밝혀져 있다. 그는 이 책을 쓰면서 자신이 직접 경험한 서양문명을 소개하였지만, 그 상당 부분은 그의 스승이기도 한 일본 문명개화운동의 대표격인 후쿠자와 유키치(福澤諭吉)의 책을 참고한 것으로 밝혀져 있다. 그런데 그가 참고한 후쿠자와의 1860년대 책 《西洋事情》은 아직 일본에도 물리란 표현이 사용되기 전이어서 당연히 그런 표현을 읽은 일이 없었던 것으로 보인다.[14)]

결국 1883년 말에 이미 물리학이란 표현이 《한성순보》에 한 번 나타나지만, 그것이 어느 정도 조선의 지식층에게 알려진 것은 10여 년 뒤 《독립신문》 때부터였을 것으로 보인다. 1898년(광무 2) 9월 16일자 《독립신문》은 도량형 개량계획에 대해 논평하면서, 다음과 같은 물리학이란 표현을 쓰고 있다. 영국과 미국 두 나라는 원체 오랜 동안 그들나름의 도량형제도를 써 왔고, 또 수많은 책에 모두 그 법을 써 놓았기 때문에 지금 갑자기 바꾸기 어려워서 겨우 물리·화학 등의 학문분야에서만 채택하고 있지만, 대한제국에서는 아직 통일된 도량형이 전국에 사용되지도 않고 있어서, 어차피 새로 도량형을 정해야 하니 미터법을 채택하자는 주장을 담은 논설이다.[15)]

1899년에는 3월부터 漢城義塾의 광고에, 그리고 5월부터는 培英義塾 광고에 학생들에게 이런 과목을 가르친다면서, 산술·물리학·화학 등이 그 과목 가운데 들어 있다. 훨씬 전인 최한기의 1836년 작품에도 '물리'란 말은 나오지만, 그것은 전통유학사상에 흔히 등장하는 용어로서의 물리였을 따름이다. 또 1883년의 《한성순보》에도 근대과학의 물리란 용어는 등장하지만, 이 경우에는 그저 스쳐 지나는 정도로 외국의 글을 옮겨 오는 과정에 들어온 정도임이 분명하다. 결국 1898년의 《독립신문》이 처음으로 물리학이란 용어를 제

14) 兪吉濬, 《西遊見聞》 13편, 學業하는 條目·格物學(《兪吉濬全書》 I, 一潮閣, 1971, 350쪽).
15) 《독립신문》 3권 140호, 광무 2년 9월 16일.

대로 그리고 그 후 지속적으로 쓰기 시작한 경우라고 판단된다.

물론 그에 앞서서 근대물리학의 내용은 여러 가지로 국내에 들어오고 있었음은 앞에서 이미 지적한 바와 같다. 실학자들 글 가운데 이미 근대물리학의 여러 가지 내용이 들어 있음을 알 수 있기 때문이다. 하지만 이렇게 시작된 단편적 근대물리학 지식의 수용은 1880년대 이후에서야 조금씩 체계적으로 이 땅에 알려졌고, 결국 1890년대에서야 근대식 학교교육에서 물리학 내용이 어느 정도 조직적이고 체계적으로 교육되기 시작했던 것으로 보인다. 그렇다고 아직 그런 교육을 제대로 담당할 만한 물리교사가 조선에 양성된 일은 없다. 일본과 중국에 번역 소개된 물리학책이 국내에 들어와 그대로 사용되는 단계에 들어서고 있었을 따름이다.

그리고 이렇게 시작된 물리학교육은 1900년대로 들어가서 보다 본격화되었다. 학교교육이 자리잡기 시작하면서, 보다 더 체계적인 일본 과학교재가 국내에 번역되어 소개되기 시작했던 까닭이다. 앞의 수학의 경우나 마찬가지로 일본교육을 조금이나마 받은 지식층이 주로 일본책에서 물리학 내용을 번역해 소개하기 시작했다.

그 결과 국내에 소개된 초기의 대표적 물리학교재로는 1906년 발행된 소학교용 《간이물리교과서》(崔在學 譯述, 朴晶東 校閱, 徽文館 인쇄)를 들 수 있다. 이 책의 구성은 다음과 같다.16)

> 제1장 물리학, 제2장 고체학, 제3장 水學, 제4장 기학, 제5장 성학, 제6장 광학, 제7장 열학, 제8장 전학, 제9장 結語.

모두 72쪽밖에 되지 않는 초급 교재로서는 물리학의 모든 분야를 다루고 있음을 알 수는 있으나, 당연히 그 내용은 아주 짧고 초보적이다. 어느 책인지 아직 확인되지 않았으나, 일본책을 옮겨 놓은 것이 분명하다.

역시 같은 1906년에 나온 《新撰小物理學》은 아주 착실하게 쓰여진 교과서다. 국민교육회에서 발행한 것으로 저자는 분명하지 않으나, 발행자는 국민교육회의 吳相奎라 밝혀져 있다. 1904년 계몽단체로 시작한 국민교육회는 여

16) 김정흠, 〈韓國物理學史〉(《韓國現代文化史大系》 Ⅲ, 1977), 100~101쪽.

러 가지 교과서를 편찬해 냈는데, 그 가운데 이 책이 누구에 의해 쓰여졌는지는 밝혀져 있지 않지만, 미국인 스지-루씨의 理學說을 따라서 썼다는 앞의 예문으로 보아 미국인 책을 일본인이 발행하고, 그 일본어역을 다시 옮겨 놓은 것이 분명하다. 다른 국민교육회 책이나 마찬가지로 국한문 혼용이고, 107쪽에 그림이 64장이나 들어 있다. 발행된 즉시 1906년 7월 17일자 《황성신문》에 책 광고까지 났고, 1910년에는 동문서림에서 다시 출간된 것으로 보아 상당히 당시로서는 많이 팔린 물리학책으로 보인다.[17]

모두 10장으로 구성되었는데, 그 내용은 다음과 같다(원래는 거의 다 漢字임).

1. 총론-물리학의 정의, 三體, 물질의 불멸, 분자 급 원자.
2. 각종 인력-인력·중력·응집력·부착력.
3. 力의 작용-動靜, 합력, 重心, 반사운동의 규칙, 물체의 勢(에너지), 振子, 槓杆, 落射定律.
4. 液의 성질-액체압력의 전파, 액의 압력, 수면평균, 水準器, 액체의 부력.
5. 기체의 성질-기체의 중량, 대기, 대기의 압력, 배기통.
6. 聲音-진동 급 매개, 파급, 음원, 음의 속도, 음의 반사, 음의 강약, 음의 고저, 축음기, 耳.
7. 열-열의 정의, 열의 전도, 삼체의 팽창, 한난계, 비등, 증류, 증기의 기관, 운우박설노상, 열의 대류, 비열, 冷劑, 연소.
8. 광-광의 본성, 광의 직진, 광의 속도, 투명 불투명, 광의 반사, 광의 굴절, 三稜유리, 렌스, 현미경, 망원경, 쌍안경, 광의 분해, 광의 흡수 및 방출, 광의 枉撓·虹霓·日暈 및 月暈·迷映·眼·발광체.
9. 電-전의 상태, 마찰전, 기전기, 험전기, 헤이덴담, 전기의 발광작용, 避電計, 전류, 전지, 전신기, 전기등, 생리의 작용.
10. 자석-發磁의 작용, 자침에 及하는 전류, 자석의 양극, 천연자석.

그 후에 나온 물리학 내지 물리학·화학을 함께 다룬 이른바 理學관련 교과서들은 대강 다음과 같다.

1906, 《新撰小物理學》, 國民教育會 저, 國民教育會 吳相奎

17) 김봉희, 앞의 책. 267~268쪽.

1907, 《小物理學》, ?, 普成館
1908, 《普通理科敎科書》, 普成館
《物理學初步》, 安一榮 저, 柳一宣 교열, 博文書館
《普通理科敎科書》, 普成館
《新撰理化學》, 朴晶東 저, 廣學書舖
《理科書》, 學部 編輯局 편, 學部
《中等物理學敎科書》, 閔大植, 徽文館
《初等物理敎科書》, 安衡中 교열, 陳熙星 역편, 義進社
《(초등용)簡明物理敎科書》, 崔在學 역, 朴晶東 校正, 安峴書館 河益泓
1910, 《改訂新撰理化學》, 朴晶東, 廣學書舖
《改訂中等物理學敎科書》, 閔大植 편, 閔大植
《新撰實驗理化學敎科書》, 李觀熙, 廣韓書林
《普通物理敎科書》, ?, ?

진희성은 보성관의 번역원, 안형중은 공업전습소 기사라는 정도가 알려져 있으나, 물리학교과서를 펴낸 당시 인물들의 이력이나 그 후의 활약에 대해서는 아직 밝혀져 있지 않다. 수학이나 마찬가지로 물리학을 소개한 인물들 역시 물리학에 정식으로 교육받은 인물도 아니었고, 그 후 물리학으로 들어간 사람도 없던 것으로 보인다. 물론 이들 교과서 이외에도 약간의 일반용 물리학책이나 일본책을 번역해 낸 것들도 있었다.

3) 화 학

化學이란 용어는 중국에서 먼저 만들어졌고, 이 말은 아마 1870년대쯤에는 조선 지식층에게도 중국에서 나온 책을 통해 알려졌을 것으로 보인다. 1884년 5월과 6월의 《漢城旬報》에는 산소·수소·질소·탄소·염소·탄산가스 등을 나타내는 중국 용어들이 소개되고, 그 원전을 《化學鑑原》으로 밝히고 있다. 《화학감원》이란 책은 6권으로 1872년 江南製造局에서 후라이어(傅蘭雅, John Fryer)와 중국 근대화학의 아버지라 불러도 좋을 화학자 徐壽가 번역해 낸 책이다. 근대화학의 내용을 전하기 시작한 것을 알 수 있다. 화학이란 말은 그보다 훨씬 전 1850년대에 이미 만들어져 사용되기 시작했지만, 조선에 그 말이 전해진 것은 이 기사보다 얼마나 이른 일인지 아직 밝혀져 있

지 않다.[18)]

하지만 실질적인 근대화학에 접한 조선인으로는 오히려 《한성순보》에 소개된 화학 내용보다 먼저 1881년 중국 천진 기기창에 유학갔던 우리 기술 유학생들을 꼽을 수 있을 것이다. 金允植이 이끄는 영선사행의 이들 유학생은 38명이 중국에 파견되어 그 가운데 일부 학생이 화학 교육을 받았던 것이다. 한국 최초의 화학자로는 이들을 꼽을 수밖에 없을 성싶다. 예를 들면 이 유학생 가운데 金台善·黃貴成은 산(礙水=酸)에 대하여, 그리고 金興龍과 金德洪은 화약에 대해 공부하도록 배치되었다. 이 가운데 황귀성은 두 달 뒤 3월에는 수은·염산·알코올 등을 가지고 와서 함께 중국에 가 있던 영선사 김윤식 앞에서 신기한 화학실험을 해 보여준 기록도 보인다.[19)]

또한 원래 영어를 배우던 李熙民에게 5월 28일에는 '화학'을 배우게 했다는 기록도 보인다.[20)] 이들은 이듬해 1882년 국내에서 임오군란이 일어나자 거의 바로 다 철수했는데, 그 때 가지고 귀국한 책들 가운데에는 화학책도 여럿 포함되어 있었다. 실험기구와 화학약품도 여러 가지 수입되었다. 다만 그 후 이들 최초의 화학자들이 어떻게 되었던가는 아직 연구된 일이 없다.

1882년 유명한 池錫永의 '개화 상소'에는 그가 생각한 여러 가지 개화에 필요한 책 이름이 들어 있는데 그 가운데에는 중국에서 나온 《박물신편》·《격물입문》·《격치휘편》이 들어 있고, 국내에서 나온 安宗洙의 《農政新編》도 들어 있다. 이들 과학관련 서적은 상당한 수준의 화학 내용을 담고 있어서 이 책들이 이미 조선 후기에 국내에 수입되어 읽혀지기 시작했음을 알 수 있다. 당시의 화학 수용의 수준을 짐작할 수 있다. 또 안종수의 《농정신편》은 1881년 일본에 파견되었던 신사유람단의 한 사람으로 일본에 갔다가 당시 일본의 농학자 쓰다 센(津田仙)의 농업기술을 책으로 엮어다가 국내에 소개한 것으로 그 내용 가운데에는 근대화학이 포함되어 있다. 일본의 쓰다는 화란의 농학자의 서양 농사기술을 배워 들여왔던 것이었다.[21)]

---

18) 坂出祥伸, 《中國近代の思想と科學》(同朋舍, 1983), 특히 4장 4절 청말민국초 化學史의 일측면—元素漢譯名의 定着과정.

19) 金允植, 《陰晴史》 상, 고종 19년 1월 8일(62쪽), 고종 19년 3월 11일(114~115쪽).

20) 金允植, 《陰晴史》 하, 고종 19년 5월 28일(168쪽).

1866년에 쓴 것으로 밝혀진 최한기의 《신기천험》은 주로 서양 근대의학을 소개하고 있으나 제8권에는 물리학과 특히 화학에 관한 내용이 비교적 자세하게 나온다. 당시까지에 가장 상세한 근대화학이 소개되어 있다고 생각된다. 특히 세상에 존재하는 원소(物類之元質)을 56가지라고 말하고 있다.[22] 중국에 나와 있던 서양과학서를 참고하여 소개하고 있는 그의 노력은 때로는 엉뚱한 오해를 보여주기도 하는데 예를 들면 지구 둘레를 싸고 있는 공기에는 여러 가지가 있는데, 사람이 숨쉬는 공기를 生氣라 하지만, 이를 나눠 보면 養氣・淡氣・濕氣・炭氣・輕氣・電氣 등으로 나눠진다는 것이다.[23] 물론 이런 분류는 지금으로 보면 잘못된 것이다. 이어서 이들 기체에 대해 설명이 상세하게 이어진다. 물론 양기・경기・담기・탄기로 이어지는 기체 이름은 요즘 표현으로는 산소・수소・질소・탄소(사실은 탄산가스) 등을 차례로 가리킨다. 또 계속해서 황산・질산・염산 등의 산에 관한 설명도 있다.[24]

앞에 소개한 1881년의 영선사행의 유학생들이 배운 근대화학의 내용이 글만으로는 이미 최한기의 책에 소략하게나마 소개되어 있었음을 알 수 있다. 다만 그의 소개는 아직 당시 조선 지식인에게 읽히기 어려웠을 것으로 보인다. 혹시 누가 읽었다해도 무슨 뜻인지 이해하기는 아주 어려웠을 것으로 보인다. 근대화학의 지식이 전혀 없는 상태에서 글로만 중국자료가 옮겨져 있는 상황이었기 때문이다. 최한기 자신조차 무슨 뜻인지 모른채 베꼈을 것으로 보인다.

이런 전통을 이어받아 보다 대중적으로 근대화학의 내용을 국내에 소개한 경우로는 《한성순보》를 들 수 있다. 《한성순보》 22호에는 중국에서 나온 《化學鑑原》을 베낀 기사로 산소・수소・질소에 대한 기사가 양기・경기・담기라는 표현 아래 실려 있다. 그 밖에도 여러 가지 화학 소개가 있는데, 15호에 실린 〈化學功用〉이란 기사는 당시 조선 지식층이 얼마나 근대화학에 무지했던가를 역설적으로 보여주기도 한다. 미국에서는 시간당 5천개의 달걀

21) 李光麟, 〈安宗洙와 《農政新編》〉(앞의 책, 一潮閣, 1974), 220~233쪽.
22) 朴星來, 〈19세기 서울 사람 崔漢綺의 세상 구경〉(《典農史論》 2, 1996), 115쪽.
23) 崔漢綺, 《身機踐驗》 8 : 1b(여강출판사 영인본 권 1, 493쪽).
24) 崔漢綺, 위의 책 8 : 11b~14b, 498~499쪽.

을 만들어 낼 수가 있게 되었다는 전혀 화학과 상관없는 듯한 기사가 그것이다.[25)]

1899년의 《독립신문》에는 〈화학이 요긴한 것〉이란 제목의 기사가 보인다.[26)] 아주 흥미로운 이 기사는 하루치 신문의 3분의 1이나 될 정도로 아주 길게 쓰여져 있는데, 그 요점은 다음과 같다. 사람들이 농토는 많고 사람이 적어야 좋다고 하지만 그렇지 않다면서, 오늘날 농사는 화학의 발달로 개혁되고 있으니, 화학을 연구하면 훨씬 효과적인 농사가 가능하다는 주장이다.

> 화학의 이치를 날로 궁구할수록 먹을 물건이 날로 더 생기리라…화학의 이치로 전답을 다스릴 것 같으면, 척박한 흙이 변하여 좋은 밭이 될 것이요…밀가루의 이치를 분석하여 보건대 100근 가운데 1근 쯤은 그 땅에서 나온 힘을 받고, 99근은 모두 공기의 힘으로 된 것이다. 공기란 취하여도 다하지 아니하고 한없이 있는 물건이다. 땅에 있는 모든 것을 취하여 사용한 사람이 오직 鱗기와 鉀기와 淡기를 쓸 줄 모르더니 화학가에서 그 세 가지 기운을 다 발명하였음에…그뿐 아니라 나무는 원래 炭기와 養기로 자라는 것이라…(순 한글기사를 현대문장으로 고침, 한자는 원래 들어 있는 대로임).

이 글은 독일에서 곡식 씨앗 4개를 심어서 1,335개 낟알을 얻었고, 또 다른 실험에서는 메밀 한 알을 항아리에 심어서 796알을 수확했다고도 쓰고 있다. 따라서 이 논설의 결론은 "대한 사람들도 화학공부에 힘들을 조금 썼으면, 대단한 이익이 분명히 목전에 있을 듯하도다"라고 되어 있다.

1907년의 《고등소학독본》에는 '空氣'라는 제목 아래 다음과 같은 글이 보인다. "무릇 空氣라는 것은 兩質로 합성한 것이라, 하나는 養氣니 능히 養生하는 것이요, 다른 하나는 淡氣니 양생에 불능한 것이라. 此氣는 지면을 덮어 높이가 약 150리 남짓이니…"[27)]

아직 조선에서는 근대화학의 기본용어라 할 수 있는 공기의 이름이 중국에서 채택했던 용어를 사용하고 있음을 알 수 있다. 물론 이 때쯤부터는 일

---

25) 朴星來, 〈한성순보. 한성주보의 근대과학 수용 노력〉(《新聞硏究》 36, 1983 겨울), 49쪽.
26) 《독립신문》, 광무 3년 7월 31일.
27) 《高等小學讀本》 권 2(1907), 81쪽.

본의 화학교재를 옮겨 오기 시작했고, 자연히 양기·경기·담기 대신에 산소·수소·질소라는 일본식 용어가 스며들기 시작했을 것이다. 그러나 1909년 5월에 백과사전 같이 당대의 상식을 모아 책으로 내면서 皇城新聞社의 張志淵은 〈물의 분자〉(水分子)라는 항목에서 라봐지에(Lavoisier, 拉布亞塞)가 18세기 말에 물은 養氣와 輕氣가 결합된 것임을 발견했다고 써 놓고 있다.[28] 1909년이라는 시점에서 장지연은 한자 표현을 중심으로 글을 쓰고 있으며, 화학용어조차 중국의 것을 사용하고 있음을 알 수 있다. 아마 그는 아직 일본책을 별로 접하지 못한 채였기 때문에 이렇게 된 것이 아닐까 생각된다.

당시 동아시아 세 나라에서는 처음부터 서양 근대과학 가운데에도 특히 화학이 관심을 많이 끌었음을 알 수 있다. 중국에서 1850년대부터 약 반 세기 동안 번역되어 나온 서양과학서 가운데 단연 화학책이 많았고, 일본의 경우도 비슷한 현상을 주목하게 된다. 이에 대해 일본인들에게 당시 물리나 수학보다 화학이 인기를 끌었던 원인으로는 당시 일본인들에게 염료·화약·비료 같은 것이 모두 서양문물 가운데 크게 주목받은 시점이었기 때문이라는 해석이 있기도 하다.[29] 어느 의미에서는 중국과 조선에서도 비슷한 이유로 화학은 관심을 끌었을 것으로 보인다. 말하자면 가장 실용적인 서양과학으로 보였을 것이기 때문이다. 조선의 경우 영선사행으로 갔던 기술유학생 가운데에서도 이런 현상을 느끼게 된다. 앞의 수학과 물리학 부분에서 소개한 것처럼 화학 역시 근대교육이 시작되고, 일본유학이 확대되면서 조금씩 국내에 자리잡게 되었음을 알 수 있다. 특히 화학의 경우는 80년대 이후의 몇 가지 정부의 기술기구와 공장, 그리고 1902년의 공업전습소 시작이 보다 중요한 시발점이 되었을 것은 물론이다. 앞에 물리학분야에서 소개한 물리학과 겸한 교과서를 빼고 화학분야만을 다룬 당시 교과서로는 다음과 같은 것들이 눈에 띈다.

1907, 《奇術學》, 宋致用 저, 元泳義 校閱, ?

---

28) 張志淵, 《萬國事物紀原歷史》, 49쪽.

29) 마루야마 마사오·가토 슈이치(임성모 역), 《번역과 일본의 근대》(이산, 2000), 146~148쪽.

1908, 《近世小化學》, 閔大植 저, 徽文館
《新撰化學敎科書》, 正銑 교열, 義進社

《奇術學》의 교열자로 되어 있는 元泳義는 몇 가지 책을 낸 것으로 밝혀져 있는데, 그 가운데 가장 대표적이라고 보이는 저서는 단군부터 고려까지를 다룬 《新訂東國歷史》(1906)와 조선시대 역사를 쓴 《國朝史》(1910?) 등 국한문 혼용의 역사책을 들 수 있다. 그는 물론 다른 사람들도 앞의 물리학을 소개한 인물들처럼, 화학을 정식으로 교육받거나 나중에라도 화학을 전공으로 공부한 사람은 없었던 것 같다.

4) 박물학

식물·동물·광물을 아울러 당시에는 博物學이라 하였다. 최초의 박물학 교재로는 1907년 6월 초판의 국민교육회의 《新撰小博物學》을 들 수 있다. 3편 26장 21절로 구성되었는데, 제1편 식물학이 5장 14절, 제2편 동물학이 11장 5절, 제3편 광물학은 10장 2절로 되어 있다. 삽도가 많이 들어 있고, 1907년 11월에 이미 재판, 그리고 1909년에는 다시 3판을 냈다. 재판에는 이 책의 지은이가 兪星濬(1860~1934)이라 밝혀져 있다. 유명한 개화기 사상가 유길준의 동생인 유성준은 이것 이외에도 여러 가지 근대 학문을 소개하는 책을 썼다.

이 밖에도 1910년에는 李觀熙가 지은 《最新博物學敎科書》가 나왔는데, 역시 식물·동물·광물의 순서를 따르고 있다. 그런데 이들 이외에 理科라는 말이 박물학보다 좀더 넓은 뜻으로 사용되고 있음을 알 수 있다. 예를 들면 玄采가 지은 《最新新高等小學理科書》는 식물과 동물(1권), 地文과 광물(2권), 물리와 화학(3권), 생리와 위생(4권)으로 구성되어 있다. 그 밖에는 여러 가지 식물학·동물학·광물학교과서가 발행되었음을 알 수 있는데, 1906년 윤태영이 지은 《식물학교과서》가 식물학에 관한 첫 교재인 것으로 보이고, 1908년에는 동물학교재도 적어도 세 가지가 나왔다. 책에 광물학이란 제목을 단 경우로는 1907년에 나온 閔大植이 번역 편찬한 《礦物界敎科書》(휘문관 발행)가 있는데, 국한문 혼용으로 36개의 삽화가 들어 있다. 1908년 玄公廉이 쓴 《중등광물학》이 그 다음 정도로 보인다.[30]

그러나 이렇게 박물학을 교과목 이름으로 사용하여 교과서를 짓고 있던 것과 달리 그에 앞서서 이미 '생물학'이란 용어가 조선사회에 알려져 있었음을 알 수 있다. 1897년에 《독립신문》은 '생물학'을 제목으로 연재기사를 길게 쓰고 있다. 〈론설〉이란 제목 아래 생물학에 관한 연재는 이렇게 시작한다.

> 학문이라 하는 것은 다름아니라 갖가지 문건과 생물의 자연스런 이치를 자세하게 아는 것이 학문인 바, 우리는 틈있는 대로 학문상의 도움될 만한 이야기를 실으려 하거니와, 오늘은 생물학을 먼저 시작하여 조금씩 이야기하겠노라(《독립신문》, 건양 2년 6월 17일(71호)).

이 기사는 1897년 6월 17일 71호부터 시작하여 7월 24일 87호까지 자그마치 17호에 걸쳐 연재되었다. 《독립신문》이 어느 기사보다도 길게 다룬 중요한 기록으로 볼 수 있을 듯하다. 어쩌면 이 신문을 주관하던 의사로서의 서재필이 직접 자신의 전문분야에 가장 가까운 생물학을 소개했던 것이기 때문이라고도 생각된다.

주목할 만한 사실은 이 긴 기사에서는 한결같이 한글 전용과 우리말 용어의 사용을 위해 크게 힘쓰고 있음을 알 수가 있다. 우리말로 아직 알 수 없는 동물에 대해서는 그 이름을 영어 발음기준으로 표기하고 있는 수가 아주 많아서, 히포파다무슈·라인아셰로스·갱가루·오포슴·돌핀·크락코다일·캐밀욘·파이손·코부라 등등이 영어 발음대로 표기되어 있다. 또 세상 만물을 금수·초목·금석으로 나눈다고 시작한 다음에는 '즘승'에 대해 쓰고 있는데, 먼저 등뼈 있는 즘승을 소개한다. 여기 속하는 것들로는 젖 먹는 즘승(4다리)·새·배암 같이 가는 즘승·슈토(水土)에서 다 사는 즘승(양서동물), 물 속에 사는 생선 등의 5가지를 말하고, 이를 다시 더운피와 찬피동물로 나눈다.

그리고 84호부터 86호까지는 15만 가지나 있다는 버러지에 대한 소개가 시작된다. 그리고 이어서 86호에는 눈으로 볼 수 없는 즘승에 대한 기사가

30) 김봉희, 앞의 책. 271~276쪽.

계속되는데, 이에 의하면 세상에는 이런 즘승이 여러 백만 종류나 있고, 이들이 사람의 병을 일으키고 전염시킨다고 설명하고 있다. 이만하면 당시로서는 가장 잘 준비된 생물학교과서라고도 할 수 있을 듯하다.

《독립신문》에는 그보다 1년 전에 '박테리아'란 말을 처음 사용한 기사가 있는데, 이것도 생물학 소개의 일부라 할 수 있을 듯하다.[31] 10년도 더 뒤인 1908년에 나온 국어교과서는 '박테리아'를 제목으로 달고 이에 대해 설명하고 있기도 하다. 이 글은 "박테리아는 가장 細微한 동물이니 顯微鏡이라 하는 眼鏡이 없으면 능히 보지 못하는도다."로 시작한다.[32]

실제로 생물학이 이 땅에서 연구되기 시작한 것은 조선의 학자에 의해서가 아니라 외국학자들에 의해서였다고 할 수 있다. 동물학·식물학·지질학 등이 모두 서양학자들에 의해 시작되었고, 그 후 일본인 학자들이 그 뒤를 이어 연구자로 활약했던 것이다. 1910년 이전에는 조선학자란 전혀 있을 수 없었던 때문이다. 물론 물리학이나 화학의 경우에는 외국학자가 이 땅에서 연구할 이유가 없었으나, 박물학분야는 이 땅에 사는 동물과 식물, 그리고 한반도의 땅 자체가 외국에서는 연구할 수 없는 현장성의 문제가 있기 때문이었다.

예를 들면 한국의 해방 이전의 생물학사는 제1기(1854~1882), 제2기(1883~1899), 제3기(1900~1910), 제4기(1911~일제시기)로 나눌 수도 있다.[33] 1854년 4월에 독일인 슐리펜바크(Baron Schlippenbach)는 군함(Palace)을 타고 동해안에 와서 50여 종 한국식물을 채집하여 유럽학계에 보냈고, 이것이 화란학자(F. H. Miquel)의 연구자료가 되어 1865년 이후 몇 차례 논문으로 발표되기에 이른다. 그 후 여러 서양학자들의 동식물 채집보고가 계속되었고, 1869년에는 윌리엄슨(R. A. Williamson)이 중국의 북쪽, 만주, 몽고, 조선을 여행하여 얻은 식물정보를 보고한 일도 있다. 1883년부터는 보다 장기간 직접 체류하면서 연구하는 생물학자가 등장했고, 이들의 활동상은 일부 쿠랑의 《한국서지》에

31) 《독립신문》, 건양 1년 5월 19일.
32) 〈國語讀本〉, 권 8-9과(《韓國開化期敎科書叢書》 6), 466쪽.
33) 金昌煥, 〈韓國生物學史〉(《韓國現代文化史大系》 III 科學技術史 高麗大 民族文化硏究所, 1977), 145~182쪽.

도 소개되어 있다. 그리고 대체로 1900년부터는 서양학자들 대신 이웃 일본 학자들이 비슷한 역할을 맡아 활동하기 시작했다.

지질학연구 역시 조선학자가 전혀 없는 가운데 서양학자들이 먼저 조선지질을 연구하기 시작했다.[34] 1862년부터 3년 사이에 미국의 지질학자 펌펠리(Raphael Pumpelly)가 처음으로 중국 북부에서 몽고, 만주, 한국의 지질조사를 시도했다. 그리고 1886년 독일 지질학자 고체(C. Gottsche)은 한국지질 전반을 조사한 일이 있다. 암석채취 발표는 그 직전의 1884년에 골랜드(W. Gowland)에 의한 조사가 1891년 발표된 일이 있다. 지질학 역시 이렇게 한반도를 대상으로 서양학자가 먼저 시작하고, 그 뒤를 일본학자가 이어갔다고 할 수 있다. 물론 이런 조사는 아직 본격적인 조사·연구라기보다는 대체적인 표본의 수집·정리 단계가 시작되었던 것을 의미한다.

5) 천문학과 기상학

이미 실학시기의 학자들에 의해 서양천문학은 대단한 관심의 대상이 되어 있었다. 그것은 세상의 모양에 대한 전혀 새로운 생각을 가능하게 해 주었던 때문이다. 예를 들면 이익 같은 학자는 중국을 더 이상 세상의 중심이라 볼 필요가 없게 된 상황에서 나라마다 자기 사는 곳이 세상의 중심이라고 생각할 수 있음에 주목하기도 했다. 그와 함께 이상한 천문현상을 하늘이 내리는 災異라 여겼던 전통적 자연관도 사라져 갔다.

최한기가 중국의 《海國圖志》 등을 참고하여 1857년 《地球典要》를 쓴 것에서도 이미 19세기 후반의 조선 식자들에게 지구의 모양과 우주 속에서의 지구의 위치 등에 대한 관심이 대단히 높았음을 알 수 있다. 실제로 개국 직후의 지식층에도 이런 경향은 그대로 지속되었음을 알 수 있어서, 예를 들면 1883년에 처음 발간된 최초의 신문 《한성순보》는 바로 이런 문제를 처음 여러 호에 걸쳐 다루고 있다.[35]

---

34) 孫致武, 〈韓國地質學史〉(《韓國現代文化史大系》 Ⅲ 科學技術史, 高麗大 民族文化硏究所, 1977), 235~250쪽.

35) 朴星來, 앞의 글(1983), 39~73쪽.

《한성순보》는 국내기사·외국기사 그리고 集錄이란 3가지 기사로 구성되어 있는데, 이 가운데 집록이 가장 길게 쓰여진 해설기사라 할 수 있다. 이 신문의 첫호에 들어 있는 집록기사는《地球圖解》·《地球論》·《論洲洋》등 세 가지인데 모두 천문·지리라 할 수 있다. 그 다음에도 집록기사의 상당 부분이 바로 천문과 지리에 관한 것임을 알 수 있다. 당시 신문을 읽는 지식층이 얼마나 당시 서양인들의 상식이 되어 있던 우주의 구성과 지구의 모양 등에 대해 모르고 있었던가를 역설적으로 알려준다. 천문학에 대한 여러 가지 정보가 아주 많은데, 망원경과 음력과 양력에 대한 기사도 있고, 16호(1884년 3월 1일)에는 천문학사를 소개한 기사 〈星學源流〉와 점성술의 잘못을 지적하는 기사 〈占星辨謬〉가 나란히 실려 있기도 하다. 탈레스-피타고라스-히파르코스-톨레미를 거친 천문학 발달과정이 여기 설명되어 있고, 혜성은 주기적으로 나타나는 현상일 뿐이어서 그것이 재이로 여겨질 까닭이 없다고 설명하고 있다. 이 신문은 당시 중국에서 발행되는 신문·잡지를 주로 참고하고 가끔은 일본신문도 참고하여 기사를 만들었는데, 1884년 12월 갑신정변과 함께 신문 발행은 중단되었다.

그러나 이 신문이 다시《한성주보》라는 이름 아래 순간에서 주간으로 부활한 양력 1886년 1월부터는 이미 그렇게 천문과 지구에 관한 기사는 많지 않다. 1885년 전과 후의 조선 지식층 사이에 천문지리에 관한 관심이 이렇게 달라졌을까 생각될 지경이다. 이는 1885년을 전후하여 가장 널리 보급된 지식이 바로 천문지리였다는 것을 오늘 우리에게 알려준다.

아닌게 아니라 1890년대의 대표적 신문《독립신문》을 보면 이미 천문과 지구에 대한 지식은 널리 보급되어 있었음을 알 수 있다.《독립신문》은 이를 별로 특별하게 다루고 있지 않음을 보아 이를 알 수 있다. 그 대신《독립신문》은 여러 가지 근대적 사상이나 제도, 그리고 그런 방향에서 서양 여러 나라들의 현실을 소개하는데 열성이다. 이미 지식층에게는 천문지리에 대한 지식은 어느 정도 보급되었던 것을 알 수 있다.

하지만 자라나는 어린이들의 교육에 있어서는 여전히 천문지리가 중요한 새로운 지식이 되고 있었음을 알 수 있다. 1896년의 국어교과서에조차 바로 이런 문제가 단원에 들어 있음을 보아 알 수 있다. 학부 편집국에서 편찬해 낸《尋常小學》(1896)에는 지구의 회전에 대한 단원을 이렇게 설명하고 있다.

> 第二十四科 地球의 回轉이라
>
> 地球는靜하야조곰도動치아니하난듯하나其實은暫時도쉬지아니하고回轉하는거시오이다.
>
> 그러므로우리사람들과家屋과田畓과山河等도亦是地球와갓치回轉하나그러나우리가其回轉함을아지못하기는地球가甚大한緣故이라譬컨대우리가大船을타고海上에떠가되自己의몸은가지아니하는줄노아는것과갓소이다…
>
> (學部 編輯局,《尋常小學》권 3-24과,《韓國開化期敎科書叢書》1, 440~442쪽).

천문학에 관한 이 시기의 교과서로는 1908년에 출간된 閔大植의《新撰地文學》(휘문관 발행, 1908), 鄭永澤이 번역한《天文學》(京城 ; 普成館, 218쪽), 그리고《天文略解》(1908) 등을 들 수 있다. 민대식의《신찬지문학》은 휘문의숙에서 사용되던 것으로, 測地·천문·기상·해양·지질·地史에 걸친 내용으로 구성되어 있다.《텬문략해》는 숭실학교의 창립자인 미국북장로교 선교사 베어드(W. M. Baird, 한국 이름 裵緯良)가 미국 스틸스(Steeles)의《천문학》(Popular Astronomy)을 편역한 것으로 246쪽이다.[36]

이처럼 근대 서양천문학의 수용은 전통적 천문학의 재빠른 도태를 뜻하는 것이기도 하다. 1894년의 갑오개혁과 함께 삼국시대 이래 국가 천문기구로 중요한 역할을 차지해 왔던 관상감이 기구가 대폭 축소되어 觀象所란 이름으로 명색만 남게 되었다. 소장 1명, 技師 1명, 技手 2명, 서기 2명의 일본식 이름을 가진 간단한 기관이 된 것이다. 이들의 거의 유일한 임무는 전통적인 역법을 지켜 역서를 제작하는 정도였다. 그러나 그나마 양력 채용이 결정되어 개국 504년(1895년) 11월 17일을 개국 505년 1월 1일로 양력 사용을 선언했기 때문에 그 후부터는 공식적으로는 양력이 사용되기에 이른 것이다. 이제 재이로서 천문현상을 임금에게 알리는 업무도 사라졌다. 측우기를 사용하여 강우량을 관측 보고하던 정도의 전통은 계속된 것으로 보이지만, 근대적 일기예보 기술이 일본인들에 의해 시작되면서 기상분야도 완전히 관상소의 일에서 사라졌다. 1907년 2월 한국정부는 서울·평양·대구에 측후소를 설립

---

36) 유경로,《한국천문학사연구》(녹두, 1999). 33쪽.

했지만, 이미 그 해 3월 인천 임시관측소가 통감부관측소로 개칭되고, 모든 측후업무는 일본인의 손에 넘어갔다.

이에 앞서 1884년 봄에 이미 외무협판으로 고용되어 있던 독일인 묄렌도르프(Moellendorf, 穆麟德)가 원산항과 인천항 세관에 측후소를 설치했으나, 1885년 인천측후소에 화재가 나서 당시 세관장 메릴(H. F. Merill)이 다시 기기를 수입하여 1886년부터 관측을 재개한 일이 있다. 또 1887년에는 부산세관에서도 관측이 시작되었다. 이 시기부터 1903년까지 16년간의 기온・천기・우량은 1905년 당시 인천관측소에 있던 일본인 기상학자 와다(和田雄治)가 조사하여 미국에 보내, 《월간기후보고》(Monthly Weather Review, 1905년 p. 355)에 실렸고, 국내에서는 별도로 책자로 나오기도 했다.

일본 기상관측을 시작한 독일인 크니핑(E. Knipping)은 동경기상대에서 폭풍경보를 하기 위해 한국자료를 요청했다. 1884년 2월 부산과 일본 사이에 해저전신이 개통되었기 때문에 그 해 6월 16일부터는 기상관측을 시작하여 그 결과를 12월 1일부터 매일 6시와 21시 두 번씩, 1885년부터는 14시 추가하여 3회씩 기상관측 전문을 발송했다. 러시아도 별도의 기상관측을 한반도에서 실시하고 있었고, 이런 상태는 러일전쟁 때까지 지속되었다. 그러나 근대국가로서 절대로 필요한 기상업무는 1880년대에는 서양인들이 중심이 되어 진행되었고, 1907년에는 완전히 일본에 넘어간 셈이 되었던 것이다.[37)]

6) 세계관의 변화

개화기의 근대과학 수용은 이웃 나라－중국・일본－와 비교해 보면 아주 늦고 있었음을 금방 알게 된다. 중국의 경우는 17세기에 들어오면서 서양 선교사들에 의해 근대과학의 상당 부분이 번역되어 들어오게 되지만, 그에 대한 높은 관심과 배우려는 열성은 나타나지 않았다. 아편전쟁에 패배하고 南京조약(1842)으로 이른바 불평등조약시대에 들어간 다음에서야 중국인들은 크게 깨우치기 시작한 셈이었다.

---

37) 金聖三, 〈韓國氣象學史〉(《韓國現代文化史大系》 Ⅲ 科學技術史, 高麗大 民族文化硏究所, 1977), 211～231쪽.

이에 비하면 일본은 그 훨씬 전부터 나가사키(長崎)에 정착하여 일본과의 무역을 계속하고 있던 화란사람들과의 사이에서 서양배우기를 시작하고 있었다. 그들의 서양문명 배우기는 18세기에는 많은 화란어 통역을 낳게 되고, 이들의 노력으로 화란의 과학책이 일본어로 옮겨져 나오게 된다. 중국에서는 더 많은 서양책이 선교사들의 노력으로 번역되고 있었지만, 중국인들에게 그것은 관심 밖에 놓여 있을 뿐이었다. 그러나 더 적은 수의 서양과학 책이 일본에서 번역되었지만, 그들 가운데는 이미 일본인에 의한 번역이 나오기 시작했다. 1774년 서양해부학 책이 《解體新書》라는 일본어 번역으로 나온 이후 화란의 자연과학이 착착 일본에 번역되고 번안되어 나왔고, 19세기 초에는 이미 상당한 수준의 서양과학이 일본인에게 소화되고 있었던 것이다.

이와 달리 19세기 중반까지도 조선에는 아직 서양의 자극도 크지 않았고, 당연히 조선인들의 서양문명에 대한 자발적 욕구가 크지 않았다. 서양을 공부하고 연구하겠다는 의식을 지식층이 가지게 될 정도가 아니었고, 결국 실제로 서양과학을 배우기 시작한 것은 1876년의 개국 이후로 넘겨졌다. 1876년은 바로 일본에 최초의 근대식(서양식) 대학으로 동경대학이 문을 열기 1년 전의 일이었다.

그러나 막상 나라 문이 열리자 조선의 지식층에게 가장 놀라운 서양문명의 부분은 과학기술임이 분명했다. 다른 부분이 조선의 전통에도 그런대로 갖춰지고 있다고 판단할 수 있는 것과는 달리 서양의 과학만은 도저히 그 비슷한 것을 찾기 어려웠던 까닭이다. 당연히 개화기 초기에는 서양과학 내용을 배워 익히기에 온갖 열성을 보이게 된다. 그 대표적 모습은 최초의 근대식 신문인 《한성순보》가 얼마나 서양과학을 상세하게 보도하고 있었던가를 보면 충분하다. 특히 천문학과 지리학을 포함하여 세계의 정세에 대한 자세한 소개가 당시 지식층의 호기심과 지식욕의 초점이 되었다.

또 각급학교가 1880년대에 시작하고 90년대에 더 활성화하면서 각급학교는 다투어 과학과목을 가르치기 시작했다. 비록 아직 과학을 가르치기에는 충분히 교육받은 교사가 절대 부족했음에도 불구하고, 이런 학교교육과 사회교육을 통하여 조선의 지식층은 그 전까지와는 달리 일식이나 혜성 같은 자연현상에 대해 그 재이로서의 해석을 버리고, 그저 과학의 연구대상으로 파악할 줄 알게 되었다. 또 새로운 우주상과 그 안에서의 지구의 위치, 그리고 지구상에서의 서양 각국의 중국보다 부강한 위치 등에 눈떠서 세상 보는 눈이 근본적으로 바뀌기 시작했다. 나라 안에서 중국과 일본이 각축하고, 이어서 일본이 러시아까지 물리치는 것을 보고 많은 조선의 식자들은 부강의 기술로서의 과학에 더욱 주목하면서, 또 중국을 점차 얕보고 오히려 일본에 주목하기 시작했다. 1900년 전후에 이미 일본유학생이 갑자기 많아진 것은 이런 세계관의 변화가 배경이 되었던 것이다.

그러나 막상 이렇게 급하게 시작된 일본유학은 과학기술의 수용에 그리 성공적이지 못했다. 그 이유는 정부가 주도한 유학이 제대로 진행되지 못한 채 거의 모든 유학생이 자비에 의한 개인 유학이어서, 체계적인 새 지식과 문명의 흡수를 어렵게 했기 때문이다. 1900년 전후 아직 일본어가 전혀 보급되지 못한 상황에서 일본유학은 시작되었고, 당연히 일본에 간 초기 유학생들은 먼저 말을 배우는데 시간을 소비하면서 돈과 시간을 허비하고는 막상 고등교육을 받을 기회는 얻지도 못하는 수가 많았다. 1910년 나라가 망할 때까지 일본에서 과학을 공부하여 대학을 졸업한 조선인은 아주 적다. 1945년 해방 때까지를 계산해도 이공계 대학졸업자가 겨우 204명뿐이었으니, 1910년 이전에는 1906년 동경제대에서 조선공학을 공부하여 졸업한 상호(尙灝, 1879~?) 단 1명뿐이었던 것으로 보인다.[38]

미국에 유학한 조선인은 전체 유학생 숫자로는 일본보다 훨씬 적었지만, 대학 졸업자수는 해방 당시까지는 비슷한 것으로 보인다. 하지만 그 결과는 마찬가지로 실망스러웠다. 邊燧(1861~1891)가 처음으로 농학을 전공하여 학사학위를 받았고, 徐載弼(1864~1951)이 첫 의학학사 학위를 받았다. 오히려 미국에서 일본보다 일찍 대학졸업자가 나오기 시작했지만, 그들이 조선에 돌아와 활동할 기회란 없었다. 아직 국내 사정이 과학기술을 필요로 하지도 않았던 데다가, 1900년 전후의 국내 실정이 대개 개화파 청년들이었던 이들의 귀국활동에 좋은 환경이 될 수 없었던 이유도 있었다. 이런 불운을 상징하듯 최초의 미국학위 취득자 변수는 졸업한 해 가을에 모교 안의 역에서 철도

38) 박성래, 《한국사에도 과학이 있는가》(교보문고, 1998), 277쪽.

사고로 사망하고 말았다. 서재필은 귀국했지만 그가 공부했던 의학이나 과학 분야가 아니라, 사회개혁운동에 헌신하다가 미국으로 돌아가고 말았다.[39]

개화기의 과학수준은 대중적인 소개 정도를 벗어날 수 없는 상황이었음을 알 수 있다. 과학자라 부를 수 있는 수준의 조선인은 단 한 명도 나오지 못한 채 조선왕조는 1910년을 맞게 되었다. 1906년의 국어교과서인《초등소학》권 6은 기선과 기차(제9과), 지구(제10과), 금속(제17과), 공업(제25과)이라는 제목을 달고 이에 대해 설명하고 있다. 권 7에는 초목의 생장과 번식(2과), 신체의 건강(3과), 공기(4), 전기(7), 화원(8), 비료(9), 석탄과 석유(18) 등이 과학기술관련 단원으로 되어 있고, 권 8에는 소금과 설탕(1), 위생(2), 인체(3), 우편과 전신(19), 태양과 태음(22·23) 등이 들어 있다. 특히 해와 달을 설명한 이 대목에서는 그림까지 그려서 계절이 생기는 이치와 일식의 원리를 설명하고 있다. 국어책이 바로 과학교재 노릇도 할 수 있도록 짜여져 있었다고 할 수 있다.[40] 그리고 이 시기의 다른 국어책도 마찬가지였다. 국어시간을 통해서도 당시에는 과학에 대한 상식을 교육할 필요가 있다고 판단하고 있었음을 알 수 있다. 또 이는 당시의 조선 지식층의 과학상식이 어느 수준에 있었던가를 살피기에 도움이 되는 자료가 된다.

개화기 동안에 조선 지식층은 이미 상당히 근대과학에 대한 상식을 풍부히 하고 있었음을 알 수 있다. 그러나 중국의 영향 속에 근대과학을 배우기 시작하여, 곧 일본으로 그 방향을 바꾸게 되면서 두 나라가 받아들인 서로 다른 근대과학의 모습이 혼란스럽게 섞여 있은 채 조선은 식민지시대를 맞고 있었다. 예를 들면 張志淵(1864~1921)은 1909년에 과학을 이렇게 정의하고 있다. 과학이란 "近代 泰西學者의 發明함이니, 그 實은 東洋 聖賢의 格物學과 六藝의 術이라"는 것이다.[41] 장지연은 당대의 대표적 지식인이었건만 일제가 이미 몇 년째 조선을 실제로 지배하고 있던 이 시점에서조차 그는 아직도 중국의 서양과학 수용과정을 되돌아보면서 중국식 용어를 따르고 있음을 알 수 있다. 이미 조선 국내에서의 교육에서는 일본식 교과서가 채택되

39) 박성래, 위의 책, 250~251쪽.
40) 學部 編輯局, 〈國語〉 4(《韓國開化期敎科書叢書》, 亞細亞文化社, 1977).
41) 張志淵, 앞의 책, 48쪽.

고 있었건만, 그는 아직 중국식 서양과학을 말하고 있다.

근대과학의 초보적 지식이 널리 보급되고 있었지만, 아직 과학자는 한명도 생산되지 못하고 있던 1910년대의 조선왕조였다. 식자들은 서양 근대과학의 힘을 크게 믿기 시작했고, 전통과학의 틀을 벗어 던지기 시작했지만, 막상 과학의 내용을 깊이 파악할 수 있는 단계에는 들어가지 못한 것이 실정이었다. 과학을 덮어 놓고 믿어 그 필요성을 절실히 느끼기 시작하는 科學主義의 태도가 이 시기에는 이미 싹트고 있었던 셈이다. 그리고 그런 과학주의는 식민지시대 과학의 발달이 제대로 진행되지 못하는 가운데 식민지 조선인들의 지적 특징이며 한결같은 열망으로 지속되었다. 한국의 첫 근대소설로 여겨지는 1917년 李光洙(1892~1950)의 《無情》 마지막 대목은 영어교사인 주인공 이형식이 자신의 장래 포부를 말하는 장면을 이렇게 묘사하고 있다.

> 나는 교육가가 되렵니다. 그리고 전문으로는 생물학을 연구할랍니다. 그러나 듣는 사람 중에는 생물학의 뜻을 아는 자가 없었다. 이렇게 말하는 형식도 물론 생물학이란 뜻은 참 알지 못하였다. 다만 자연과학을 중히 여기는 사상과 생물학이 가장 자기의 성미에 맞을 듯하여 그렇게 작정한 것이다. 생물학이 무엇인지도 모르면서 새문명을 건설하겠다고 자담하는 그네의 신세도 불쌍하고 그네를 믿는 시대도 불쌍하다(李光洙, 《無情》; 《李光洙全集》 1, 三中堂, 205~207쪽).

개화기의 과학 수준은 그대로 식민지시대로까지 이어지고 있었음을 알 수 있다.

〈朴星來〉

2. 근대 과학기술의 도입

1) 교통·통신·전기

우리 나라에서 근대적 교통시설과 전기 및 통신의 설치 필요성이 대두하기 시작한 것은 1880년대 전후였다. 교통·전기·통신은 한 국가의 대표적인 사회간접자본으로 막대한 경비가 투자되어야만 비로소 효과를 거둘 수 있으므로 정부가 그 투자와 경영의 주체가 되기 마련이다.[1] 이 사회간접자본 설치 필요성이 우리 나라에 대두하게 된 데에는 19세기 중·후반에 우리 나라에 들어온 서구사회에 대한 많은 정보들이 중요한 배경을 이루고 있다. 서적이나 개항 이후 본격적으로 파견된 외교사절의 보고에 포함된 일본 및 서구의 사회간접자본에 대한 정보는 우리 나라에 많은 영향을 끼쳤다. 그러나 이 정보들 대부분은 지극히 평면적이고 개별화된 것이었다. 따라서 당시 집권층은 사회간접자본과 사회와의 관련 속에서 좀더 다양한 정보들을 수집, 분석하여 우리 실정에 알맞은 형태로 수용해야 했다. 그러나 당시 급박하게 돌아가던 한반도를 둘러싼 세계정세나 우리 나라의 정치상황으로 장기적 계획과 제반 산업과의 연관 속에서 사회간접자본 설치를 도모할 여지가 주어져 있지 않은 열악한 상황이었다. 따라서 당시 사회간접자본의 도입은 시급히 요청되던 부국강병을 이루기 위한 수단으로만 인식되었다고 할 수 있다.

여기에서는 집권층이 사회간접자본을 어떻게 인식하고 있었는지를 개괄적으로 살펴보고 교통·통신·전기시설이 어떤 과정을 통해 이 땅에 도입되었는지 살펴보고자 한다.

(1) 근대적 교통·통신·전신 및 전기의 도입 배경

1876년 개항 이후 다양한 경로를 통해 서구사회의 근대시설과 문물에 대한 정보가 우리 나라에 들어왔다. 물론 개항 이전에도 이미 전반적인 서구사회에 대한 소개는 개괄적으로나마 되어 있었다. 이 소개들은 주로 청나라에 파견된 사신들이 수입한 서적들을 통해 이루어졌는데, 《博物新編》·《海國圖志》·《瀛環志略》·《地理問答》·《中西見聞錄》 등이 그 예라고 할 수 있다. 이 서적들에는 서양의 실정뿐만 아니라 과학과 기술에 대한 내용도 포함되어 있었다. 이 책들은 당시 최신 정보의 집중지였던 한성과 그 주변에 살고 있

1) 사회간접자본이란 다른 생산의 유통을 지원하고 사회구성원의 서비스 차원의 욕망을 충족시킬 뿐만 아니라 이를 매개로 국가적 관리를 가능하게 하는 한 국가 및 사회의 주요한 기간산업이라고 할 수 있다.

던 近畿학자들을 중심으로 꽤 널리 읽혔던 것으로 보인다.[2)]

그러나 개항으로 서구사회에 대한 정보들은 질적, 양적으로 급변하게 되었다. 일본·미국 등에 파견된 외교사절단은 서양문물에 대해 많은 정보를 가지고 왔다. 1880년을 전후하여 일본에 파견된 수신사나 신사유람단은 '기선'을 타고 일본으로 건너가 '전신국'을 방문하기도 하고 '전등'이 켜지는 것을 보기도 했다. 특히 제2차 수신사로 일본에 파견된 김홍집은 鄭觀應의 《易言》이라는 책도 가져왔는데 이 책에는 사회간접자본에 대한 각종 정보가 실려 있었다. 조선정부는 이 책의 복간본과 번역본을 만들어 전국으로 배포하였고 그 결과 많은 유학자들이 근대문물을 도입해야 한다는 생각을 가지게 되었다.[3)] 한편 1882년 〈조미수호통상조규〉를 맺은 정부는 민영익을 단장으로 하는 사절단을 1883년, 미국으로 파견하였다. 이 견미사절단은 전신 및 전기 시설을 시찰한 것은 물론이고 기차로 미국대륙을 횡단하였다.[4)] 이들의 경험은 조선의 최고 권력자였던 고종에게 보고되었으며 각종 기록으로 남겨졌다.

개항 이후 서적 수입은 더욱더 활발해졌으며 이들 서적을 통해 수집된 정보들은 《漢城旬報》를 통해 전국으로 유포되었다. 《漢城旬報》는 1883년 한성부 박문국에서 발간한 관보로 3,000부가 발행되어 조선 각지에 보내졌는데 이 신문에는 전기통신이나 철도 등 서구의 근대기술이 가지는 유익한 점들과 서구과학에 관한 내용도 다루어 지방 곳곳의 식자층은 이 신문을 통해 서구의 근대사회와 문물에 대해 적지 않은 정보를 가질 수 있었다.[5)]

조선정부는 이런 정보를 토대로 개항 초부터 근대적 사회간접자본의 도입

2) 愼鏞夏, 〈吳慶錫의 開化思想과 開化活動〉(《韓國近代社會思想史硏究》, 일지사, 1987), 97~106쪽.
3) 두 권으로 편집된 《易言》의 제1편에는 '화차'·'전보'·'船政'·'郵政' 등에 관한 글들이 담겨 있다. 이 책의 영향에 대해서는 李光麟, 〈《易言》과 韓國의 開化思想〉(《韓國開化史硏究》, 一潮閣, 1969)을 참조.
4) 견미사절단의 신식문물 시찰에 대한 자세한 논의는 金源模, 〈韓國報聘使의 美國使行(1883) 硏究(하)〉(《東方學志》 50, 1986)를 참조할 것.
5) 박문국의 운영과 《한성순보》의 발행에 대해서는 李光麟, 〈漢城旬報와 漢城周報에 대한 一考察〉(앞의 책), 60~102쪽을 참조할 것. 그리고 《漢城旬報》와 《漢城周報》에 실린 근대 기술에 대한 논의는 朴星來, 〈漢城旬報와 漢城周報의 근대과학 수용 노력〉(《신문연구》 36, 1983), 39~73쪽을 참조할 것.

을 위한 정책을 시행하기도 했다. 근대적 통신을 도입하기 위해 이미 1880년대 초반부터 일련의 작업을 진행한 것이 그 예이다. 1881년 말, 청나라 天津에 파견한 영선사행 가운데 尙澐과 安浚으로 하여금 南局 電氣廠에서 전기통신기술을 체계적으로 습득하게 하는 한편, 1882년 5월에는 상운이 귀국할 때 電箱(축전지)과 축전지용 화학약품을 비롯해 전선과 電鐘, 전화기 및 피복동선 등 전기통신에 필요한 기기들을 남국 전기창에서 가져오도록 했던 것이다.[6] 그뿐만 아니라 같은 해 11월 영선사 김윤식은 귀국할 때 電箱과 銅線을 추가로 구입하여 가지고 오기도 했다. 이 같은 조선정부의 근대적 통신 도입을 위한 인력양성과 물품도입은 "軍機를 전하는 것을 전보에 의지하니 이것이 있는 나라는 승리함이 많고…전보가 있는 자는 항상 이익을 남기니 부강의 공이 여기에 있다"고 한《易言》의 언급을 비롯한 당시 도입된 각종 정보들이 하나의 배경이 되어 이루어진 것이라고 볼 수 있다.[7]

한편 철도부설에 대해서도 많은 정보들이 입수되었다. 일본에 수신사로 다녀온 김기수는 견문록《日東紀遊》에 이미 기차에 대해 서술했으며 제2차 수신사였던 김홍집도 역시 철도 운영의 중요성을 역설한 바 있다. 그러나 견미사절단의 미대륙철도 횡단 경험은 그보다 훨씬 생생한 정보였으며 이 경험은 고종에게 보고되었다. 이런 정보들로 조선의 집권층은 화차, 즉 기차의 효율성을 충분히 인식하게 되었다. 이후 지속적으로 수집된 철도에 관한 정보 가운데 특기할 만한 것은 駐美朝鮮代理公使인 李夏榮이 1889년 귀국하면서 구입해 온 철도 모형이었다. 이 기차 모형은 폭이 67촌, 높이가 89촌 정도 되는 금속제의 매우 정교한 모형으로 기관차·객차·화물차로 구성되어 있었고 작동을 시키면 궤도 위를 달렸다. 고종을 비롯한 대부분의 정부관료들은 말로만 듣던 기차를 모형으로나마 직접 접할 수 있었다.[8]

---

6) 영선사행에 대해서는 權錫奉, 〈領選使行에 대한 一考察〉(《歷史學報》17·18, 1962), 277~312쪽 참조.
상운이 도입한 전신기기들에 대해서는 韓國電力公社,《韓國電氣百年史》, 41쪽에서 재인용. 한편 이 기기들은 임오군란 때 파괴된 것으로 보인다.

7) 鄭觀應,《易言》상, 論電報.
김연희, 〈大韓帝國期의 전기사업〉(《한국과학사학회지》19-2, 1997), 91쪽에서 재인용.

8) 鐵道廳 公報擔當官室,《韓國鐵道史》1(철도청, 1977), 38쪽.

개항 초인 1882년 조선정부 내에서 철도부설 논의가 전개된 바 있었다. 일본과 영국이 철도부설 특허권을 적극적으로 요구해 왔던 것이다.[9] 당시 조선정부는 이 요구에 부정적이지만은 않았으나 철도부설사업을 전개할 자금이 없었고 임오군란으로 정치상황과 사회가 매우 불안했으며 청나라의 내정간섭이 매우 심해지고 있었으므로 철도부설과 같은 대규모 사업을 전개할 수 없었다.

개항 이후에 본격적으로 접하게 된 사회간접시설에 대한 정보들은 급속히 부국강병을 이루어 서구열강들의 침략 위협으로부터 벗어나야 한다는 시대적 분위기 속에서 매우 중요하게 거론되었다. 그러나 우리 나라의 사회간접자본은 이런 정보들이 충분히 실정에 맞게 소화되어 일관된 정부의 정책으로 표면화되기 전에 일본을 비롯한 한반도를 둘러싼 여러 나라와 서구열강들에 의해 장악되기 시작했다.

(2) 사회간접자본의 전개과정

가. 교 통

"조선의 교통수단은 빈약하기 그지없다. 도로는 나쁘고 橋梁도 드물다. 주요한 교통 수단은 소와 작지만 힘이 센 말이다. 수레는 보잘것없이 만들어져 있다. 선박은 극히 원시적이며 專馬船과 나룻배는 초라하기만 하다."[10] 이 글은 묄렌도르프(Paul Georg von Möllendorf, 1848~1901)가 1897년 조선을 회상하면서 쓴 글 가운데 교통에 대한 항목이다. 이 글을 보면, 개항 초기 우리 나라의 교통수단은 전형적인 농촌사회의 것이었음을 알 수 있다. 그러나 개항으로의 전환은 전통 농촌사회로부터 근대적 자본주의체제로의 편입을 의

9) 묄렌도르프는 "철도문제는 이미 내가 1882년에 조선에 체류한 직후에 일어났다. 철도부설권을 놓고 여러 곳으로부터 시달림은 받은 정부는 여하튼 간에 결정을 하지 않으면 안 되었다. 신청해 온 회사 중의 일부는 영국에 소속되어 있고, 일부는 일본에 소속된 회사들이었다…한국정부에서는 이를 위한 자금이 없었기 때문에…잠시 보류하게 되었다"고 회상하였다(로잘린 폰 묄렌도르프, 신용복 · 김운경 옮김, 《묄렌도르프文書》, 평민사, 1987, 110쪽). 묄렌도르프는 청나라의 주선으로 1883년부터 1885년까지 조선정부에서 외무협판, 총해관사 등으로 활약했다.

10) 로잘린 폰 묄렌도르프, 위와 같음.

미했으며 사회간접자본의 측면에서 볼 때 자본주의 사회가 요구하는 교통수단 및 시설, 즉 증기나 전기와 같은 대규모 동력의 교통시설을 수용할 수 있는 체계로 轉化한다는 것을 의미한다고 할 수 있다.

가) 육상교통－철도부설을 중심으로

철도는 근대 육상운송 수단 가운데 하나로 선진 제국의 근대화과정에서 산업발달을 뒷받침한 중요한 사회간접자본이다. 이 철도부설 작업은 대규모의 자본이 투자되어야 하는 사업으로 재정이 부실한 조선정부는 철도부설에 소극적일 수밖에 없었다. 그러나 적어도 철도의 중요성을 인식하고 있었기 때문에 철도부설의 자주성과 독자성을 수호하려 했다. 그럼에도 불구하고 이를 위한 정부의 지속적이고 강력한 정책이 뒷받침되지 않았기 때문에 결국 한반도의 철도부설사업은 경제적·정치적 이권을 확보하려는 청나라와 일본 및 러시아를 포함한 서구열강의 각축전 속에서 전개되었다.

(가) 한반도 철도부설권 쟁탈전

한반도의 철도는 한반도를 둘러싼 나라들의 정치·경제·군사면에서 매우 중요했다. 일본은 한반도를 대륙침략의 교두보로 여겨 만주까지로 이어지는 철도를 부설하려 했고, 러시아는 한반도 남단까지 시베리아철도를 연결, 부동항을 확보하려 했다. 또 청나라는 일본침략을 막기 위해 한반도의 철도부설권을 원했으며, 영국 역시 러시아 남진을 저지하기 위해 한반도에서의 철도부설권을 획득하려 했다. 이 같이 한반도의 철도부설권은 한반도의 지정학적 특수성으로 인해 아시아를 포함한 서양열강들의 관심사로 떠올랐다.

조선에서 철도부설권을 획득하기 위해 가장 발빠르게 움직인 나라는 일본이었다. 앞에서 언급한 1882년의 철도부설 특허권 청원이 거부당했음에도 불구하고 일본은 1892년(고종 29) 서울－부산간 철도노선 답사 및 측량을 비밀리에, 이른바 수렵여행을 가장해 실시했다.[11] 한반도와 중국에서 군사행위를 염두에 두고 있던 일본으로서는 "군대와 군수물자의 선편 운반이 해상권과 관련해 곤란하므로 부산에서 서울까지 육상교통로를 확보하는 것이 무엇보

---

11) 鐵道廳 公報擔當官室, 《韓國鐵道史》 2(철도청, 1977), 8쪽.

다도 중요하다"고 생각했다.12) 그러나 일본의 측량작업이 곧 철도부설로 이어지지는 못했다. 1894년 청일전쟁 이래 일본은 조선정부와 맺은 여러 가지 강제적 협정·조약 등으로 이권침탈의 우위를 점했지만 삼국간섭과 아관파천으로 한반도에서의 영향력이 감소했기 때문이다.

한반도에서의 일본과 서구열강들의 세력이 균형을 이룬 상태에서 고종은 대한제국을 선포하고 자주권 수호를 위해 각종 이권 양여를 중단할 것을 천명했으나 이 정책을 적극적으로 유지하지는 못했다. 京仁철도부설권이 미국인 모스(James R. Morse)에게, 京義철도부설권이 프랑스의 피브릴상사 대표인 그릴(Grille)에게 양여되었다.13) 모스는 경인철도부설권을 획득하기 위해 이미 1891년부터 집요하게 정부를 상대로 작업을 진행했다.14) 한편 프랑스인인 그릴이 경의선부설권을 획득하게 된 데에는 러시아공사의 적극적인 개입이 크게 작용했다. 러시아로서는 당시 시베리아철도부설을 진행중이었기 때문에 한반도에 철도를 부설할 여력이 없었다. 그러므로 주한러시아공사는 일본을 배제하고 러시아가 영향력을 행사할 수 있는 그를 적극적으로 추천했다.15) 한편 1898년 이토 히로부미(伊藤博文)가 한성을 방문, 철도부설에 관한 일본의 우선권을 강력히 주장하여, 경부철도합동조약을 체결하게 함으로써 경부선부설권은 일본으로 이양되었다. 이 조약으로 일본은 일본철도조합을 설립하여 자본을 모으는 한편, 1901년(광무 5) 永登浦와 부산 草梁에서 각각 공사를 시작하였다.

이렇게 하여 한반도의 철도부설권은 미국·프랑스·일본에 양도되었다. 그러나 1904년에 이르면 모두 일본으로 집중되었다. 1897년 3월 경인철도를 기공하기 시작한 모스는 심한 재정 압박을 받았고, 이를 기회로 일본이 다각도의 매수 공작을 전개했다. 결국 모스는 1898년 경인철도부설권을 180만 원에 일본경인철도인수조합에 매도하였다.16) 한편 그릴은 경의선부설권을 획득해 놓고도 부설사업을 전개하지 않았다. 부설권 획득 당시 그가 조선정부와 맺

12) 鐵道廳 公報擔當官室, 위와 같음.
13) 鐵道廳 公報擔當官室, 《韓國鐵道史》 1(철도청, 1977), 104~105쪽.
14) 鐵道廳 公報擔當官室, 위의 책, 87~90쪽.
15) 鐵道廳 公報擔當官室, 위의 책, 104~112쪽.
16) 鐵道廳 公報擔當官室, 위의 책, 134~136쪽.

은 조약에 의하면 3년 이내에 철도 기공을 하지 못하면 부설권을 정부에 반환하도록 되어 있었으므로 부설권을 모스처럼 다른 나라에 매각하려고 교섭을 전개했다. 그러나 러시아는 시베리아철도부설에 총력을 기울이고 있어 이를 매수할 여지가 없었을 뿐만 아니라 부동항을 요동반도에 건설하기로 청나라와 조약을 체결했기 때문에 굳이 한반도 철도부설에 관심을 가질 필요가 없어진 상황이었다. 한편 일본은 그릴이 제시한 막대한 매수금액을 감당할 수 없었다. 그릴은 부설권 매각에 실패함에 따라 부설권을 조선정부에 반납해야만 했다.

경의선부설권을 환수한 조선정부는 자주적으로 경의선을 부설하기 위해 많은 노력을 기울였다. 물론 대한제국 정부는 경의선부설을 자주적으로 시행하기 위해 많은 노력을 기울였다. 내장원 소속으로 서북철도국을 조직하여 경의선부설을 직영하기로 하고 서울－송도 구간을 기공하여 공사를 진행했던 것이다. 그러나 경의선부설권은 1904년 러일전쟁 전인 2월에 체결된 한일의정서에 의거, 일본군이 3월 경의선 부설을 강행함에 따라 강점당하고 말았다. 군용으로 경의선을 부설하기 시작한 일본은 단지 13개월 만에 무려 528km의 철도를 부설하는 속성 공사를 시행했다. 이미 일본철도조합에 의해 부설이 진행중이던 경부선 역시 1904년, 속성으로 진행되었다. 러일 전쟁 후 일본은 정부에 경의철도를 반납해야 함에도 불구하고 이를 무시하고 철로 복선화 작업을 개시했다.17)

(나) 정부 및 국민의 철도자주권 확보 노력

1900년을 전후하여 정부가 철도부설권 수호를 위해 여러 조치를 취했음은 이미 앞에서도 언급했다. 한편 민간에서는 정부관료와 민간인이 철도회사들을 설립했으며 철로를 부설하는 데에 필요한 기술인력 양성을 위한 철도학교들이 세워졌다. 1900년 설립된 서북철도국은 1902년 5월 8일 경의선의 일부 구간인 서울－송도 사이의 철로부설 기공식을 가지고 프랑스인 기사를 채용, 노선 확정을 위한 측량사업을 시작하기도 했다.18) 이하영과 같은 정부

---

17) 이에 대한 자세한 내용은 朴萬圭, 〈韓末 日帝의 鐵道敷設 支配와 韓國人 動向〉(《韓國史論》 8, 서울大 國史學科, 1982), 247~300쪽 참조.

관료와 朴琪淙같은 민간인이 설립한 대한국내철도용달회사는 京元線부설권을 획득하여 자금을 모집하기도 했다. 이 회사 외에도 興業會社·大韓京釜鐵道役夫會社·京城土木會社·京城北濟特許會社·釜山土木合資會社·京釜鐵道慶尙會社 같은 철도자재 및 역부 동원을 위한 토건 및 청부회사들이 설립되었다.[19] 이들 회사는 철도부설에 따르는 각종 자재공급과 인부들의 동원을 맡거나 일정 구간의 공사를 청부 맡아 진행했다. 특히 1901년부터 1903년 말까지 일본 민간조합에 의해 경부선 공사가 진행될 때에는 영등포로부터 振威까지, 草梁부터 밀양까지의 노선공사에 직접 참여하여 괄목할 만한 실적을 올리기도 했다.[20]

한편 당시 설립된 많은 철도학교에서 서양식 토목기술을 습득한 기술인력이 배출되기 시작했다. 특히 사립철도학교는 대한국내철도용달회사의 사장을 교장으로 영입해 오는 등 졸업생의 사회 진출을 위한 교두보 마련에 힘썼고, 1901년에는 일본인 공학사 오오에 산지로(大江三次郎)를 초빙하여 철도공업에 대한 교육을 실시하기도 하였다.[21] 그러나 이런 노력에도 불구하고 한반도의 철도부설권은 일본에게로 집중되었고 철도부설에서 한국의 기술인력과 토목회사들은 배제되었다.

(다) 철로의 사양

이와 같은 과정을 거쳐 한반도에 철도가 놓이게 되었다. 제일 먼저 개통된 것은 경인선으로 1899년 9월 18일 노량진－제물포 사이 33km가 완성, 영업을 시작했으며, 1900년 6월 한강대교가 준공됨에 따라 11월 남대문까지 개

---

18) 《한국철도사》 1, 119쪽. 프랑스인을 기사로 채용한 것은 그릴이 경의선부설권을 반환할 때 요구한 조건 가운데 하나이다. 그릴은 그 밖에도 경의선부설에 필요한 자재와 기계들을 프랑스인이 중개하는 상사를 통해 구입할 것을 요구하기도 했다. 한편 대한제국 정부는 그의 요구를 수용해 90만 원 상당의 경의선부설에 필요한 자재를 大昌洋行 龍東에서 구매하려 하기도 했다. 이에 대해서는 같은 책, 121쪽을 참조.

19) 鄭在貞, 〈京義鐵道의 敷設과 日本의 韓國縱貫鐵道 支配政策〉(《방송대논문집》 3, 1984), 8쪽 표 참조.

20) 鄭在貞, 〈京釜·京義線의 敷設과 韓·日 土建會社의 請負工事活動〉(《歷史敎育》 37·38, 1985), 240～242쪽의 표.

21) 鄭在貞, 위의 글, 234쪽.

통되었다. 경부선은 1905년 1월 1일 영업을 개시하였고, 경의선은 같은 해 4월 28일 서울 용산—신의주 사이에 군용철도로 운행을 개시했고, 1906년 청천강과 재령강 교량이 준공되어 전 선로가 개통되었다.

한반도 철로는 일본과는 다른 방식으로 부설되었다. 일본은 협궤식인 반면 한반도의 철도는 궤폭 4피트 8인치 반의 표준궤가 채택된 것이다. 이는 한반도의 철도를 일본이 어떻게 인식하고 있었는지를 드러내는 중요한 점이다. 일본은 한반도의 철도를 협궤식으로 가설하자는 일부 의견에 대해 한반도의 철도는 만주 및 중국 대륙과 시베리아철도를 연결하기 위한 것임을 들어 표준궤로 채택했다. 즉 한반도의 철도는 그 자체의 중요성보다는 대륙을 연결하는 간선철도로서의 역할이 더 부각되었던 것이다.

사용된 자재 가운데 궤조는 75파운드(약 37kg)를 사용했다. 처음에는 일본제 철강을 사용하려 했으나 제품이 좋지 않아 미국 카네기철강회사의 것을 사용했다.[22] 勾配(비탈길 100m에 대한 1m 높이)는 1/100을 표준으로 하였으나 경제 사정상 1/80도 인정하였다. 교량설계의 계산 기초는 E호티식으로, 연결기는 중앙연결기를 채용하였으며 제동기는 에어브레이크(Air Break)를 채택했다.[23]

러일전쟁 이후 시행된 경의선 복선 토목공사에는 국내의 토건회사 및 용역회사들의 참가는 거의 배제되고 건설업 불황으로 곤란을 겪던 일본의 토목회사들이 대거 참여하였다. 또 이 복선공사는 새로운 토목공사 공법의 시험장이 되기도 했다. 예를 들면 카시마쿠미(鹿島組)가 담당한 增若터널은 착암기를 이용한 신공법으로 공사되었고, 세이요우샤((盛陽社)와 마쿠미(間組)가 각각 담당했던 청천강 교량공사와 압록강 철교공사에는 일본 토건업 사상 처음으로 潛函공법이 도입되었다. 특히 省峴터널은 터널 규모 자체가 거대할 뿐만 아니라 공사를 보조하기 위한 스위치백이 설치되는 등, 일본 토건업계의 철도 건설사상 신기원을 이루기도 해 이 터널의 조감도는 일왕 明治에게 헌상되기까지 했다고 한다.[24] 이 같은 신공법의 도입에는 엄청난 인명 피해가 뒤따랐는데, 그 피해는 우리 나라 인부들이나 러시아 및 중국 포로들의

22) 鐵道廳 公報擔當官室, 《韓國鐵道史》 2(철도청, 1977), 8쪽.
23) 위의 책, 15~16쪽.
24) 정재정, 앞의 글(1985), 289쪽.

뭄이었다. 복선공사에 새로운 공법을 시험적으로 도입한 경험을 토대로 일본 토목업계는 비약적인 기술발전을 이루었고, 그 가운데 카시마쿠미같은 회사는 세계 굴지의 토건회사로 성장할 수 있었다.[25)]

(라) 초기의 철도 운영

전 철로가 모두 표준궤로 부설되었기 때문에 차량도 여기에 맞추어 객차·화차가 모두 크고 긴 보기(bogie)式이 이용되었다. 화차는 1차량에 26톤의 짐을 실을 수 있었다. 우리 나라에 처음으로 도입된 기차는 경인선에 투입되었던 미국 부르크스사 제품인 모걸(Mogull)형 탱크기관차, 즉 증기기관차였다. 이 기관차는 3등급으로 구분된 객차 및 화물차를 끌었다. 한편 경부선이 영업을 시작한 1905년 1월 1일, 열차는 서대문과 초량 사이를 다니는 남행과 북행으로 나누어 북행은 오전과 오후에 초량을 출발해 대전 또는 대구까지 운행하고 이튿날 서대문에 도착했다. 남행은 서울에서 출발하여 대전, 대구까지 운행하고 이튿날 초량에 도착했는데 남행과 북행 모두 약 30시간 정도 걸렸다. 급행은 하루에 한 번씩 운행했는데 10시간 정도가 걸렸다. 1908년 4월 1일부터는 부산－신의주간의 매일 1회 왕복 급행열차를 운행했으며 26시간 정도 걸렸다.

나) 증기선 도입을 통한 해운업의 근대화

육상교통 수단의 근대화는 장기간의 시간과 막대한 비용이 투자되어야 가능한 일이지만 해상운송의 서구화는 이보다는 비교적 쉬운 일이었다. 기존의 해로를 이용하면서 재래선박을 기선으로만 대체하면 가능했기 때문이다. 그러므로 개항 이후 무엇보다도 먼저 조선정부는 기존 해로에 증기선을 도입하여 화물을 운송시키는 방안을 마련했다.

기선을 신속하게 도입한 것은 稅穀운송에서 발생되는 문제를 해결하기 위해서였다. 즉 우리 나라 곡창지대인 삼남지방으로부터 세곡을 빠른 시간 안에 운반해 오는 일은 조선정부의 재정상태를 호전시키기 위한 가장 좋은 방안으로 정부관료들에게 인식되었던 것이다.[26)] 기선이 도입되기 이전, 화물

25) 정재정, 위의 글(1985), 289~290쪽.

26) 이 글의 우리 나라 기선과 근대 해운업에 관한 부분은 羅愛子, 《韓國近代 海

특히 세곡운반을 담당하던 배들은 나무로 만들어져 규모도 작았을 뿐만 아니라 취급할 수 있는 화물의 양도 많지 않았고, 주로 인력과 풍력을 이용하는 것이어서 시간도 많이 소요되었다. 또 풍랑에 의해 침몰되거나 화물들이 바닷물에 젖는 경우가 빈번하게 발생했다. 이 점은 세곡을 독점적으로 운반해 오던 경강상인들과 지방관리, 이서배들이 세곡을 빈번하게 유출시키는 원인이 되었다. 이들의 이런 불법 세곡유출로 정부재정이 매우 빈곤해졌고 이에 따라 조선정부는 백성에게 조세부담을 늘렸다. 그러나 정부재정이 풍부해지지는 않는 현상이 지속되었다. 더욱이 개항으로 일본이 쌀을 대량으로 수입해 가면서 이서배들과 경강상인의 농간이 더욱더 심해졌고 이는 재정을 고갈시켰을 뿐만 아니라 시중 곡가를 앙등시켰다.[27]

따라서 기선은 재래의 선박을 대체할 수 있는 중요한 수단으로 인식되었다. 기선은 한 번에 운반할 수 있는 양이 수천 석에 이르렀고 소요시간도 적게 걸리며 침몰하는 경우도 지극히 드물다는 점이 부각되어 정부관료들로 하여금 매우 효율적인 운송수단이라는 생각을 가지게 했던 것이다. 즉 기선을 도입함으로써 세곡의 불법유출 원인을 제거하여 재정을 튼튼하게 할 수 있을 것으로 기대되었다.

이런 생각을 토대로 1880년대 이후 조선정부는 기선 도입을 서둘렀다. 우선 조선정부는 재정이 부실했기 때문에 값비싼 기선을 수입하여 직접 운영하기보다는 기선을 운항하는 외국상사와 계약을 맺어 조선 연안의 항로를 개설하는 방안을 채택했다.

(가) 외국상사와의 항로개설 계약체결

근대 기선이 세곡운반에 이용된 것은 1883년 8월의 일이었다. 조선정부는 묄렌도르프로 하여금 1883년 4월 상해의 영국계 상사인 태화양행과 기선의 운항 항로에 대한 계약을 맺게 해 8월부터 上海－부산·인천－長崎의 항로

運業發展에 관한 硏究》(이화여대 박사학위논문, 1994), 37~73쪽을 정리한 것이다.

27) 이들은 주로 세곡선이 침몰했거나 풍랑으로 인해 세곡이 바다물에 젖어 버렸다고 허위로 보고함으로써 세미를 불법유출하여 일본인들에게 팔아 버렸던 것이다.

를 南陞號가 월 2회 정기운항하도록 했다. 조선정부는 이 계약을 체결하기 위해 남승호가 조선 연근해를 항해할 때 적자가 발생하면 해관세에서 반을 보전해 주기로 하는 한편 독점적으로 세곡을 수송하게 하는 특권을 1년간 부여하는 등 태화양행에게 특혜를 제공했다. 이와 같은 특혜를 제공하면서까지 서양 근대기선을 우리 나라 연안에 도입하게 된 데에는 세곡운반과 관련된 주목적 이외에도 조선 근해의 해운업을 장악하고 있는 일본 해운업계를 견제하는 한편 대외무역과 국내상업을 신장시키겠다는 목적도 포함되어 있었다.

그러나 태화양행의 남승호는 계약기간 1년이 만료된 후 계약 연장을 하지 않고 운항을 중단했다. 정부는 그 대책으로 독일의 世昌洋行과 1885년 3월 상해-인천간 항로를 계약하여 希化號를 취항시켰다. 그러나 희화호 역시 불과 6개월 만에 운항을 중단했다. 이 같이 계약 연장이 이루어지지 않거나 기선 운항이 조기에 중지된 데에는 지방관리들이 기선으로 세곡을 운반하는 일에 비협조적이었고 지방주민 역시 하역작업이 재래 선박과 달라 반발하였던 점을 들 수 있다. 그러나 무엇보다도 기선이 운항일자를 제대로 지키지 않았기 때문에 기선을 무작정 기다리며 세곡을 露積할 수 없었고 따라서 외국상사와 약속한 세곡의 양을 채울 수 없었던 점이 크게 작용했다.

한편 조선정부는 1884년 5월, 일본 橫濱에서 무역업을 하고 있던 미국 미들톤상사의 대리인과 기선회사를 설립하기 위한 계약을 맺기도 했다. 이 기선회사는 통신·운수를 발달시켜 상업을 발전시키기 위해 설립이 추진되었다. 비록 이 기선회사가 설립되지는 않았지만 해운업을 근대화시키겠다는 조선정부의 의지를 보여준 사례라고 할 수 있다.

(나) 조선정부의 기선구입

해운업의 근대화와 관련된 업무는 1881년 외교와 서구문물 도입을 담당하기 위해 조직되었던 통리기무아문 郵程司에서 주관했다. 이 통리기무아문이 1884년 갑신정변으로 폐지되어 기선도입에 관한 우정사의 업무는 1885년 7월에 설치된 機務司내에 轉運署로 이관되었다. 전운서는 1886년 7월 세곡 운송을 전담할 해룡호·조양호·광제호 등 200~500톤 급의 기선을 구입했다.

이들 기선들은 세곡운반 시기 이외에는 항구에 정박해 있었기 때문에 재정낭비의 한 원인이 되었다. 이 문제를 해결하기 위해 해안을 경비하는 일이나 일반화물과 승객을 운송하는 일에 기선을 투입하기로 결정하기도 했다. 이 사업을 전개하기 위해 조양호를 1889년에 매각하고 그 대신 독일제 쾌속정 한강호를 도입하기도 했다. 그러나 같은 해 일반화물과 승객 수송업무를 담당하기로 했던 제강호가 좌초되어 이 계획은 처음부터 차질을 빚었다.

전운서는 기선을 도입함으로써 해운업을 근대화하고, 이전 외국상사와 기선운항 계약연장 실패 및 조기 해약를 야기했던 문제점들을 해결하려 했다. 그러나 기대와는 달리 여전히 세곡운반에 얽힌 이서배의 부정은 해결되지 못했다. 오히려 기선들이 개항장 이외의 항구들에서 밀수와 관련된 많은 비리를 저지르는 일이 종종 발생하곤 했다. 그럼에도 불구하고 전운서는 1890년 이후에도 수십만 석의 세곡을 운반하기 위해 일본·독일·노르웨이와 같은 나라들의 상사 소속의 기선과 세곡운반 계약을 체결하기도 했다. 이들 기선은 주로 마산·진주·목포 등지와 같은 삼남지방과 인천을 연결하는 항로에 취항했다. 또 1892년 말에 이르면 일본으로부터 범선 15척을 구매하기도 했다.

(다) 이운사의 설립

1893년, 조선정부는 利運社를 설립하고 전운서 소속의 기선과 범선을 이양했다. 이운사는 세곡뿐만 아니라 일반화물과 승객을 운송하려는 계획 아래, 즉 자본주의적 경영을 지향하는 해운업으로 발전시키기 위해 설립된 것이다. 이운사 설립은 전운서 설치로 파생된 많은 문제를 해결하는 방안 가운데 하나였다. 즉 1885년 전운서 설치로 본격화된 관영해운업은 기선구입비를 외채에 의존했고, 또 항해기술자 역시 외국에 의존했을 뿐만 아니라 비싼 기선을 주로 세미의 운반에만 이용함으로써 상당기간을 항구에 정박시켰다. 이와 같은 비효율적 운용으로 재정낭비를 초래했음은 앞에서도 이미 지적했다.

그렇다고 자본주의적 경영을 위해 설립된 이운사의 운영이 원활한 것은 아니었다. 5대의 기선은 주로 세곡운반을 담당했고 일반화물과 이용 여객은 매우 적었다. 따라서 1894년 조세의 금납화로 주수입원인 세곡운송이 불가능하게 되자 이운사의 존립에 관심이 모아지게 되었다. 조선정부는 이운사의 운영을 민간에게 이양하는 방안을 모색했고 1894년 10월 말 그 운영권이 조선 상인들에게로 넘어갔다. 그러나 이듬해인 1895년 일본은 조선정부에 연 8% 저리로 차관 15만 원을 제공한다는 조건으로 이운사의 기선들을 일본 郵船회사에 위탁 경영시킨다는 계약을 체결하게 했다. 일본과 맺은 이 조약의 체결로 조선 연근해의 항로는 일본의 독점적 지배에 놓이게 되었으며 조선정부가 개항 이후 정부 주도로 지속적으로 추진했던 해운업의 근대화는 이로써 막을 내리게 되었다.

나. 통신사업

가) 전신가설

1884년 2월 부산에 우리 나라 최초로 전신이 가설되었다. 이 전신은 일본의 長崎와 부산 사이의 해저전선이 개통됨에 따라 일본이 부산에 전신국을 세울 수 있도록 조선정부에 요구했기 때문에 조약을 체결하여 가설된 것이다.[28] 이 조약은 이미 앞에서 살펴본 대로 조선정부가 전신가설에 대한 이점을 개괄적으로나마 파악하고 있었기 때문에 큰 이견 없이 진행될 수 있었다.

당시 한반도의 전신망 鋪設은 경제적·정치적으로 큰 의미를 가지고 있었다. 경제적으로는 1850년 이래 진행된 세계적 전신망 가설사업으로 한반도는 블라디보스톡과 연결되는 동아시아의 교두보로 부상되었다. 즉 한반도의 전신을 장악하는 것은 북반구의 전신망을 장악하는 일이 된다고 여겨진 것이다. 정치적으로는 한반도를 둘러싼 일본과 청나라의 한반도에서의 정치·군사적 경쟁과 밀접한 연관을 가지고 있었다. 즉 청나라와 일본으로서는 우리 나라에서 일어나는 각종 정변이나 정치적·사회적 변화에 대응하기 위해서는 본국에서 그 정보를 신속하게 입수하는 것이 무엇보다도 중요하다고 인식하고 있었다.

일본이 부산에 전신국을 가설한 데에 이어 청나라도 한반도에 전신가설을

---

28) 조선정부는 일본 전신선이 설치될 부산의 땅을 일본에 25년 임대하기로 했으며 이 기간 동안 면세특권을 약속했다(國史編纂委員會, 《高宗時代史》 2, 고종 19년 1월 24일), 해저전선에 대해서는 柳炳魯, 〈大韓帝國時代 電氣通信의 導入에 관한 연구〉(충남대 석사학위논문, 1992) 24쪽을 참조.

추진했다. 청나라에서 추진한 전신가설은 인천을 기점으로 한성·평양을 경유하여 의주에 이르는 것으로 西路전선이라고 불렸다. 이 전신가설을 위해 청나라는 약 150여 명의 기술자와 통신사 및 견습공을 파견했으며 그들 가운데에는 덴마크인 기술자 彌倫斯(H. J. Mühlensteth)와 외국인 기술자 2명도 포함되어 있었다.[29] 의주까지의 전신가설에는 이들 외국인 기술자 이외에도 상운을 비롯해 이응상·강태희·박희진과 같은 우리 나라 전신위원들도 참여했다.[30] 인천－한성 사이의 전신이 먼저 가설, 개통되었고 같은 해 10월에는 의주까지 가설되어 한반도의 서북부지방에 전신이 개통되었다. 이 전신가설로 우리 나라는 중국은 물론 세계 각국과 통신의 길이 열리게 되었다.

이듬해인 1886년 5월, 조선정부는 청나라와 차관조약을 맺고 한성－부산 사이를 잇는 南路전선을 가설하기 시작하여 1888년 6월 완공했다. 원래 이 남로전선은 우리 나라에 설치된 청나라 전신국인 華電局이 代設하기로 되어 있었다. 그러나 작업이 제대로 진행되지 않아 조선정부가 전신가설을 계획하여 1887년 초 전신기기와 소요물품과 기술자를 확보하기 시작했다. 전신기기와 소요물품에 대해서는 인천 소재의 독일계 상사인 世昌洋行과 교섭하여 전선가설에 관한 계약을 맺었다. 그러나 세창양행의 물품수입이 늦어지다가 1888년 1월과 3월에야 도착함에 따라 남로전선의 완공이 계획보다 늦어졌다. 그럼에도 불구하고 남로전선은 비록 계획은 청나라와의 조약에 의해 시작했으나 결국 우리 손으로 완공된 첫 전신선이라 할 수 있다.

1888년 한반도를 관통하는 전신망이 완성된 지 3년 후에는 北路전선이 개통되었다. 이 북로전선은 한성에서 춘천을 경유하여 원산에 이르는 전선으로 서로전선이나 남로전선이 중국이나 일본과 같은 외국세력의 군사적·경제적 필요에 의해 개설되었다면 북로전선은 이 세력을 조금이나마 배제하기 위해

29) 덴마크인 기술자 彌倫斯는 덴마크 대북부전신회사의 기술자로 중국전선을 가설하기 위해 청나라에 왔다가 서로전선 가설을 위해 기술감독관 자격으로 우리 나라에 왔다. 공사가 완성됨에 따라 청나라로 돌아갔다가 1885년 대동강·청천강·대정강 및 석교강 공사를 마무리하기 위해 다시 우리 나라에 왔다. 그 후 화전국의 기술자로 계속 우리 나라에 머물면서 남로전선의 가설에 참여하는 등 계속 우리 나라에 머물렀다. 그는 1896년 電務學堂의 교사로 고빙되기도 했다(유병로, 위의 글, 37~38쪽).

30) 《漢城周報》, 1886년 1월 25일.

계획되었다고 할 수 있다.[31] 이 북로전선의 가설계획은 1888년 외부고문이었던 미국인 데니(O. N. Denny)에 의해 제기되었다.[32] 남로전선의 완공이 얼마 남지 않았던 1888년 2월, 그는 이 전선을 연장하여 한성으로부터 함경도에 이르는 전선을 가설하여 러시아의 전선에 접속시키려 했다. 그는 북로전선이 가설되면 일본이나 상해 등지에서 구미 방면으로 발송하는 전신이 해저선보다 싼 이 선로를 이용할 것이므로 조선의 전신망이 동양에서 가장 중요한 위치를 차지하게 될 것이라고 전망했다.

그러나 이 계획은 러시아의 접근을 경계하던 일본과 청나라의 압력에 의해 쉽게 실현될 수 없었다. 그럼에도 불구하고 우리 나라는 북로전선과 서로전선의 가설 경험을 토대로 이미 독자적으로 전선가설을 담당할 수 있을 정도로 그 능력이 성장했으며 또 전신기기와 물자 역시 청나라나 일본을 통하지 않고도 구입할 수 있는 商路를 확보하고 있었기 때문에 1891년 독자적으로 북로전선을 개통할 수 있었다. 청·일의 간섭으로 개통이 계획보다 늦어져 북로전선의 본래 목적은 달성되지 못했지만 이 전선은 순전히 우리 힘으로 우리가 가설한 것이라는 점에서 의의를 찾을 수 있다.

나) 전신업무

우리 나라 전신업무는 1885년 인천-서울 사이의 전신 개통으로 청나라가 한성에 설치한 華電局(漢城電報總局)이 담당하다가, 이어서 남로전선이 완성된 후 조선정부가 電務司를 설치하자 이후로는 이 두 전보사가 관장하게 되었다. 그러나 주도권은 화전국이 가졌고, 전무사는 보조적인 역할을 담당하는 정도였다. 그럼에도 불구하고 전무사는 우리 관원을 지방분국에 파견하여 관리와 운영에 참여했고 더욱이 학생을 두어 전신기술을 익히게 할 수 있었다. 그러므로 전무사는 어느 정도 독립된 체계를 갖추고 독자적인 운영능력을

31) 유병로, 앞의 글, 30쪽.

32) 데니는 청나라로부터 한국에 파견된 미국인 외교고문으로 한국 이름은 덕니(德尼)이다. 1886년(고종 23) 청나라 李鴻章이 조선의 내정을 간섭하기 위하여 조선주재 총리로 보내면서, 이전에 파견했던 외교고문 묄렌도르프를 파면했다. 우리 나라에 부임한 이후 그는 청나라의 조선 내정간섭에 반대하고, 당시 한국주재 총리 袁世凱의 횡포를 비난하였으며, 조선정부로 하여금 자주독립 정신을 갖도록 권고하였다.

키워 나갈 수 있었던 것이다.

1888년에는 조선전보총국을 개국, 전신업무를 전담하게 했다. 개국 한 달 전인 5월에 〈電報章程〉을 마련하는 한편 국문전신부호(모스부호)를 채용하기로 결정했다. 이 국문전신부호는 金鶴羽가 이미 1885년에 고안한 것으로 이를 채택함으로써 우리 나라에서는 한문부호 외에도 간편한 국문의 전보를 시작할 수 있었다.[33] 이 부호체계는 오늘날까지 사용되고 있다.

우리 나라에 가설된 전신기는 전류의 이어짐과 끊어짐을 이용하는 모스인자방식과 송수신기에 모두 알파벳과 숫자를 기입한 지침식 指字방식을 사용하였다.[34] 특히 지침식 전신기는 많은 문자를 부호화하는 데 유리하였다.

다) 전문 전신요원 양성

조선정부는 개항 초부터 전신요원 양성을 위해 노력해 왔음은 앞에서도 이미 언급했다. 전신업무 시행 초부터 지방분국마다 전신인력을 배치하고 양성하는 조치를 취하여 전신분야는 다른 근대기술분야보다 더 많은 인력을 확보할 수 있었다. 그럼에도 불구하고 1896년 전신요원은 매우 부족한 상황에 직면하게 되었다. 그것은 일본이 1894년 청일전쟁으로 한반도에서 전신업무를 장악했으나, 삼국간섭과 같은 외교적 압력으로 그 영향력이 약화되어 1896년 전신과 관련된 전 시설을 조선정부에 반환할 수밖에 없는 처지가 되어 버렸기 때문이었다. 이와 같은 상황변화로 말미암아 조선정부는 전신을 관장할 체계적이고 조직적인 정부기구와 전신요원이 필요하게 되었다.[35]

전신관련 업무의 총체적 관리를 위해 조선정부는 농상공부 관할의 전보총국을 개설했는데, 조선전보총국을 개설하기 한 달 전인 1896년 7월에는 電報司관제를 실시하기도 했다. 이 관제에 따라 전국의 각 지역을 1등전보사와 2등전보사로 나누었으며 서울을 비롯한 인천·부산·원산·개성·평양·의주

33) 金鶴羽는 1884년, 일본에 파견되어 電信을 연구하였고 귀국 후에는 전신가설을 고종에게 건의하였을 뿐만 아니라 전신기술학교를 세우는 한편 서울~인천 사이의 전신가설을 계획하기도 했다. 그러나 그의 계획은 갑신정변으로 중단되었다(유병로, 앞의 글, 31·34쪽).

34) 모스인자방식과 지침식 전신기에 대해서는 위의 글, 39쪽을 참조할 것.

35) 《독립신문》, 1899년 9월 30일.

등 8개 지역은 1등전보사, 그 밖의 지역은 2등전보사로 구분했다. 1897년 서울의 전보사는 전보총사로 승격되었고, 1903년에는 한성전보총사 관할 아래 4개 지사를 증설하였으며, 1904년 11월에는 전국 36개 지역으로 확장되었다.

또 이 관제에 의하면 전국의 전보사의 업무를 관장하기 위해 사장과 주사를 파견하게 되어 있었다. 물론 전보사관제 실시 이전에 이미 소정의 과정을 이수하고 자격을 갖춘 전보학습원들은 대부분 주사로 임명됐다. 그러나 인원이 매우 부족했으므로 이를 보충하기 위해 1896년 일본 慶應義塾에 유학중인 학도들 가운데 80명을 전신과 체신업무를 속성으로 익혀 귀국시키려 하기도 했다. 그러나 이 때 단행된 무엇보다도 중요한 조치는 바로 電務學堂을 신설한 것이었다. 이 전무학당에는 이미 언급했던 덴마크인 전신기술자 彌倫斯가 전신교사로 초빙되었다.[36]

비록 전무학당이 신속히 설립되었다고 해도 그 운영이 체계화된 것은 1900년 〈電務學徒規則〉을 만든 이후에야 비로소 가능해졌다. 즉 이 〈전무학도규칙〉으로 전무학당은 명실공히 법제상의 근거를 갖춘 학교조직으로 발전할 수 있었고 체계를 갖출 수 있었던 것이다. 이 학교는 정규 실업학교로 관비로 운영되었으며 해마다 25명의 학생을 선발했다. 이 학생들은 전보송수신술·번역·電理學·전보규칙과 외국어·산술 등의 12과목 내외에 대해 매일 6시간씩 강의를 받았다. 학생들은 월말 시험과 연말 시험 및 특별고사를 치렀고 이 시험들에 통과한 학생들만이 졸업과 동시에 전신업무에 종사할 수 있었다.[37]

이와 같은 전문인력의 양성에 힘을 기울였지만 지방 전보사의 운영이 원활하게 진행된 것으로 보이지는 않는다. 예를 들면 전보 글자 수를 잘못 세는 일부터 전보를 보내지 않거나 전보국에 외부 사람을 함부로 들여 전보 내용을 누설시키는 일들이 발생했기 때문이다. 또 전보국의 주사가 전보비를 착복하는 일들이 일어났으며[38] 지방분국으로 발령을 받은 사람이 곧 지방으

36) 《독립신문》, 1896년 6월 11일. 彌倫斯와의 계약 갱신에 대해서는 《황성신문》, 1899년 7월 7일, 1902년 9월 8일, 《제국신문》, 1900년 6월 15일 기사 참조.
37) 金義煥, 《우리 나라 近代技術敎育史硏究》(박영사, 1971), 118~122쪽.
38) 《독립신문》, 1897년 11월 4일·23일, 6월 5일, 9월 7일, 1899년 7월 5일. 《제국신문》, 1899년 5월 3일·9일, 11월 18일.

로 내려가지 않거나, 새로 발령받은 주사가 일이 서툴러 항의를 받는 일이 발생하기도 했다.[39]

이 같은 지방 전보사의 미비점들에도 불구하고 1905년 일본이 강제적으로 통신원으로 전보사의 업무를 이관하기 전까지 전신국 사업은 자주적으로 운영되며 지속적인 발전을 이루었다. 이런 점에서 전신사업은 조선정부의 집권층이 그 중요성을 일찍이 인식한 만큼 지속적인 관심과 노력을 기울여 정착시킨 분야였다고 할 수 있을 것이다.

다. 전기사업[40]

가) 전기사업의 전개

우리 나라에 최초로 전등이 가설된 곳은 경복궁이었다. 1887년에 점등되었지만 경복궁 전등설치는 이미 1884년에 추진되다가 갑신정변에 의해 중단된 바 있었다. 이후 정치상황이 안정되자 전등가설사업은 곧 재기되어 완성을 보았다. 이 작업이 완료된 이후 발전 비용이 많이 들고 발전기가 설치된 향원정의 물고기들이 떼죽음을 당한 일들로 많은 비판을 받았음에도 불구하고 고종은 오히려 1894년 발전용량을 늘려 창덕궁에까지 전등을 설치하도록 했다.

이 같이 궁궐에서의 전기 도입은 매우 빨리 진행되었다. 그러나 산업과 민간을 대상으로 하는 사회간접자본으로서의 전기 도입은 10년이 지난 1898년에 이르러 전개되었다. 1898년 1월 18일 내장원경을 지낸 李根培와 상인인 金斗承이 한성에 전차와 전등 및 전화 설비의 시설과 운영권을 농상공부에 신청했으며 26일 농상공부가 이를 허가함으로써 한성전기회사가 설립된 것이다. 이와 같이 민간인이나 전직 관료가 신청서를 제출한 이유는 조선의 최대 이권사업 가운데 하나였던 전기사업에 러시아와 일본의 간섭을 배제하고 조선정부가 자주적으로 운영하기 위해서였다. 한성전기회사의 자본금은 고종

《황성신문》, 1900년 3월 1일, 3월 23일, 1902년 4월 29일, 5월 7일.

39) 《제국신문》, 1900년 5월 3일.
《황성신문》, 1899년 6월 9일.

40) 전기사업에 대한 내용은 김연희의 앞의 글을 정리한 것이다. 자세한 내용은 앞의 글을 참조할 것.

이 전액 출자했으며 주미서리공사를 지낸 바 있는 李采淵 한성판윤이 초대 사장이 되었다.

한성전기회사는 설립되자마자 전차사업을 위한 준비에 착수했다. 서대문-종로-홍릉 사이의 노선공사가 가장 먼저 시작되었고 1899년에 완공되었다. 이 노선은 궁궐과 종로의 상권을 연결하면서 청량리를 지나 민비의 묘가 있는 홍릉까지 이어졌다. 또 같은 해에 종로에서 남대문과 용산을 잇는 연장선로가 완성되었다. 이 용산선은 조선 초기부터 수상교통의 중심지인 용산 나루에 닿아 있었다. 용산나루는 1884년 청·일본을 포함한 열강의 요구에 의해 개항된 이래 서울의 관문이 동시에 새로운 교역의 중심지였다. 그러므로 용산선 설계의 주목적은 화물수송이라고 할 수 있다. 또 1900년 7월에는 남대문에서 봉래동과 의주로를 거쳐 서대문 밖에 이르는 선로가 개통되었는데 이 노선은 개성선과 경인선의 종착지인 서대문을 연계하여 승객과 화물을 운송하려는 의도로 가설되었다. 그러나 개성선 공사가 지연되고 서대문과의 연결이 경인선부설권을 가졌던 일본측의 비협조로 쓸모가 없어져 버려 폐쇄되었다. 이 노선은 1922년에 이르러 재개통되어 서울의 중요한 노선으로 자리잡았다.

전차의 운행은 당시로서는 획기적인 사건이었다. 막대한 자금이 소요되는 이 전기철도 부설사업이 추진된 데에는 여러 가지 원인이 있다. 첫째로 들 수 있는 점은 1896년도부터 시행되던 한성부 도시개량사업과 이 사업이 맞물려 있다는 것이다. 도시개량사업은 대한제국 반포 이래 제국에 걸맞는 황도를 구축하겠다는 고종의 의지가 투영되어 지속적으로 전개된 사업이었으며 이 사업에는 보건·위생사업뿐만 아니라 도로정비와 전기철도 부설사업도 포함되어 있었다. 또한 민비가 안장된 홍릉까지 근대적 교통수단을 이용함으로써 행차를 간소화하여 비용을 줄이는 한편, 재정고문의 교체로 생긴 100,000불의 여유 자금을 안전한 곳에 투자하겠다는 점도 주요한 배경으로 들 수 있다. 또 대한제국을 반포하면서 식산흥업을 강력하게 내세웠는데 이 전기철도 부설사업은 정부가 식산흥업을 위해 근대적 기술도입을 적극적으로 추진하고 있음을 드러내기에 적절한 사업이기도 했다.

이런 요인들을 배경으로 한성전기회사는 전기철도 사업을 전개하기 시작했다. 1901년 이후부터는 전등사업도 시작했다. 전등이 민간에 켜진 것은 그 이전인 1900년 4월의 일이었다. 종로 정거장과 매표소 주변에 가로등 세 개를 점등했던 것이다. 그렇지만 이 가로등은 밤 10시까지 운행시간을 연장한 전차의 이용객을 위해 설치된 공공용도의 것이었다. 따라서 이윤 획득을 위한 전등사업의 시작은 1901년으로 보아야 한다. 이 사업은 전차운행을 위해 확장한 발전설비가 밤에 생산해 내는 전력을 이용하여 한성전기회사의 매출을 증대시키기 위해 시도되었다.

그러나 전등설치비와 사용료가 매우 비쌌기 때문에 한성의 일반민은 거의 사용할 수 없었다. 전등사업의 주요 대상은 궁궐, 진고개에 밀집해 있던 일본인 상가와 貞洞에 많이 몰려 있던 외국공사관 등이었다. 한정된 지역만을 대상으로 할 수밖에 없었으므로 전등사업의 영업실적은 예상외로 저조했다. 한성전기회사는 영업 부진을 만회하기 위해 일정 정도 이상의 전등을 사용하는 대수요자에게는 전등요금을 50% 정도를 할인해 주는 전략을 채택하기도 했다. 이 같은 영업 전략에 힘입어 전체 사용촉광수는 증가했으나 이것이 곧 매출 성장과 이익의 증가로는 연결되지 못하는 기현상이 초래되는 원인이 되었다.

나) 한성전기회사의 소유권 이전

한성전기회사는 고종이 전액 출자하여 세워진 근대 첨단기술을 도입한 회사였다. 그러나 '전기가 매우 편리하다'는 초보적인 정보밖에 가지고 있지 못했던 당시로서는 기술과 인력을 전적으로 선진국에 의존해야 한다는 한계를 지니고 있었다. 한성전기회사의 초대 사장이 당시 친미파의 우두머리라고 알려진 이채연으로 정해졌다는 사실은 전기사업의 대부분을 미국에 의존하게 되리라는 사실을 암시했다. 실제 이 회사의 전기철도 부설사업은 미국계 상사인 콜브란·보스트위크상사에 청부되었다. 특히 콜브란(Henry Collbran)은 경인철도 부설을 위해 입국해 있었던 영국계 미국인으로, 모스가 경인선부설권을 어떤 경로로 조선정부로부터 획득하고 일본에 어떻게 매각했는지에 대해 잘 알고 있었으며 그 자신이 경인선 매각과정에서 많은 이득을 얻기도 했던 사람이다.41)

한성전기회사와 전기철도 부설공사의 청부계약을 맺은 콜브란은 공사계약금을 매우 높게 책정했다. 그리고 조선정부가 공사대금 가운데 반을 선지급했음에도 불구하고 콜브란은 이 청부권을 담보로 일본의 第一銀行으로부터 돈을 대출받았다. 그는 제일은행 대출금과 이자를 한성전기회사가 감당하게 함으로써 한성전기회사의 채무를 증가시켰다. 그럼에도 1899년 4월 조선정부는 콜브란·보스트위크상사와 한성전기회사의 관리와 운영에 관한 청부계약을 맺었다. 이 계약으로 콜브란은 회사의 경영, 전차의 운영과 노선관리, 운임의 결정 등에 관한 전권을 위임받았을 뿐만 아니라 용역비로 전체 수입·지출 전 비용의 12%에 해당하는 금액을 약속받았으며 그 밖에 운영상의 여러 특혜를 보장받았다. 그러나 콜브란이 이행해야 할 의무조항은 거의 없었다. 그나마 제시된 것이 전기기술인력을 양성하고 경영을 할 수 있도록 훈련시킨다는 강제성 없는 조항 정도였다.

한성전기회사의 전권을 위임받은 상황에서 콜브란은 콜브란·보스트위크상사에 대한 한성전기회사의 채무를 가중시키는 한편 1902년 10월 이 채무의 상환을 요구했다. 2년이 넘게 콜브란과 대한제국정부 사이에 채무상환을 둘러싼 공방이 치열하게 지속되었다. 콜브란이 제시한 채무액 가운데에는 불필요한 노선의 기획에 소요된 비용이나 시행하지도 않은 공사대금 등등이 포함되어 있었다. 또 그는 한성전기회사의 지출과 수입 및 채무를 原帳을 제시하지도 않은 채 채무상환을 요구했다. 더 나아가 그는 대한제국정부와 채무 분규가 진행되는 동안 일본에 한성전기회사를 매각할 것을 검토하고 일본과 비밀리에 접촉하기도 했다. 일본이 거중조정을 제안하며 한성전기회사의 매도 가능성을 타진할 때 대한제국정부는 각국 공사에 거중조정을 거절한다는 공문을 보냄으로써 일본의 개입을 거부하기도 했다.

그러나 1904년 한반도를 둘러싸고 러시아와 일본간의 전쟁의 기운이 감돌

41) 이 청부공사 거래를 알선했을 뿐만 아니라 금광을 비롯한 많은 이권을 미국인에게 제공하도록 조선정부에 영향력을 행사했던 당시 주한미국공사 알렌(H. N. Allen)조차도 콜브란에 대해서는 부정적인 평가를 내릴 정도로 콜브란은 탐욕적으로 조선의 이권에 참여했다(Fred H. Harrington, *God Mammon and the Japanes*, The University of Wisconsin Press. 1944 ; 李光麟 譯, 《開化期의 韓美關係》, 一潮閣, 1983, 197~198쪽).

자 미국의 원조를 기대한 고종은 콜브란의 채무상환 조건을 받아들여 한성전기회사의 모든 유형·무형의 재산과 현금 75만圓을 콜브란에게 양도하였다.[42] 그에 따라 고종은 주식 50%의 지분을 가지는 주주로 전락했다.

콜브란은 한성전기회사를 인수하자마자 이 회사를 미국 법률에 의해 조직해 한미전기회사로 전환했다. 즉 한국의 정치상황과는 관계없이 미국 법률의 보호를 받을 수 있는 미국회사가 된 것이다. 한미전기회사로 바뀐 다음 한미전기회사는 마포선을 부설하기도 했지만 신규투자를 거의 하지 않았다. 또 전차요금을 100% 인상을 감행하면서도 운행시간 조절이나 낡은 객차의 개선 등과 같은 설비 및 서비스 개선은 시도조차 하지 않아 한성부민의 항의를 받기도 했다.

한편 1909년 한반도의 정치상황이 더 불안해지자 콜브란은 한미전기회사를 120만 원이라는 헐값에 일본의 日韓瓦斯會社에 매각했다. 이는 고종이 그에게 회사소유권을 양도할 때 맺은 계약, 즉 15년 이내에 매각처분하지 않는다는 조항을 어긴 것이었다. 그뿐만 아니라 고종의 지분에 대해서는 아무런 조치를 취하지 않아 고종이 이에 항의했을 때 그는 단지 자신이 오해한 것이라는 해명만을 들었을 뿐이었다.

다) 한성전기회사가 남긴 것

한성전기회사는 당시로서도 최첨단 기술인 '전기'를 도입하여 민간을 대상으로 사업을 전개했다. 전기사업은 전기 생산설비를 위해 거액의 고정자산이 필요한 사업이다. 즉 전기의 생산뿐만 아니라 수송·배급·판매에도 전용 설비가 요구되어 90% 이상이 고정자본으로 투하되어야 하는 특징을 가지고 있다. 또 최종산물을 저장할 수 없다는 것도 이 사업의 큰 특징 가운데 하나이다.

이런 특징을 지니고 있는 사업을 조선정부가 의욕적으로 추진했으나 결국 실패로 끝난 데에는 몇 가지 문제점들이 원인으로 지적될 수 있다. 첫 번째 문제로 제시될 수 있는 것은 이 전기철도 부설작업이나 발전소 건설을 위한

42) 한성전기회사의 무형의 재산 가운데에는 능원로 건설권, 상수도 공사권, 한강수로 이용권 및 광산과 금융업에 대한 특허권이 포함되어 있다.

제반 산업시설이 전무한 가운데 추진되었다는 점이다. 따라서 전신주를 제외하고는 전부 외국에서 수입해야 했다. 무엇보다도 중요한 것은 이 같이 대규모 자금이 소요되는 전기사업을 감독할 만한 기구나 인력이 조선정부내에 전혀 존재하지 않았다는 점이다. 두 번째로 들 수 있는 문제점도 기술인력면에서 당시 전기기술자가 전혀 없었다는 점이다. 그러므로 전차사업을 시작할 때 차장을 제외하고는 발전기술자뿐만 아니라 운전기사까지 외국에서 고용해야 했다. 1899년부터 전차운전이나 발전시설 및 관리를 위한 소수의 저급한 기술자들이 한성전기회사내의 훈련소를 통해 양성되기는 했으나 핵심적인 중요 기술은 여전히 외국 기술인력이 장악하고 있었고 이는 경영상의 중요한 부담으로 작용했음은 물론이다. 이와 같은 열악한 상황에서 전개된 전기사업은 기술도입과 관리와 경영을 모두 콜브란에게 의존할 수밖에 없었고 전기사업을 비롯한 한성전기회사가 소유하고 있던 유형·무형의 자산이 모두 그에게 장악되는 결과를 초래하였다.

〈金延姬〉

2) 근대 의료기술

(1) 서의한역서의 소개와 유입

서양 의료기술이 우리 나라에 처음으로 알려진 것은 17세기 중엽부터이다. 이 무렵에 청나라로부터 한문으로 번역된 西學書들이 유입되면서 서양의학에 대한 것들도 알려지게 되었다. 청나라에서 천주교 선교사 아담 샬(Adam Schall von Bell, 湯若望)과 교제하던 소현세자가 1645년(인조 23) 환국할 때 가져온《主制群徵》이라는 책은 일종의 천주교 교리서인데 그 가운데 로마 갈렌(Galen)의 인체생리설이 간략하게 소개되어 있었다.[1] 그 후 그 내용이 실학자들의 저서인 이익의《星湖僿說》과 이규경의《五洲衍文長箋散稿》에 인용·소개되었다. 이러한 서의한역서에 대한 실학자들의 관심은 朴趾源의《熱

1) 서울대의과대학사편찬위원회,《서울대학교의과대학사》(1978), 1쪽.

河日記》, 鄭東愈의 《晝永編》, 丁若鏞의 《醫零》 등으로 이어지고, 19세기 중엽에는 崔漢綺의 《明南樓叢書》에 영국의사 홉슨(Hobson, 合信)이 역술한 5종의 의서 《全體新論》·《西醫略說》·《內科新說》·《婦嬰新說》·《博物新編》 등이 인용되어 있다.

1876년 개항 후 대외교류가 활발해지고 서양의 근대문물에 대한 관심이 높아짐에 따라 이러한 서의한역서들은 청나라나 일본을 통해 대부분이 국내로 유입되어 관심있는 이들의 서양의술에 대한 이해가 한층 깊어졌다. 이 시기에 유입된 서의한역서들을 알기 위해서 당시 종두법을 비롯한 서양의학 수용의 선구자였던 池錫永이 소장하고 있던 서양의학 관련 서적들을 들면 다음과 같다.[2)]

《西醫內科全書》 6책(中國刊), 嘉約翰(미국인, John Grasgow Kerr) 역
《全體闡微》 3책(中國刊), 柯爲良 역
《博物新編》 1책(中國刊), 合信(Benjamin Hobson) 譯著
《全體新論》 1책, 합신 역저
《醫方彙編》 3책(中國刊), 梅藤更(Main Dunean) 역
《內科新說》 1책(中國刊, 1858 咸豊 8), 합신 역저
《內科新說》 3책(日本刊), 합신 역저
《西藥略釋》 2책(日本刊), 孔繼良 譯撰,·柯約翰(미국인) 校正
《皮膚新編》 1책(日本, 1875 明治 8), 가약한(미국인) 저역
《兒科撮要》 2책(中國刊), 尹端模(미국인) 역
《婦嬰新說》 1책(中國, 咸豊 8), 합신(영국인) 역저
《化學初階》 4책(中國刊), 가약한(미국인) 역저
《婦科精蘊圖說》 5책(中國刊), 가약한(미국인)
《增刪重印 西藥大成》 16책(中國刊), 米拉·海得蘭 撰, 趙元益(영국인) 등 譯述
《增刪重印 藥品中西名目表》 1책(中國刊).

(2) 일본을 통한 의료기술의 도입

개항 이전에도 서학서들을 통해서 서양의학에 대하여 어느 정도 알고 있기는 하였지만, 실제로 서양의학과 직접 접하기는 개항 직후 수신사 金綺秀

---

2) 三木榮, 《朝鮮醫學史及疾病史》(1963), 268쪽.

일행이 일본에 파송되면서부터였다. 1876년 '조일수호조약'을 체결한 후 일본은 이후 통상장정 등 협상에서 유리한 위치를 차지하기 위해서 서양문물을 받아들인 일본의 부국강병의 실상을 과시하고자 우리 나라에 사신의 파송을 요청하였다. 이에 조선정부도 일본의 국내 사정을 알고자 하였으므로 수신사 김기수 일행을 일본에 파송하였다. 이 때 일본은 이들을 맞이하기 위하여 기선 黃龍丸을 부산에 보내고 여기에 일본의 군의를 동승시켜 수신사 일행을 돌보게 했다. 일본에 가는 길에는 大軍醫 시마다(島田修海)가 수행하고 돌아오는 길에는 대군의 사네요시(實吉安純)가 수행하였다. 사네요시는 배 안에서 수신사 일행인 김응상·김불이·노명대 등을 치료하였을 뿐만 아니라 김기수의 요청으로 의학에 관심이 많은 수행원 박영선에게 종두법과 서양의학서를 소개하고, 부산에 도착하여서도 판하촌에서 10여 명의 조선 아이들에게 종두를 접종시키고 몇 명의 환자를 진료하기도 하였다.[3] 이 때 사네요시가 소개한 서양의학서는 영국의 의사로서 서양의학서를 한문으로 번역하여 소개한 홉슨(Benjamin Hobson)의 《全體新論》·《內科新說》·《婦嬰新說》·《博物新編》 등이었다. 그리고 150인분의 痘苗와 키니네(鷄哪) 등 서양 의약품도 약간 얻을 수 있었다. 이 때 일본 군의들이 치료했던 질병은 김응상의 디프테리아, 김불이의 농창수술, 노명대의 충치뽑기, 김기수의 혓바늘, 한 가마꾼의 임질 등이었다. 이러한 일본 군의들의 활동은 수신사 일행의 호감을 사기에 충분하였으며, 이 점이 바로 일본측이 노리고 있던 것이기도 했다.[4]

개항 후 일본인의 왕래가 많아지고 거류지에 일본인들이 집단으로 거주하게 됨에 따라 그들의 의료문제를 해결하기 위해서 개항장에 일본인 병원들이 생겨났다. 1876년 11월 부산에 濟生醫院을 세운 것을 비롯해서, 1880년 원산에 生生病院을 세우고, 1883년에는 인천과 서울에 영사관부속병원과 일본관의원을 각각 세웠다. 부산 제생의원에는 초대 원장으로 일본 해군 대군의 야노(矢野義徹)가 임명되었다. 그는 일본의 국익을 위하여 한국인에 대한 의료 활동과 종두의 보급을 적극적으로 주장하던 자였다. 이 의원은 곧 일본

---

3) 《釜山府史原稿》 5권, 163~164쪽.

4) 김승태, 〈일본을 통한 서양의학의 수용과 그 성격〉(《國史館論叢》 6, 국사편찬위원회, 1989), 227~228쪽.

외무성 관할에서 해군성 관할로 이관되었으며, 그들의 설립 의도야 어떻든 한국에 세워진 최초의 서양의술에 의한 설비를 갖춘 병원이었다.[5] 1879년 10월 원장이 마츠마에(松前讓)로 바뀌었는데 이 무렵 지석영이 제생의원을 방문하여 원장과 소군의 토즈카(戶塚積齊)로부터 종두법을 배우고 痘苗와 종두침을 얻어와 향리인 충주군 덕산면에서 40여 명에게 종두를 실시하였다.[6] 이 의원은 이와 같이 서양식 종두 보급에 일정한 영향을 미쳤으며, 간간이 한국인 환자들을 치료하여 한국인의 환심을 사고자 하였다. 여기서 진료 받은 한국인은 1880년 729명, 1881년 675명으로 전체 진료환자수의 20%를 넘지 않았다.[7] 제생의원은 1883년 해군성에서 육군성으로 이관되어 일본 육군 일등군의 코이케(小池正直)가 원장을 맡았다가, 1885년 그 운영이 일본 거류민단으로 이관되고 그 명칭도 日本共立病院으로 개칭되었다.[8]

일본은 원산에도 1880년 5월 개항되자마자 곧바로 대군의 야노와 군의 도다(戶田)를 파견하여 生生病院을 개원하였다. 이 병원의 설립 목적도 부산의 경우와 마찬가지로 일본인에 대한 진료와 한국인의 회유를 위한 것이었다. 이 병원에서 진료받은 한국인은 1880년 1,126명에서, 1881년 695명으로 줄어드는 반면, 일본인 진료자는 늘어나고 있는데 이는 그들의 병원설립 의도와 관련하여 주목되는 것이다. 이 병원도 처음에는 일본 해군성 소속이었으나 1884년 육군성으로 이관되고, 1886년 다시 이 지역 일본거류민에게 이관되어 공립병원으로 개칭되었다. 이와 같이 일본은 일본인 거류지에 외무성이나 해군성에서 병원을 개척하고, 육군의 진주와 함께 육군성으로 그 관할권을 이관하였다가 거류민의 이주가 충분히 이루어지면 이를 공립병원이라 하여 그 지역 일본 거류민들에게 이관하였던 것이다.[9]

서울에도 일본공사관의 설치와 함께 해군 대군의 마에다(前田淸則)를 醫官

---

5) 三木榮, 앞의 책, 269쪽. 이 의원은 당시 일본의 최신식 의료기구와 의약품류를 구비하고 있었다.
6) 金斗鍾, 《韓國醫學史》(1966), 476쪽.
7) 김승태, 앞의 글, 231쪽.
8) 이 共立病院 초대 원장은 佐佐木學이었다(三木榮, 앞의 책, 270~271쪽).
9) 이러한 일본인 거류지의 공립병원은 한국병탄 후에는 조선총독부에 편입되어 자혜의원 내지 부립병원이 되었다.

으로 배속시켰다가 임오군변으로 철수하고, 1883년 6월 다시 일본공사관의원을 개설하여 의관인 일등군의 카이세(海瀨敏行)로 하여금 한국인 환자 진료에도 응하도록 하였다.

인천에도 일본영사관의 요청에 의해 1883년 10월 육군 3등군의 타나카(田中親之)와 육군 2등간호장 나가노(永野四郞)를 파송하여 영사관부속병원을 개원하였다. 이 병원도 1888년 거류민에게 이관되어 인천공립병원이 되고, 이 무렵 이데타(出田龍馬)가 이 지역에 일본인 민간병원을 차려 내과와 외과를 개업하였다. 서울에도 1886년 일본공사관 의관으로 내한한 고지로(古城梅溪)가 1891년 관직을 사직하고 공사관 공의를 겸하면서 贊化醫院을 개설하여 운영하였다. 그는 찬화의원 안에 종두의양성소를 설치하고 교재로 《종두신서》를 저술하여 가르쳤다. 그는 1899년에 관립의학교 교사로 고빙되어 교수하다가 이듬해 일본으로 돌아가고, 대신 고다케(小竹武次)가 그 후임으로 고빙되었다. 이 밖에도 서울의 漢城病院, 대구·평양·용산 등지에 설립되었던 동인의원은 일제의 한국침략을 지원하던 일본인 민간의료기관이었다.[10] 이와 같이 일본인에 의한 민간의료활동은 청일전쟁 이후 일본 거류민이 격증하면서 본격화되었다. 특히 일제의 통감부 설치 이후 일본인 이주가 급격히 증가하여 철도·경찰·학교·회사 등의 촉탁의를 겸하면서 개업하는 일본 의료인들도 많이 생겼다. 이 시기에 한국에서 활동하던 일본인 병원 및 의료인 통계는 다음의 〈표 1〉과 같다.

〈표 1〉 일본인 병원 및 의료인 통계(1907~1910)

연 도	병 원	의 사	간호부	연 도	병 원	의 사	간호부
1907	46	165	95	1909	82	336	221
1908	82	263	130	1910	102	368	220

* 전거 : 《통계연보》(1907~1910).

이 밖에도 일본인들은 청일전쟁과 러일전쟁 기간에 군사적 필요에서 경성

10) 동인의원의 침략지원 의료활동에 관해서는 김승태, 앞의 글, 241~242쪽 참조.

위수병원, 평양위수병원, 나남위수병원, 회령위수병원 등을 세워 군진의료활동을 폈으나, 이러한 의료활동은 민간의료활동에 비해 한국인의 서양의학 수용에는 별다른 영향을 주지 못했다.[11]

1906년 통감부를 설치한 일제는 다른 분야에서와 마찬가지로 의료분야에서도 식민지배의 기반을 닦기 시작했다. 이토(伊藤博文)통감은 그 해 7월 일본 육군 군의총감 사토(佐藤進)를 불러들여 위생 수뇌기관을 만들게 했다. 이에 따라 한국정부의 광제원의학교 및 대한적십자병원을 통폐합하여 대한의원을 설립할 계획을 세우고, 1907년 3월 칙명으로 대한의원관제를 발표하게 하였다. 처음에는 명목상이긴 하지만 내부대신이 원장을 겸하도록 하였으나, 그해 12월 관제를 개정하여 이듬해 1월 사토가 직접 원장으로 취임하였다. 이는 일본인에 의한 의료기관의 완전한 장악을 의미하는 것이다. 그리고 여기에 치료부·위생부·교육부를 두어 진료와 함께 위생사업과 의학교육을 실시하였다. 이 교육부는 1909년 부속의학교로 개칭되고, 병탄 이후에는 대한의원이 총독부의원으로 개편됨에 따라 총독부의원 부속의학강습소가 되었다가 1916년 경성의학전문학교로 개칭되었다.[12]

그 밖에도 일제는 한국을 강제로 병탄할 계획을 세우고 각지에서 일어난 의병들을 탄압하는 한편, 이들 일본 군경들에 대한 의료지원과 한국인을 회유하기 위한 수단으로 1909년부터 각 지역에 慈惠醫院을 설립하여 일본 군의들로 하여금 그 책임을 맡게 했다.[13] 이러한 자혜의원들은 그 설립목적과 같이 무단통치하에서 일본 군경을 지원하고 한국인을 회유, 친일화하는 데도 중요한 역할을 하였다.

(3) 서구 선교사들을 통한 의료기술의 도입

서양 근대의학 훈련을 받은 사람으로서 우리 나라에 처음으로 들어온 사

11) 다만 1887년부터 2년간 일본에서 의학을 공부하고 돌아온 李基元이 청일전쟁 때 일본군 야전병원에서 2년간 견습하였던 것은 예외적인 일이라 할 수 있다(김승태, 위의 글, 238쪽).

12) 《朝鮮總督府醫院二十年史》, 11~21쪽.

13) 1910년 10월에 임명된 각도 자혜의원의 의원 25명은 모두가 일본인 군의였다(〈朝鮮總督府官報〉 호외, 1910. 10. 1일자 ; 김승태, 앞의 글, 251쪽).

람은 미국 북장로교의 의료선교사 알렌(Horace N. Allen, 安連)이다.[14] 그는 미국 마이애미의과대학(Miami Medical College)에서 수학하여 의사자격증을 얻은 후, 중국 상해에 의료선교사로 파송되었다가 1884년 9월 미국공사관 부속의사의 자격으로 내한하여 활동하였다. 특히 그 해 12월에 일어난 갑신정변으로 부상을 입은 閔泳翊을 치료하여 국왕의 신임을 얻고 侍醫로 임명되었으며, 그의 건의로 최초의 왕립 서양식 병원인 廣惠院(곧 그 명칭은 濟衆院으로 바뀜)이 1885년 4월에 설립되어, 조선정부의 지원을 받아 운영하였다. 이 병원은 개원하자마자 환자들이 몰려들어 개원 첫 한 해 동안에 입원환자 265명, 외과 수술환자 150명, 간단한 외과 치료환자 394명, 800여 명의 부녀자를 진료하여 총 진료자 수는 10,460명에 이르렀다.[15] 이를 다시 질병별로 환자수를 세분하면 다음의 〈표 2〉와 같다.[16]

〈표 2〉 광혜원 개원 1차년도 질병별 환자 통계

번 호	분 류	병종류	환자수	환자가 가장 많은 병
1	발 열	12	1,147	사일열(713)
2	소화기계질환	30	2,032	소화불량(582)
3	순환기계질환	6	111	
4	호흡기계질환	16	476	천식(148)
5	신경계질환	36	833	간질(307)
6	임파선계질환	2	214	경부임파선비대(212)

14) 알렌의 의료활동에 대해서는 민경배, 《알렌의 宣敎와 近代韓美外交》(연세대 출판부, 1991)에 상세히 기술되어 있다.
15) H. N. Allen, Medical Work in Korea, *The Foreign Missionary*, 1886, 10월호, 215~216쪽.
이만열, 〈한말 미국계 의료선교를 통한 서양의학의 수용〉(《국사관논총》 3, 국사편찬위원회, 1989), 200쪽.
F. Ohlinger, The Beginning of the Medical Work in Korea, *The Korean Repository*, 1892, 12월호, 356~357쪽.
민경배, 위의 책, 154쪽.
16) 이만열, 위의 글, 206쪽에서 거듭 인용.
First Annual Report of the Korean Government Hospital, Seoul, under the care of H. N. Allen and J. W. Heron, for the Year Ending April 10th, 1886.

7	비뇨생식계 및 매독	30	1,902	매독(760)
8	전신질환	13	365	연주창(146)
9	새로운 병	2	7	음낭부분의 오한(6)
10	눈 병	32	629	
11	귀 병	7	318	
12	종 양	10	145	
13	골 관절 건질환	37	105	
14	외 상	17	140	
15	기 형	5	37	
16	결체조직질환	31	363	
17	피부질환	37	815	옴(160)
18	부인병	12	67	백대하(27)
미 분 류.			721	
계		335	10,427	

이 병원은 처음에는 기초적인 의료교육을 받은 바 있는 같은 북장로교 복음선교사 언더우드(H. G. Underwood)와 감리교의 의료선교사 스크랜튼(Wm. B. Scranton, 施蘭敦)이 도왔지만, 스크랜튼은 곧 사임하고 1885년 9월 새로운 진료소를 차려 施病院이라 하였다. 제중원에는 같은 해 6월 미북장로교 소속 의료선교사인 헤론(John W. Heron, 惠論)이 부임하여 알렌을 돕고, 1887년 9월 알렌이 주미한국공사관 서기관으로 전임하자 제중원의 책임을 맡아 운영하였다. 헤론은 미국 테네시대학교 의과대학을 졸업하고 한국에 의료선교사로 부임하였는데, 알렌의 후임으로 제중원을 맡아 운영하다가 1890년 7월 과로로 사망하여 양화진에 묻혔다. 여성 의료선교사로는 엘러즈(Annie J. Ellers)가 1886년에 파송되어 제중원 안에 부인과를 신설하여 활동하였고, 1887년에는 그의 후임으로 의사자격을 가진 호튼(Lillias S. Horton)이 부임하여 부녀과 책임을 맡아 부녀들을 진료하고 민비의 시의로서도 활동하였다.[17]

제중원은 환자의 진료활동만 담당한 것이 아니라, 설립 초기부터 '소수의 한국인들에게 의학 교육을 시킬 목적으로' 병원 안에 의과교실을 개설하였

17) 이만열, 위의 글, 201쪽.

다. 여기서 틈이 나는 대로 알렌과 헤론은 서양의 실용적인 의술을 가르치고 언더우드는 기초과학인 물리와 화학을 가르쳤다. 그러던 것이 1886년 3월에는 정부의 협조를 얻어 제중원의학교로 발전하였다. 의학교는 처음에 16명의 학생을 선발하여 4개월간 시험기간을 거친 후, 그 가운데 4명을 낙제시키고 성적이 우수한 12명을 정규과정에 들어가게 하여 매년 국비로 12명의 학생에게 의학공부를 시키고, 전 과정을 수료하고 졸업하면 정부관리로 등용하여 主事職을 주도록 하였다.[18] 그러나 이러한 한국인 의료인 양성계획은 그 후 지속적으로 이루어지지는 못한 것 같다.

제중원의 책임을 맡고 있던 헤론이 순직하자 1891년 4월에 내한한 빈튼(C. C. Vinton, 賓頓)이 책임을 맡고, 1893년부터는 애비슨(O. R. Avison)이 책임을 맡았으나 재정문제와 관리의 부패로 이듬해 그 운영이 미북장로교 선교부로 이관되었다. 애비슨은 이 병원을 현대식 시설을 갖춘 선교연합병원으로 발전시키기를 원했다. 1899년 애비슨부부의 건강이 악화되어 긴급 휴가를 얻어 잠시 캐나다에 귀향하였을 때, 애비슨은 건축가인 친구 고든(H. B. Gordon)에게 부탁하여 현대식 병원 설계도를 그리고 병원 건축기금 모금운동을 하였다. 1900년 5월 뉴욕 국제선교대회에서 그의 강연을 감명깊게 들은 스탠다드 석유회사의 지배인 세브란스(L. H. Severance)씨가 장로교선교부에 서울에 근대식 병원을 짓도록 10,000달러를 기증하였다. 1902년 세브란스씨는 5,000달러를 더 기증하였고, 기존의 제중원을 판 대금을 합하여 남대문 근처에 세브란스병원을 건립하여 1904년 11월에 개원하였다. 세브란스병원은 개원하던 해에 7,242명의 환자를 진료하였고, 1905년에는 9,218명, 1906년에는 13,045명, 1907년에는 14,679명이 진료를 받았고, 1908년에는 입원환자만도 655명이었으며, 1909년에는 13,716명(입원 512명), 1910년에는 10,791명(입원 439명)의 환자를 진료하였다.[19]

뿐만 아니라 정부관제에 의해 1899년에 창설된 제중원의학교는 1908년 6월 제1회 졸업생 7명을 배출하였고,[20] 이듬해 이 의학교는 사립세브란스의학

---

18) H. N. Allen, *Medical Work in Korea*, 앞의 글, 216쪽.
이만열, 위의 글, 201쪽.

19) 이만열, 위의 글, 223쪽, 세브란스병원 진료통계(1903~1910) 참조.

교로 개명하여 4년제의 체계적인 의학교육을 실시하였다. 이 의학교에서는 애비슨 · 웰즈(J. H. Wells) · 샤록스(A. W. Sharrocks) 등 의료선교사들과 한국인 번역 조사들이 협력하여 해부학 · 무기약학 · 무기화학 · 세균학 · 간호학 · 생리학 · 생약학 · 질병과 치료 · 피부질환 · 수술 등에 관한 의학교육에 필요한 교재들을 번역 편찬하여 보급하였다. 이러한 의학교재들은 국내 각 병원의 의료조수 양성에도 교재로 쓰임으로써 서양의학의 도입을 촉진시켰다.[21] 더욱이 애비슨은 의학교육에서 교파간의 협력을 주장하여 1907년 9월 한국의료선교사회가 조직되고, 1908년부터 여러 교파에서 의료선교사를 파견 협력하였으며, 1910년 세브란스의학교는 한국내 모든 개신교 선교단체의 연합의학교가 되었다.[22]

1906년 미북장로교 의료위원회는 북감리교 선교부가 공동으로 간호원양성 교육을 하기로 하고 쉴즈(E. L. Shields)간호원이 중심이 되어 세브란스병원 안에 간호원학교를 설치 운영하였다. 여기서는 임상간호교육과 함께 기초간호술 · 해부생리학 · 미생물학 · 약리학 · 간호사 · 간호윤리 · 산수 · 국어 등 간호학의 기초적인 과목을 가르쳤다.[23] 그리하여 1908년에는 5명이 자격시험을 거쳐 간호원 모자를 쓰고 수술실에서 일하게 되었고, 1910년에는 첫 졸업생을 배출하였다.[24]

조선에 아직 선교의 자유가 완전히 허용되지 않은 상황에서 구미의 각 선교부들은 복음선교에 앞서 의료와 교육사업을 먼저 시작하였다. 1884년 6월 24일부터 7월 8일까지 선교 탐사를 위해서 한국을 방문한 감리교 선교사 매클레이(R. S. Maclay)가 개화파 인사 김옥균을 통해 고종의 윤허를 받은 사업도 바로 교육과 의료사업이었다. 그리하여 각 선교부들은 복음선교사와 함께 의료선교사들을 파송하여 가는 곳마다 진료소를 개설하고 의료사업을 실시

---

20) 첫 졸업생은 金熙榮 · 金弼淳 · 朴瑞陽 · 申昌熙 · 朱賢則 · 洪錫厚 · 洪鍾殷이었다.
21) 이만열, 앞의 글, 224쪽.
22) 위와 같음.
23) 金亨錫, 〈韓末 韓國人에 의한 西洋醫學 受容〉(《國史館論叢》 5, 국사편찬위원회, 1989), 205쪽.
24) 첫 졸업생인 김배세(Bessie Kim)는 미국에 유학한 최초의 한국인 여의사인 김점동(박에스더)의 여동생으로 세브란스병원의 간호과 부과장으로 근무하였다.

하였다. 감리교 의료선교사 스크랜튼은 1885년 6월 정동에 시병원을 세워 운영하였는데, 여기서 1890년 안식년으로 잠시 귀국할 때까지 6년간 2만여 명의 환자를 진료하였다. 1890년 가을 맥길(W. B. McGill)은 남대문 부근에 진료소를 개설하였는데 이것은 남대문 상동병원으로 발전하였다. 1887년 10월에는 최초의 여의사로서 하워드(Meta Howard)가 파송되어 이화학당 구내에 부인진료소를 개설하였는데, 이것이 우리 나라에 세워진 최초의 부인병원으로서 保救女館이라는 이름을 민비로부터 하사받았다. 보구여관은 1892년 동대문분원을 설치하여 여의사 커틀러(M. M. Cutler)·해리스(L. Harris)·에른스버거(E. Ernsberger) 등이 내한하여 활동하였다.

평양에도 1893년 의료선교사 홀(W. J. Hall)부부가 진료소를 개설하여 운영하였고, 1895년 가을 홀이 순직하자, 그를 기념하기 위하여 기홀병원을 세웠다. 북장로교 선교부도 1895년 6월에 내한한 의사 웰즈(J. Hunter Wells, 禹越時)가 평양에 파송되어 1896년 평양에 진료소를 개설하였으며 이듬해 피쉬(Miss Alice Fish)의사가 합류하였다. 이 진료소에서는 1899년까지 3만 6천여 명을 진료하였고 웰즈는 한국인 조수들에게 의학을 가르치기도 하였다.[25] 이 진료소가 발전하여 평양기독병원이 되었는데, 이 병원은 1923년 기홀병원과 합동하여 평양연합기독병원으로 발전하였다.

부산에도 미국 북장로교 의료선교사 브라운(Hugh M. Brown)부부가 파송되어 1892년 진료소를 개설하여 환자들을 진료하였다. 그에 이어 어빈(C. H. Irvin, 魚乙彬)의사가 진료소를 운영하였는데, 그가 안식년 휴가를 떠나던 1902년까지 남자 30,895명, 여자 18,120명, 어린이 9,197명 등 총 58,185명을 진료하였으며, 5,396건의 왕진과 2,472건의 성공적인 외과수술을 하였다.[26] 이 진료소는 1904년 현대식 시설을 갖춘 전킨(W. M. Junkin)기념병원으로 발전하였다. 그러나 이 지역 선교는 호주장로교 선교부로 이관되어 1902년 6월 커렐(Hugh Currel, 巨烈)이 부산에 진료소를 개설하였고, 1905년 진료소를 진주로 옮겨 운영하였으며, 이 진료소는 1910년 6월 2층의 건물을 갖춘 페이튼기념병원(培敦病院)으로 발전하였다.[27]

---

25) 이만열, 앞의 글, 212쪽.
26) 이만열, 위의 글, 212쪽.

대구에는 1898년 북장로교 소속의 의사 존슨(W. O. Johnson)부부가 파송되어 대구제일교회 안에 제중원이라는 진료소를 운영하였다. 이 진료소는 얼마 후 동산동으로 옮겨 1903년 새 병원을 짓기 시작하여 라이트기념병원이라 하였는데 이것이 대구동산기독병원의 전신이다.

평북 선천에는 1901년 샤록스(A. M. Sharrocks)의사가 파견되어 의료선교 활동을 하였는데, 이것이 발전하여 미동병원이 되었다. 이 병원에는 1905년부터 병원 안에 의료원양성소를 부설하여 1910년 5명의 의료인을 졸업시켰다.

황해도 재령에도 1906년 화이팅(H. C. Whiting, 黃浩里)의사에 의해 의료 선교가 시작되어 1908년 재령병원으로 발전하였고, 여기서도 의료반을 편성하여 의료조수 유몽택을 비롯한 학생들을 한문으로 번역된 서양의학서로 화이팅이 직접 지도하였다.

이 밖에도 북장로교 선교부는 1907년 청주에 널(M. M. Null)의사가 파송되어 진료소를 운영하고, 1909년 강계에 밀즈(R. G. Mills)의사가 파송되어 의료선교를 개시하여 1911년 케네디병원(桂禮知病院)으로 발전하였다.

호남지방의 선교를 맡고 있던 미국남장로교 선교부도 1895년 드루(A. D. Drew)의사가 군산에서 의료선교를 시작한 이래 이듬해에는 진료소를 개설하고 2천여 명을 진료하였으며, 이것이 군산야소병원으로 발전하였다. 전주에는 1896년 해리슨(W. B. Harrison)목사가 파송되어 시약소를 운영하였으며, 이듬해에는 잉골드(Miss M. E. Ingold)의사가 부임하여 진료소를 개설하였다. 그러다가 1904년 포사이드(W. Forsyth)의사가 부임하여 의료선교가 활기를 띠었으며 이것이 전주야소병원으로 발전하였다. 광주에는 1904년 오웬(Owen)의사에 의해 진료소가 개설되고 이것은 광주야소병원으로 발전하였다. 이 밖에도 목포·순천 등지에도 진료소들이 개설 운영되었다.

북감리교 선교부는 서울과 평양 이외에도 공주에 맥길(McGill)과 반버스커크(J. D. Van Buskurk) 의사에 의해 진료소가 개설되었고, 영변에 노튼(A. A. Norton)·밀러(I. M. Miller) 등이 진료소를 개설 운영하였으며, 황해도 해주에는 1909년 켄트(E. W. Kent)에 의해 진료소가 개설되었는데, 이것은 해주구세

27) 조영렬, 〈西歐諸國을 통한 西洋醫學의 受容〉(《國史館論叢》 9, 국사편찬위원회, 1989), 140쪽.

병원으로 발전하였다.

남감리교 선교부는 1898년 하디(R. A. Hardie)의사를 파송함으로써 송도와 원산을 중심으로 의료선교를 시작하였다. 송도에는 1899년 진료소가 개설되어 1908년에는 아이비기념병원으로 발전하였으며, 원산에는 북감리교의 맥길이 1900년에 진료소를 개설하였으나, 1902년 이 지역이 남감리교 선교지역에 편입됨으로써 1903년부터 남감리교의 로스(J. B. Ross)의사가 의료선교를 맡아 원산구세병원이 되었고, 1915년에는 원산연합기독병원으로 발전하였다.

캐나다장로교 선교부는 원산·성진·함흥 등 함경남북도와 간도를 선교구역으로 하였는데, 1898년에 내한한 그리어슨(R. Grierson, 具禮善) 의료선교사가 이듬해부터 원산에서 의료선교를 하다가 1900년에는 성진으로 옮겨가 시약소 형태의 소규모 의료사업을 하였는데 이것이 1907년 제동병원으로 발전하였다. 함흥에는 1903년 맥밀란(K. McMillan, 孟美蘭)의사가 진료소를 개설하였으며, 이것이 함흥 제혜병원으로 발전하였다. 캐나다선교부는 간도의 용정에도 제창병원을 설립하여 이 지역의 한국인 교포들을 진료하였다.

영국성공회도 1890년 한국선교를 개시하면서 의료선교부터 시작하였다. 한국주재 주교로 서품된 코프(C. J. Corfe)는 해군 동료들이 조성한 '해군의료기금'의 지원을 약속받고 동역자로 미국 랭카스터공립병원에서 전문의과정을 마친 내과의사 랜디스(Landis)와 함께 내한하였다.[28] 그들은 도착 직후 인천에 진료소를 꾸미고 진료를 시작하였다. 이듬해에는 새 건물을 지어 성누가병원(St. Luke's Hospital ; 樂善施病院)이라 하였다. 서울에도 1891년 정동에 은퇴한 군의관인 와일스(Julius Wiles)의 책임하에 성베드로병원을 설립하였고, 낙동에 성마태병원을 세워 운영하였다. 성베드로병원은 1891년 여의사 쿡크(Lois Rosa Cooke)와 간호원인 히스코트(Gertrude Heathcote)가 내한하여 이듬해 3월부터 산부인과와 소아과병원으로 전문화되었다.[29] 성마태병원은 1893년부터 발독(Edward H. Baldock)이 내과 겸 외과의사로서 진료를 담당하였는데 12개의 병상을 가지고 있던 이 병원의 진료통계는 다음의 〈표 3〉과 같다.[30]

28) 이재정, 《대한성공회백년사》(대한성공회 출판부,1990), 45쪽.
29) 이재정, 위의 책, 46~47쪽.

〈표 3〉 성마태병원 진료환자 통계(1893~1902)

연도	1893	1894	1895	1896	1897	1898	1899	1900	1901	1902
외래	4,924	12,815	19,275	15,214	17,210	12,891	17,469	12,606	12,118	13,459
입원	112	271	263	104	208	161	162	91	87	138
수술	14	102	113	29	95	41	75	56	43	60

이 밖에도 성공회는 1898년 강화도 온수리에 진료소를 세워 운영하였고, 1909년 충북 진천에 제중원이라는 진료소를 개설하였으며 이 진료소는 후에 애인병원으로 발전하였다.[31]

천주교에서도 샬트르바오로수녀회가 1898년 서울에, 1900년 제물포에 진료소를 개설하였고, 1915년 대구에 시약소를 개설하였다. 메리놀수녀회는 1926년 의주와 영유에, 1928년 비현에 시약소를 개설하였고, 베네딕트수도원은 1926년 덕원과 1927년 원산에 각각 시약소를 개설 운영하며 간이진료를 하였다. 병원들은 1930년대에 들어서야 설립되는데, 1931년 원산의 마리아의 도움병원, 1935년 안주성모병원, 1936년 서울의 성모병원과 대구의 해성병원이 설립되고, 그 밖에 진남포·재령·청진·함흥 등지에도 천주교계 병원이 설립되었다.[32]

(4) 주체적인 서양의술의 수용

서의한역서를 통해서 서양의학을 소개했던 실학자들에 관해서는 앞에서 이야기하였다. 이들 실학자들의 사상을 계승한 개화파들도 서양문물의 수용과 함께 서양의술의 도입에 관한 관심이 많았다. 특히 유대치·오경석 등 개화파 형성에 주도적 역할을 담당한 사람들이 중인계층의 의관이거나 역관이었다는 사실에서도 이들이 '부국강병'과 '민생고'를 해결하기 위해 서양의학에 대해서 관심을 가졌을 것이라는 점은 쉽게 짐작할 수 있다.[33] 갑신정변을

---

30) 이재정, 위의 책, 48쪽.
Record for the 10 Years from 1892 to 1902, *Morning Calm*, No. 97, Aug. 1903), p. 68.

31) 조영렬, 앞의 글, 138쪽.

32) 《한국가톨릭대사전》(한국교회사연구소, 1985), 927쪽.

주도한 김옥균이 1884년 1월 11일자 《한성순보》에 〈치도약론〉이라는 글을 기고하여 "현재 구미 각국은 배우는 바 기술과목이 심히 많으며 그 중 의학을 첫째로 삼으니 인민의 생명에 관계되기 때문이다"라고 한 데서도 개화파의 서양의술에 대한 관심을 읽을 수 있다.[34] 앞에서 언급한 바 있는 박영선은 지석영의 스승으로 수신사 김기수 일행으로 일본에 가 종두법을 배워왔으며, 1879년 지석영도 부산의 제생의원을 찾아가 종두법을 배워 실행하였고, 1880년에는 수신사 김홍집을 수행하고 일본에 가 위생국에서 종두기술을 익히고 돌아와 종두를 보급하면서 일본 군의 마에다(前田淸則)로부터 서양의학을 배웠다. 그는 1882년 임오군변으로 피신하여 있으면서도 국왕에게 강력한 개화상소를 올리기도 하였다. 1885년에는 그간의 경험을 토대로 한국인이 저술한 최초의 서양의학서라 할 수 있는 《牛痘新說》을 지었다. 그는 개화파에 속하여 수차 유배를 당하기도 했으나, 그의 서양의학 보급에 대한 노력이 인정을 받아 1899년 관립의학교를 설립하면서 초대 교장에 임명되어 종두보급과 의료인 양성에 큰 공을 세웠다.[35]

김익남은 한의로서 1893년 일본에 건너가 일본 관립의학교와 도쿄 자혜의원 의학교에서 내과·외과·이비인후과를 수련하고 1890년에 돌아와 관립의학교 교관이 되었다. 그는 군의로도 종사하여 1907년에는 육군위생국의 초대원장을 지내기도 했다. 그는 한인의사들로 의사연구회를 조직하여 일인의사들로 조직된 경성의사회와 대립하기도 하였으나, 일제의 병탄으로 의사연구회는 해산당하고 국외로 망명하여 길림성 용정에서 교민들을 대상으로 의료활동을 하였다.

이와는 달리 미국 선교사들의 주선으로 그들을 따라 미국에 가서 서양의술을 수련하고 돌아온 대표적인 인물로는 김점동(박에스터)과 오긍선을 들 수 있다. 김점동은 이화학당을 거쳐 1890년 의료선교사로 내한한 셔우드(Rosetta Sherwood)의사의 통역 겸 조수로 일하다가 1895년 셔우드가 남편 홀(W. J. Hall)을 잃고 귀국할 때 같이 도미하여, 볼티모어여자의과대학에서 의학을 공

33) 갑신정변에 참여하였던 서재필이 미국으로 망명 후 선교사가 되라는 주변의 권유를 물리치고 의학을 전공하였던 것도 우연으로 보기는 어렵다.
34) 홍순원, 《조선보건사》(청년시대, 1989), 217쪽.
35) 김형석, 앞의 글, 181~184쪽.

부하여 의학석사학위를 받고 돌아왔다. 그는 최초의 한국인 여의사로서 평양의 保救女館(1903년 廣惠女院으로 개칭)에서 의료활동을 하였으나 1910년 33세로 결핵으로 요절하였다.[36)]

吳兢善도 배재학당을 나와 미국인 선교사 스테드만(F. W. Steadman)의 어학선생으로 있다가, 1901년 그가 한국을 떠나면서 소개해 준 군산야소교병원장 알렉산더(Alexander)의 어학선생을 하다가 그의 권유로 같이 도미하여 의학을 공부하게 되었다. 그는 센트럴대학을 거쳐 루이빌의과대학에 편입하여 의학을 전공하였다. 1907년 이 학교를 졸업하고 의학박사학위를 받은 그는 그곳 시립병원에서 인턴과정을 거치고 남장로교 파송 의료선교사로 위촉되어 귀국하였다. 그는 순종의 전의와 대한의원 근무 제의를 거부하고 군산야소병원에 부임하여 의료활동을 하였다. 1912년부터는 세브란스의전 교수로 임명되어 교장까지 지냈으며, 의료인 후진양성에 힘썼다.[37)]

정부에서도 1894년 갑오개혁 이후 위생국을 신설하고 의료·위생사업을 실시하였다. 특히 당시에는 각종 전염병이 유행하였으므로 그 때마다 〈전염병 예방규칙〉을 공포하여 이에 대처토록 하였다. 1895년부터 1910년 사이에 발포된 주요 규칙들을 들면 다음의 〈표 4〉와 같다.

〈표 4〉 전염병 예방과 검역에 관한 규칙(1895~1910)

연 도	법령 호수	규정 이름
1895	칙령 제125호	검역규칙
1895	내부령 제2호	호열자 예방규칙
1895	내부령 제4호	호열자 예방소독 진행규칙
1895	내부령 제8호	종두규칙
1895	칙령 제180호	종두의 양성규칙
1898	내부령 제12호	종두소 세칙
1899	내부령 제17호	각 지방 종두규칙
1899	내부령 제19호	전염병 예방규칙

36) 김형석, 위의 글, 186~187쪽.
37) 오긍선의 생애에 대해서는 오긍선선생기념사업회 편, 《海觀吳兢善》(연세대 출판부, 1977) 참조.

1899	내부령 제20호	호열자 예방규칙
1899	내부령 제21호	장질부사 예방규칙
1899	내부령 제22호	적리 및 디프테리아 예방규칙
1899	내부령 제23호	발진티프스 예방규칙
1899	내부령 제24호	두창 예방규칙
1899	내부령 제25호	전염병 소독규칙
1899	내부령 제26호	검역정선규칙
1900	내부령 제27호	의사규칙
1900	칙령 제25호	한성종두사 관제
1900	내부령 제28호	한성종두사 세칙
1902	조 칙	임시 위생법을 특설하여 유행병을 예방하는 건
1904	주의(奏議)	한성대청결법 시행규정
1909	경시청 고유 1호	콜레라예방에 관한 건
1909	경시청 고유 2호	콜레라예방책으로 청결법을 시행하는 건
1909	한성부 고유 2호	위생에 관한 건
1909	경시청령 제7호	전염병의 예방에 관한 명령의 위배 벌칙

이 밖에도 정부는 서양의술의 교육을 위해 1899년 3월 의학교관제를 제정 공포하고, 지석영을 교장으로 임명하여 그 해 8월에 신입생을 선발하였다. 이 학교는 수업연한이 3년이었으며, 1902년에 그 첫 졸업생 19명을 배출하였다.[38] 이 의학교는 함께 설립되었던 관립병원이 1900년 광제원으로 개칭되면서 광제원의학교로 불리다가 1907년 3월 광제원이 대한의원으로 통합되면서 의학교도 폐지되고 말았다.

민간차원에서도 1909년 8월 한의들이 대한의사회를 만들어 여기서 이듬해부터 동서의학 강좌를 실시하여 한의학과 함께 서양의학을 강의하였다.[39] 그리하여 일제 치하에서도 서양의술이 널리 보급되었다.

〈金承台〉

38) 첫 졸업생은 金敎準·金明植·洪種旭·劉秉珌·李濟奎·金性集·孫晋秀·韓景敎·許均·崔鎭協·蔡永錫·朴熙達·金鳳觀·崔益煥·崔國鉉·李基正·姜文永·洪錫厚·洪種殷이다(김형석, 앞의 글, 202쪽).

39) 김형석, 위의 글, 208~209쪽.

3) 근대건축

(1) 19세기 말 양식건축의 이입

목조가구식 건축이 주류를 이루어 온 한국의 전통건축에 새로운 건축양식이 들어온 것은 19세기 말이다. 그것은 19세기 말로 접어들면서 세계정세는 급변하여 구미열강은 일본과 더불어 이 땅의 문호개방을 강압적으로 요구하였고, 급기야는 1876년 병자수호조약의 체결로 부산(1876), 원산(1880), 인천(1883)이 차례로 개항되었다. 이로서 개항지마다 외국인들의 거류가 급증하였고, 이들 외국인들은 자신들의 신분보장과 이익을 위하여 자신들 나라의 공관건립과 각종 회사의 건물, 그리고 자신들의 주택들을 건립하게 되었다. 이에 따라 자연스럽게 일본식 건축과 서양식 건축들이 이 땅에 건립하게 되었다.

가. 외국공관

한국 전통목조건축으로 일관하던 이 땅에 처음으로 지어진 서양식 건축은 아마도 1678년(숙종 4) 일본인이 세운 草梁倭館 즉 館守家를 헐고 그 자리에 1879년에 세운 새 관리관청으로 짐작되나 확실한 내용은 알 길이 없다.[1] 다만 건립 다음해 일본영사관으로 쓰다가 1884년 헐고, 다시 그 자리에 새 건물을 지어 영사관 건물로 삼은 것으로 보아 큰 규모는 아니었다고 하겠다.

이처럼 1880년대 이 땅에 지어지기 시작한 양식건축은 사실상 일본인들의 영사관 건물로 시작되었다. 즉 1880년 원산에 일본인 건설업체 '大倉組'가 洋風 2층의 영사관을 지었는데, 후일 일제강점기에는 일본은 이들 각지의 영사관 건물을 그 지역의 府廳舍로 사용하였다.

인천영사관(1883), 서울영사관(1884), 부산영사관(1884) 등은 일반적으로 2층 목조로서 르네상스양식에 가까운 건물이었음이 주목된다.

19세기 말은 이처럼 양풍건축이 들어서기 시작하였는데, 일본인들 것이 양

1) 윤일주, 《韓國洋式建築80年史》(서울, 1966), 22쪽.

식과 일본목조를 절충한 儀洋風의 것이었다면, 영국·러시아·프랑스 등의 영사관 건물들은 유럽의 전통적인 건축양식으로서, 이들로서 서양식 건축이 이 땅에 이식되기 시작한 것이라 하겠다

즉 1890년 정동의 영국공사관, 1890년경의 러시아공사관, 1896년 착공된 프랑스공사관 등으로 이들은 한국 전통목조와는 달리 벽돌조적조로서 대개 2층 르네상스양식이었다.

러시아공사관(사적 253호)[2]은 현재 탑 부분만이 남아 있다. 이 공사관 건물은 러시아기사 사바틴(Afanasij Ivanobich Seredin Sabatin)의 설계로 붉은 벽돌과 전통적인 전돌(塼)을 섞어 지은 2층의 제정러시아 르네상스풍의 건물이었다. 특히 정문은 개선문 모양이었으며, 현재 남아 있는 전망탑은 당시의 서울 시내를 감시하던 망루였다고 하는데 정방형의 평면을 이루고 있다. 1층에는 탑에 출입하는 반원아치의 출입구가 있고, 속에는 망루에 오르는 철제 사닥다리가 설치되었다. 망루는 사방에 반원아치의 창문을 쌍으로 설치하고, 상부에는 삼각형 페디먼트를 두고 그 속에 원형의 메달을 두어 장식하였다.

나. 천주교 및 개신교당

다음 널리 건립된 또 하나의 양식건축들은 종교계통의 건물들이다.

1890년의 명동주교관, 1892년 용산신학교와 원효로성당, 1891~1892년의 약현성당(현 중림동성당), 1892~1898년의 명동성당 등이다. 이들은 대개 고딕양식에 준한 것으로 벽돌쌓기는 중국인 기술자들이 전담하다시피 한 것이 하나의 특색이라 할 수 있다.

龍山神學校(사적 255호)[3]는 프랑스신부 코스트(Eugence Jan, George Coste)의 설계로 1891년(고종 18) 5월 6일에 정초식을 올리고, 1892년 6월 祝聖式을 가졌다. 이 건물은 반지하 1층, 지상 2층의 한국 최초의 신학교 건물로서 중앙에 현관과 지하층 출입구를 두고 좌우에 1층 현관에 이르는 계단을 설치하였다.

2) 주남철, 〈구러시아 공사관〉(《文化財大觀(增補)》, 文化財管理局, 1991), 306~307쪽.

3) 주남철, 〈용산신학교와 원효로성당〉(앞의 책), 312~313쪽.

내부는 전면에 편복도를 두고 안쪽으로 방들을 배치하여 모든 방에 직사광선이 들어오지 않도록 하였고 평면 중앙과 평면 좌우의 끝단에는 계단실을 두었다. 정면은 중앙 현관부를 중심으로 좌우 3칸씩, 벽돌을 쌓아 붙임기둥(Pilaster)를 만들어 모두 7칸으로 구획하고 각 칸에는 세그멘탈아치(Segmental arch)의 창문을 두 붙임기둥 사이 모두에 설치하였다. 지붕은 맞배지붕으로 네 곳에 도머(Domer)를 두었다.

藥峴聖堂(사적 252호)[4]은 한국에서 가장 오래된 성당으로 처음 1890년 순화동에 강당을 짓고 포교하다가 정가밀로신부가 책임자로 부임하여 약현 언덕의 金君善 소유의 대지를 사서 1891년 10월27일 정초하고 1892년 9월 준공을 보았다. 설계자는 당시 부주교이던 프랑스신부 코스트로서 중국인 기술자들이 시공하였다. 평면은 중앙에 본랑(Nave)을 두고 좌우에 본랑 폭의 1/2 폭 되는 측랑(Aisle)을 두었고, 중앙으로 남녀 구별지어 앉도록 칸막이가 있었는데 1921년 교세의 상승과 더불어 본당신부 우신부가 칸막이를 철거하고 둔중하던 내부의 벽돌기둥을 돌기둥으로 바꾸었다고 한다. 제단 뒤 후진(Apse)은 사각으로 꺾여져 있고 내부는 반원이다.

입면은 정면 중앙에 뾰족아치(Pointed Arch)의 현관문을 두고, 이의 좌우에 반원아치의 창문을 두었으며, 중앙 높직이 뾰족한 지붕을 가진 높이 22m의 종탑을 두었다. 이 종탑은 1905년에 새로 세운 것으로 종탑의 지붕에는 사면에 루까느(Lucarne)를 설치하였고, 그 아래 종탑 탑신 즉 종탑의 몸체에는 뾰족아치의 창을 쌍으로 두었다. 현관 바로 위에는 둥근 원화창이 있다.

측면은 후랫버트레스들이 줄지어 있고 그 사이에 반원아치의 창들을 하나씩 같은 간격으로 설치하였는데 좌우 측면의 중앙위치에 부현관을 하나씩 두었다. 천장은 본랑에서는 뾰족 배럴볼트(Pointed barrel vault)이고, 측랑에서는 반원형 배럴볼트로 리브볼트이다. 지붕은 함석으로 마감하였다.

현재 중림동성당이라 불리고 있는 이 성당 근처의 焰焇橋(蓬萊橋) 언저리는 중국에 들어가 최초로 영세를 받은 李承薰의 집이 있었고, 1801년(순조 1),

---

4) 金 珠, 〈韓國初期聖堂建築에 關한 硏究〉(梨花女大 碩士學位論文, 1982), 17~20쪽.
주남철, 〈약현성당〉(앞의 책), 304~305쪽.

1839년(헌종 5), 1866년(고종 3) 등 이른바 신유·기해·병인년의 천주교수난 때 44인의 순교자가 이 곳과 가까운 서소문 밖에서 피를 흘렸기 때문에 이 터를 구입하여 성당을 세운 것이라 한다.

명동성당은(사적 258호)[5]은 건평 454평, 평면 길이 69m, 폭 28m, 높이 23m, 첨탑 높이 45m의 벽돌조적조의 건물이다. 약현성당을 설계한 바 있는 파리외방전교회의 코스트신부가 설계하고 파리외방전교회의 재정지원을 받아 건립되었다.

본래 이 성당이 선 자리는 교회당 창설 때 교회당으로 삼았던 순교자 김범우의 집이 있던 곳으로서 블랑주교가 김가밀로라는 한국인 명의로 매수하였었다. 그 후 1887년 한불통상조약이 체결되자 대성당을 건축하기 위해 이곳 종현 언덕을 평평하게 고르고, 1892년 8월 5일 정초식을 갖고, 1894년 공사를 착공하였는데 당시 한국의 여건이 좋지 않아 중국인 벽돌공, 미장공들을 데려와 공사를 진행시켰다. 1896년에 벽체공사가 대체적으로 끝나고 聖祝式을 올린 것은 1896년 5월 29일이었다.

평면은 라틴십자형 三廊式으로 평면 중앙에 본랑을 두고, 좌우에 측랑을 두었는데, 양 트란셉트(Transcept)의 돌출부는 한 스판 정도로 본격적인 라틴십자형을 이루는 것은 아니다.

외관은 붉은 벽돌로 쌓아 중후한 맛이 나는데 20여 종의 다른 모양 벽돌을 만들어 세부설계에 부응하도록 하였다. 또 필요한 곳에는 회색 벽돌을 사용하였다. 정면 출입구, 각 창의 형태는 뾰족아치(Pointed Arch)를 사용, 고딕양식을 이루고 대첨탑은 본당 높이보다 비례상으로 낮아 보이나, 주변에는 소첨탑들로 장식하였다.

종탑의 좌우측, 본랑과 측랑의 경계지점에는 다각형 평면의 소탑(Turret)들이 서 있다. 버트레스(Buttress)는 등간격으로 세웠으나, 플라잉 버트레스(Flying Buttress)가 없어, 고딕양식의 진면목을 많이는 보여주지 못하고 있다.

내부 마감은 코스트신부의 별세로 위돌박(Victor Poisnel)신부가 맡아 마무리하였다. 제대부와 신자석 사이에는 영성체 난간(Communion Rail)이 있는데,

5) 金 珠, 앞의 글, 20~25쪽.
주남철, 위의 책, 318~321쪽.

초기 성당인 대구 桂山성당의 것과 함께 현존하는 중요한 유물이다. 그러나 이 성당의 것은 본래 금속이었으나 2차대전 때 일본인들이 강탈하여 나무로 만든 것이 전하고 있다.

천장은 리브볼트(Ribbed Vault)이고, 기둥에는 주 피어(Main Pier), 부 피어(Minor Pier) 등이 모여 하나의 족주(簇柱, Clustered Pier)를 이루고 있다. 후진(Apse)은 각으로 꺾여 있고, 제대 뒤로 張勃이 12宗徒를 사실적으로 그린 벽화가 있다.

1899년 착공하여 1902년에 완공을 본 원효로성당은 같은 장소에 있는 용산신학교를 설계하였던 코스트신부의 설계로 이루어졌다. 내부에는 착공과 준공연대, 金大建의 이니셜 A−K(Andre Kim) 및 그의 생존연대(1821~1846)가 기록되어 있고, 1942년까지 그의 유해도 안치되어 있었다.

성당은 언덕을 이용하여 건축하였기 때문에 남측 언덕 아래쪽은 3층이고 수녀원쪽은 2층이 된다. 성당의 출입은 정면(남측) 서쪽의 측면 입구로, 한편은 북쪽 제대 앞의 동쪽 입구로 할 수 있다. 평면은 정면 2柱間에 종탑부 1칸이 서측으로 붙어 있고, 측면은 5주간에 5각으로 둥그스름하게 꺾여진 후진이 붙어 있다. 각 기둥에는 후랫버트레스(Flat Buttress)가 붙어 있다.

내부는 본랑과 측랑의 구분없이 본랑만으로 이루어졌고, 천장은 포인티드 배럴볼트(Pointed barrel vault)이다. 창문은 뾰족아치 창으로 후랫버트레스와 함께 고딕양식을 보여주고 있다. 후면에는 원형장식 쌓기로 장식한 난간을 두른 블라인드 갤러리(Blind gallery)를 두었는데 3개의 반원아치가 받치고 있다.

한편 1886년의 배재학당 강당, 1895~1898년의 정동교회, 1896~1900년의 이화학당 교사 등이 개신교계통의 건축물로 건립되어 근대건축의 커다란 자리를 차지하게 되었다.

貞洞敎會(사적 256호)[6]는 건평 175평, 연건평 364평의 단층 벽돌조적조 건물이다. 이 교회당건물은 우리 나라 최초의 개신교의 교회당 건물로서 1895년 착공하여 1896년 12월26일 獻堂式을 베푼 바 있다. 본래는 115평 규모였으나 1926년 증축하여 60평이 증가, 총건평 175평이 되어, 오늘날과 같은 평

6) 주남철, 위의 책, 314~315쪽.

면과 입면을 이루게 되었다.

평면은 본래 라틴십자형(Latin cross)으로 본랑과 제단의 트란셉트로 구성되었던 것으로 추측되고 있다. 그 후 증축을 하면서 본랑 양측에 측랑을 첨가하여 이 부분이 트란셉트와 붙게 됨으로서 라틴십자형의 평면에서 장방형 평면으로 바뀐 것이라 생각된다. 그러나 후진이 돌출되고 또 종탑부가 정면 동남측 모서리에 자리잡음으로써 교회당 평면의 모습을 그런대로 갖추고 있다.

입면은 벽돌쌓기로서 큰 벽체를 구성하고 곳곳에 뾰족아치의 창문을 내어 고딕양식의 교회당 모습을 이루고 있다. 기단은 석조기단으로 조선시대 목조건축의 기단에서의 솜씨가 배어 있어 주목되고 있다. 지붕은 함석판이었으나 최근 보수공사 때 동판으로 바꾸었다고 한다.

다. 기타 건물

한국 최초의 공장건축은 1883년(고종 20) 典圜局설치와 함께 서양식 화폐제조를 위한 전환국청사를 1885년 신축하였는데, 이 건물은 3동의 벽돌 단층으로 높은 굴뚝을 가진 것이었다.

새로운 건축양식들로 주거류의 민간양옥들이 다수 건립되었고, 이들은 20세기에 들어와 전통한옥 개량운동 등 여러 측면에서 영향을 끼쳤다.

1884년에 건립된 인천의 世昌洋行 사택은 건평 173평, 일부 2층의 벽돌집으로 별장형의 건물이었고, 1889년 건립된 인천 대불호텔은 3층 벽돌집으로 중앙부에 페디먼트를 둔 양관이었다.

이상으로서 19세기 말부터 이 땅에 건립되기 시작한 양풍의 건축들을 살펴보았는데 이들은 지금까지의 목조가구식 구조와는 달리 대부분 벽돌조·석조들로 당시 구미에서 유행하던 고전주의·낭만주의·절충주의적 양식들을 받아들인 것인 만큼 르네상스양식과 고딕양식으로 많이 건립되었는데, 이들 또한 당시의 서구 건축양식과는 엄밀한 의미에서 다른 것이었다.

그러나 한 가지 특기할 것은 지금까지의 전통적인 목수들이 이들 공사들을 전담할 수 없어 대부분 중국인 노무자들을 채용한 것은 20세기 초까지 그대로 지속되고 있는 사실이며, 또 스팀난방 등의 새로운 설비체계가 들어온 것이다.

(2) 20세기 건축

20세기 초에 들어와서는 점차 양식건물의 건립이 늘기 시작하여 지금까지의 종교계통·주거계통·외교계통 이외에도 각종 회사의 사옥·병원·호텔 등이 건립되었다.

그런데 건축활동 중 주목되는 것은 한·양절충양식의 건물들이 출현하였다는 것이다. 1900년대 평양의 장로교회, 1906년의 화산천주교회(사적 318호)[7] 등은 바로 한국 전통건축의 요소들을 최대한으로 새로운 기능의 양식건물에 발휘한 예라 할 수 있다. 또 서울 雲從街 즉 지금의 종로에는 목조 2층의 한양절충식 상점건물들이 즐비하게 건립되었던 것이다.

1906년부터 벌써 지금의 남산 예장동의 왜성대에 있던 통감부가 총독부의 청사를 경복궁 근정전 앞 홍례문과 외행각을 헐고 건립하려 하였다. 이 총독부청사는 경복궁의 癸坐丁向의 중심축을 말살하려는 의도에서 그 중심축을 子坐午向으로 하였는데, 1926년에 완공을 보았다.[8]

통감부가 설치된 이후에 착공하여 건립하게 된 건물들은 대부분 양식건축의 직접적인 이식보다는 일본인들에 의하여 채택된 절충주의적인 양식건축이었음이 대표적인 건물별로 살펴보겠지만 주목되는 점이다.

가. 덕수궁 석조전

조선의 궁궐의 하나인 덕수궁에는 여러 양관들이 들어서기 시작하였는데 한양절충형의 靜觀軒(1900년 이전), 惇德殿(1900년 초), 重明殿·石造殿(1901년) 등이 그것이다.

석조전(사적 124호)[9]은 1900년(광무 4) 당시 총세무사로 있던 영국인 브라운

---

7) 金 珠, 앞의 책, 31~34쪽.
주남철, 위의 책, 356~358쪽.
8) 國立中央博物館, 《舊朝鮮總督府建物》(1997).
9) 윤일주, 앞의 책, 56~66쪽.

(Brown, 柏卓安)의 발의로 상해의 건축기사 하딩(G. R. Harding)을 초청, 설계를 의뢰하고 내부장식을 영국인 로벨(Lovell)이 맡도록 하였다. 초기 감독관은 한국인 沈宜碩과 러시아인 사바틴(Sabatin), 일본인 오카와(小川) 등이었다.

기초공사에는 창의문 부근의 세검정 화강석을 이용하였고, 2, 3층은 동대문밖 염풍정 화강석을 썼다. 시멘트와 유리는 영국상사 홈링거에서 수입하였으며, 모래는 광화문 우체국 앞 하천으로부터 공사장까지 레일을 놓아 운반하였다. 특히 2층 바닥에 ㄷ자형 철강재를 가더방향으로 촘촘히 깔고, 그 위에 시멘트모르타르로 마감한 것이 1989년 보수할 때 밝혀졌는데, 이들 철강재 또한 영국의 수입자재로 판단되었다.

총 3개층 1,200여 평으로 2층에 응접실과 홀, 3층에 고종황제와 황후의 침실들과 거실을 두었고, 반지하 1층에는 시종들의 거실을 두었다.

건축양식은 세장한 이오니아식(Ionic order) 주두의 원기둥을 세우고 정면 페디먼트에 후일 李皇室의 문장인 오얏꽃을 새겨 넣은 신고전주의양식이다.

나. 목포 일본영사관

20세기 초에 건립되어 현존하는 영사관 건물로는 목포의 일본영사관과 서울의 벨기에영사관이 있다. 목포의 일본영사관(현재 목포시립도서관, 사적 289호)[10]은 1900년(광무 4) 4월 12일 준공을 본 2층 벽돌집이었고, 1902년 착공된 벨기에영사관(사적 254호)[11]은 건평 454평, 2층 벽돌구조로 벨기에(白耳義) 전권위원 레온 뱅카르(Leon Vincart)가 1902년 6월 회현동 2가 78, 79번지 자리에 영사관건축을 착수하였다고 한다.

설계는 일본인 고다마(小玉)가 맡고 시공은 일본 시공회사인 北陸土木公社가 맡아 1903년(광무 7)에 착공, 1905년에 준공하였다. 이 건물은 지하 1층 지상 2층, 벽돌과 석재를 혼용한 조적조의 건물로 고전주의양식을 이루고 있다. 평면은 좌우대칭으로 정면 중앙에 돌출된 현관부를 두고, 몸채 좌우 1층과 2층에는 정면보다 물러선 곳에 로지아(Loggia)를 두었다. 현관의 기둥

---

10) 주남철, 앞의 책, 350~351쪽.
11) 윤일주, 앞의 책, 68~69쪽.
주남철, 위의 책, 308~311쪽.

과 1층 로지아의 기둥은 투스칸식(Tuscan order)이고, 2층 로지아는 이오니아식이다.

창문틀은 모두 수평아치(Flat arch)로 하였다. 전체적으로 석재와 붉은 벽돌을 적절히 사용, 단아한 고전주의양식을 이루고 있는 20세기 전반기의 중요한 양식건축임을 알 수 있다.

한성전기회사(후일 한미전기회사)[12]는 1898년 9월부터 전차노선을 가설하면서 종로 2가에 사옥을 건립하였었다. 그러나 1902년 1월 5일 불이 나서 다시 7월달에 재건립하였다고 하는데, 당시의 사진을 보면 르네상스 파랏조(Palazzo) 양식임을 알 수 있다.

또 정동의 손탁호텔[13]은 1902년 10월 하사받은 한옥을 헐고, 손탁이 새로 그 자리에 회색 벽돌조 2층으로 지은 것이다. 이것은 근처의 러시아공사관과 더불어 러시아계통의 양관이었다.

다음 1904년에는 서울역 맞은편 도동에 세브란스병원[14]을 건립하였는데 중앙에 페디먼트의 파빌리온, 좌우 양단에 8각형 탑을 둔 지하 1층 지상 2층의 벽돌조였다.

다. 화산 천주교회당과 대구 계산동성당

華山天主敎會堂(사적 318호)[15]은 김대건신부가 중국에서 1845년(헌종 11)에 사제서품을 받고 페레올주교, 다블뤼신부와 함께 황산나루터에 상륙한 것을 기념하기 위하여, 1906년 봄에 착공하여 같은 해에 준공을 본 것으로 추측되는 목조건물이었다. 그 후 1916년 종각을 덧붙여 건립하면서 목조벽체를 헐고 벽돌벽으로 개조하였는데 이 지방 벽돌로 중국인들이 쌓았다고 한다. 1922년에는 요셉 까다르(Josepus Cadars)신부가 바깥기둥 밑부분을 돌기둥으로 바꾸었다.

평면은 장방형으로 본랑과 측랑없이 중앙에 일정한 간격으로 기둥들을 세

12) 윤일주, 위의 책, 70~71쪽.
13) 윤일주, 위의 책, 71~72쪽.
14) 윤일주, 위의 책, 72~73쪽.
15) 주남철, 앞의 책, 356~358쪽.
金 珠, 앞의 책, 31~34쪽.

워 보를 받치는데, 본래에는 이 기둥들에 간막이를 두어 남녀 신도석을 구분하였다고 한다. 바닥은 장마루이고 천장은 판자로 마감하였다. 제대가 있는 곳은 반원아치(Rounded arch)로 천장을 받치고 있다. 정면은 잘 다듬은 석재로 기초부를 이루고, 그 위에 벽돌쌓기의 종탑부를 두었다. 종탑부의 모서리는 후렛버트레스(Flat buttress)가 직교되게 하였다. 본당의 지붕은 합각을 형성한 팔작지붕으로 한식 기와를 얹었고, 지붕 아래에는 팔각 채광창을 두었는데 이는 분명 팔괘의 상징이라 생각된다.

특히 양 측면에는 개방된 회랑이 있는데 서까래를 그대로 노출, 연등천장을 이루어 도리, 보와 더불어 한국적인 분위기를 연출하고 있다. 전체적으로 볼 때 이 성당은 천주교가 이 땅에 정착하면서 서양식 성당건축을 짓지 않고, 한국 전통적인 목조건축과 조화되도록 한양절충양식을 이루었다는 점에서 중요한 뜻을 가진다.

한편 대구 桂山洞聖堂(사적 290호)[16]은 로마네스크식과 고딕식을 절충한 양식건축으로 건립되었다. 본래 초가삼간을 성당으로 사용하다가 십자형 목조성당을 1899년 준공하였으나 1900년 화재로 소실되어, 1902년에 현재의 성당을 건립하였다고 한다.

초대 본당신부인 로베르토(Achille Paule Roberto, 1853~1922)가 설계하고 중국인이 시공을 맡았다고 한다. 1918년 12월 24일에는 증축낙성식이 있었는데 이 때의 시공자는 중국인 姜義寬이라고 한다.

평면은 라틴십자형으로 본랑과 양 측랑으로, 본랑의 폭은 측랑 폭의 2배를 이루고 있다. 본랑 천장은 뾰족아치형의 배럴볼트(Barrel vault)이고, 측랑 천장은 원통형 볼트로 되어 있다. 본랑과 측랑의 경계부는 족주(簇柱, clustered pier)를 두고, 반원아치로 마감하였다. 후진(Apse)은 5각형이고 반원아치의 아케이드(Arcade)를 형성하고 있다. 천장과 벽체는 붙임기둥(Pilaster)으로 마감하여 그것의 흰색과 족주·아치·리브·창틀 등의 흑벽돌색은 좋은 대조를 이루어 더 한층 아름답다.

서측 정면의 양측에는 2개의 종탑을 두었는데 이 종탑부에는 각각 8각의

16) 金 珠, 위의 책, 28~31쪽.
주남철, 위의 책, 352~353쪽.

첨탑을 두어 마무리하였다. 화강석쌓기의 기초부위에 흑색 벽돌과 붉은 벽돌로 벽체를 쌓고, 후렛버트레스를 창들 사이에 등간격으로 두었다. 정면 중앙의 12장 꽃잎 장식으로 이루어진 圓花窓과 좌우 트란셉트(Transept)의 원화창은 고딕적인 맛을 더해주고 있다.

한 가지 부언할 것은 제대 뒤쪽에 '루르드 성모동굴'을 입체적으로 구성한 것은 한국내 성당 중에서 귀중한 실례라고 한다.

라. 탁지부건축소 설치와 대한의원 건립

1905년 11월 17일 강제로 체결된 을사조약으로 대한제국은 실질적으로 주권을 잃고, 일본의 식민지로 전락되었는데 1906년 2월 통감부가 업무를 개시하면서 모든 행정조직을 뜯어 고쳤다. 이 때 새로운 행정건물들을 신축할 전문적인 기구로서 1906년 9월 칙령 제55호에 의한 度支部建築所를 신설하였다. 촉탁 고문으로 일본 대장성 건축부장 츠마키요리오(妻木賴黃)와 야노하시겐기치(矢橋賢吉)가 있었고, 츠마키에 의하여 자재관급제도를 도입하고, 야노하시에 의하여 마포에 한국 최초의 벽돌공장을 세웠다. 이 기구의 초기 직원으로 소장 柳正秀, 소원 유승겸 · 김명제 · 조한철 · 이범익이 있었고, 일본인 사무관과 기사가 있었는데, 한국인 직원들이 어느 정도의 서양식 건축지식이 있었는지는 알 길이 없다. 다만 일본인 쿠니에 히로시(國技博)가 조선총독부 설계자의 한 사람으로 기록된 것으로 보아 그의 역할이 컸다고 하겠다.

탁지부는 1907년 4월 본래 의정부청사로 기공하였던 건물을 그 청사로 쓰게 되었으며, 그 해에 대한의원 본관, 工業傳習所 본관 등도 착공하였다.

대한의원 본관(사적 248호)[17]은 건평 1,355.3㎡(410평)의 2층 벽돌구조로 1908년(순종 2) 대한제국 탁지부에서 설계 시공한 건물이다. 1906년 9월에 탁지부 건축연구소가 신설되었던 것을 생각하면 어쩌면 이 건물이 건축연구소의 첫 작품일 가능성이 크다. 또 당시에 촉탁으로 일본인 기사 야노하시가 봉직하였다고 하는데 이 사람이 설계에 관여하였을 가능성 또한 큰 것이다.

---

17) 윤일주, 앞의 책, 83~85쪽.
주남철, 위의 책, 300~303쪽.
서울대학교병원, 《大韓醫院本館實測調査 및 修理報告書》(1982).

대한의원은 1907년(광무 11) 3월 10일 대한제국 칙령 제9호로 설치되어, 종래의 廣濟院, 학부 소관의 관립경성의학교 부속병원, 궁내부 소관의 적십자병원을 흡수하여 통합되었다.

평면은 중앙에 현관을 두고 이의 중심선을 중심축으로 하여 좌우대칭되는 평면을 이루고 있다. 현관부는 건물 몸체에서 돌출하였는데 남쪽 정면으로는 4단의 계단을 두어 현관 바닥에 오르게 하였고, 동서 양측으로는 경사를 두어 자동차가 현관문 앞에 이를 수 있도록 하였다.

현관을 들어서면 현관홀이 되고, 다시 들어서면 중복도와 만나게 된다. 현관 좌우에는 계단실을 두었고, 현관 반대편은 뒤쪽 출입구의 홀이 된다. 현관을 중심으로 좌우에 방들을 배치하였는데, 동서로 길게 난 복도를 중심으로 전면 남쪽에는 두개의 방과 끝부분에 돌출된 큰 방을 두었고, 복도 북쪽으로는 크고 작은 방들을 배치하였다.

2층 또한 1층과 기본 골격은 같게 방들을 배치하였다. 입면은 중앙에 시계탑을 우뚝 세우고 그 좌우로 좌우대칭되는 2층, 벽돌집으로 구성하였다.

지붕은 우진각지붕이 되지만, 양측 좌우 끝단의 돌출된 방 전면에 삼각형 박공면을 형성하였고, 1층에는 튜더아치(Tudor Arch)의 창문을, 2층에는 수평아치의 창들을 동일 간격으로 두었다. 다만 좌우 돌출부에서는 1층에 좁은 간격으로 두 개의 창을 두고, 2층에는 두 개 창의 수평창틀을 하나로 하고, 다시 반원아치로 마감하였는데, 이런 창문모양은 르네상스말기 이탈리아 동북부지방에서 파랏조(Palazzo)나 빌라(Villa)건축에 널리 쓰이던 팔라디오(Palladio)로부터 시작된 베네티안 윈도우(Venetian Window)인 것이다.

중앙에 높이 솟은 시계탑의 꼭대기는 벌버스돔(bullbous dome)으로 장식하였고, 돔 아래에는 쌍원주를 네 곳에 놓아 드럼(drum)부를 형성하였는데 이런 것은 바로크적인 요소이다.

기본구조는 벽돌조로서 벽돌연속 기초 위에 벽돌을 쌓아 내력벽을 형성하였는데 지표면 30㎝ 정도까지는 지대석을 설치하였다. 또 벽체의 창틀돌림띠를 화강석으로 하였고, 그 아래의 하벽 모서리 또한 화강석으로 마무리하였다. 벽돌로 쌓은 벽체는 길이쌓기와 마구리쌓기를 혼용하여 통줄눈이 생기지 않게 하였다.

1층 바닥은 철근콘크리트 슬라브의 인조석갈기이고, 2층은 목조바닥인데 1층 바닥은 개수된 것으로 추측된다. 지붕틀은 왕대공지붕틀로 함석마감이다.

마. 조선은행 본관

한일병합 직전에 착공된 중요 건축으로는 1908년의 부산역사, 1910년 착공된 부산우편국(1910년) 등인데, 특히 조선은행은 대표적인 건물이다.

조선은행 본관(지금의 韓國銀行(사적 280호))[18]은 1908년 착공되어 1912년 준공되었다.

이 건물은 일본의 제일은행 경성지점으로 1909년 10월 29일 중앙은행 즉 조선은행이 설립되기까지 중앙은행의 기능으로 쓰이다가, 조선은행에 이어 1945년 해방과 더불어 한국은행 본관이 되었다. 1908년 11월 착공하여 1912년에 준공하였다. 설계자는 일본인 타츠노 킨고(辰野金吾)로서 1950년 6·25 전쟁 때 내부가 전소되어 1956년 보수를 하였고, 그 후 1987년 신관을 이 건물의 뒤쪽에 건립하고, 이 건물은 본래의 모습대로 복원하여 은행박물관으로 사용하여 오늘에 이른다.

평면은 H자형으로 좌우대칭이며 정면 중앙에 투스칸양식의 배흘림기둥 4개로 떠받친 닫집모양(Canopy)의 현관을 두었다. 1층은 수평아치의 창을 2층은 중앙에 키스톤이 있는 세그멘탈아치로 마감한 창문을 두고 좌우 돌출된 반원부의 최상부 창호는 반원아치(Rounded arch)로 마감하였다. 창과 창사이의 벽체에는 1층과 2층을 관통하는 그랜드필라스터(Grand Pilaster)를 두었는데 하부에는 후랫버트레스(Flat buttress)모양을 이루고 있다.

정면 중앙의 지붕에는 전면에 3개의 반원아치 측면에 2개의 반원아치를 둔 도머(Domer)를 두어 장식하고, 지붕은 맞배지붕으로 하였다. 좌우 돌출된 반원부의 지붕은 둥근 돔지붕으로 하였다. 전체적으로 르네상스城館 모습을 이루고 있는 정교하고 우아한 건물이다.

1910년대에 세워진 건물로 운현궁의 양관(사적 257호)은 절충양식의 대표적인 주거건축물이다. 운현궁은 조선조 26대 임금이자 대한제국 황제인 고종의 잠저로서 이 궁에서 12세 즉위 때까지 성장하였다.

18) 주남철, 위의 책, 332~333쪽.

사적 256호로 지정된 것은 홍선대원군의 사저인 한옥집들과 1910년대 새로 지어 후일 덕성여대 본관으로 사용하던 양관 모두를 합친 것이다.

바. 운현궁 양관

운현궁의 양관[19]은 본래 李埈(鎔)의 저택으로 지은 건물이다. 이준은 대원군의 손자로서 부친 李載冕(李熹公)이 한일합병과 더불어 받은 작위를 계승하게 되었다. 이러한 점으로 볼 때 이 양관이 지어진 것은 1910년대일 것이라 생각되며 1917년 이준이 사망하자 순종의 동생 李堈의 2남 李鍝가 계승, 한때 '李鍝公邸'로 불렸다.

돌과 벽돌을 섞어 쌓은 2층 건물로 146.95평, 2층 137.71평이다. 건물의 양식은 프랑스풍의 르네상스식으로 정면 중앙에 현관을 두고, 좌우의 2층에는 아치로 개방된 베란다를 두었다. 2층 정면 중앙에는 이오니아양식의 벽기둥 4개가 서 있다. 베란다의 돌기둥은 투스칸식(Tuscan Order)이다. 이 건물의 설계, 시공은 일본인이 하였으며 재료도 일본에서 들여온 것이라 전한다.

〈朱南哲〉

4) 근대 산업기술

(1) 개항 이전 서양식 무기기술의 개발

병인양요(1866, 고종3)를 통하여 서양식 무기의 우수성을 확인한 대원군은 서양에 대항할 무기의 개발에 착수하였다. 당시 서양무기의 제작법이 그림으로 설명되어 있는 《海國圖志》[1]를 참고하여 水雷砲와 서양의 汽船을 모방하

19) 尹一柱, 앞의 책, 105~107쪽.
주남철, 위의 책, 316~317쪽.

1) 《海國圖志》는 청 말기의 계몽사상가 魏源(1794~1856)이 편찬한 세계지리서로 東道西器라는 관점에서 부국강병을 이룩하려는 중국인들의 洋務思想을 반영한 책이다. 公羊學派로서 經世致用學을 중시한 위원은 아편전쟁(1840~1842)을 통하여 세계정세를 정확하게 알 필요성을 통감하고 南京條約이 체결된 1842년에 완성하였다. 이 책에는 세계 각국의 지리・역사 및 동서양의 종교・

여 증기기관으로 작동되는 鐵軍艦을 제작·시험하였으며, 총알을 막을 수 있는 綿布背甲, 학의 깃털을 이용한 飛船 등을 만들어 보기도 하였으며, 일본으로부터 軍用銃을 구입하기도 하였다.[2] 또한 한 가지라도 기예를 가진 자는 자격에 구애를 받지 않고 뽑아 쓴다고 포고하여 무기기술자를 널리 모집하였다. 당시 金允植(1841~1920)은 《해국도지》의 그림을 참고하여,[3] 대포 등을 만들어 연안 해역의 중요한 곳(孫乭項·甲串津 등)에 장치할 것을 제의하였다.

대원군은 김윤식의 주장을 받아들여 戰船과 무기의 제작을 지시하였는데, 착수한 지 6개월 뒤에 전함과 수뢰포의 완성을 보았으며, 1867년에 한강의 노량진 북쪽 강가에서 고종과 함께 전함의 진수식과 수뢰포의 시험발사를 참관하였다. 이 때 제작된 3척의 전선은 제작된 이듬해인 1868년에 강화도로 보내 연습에 이용케 하였다. 수뢰포는 申觀浩의 감독하에 만들어졌고, 시험발사에서 큰 배를 능히 격파하였다고 하며, 당시의 시험장면은 朴齊絅의 《近世朝鮮政鑑》에 자세히 묘사되어 있다.

또한 대원군은 金箕斗 등을 시켜 대동강변에서 불타버린 미국의 상선 제너럴 셔만(General Sherman)호를 모방하여 철갑선을 제작하고 시험했는데, 증기의 힘이 약해서 움직이지 않았기 때문에 부수고 다시 만들었으나, 역시 움직임이 더디어 깨뜨려 버렸다고 한다.[4]

당시 《해국도지》에 설명된 내용의 수준으로 보아 조선의 기술자들이 그대로 따라 제작할 수 있는 정도로 치밀하게 설명이 되어 있지 않았으며, 당시 조선의 기계 가공기술이 정밀한 설계와 공작기계까지 필요로 하는 증기기관을 제작할 정도로 기계기술이 발전되지 않았던 점을 고려할 때 증기기관 제

역법으로부터 서양의 火器·輪船·砲臺의 사용 및 제작법까지 실려 있다. 이 책에서 위원은 서양의 침략에 대하여 해양의 방어를 강화하고, 서양의 우수한 기술을 도입함으로써 서양에 대항하기를 주장하고 있다.

2) 朴齊絅(李翼成 譯), 《近世朝鮮政鑑》(1984), 74쪽.

3) 《海國圖志》 100권 중에서 권 84 倣造戰船議, 권 85 火輪船圖記, 권 86 鑄砲鐵模圖記, 권 87 倣鑄洋砲論·炸彈飛砲說·砲車砲圖說, 권 88 西洋用砲測量記(상), 권 89 用砲測量論(하), 권 90 西洋砲臺記, 권 91 西洋自來火銃法, 권 92 攻船水雷圖記(상), 권 93 攻船水雷圖記(하) 등에 汽船·大砲·水雷車의 제작법이 그림과 함께 소개되어 있다.

4) 朴齊絅, 앞의 책, 75~76쪽.

작은 불가능하였다고 생각된다.[5] 대원군시대의 무기기술의 개발 노력이 실패한 원인은 첫째, 기초공학 지식이나 기계 가공기술의 내재적 기반이 취약했다는 점, 둘째, 무기제작을 위한 공업의 전반적 기술 향상이 이루어지지 못한 점 등이다.[6]

(2) 개항 이후 기계기술의 도입정책

개항(1876) 후 조선은 무기제조를 포함한 각종 서양 기술을 배우기 위하여 청나라에 영선사를 보냈고 일본에는 신사유람단을 파견하였다. 영선사파견은 무기 제조공장(기기창)[7]의 설립으로 이어졌고, 신사유람단의 시찰은 근대화 작업으로 이어졌다.

가. 수동식 기계의 설치

당시 조선은 천진의 機器局[8]과 비슷한 무기공장을 세우려고 하였으나, 재정 형편이 어려워 수동식 무기 생산시설로 결정하였다. 당시 구입한 기계와 기기는 銅冒(뇌관)제조기, 총·포 수리기구, 磃水(산)手器, 화학실험 소기구, 화학약품, 擧重機, 전기기구 등이었다. 또한, 유학생들은 자신들이 만든 각종 목형과 도면을 포함하여 수많은 과학기술 서적을 가지고 귀국하였는데, 機械·烝氣機關·物理·化學·數學·採鑛·冶金·火藥·天文·地理·航海·測量·軍事·電氣 등 당시 청국에서 발간된 과학기술 서적을 총 망라한 것으

5) 증기기관을 제작하려면 원통의 안쪽을 깎는 실린더와 환봉의 바깥쪽을 깎아야 하는 피스톤을 가공할 수 있는 공작기계(旋盤·드릴링머신·보링머신 등)가 있어야 하는데, 대원군 시대에 이러한 공작 기계가 도입 또는 제작되었음이 확인되지 않아서 당시의 기술로는 증기기관을 만들 수 없었을 것으로 추측된다.

6) 최규남, 〈구한말 외국 기계기술의 수용과정〉(충남대 석사학위논문, 1991), 14~15쪽.

7) 기기창은 1883년 8월 22일에 착공하여, 4년 2개월 만인 1887년 10월 29일에 준공되었다. 완공된 공장건물은 飜沙廠·熟鐵廠·木樣廠·銅冒廠·庫房 등 5棟으로 구성되었다.

8) 天津의 機器局은 1866년 중국 동북지역의 귀족인 崇厚가 미국인 기술자의 도움을 받아 설립을 준비했으며, 1870년 李鴻章이 直隷總督으로 부임하면서 대규모로 확장하여 화약·소총·선박·기계 등을 수리하고 만드는 무기공장이 되었다.

로 53종에 달하였다.

나. 동력식 기계의 설치

청국에 파견된 유학생들이 귀국할 때 구입한 기기가 수동식 小手기계였으나, 조선정부는 연차적으로 동력식 무기 생산설비를 갖추기 위하여 나중에는 동력식 기계를 도입하였다. 1882년 영선사 김윤식이 구입해온 기기 이외에, 1883년에는 청국에서 대신 구입해 준 동모제조기·소총수리기계 등이 운송되어 왔으며, 1885년에는 탄환과 銅冒제조기를 구입하였다. 또한, 기기창에서 사용할 12마력의 증기기관은 기기창 완공일까지는 도입되었다. 그리고 1889년에 비로소 12마력 증기기관·소총제조기계(3대)·드릴링머신·조포기·세포기 등이 도입되었다.[9] 기기창은 당초의 목표인 무기 제작기술의 수용을 달성하지 못하고, 1894년 갑오개혁의 와중에서 문을 닫고 말았다.[10]

다. 화폐주조 기계의 설치

조선정부는 근대식 화폐를 생산하기 위하여 운영기관인 典圜局을 1883년 7월 5일에 설치하고, 정밀하고 규모가 큰 근대 조폐기계를 설치하기 위해서 조폐공장(조폐창) 건물을 신축하였으며,[11] 조폐기계 설비를 독일회사(세창양행)로부터 구입하였다.[12] 그리하여 1886년(고종 23)에 15종의 화폐를 시험적으

---

9) 당시 구입한 드릴링머신으로 총열의 구멍을 뚫고, 粗砲機로 뚫린 구멍을 거칠게 가공하고, 細砲機로 정밀하게 가공하면, 소총제작에서 가장 어려운 총열을 완성할 수 있었을 것이다.

10) 기기창은 재정문제, 무기의 수입, 기반산업의 취약 등의 원인으로 중단되었을 것이다. 유학생파견부터 시작된 기기창의 설립은 처음부터 재정면에서 청국에의 의존도가 너무 컸다. 기기창 건물이 5년만에 완공된 것도 정부의 재정 악화 때문이었을 것이다. 그리고 당시 정부는 무절제하게 외국으로부터 무기를 수입하였다. 무기 제조공장을 설립했으면 무기수입보다는 자체 기술의 개발에 역점을 두어야 했다. 그리고 무기를 수입하더라도 생산하려는 무기와 같은 종류를 수입하여 국내 기술로 생산할 수 있는 부품은 생산하고, 생산할 수 없는 부품은 수입해야 했다. 한편 소총을 제작하더라도 동철 제련기술, 기계 가공기술, 화약 제조기술 등의 기술이 종합적으로 발달해 있어야 한다(최규남, 앞의 글, 43~44쪽).

11) 조폐창 건물은 1885년(고종 22) 2월에 시작되어 1886년 11월에 준공되었다. 준공된 건물은 3개동이었으며, 제1동은 汽罐室, 제2동은 地金室·彫刻所·枰量所, 제3동은 鎔解·壓延·極印·分析공장으로 사용되었다.

로 주조하였으나,[13] 1888년도에 '開國 497年'의 연호를 사용하여 1환 은화 1,300여개와 10문·5문 적동화 4,000원 내외의 화폐를 제조하는데 그치고 계속적으로 운영되지 않았다.

라. 기타 산업기계의 구입

개항과 더불어 기계로 생산되는 값싼 洋布가 들어와서 국내 직물업에 영향을 끼치게 되자 정부는 織造局을 설립하였다.[14] 이리하여 1885년 7월에는 상해에서 紗機(4대)를 구입하였으며, 9월에는 중국에서 수입한 織錦機械(32건)를 인천에서 서울로 올려 보냈으며, 1886년에는 두 차례에 걸쳐서 經絲를 1000兩씩 들여왔으며, 1888년에는 別遣官 崔錫永이 직조기계와 綿絲 약간을 상해 등지에서 구입하여 인천항에 들여왔다고 한다.[15] 그러나 직조국은 1891년에 이르러 중국인 직공에 대한 월급 등의 문제로 운영이 벽에 부딪혀 가동이 중지되었던 것으로 추정된다.[16]

또한 근대식 인쇄기계는 朴泳孝가 건의하여 신설된 博文局에서 처음으로 도입되었는데, 박문국은 근대식 인쇄시설을 갖추고 첫사업으로 1883년 10월 1일자로 《漢城旬報》를 간행하였다. 《한성순보》는 체재상 관보와 신문을 겸하였으며, 갑신정변으로 폐간되고 박문국도 폐국되었다. 1885년 박문국은 다시 복원되고 김윤식이 총재가 되어 1886년에 국한문 혼용체로 《漢城周報》가 발간되었으나, 박문국이 다시 폐국(1887)되면서 폐간되었다.[17]

이상과 같이 개항 이후 조선정부는 서양의 산업기계를 도입하여 식산흥업

---

12) 당시 구입한 조폐기계는 압인기(3대), 압연기(2대), 압사기, 선반(2대), 재단기(2대), 천공기, 조각기(3대), 자동칭량기, 연마기, 압착기, 증기기관, 보일러 등이었다(최규남, 앞의 글, 48쪽).

13) 당시 시험 제조된 화폐는 金貨 20환·10환·5환·2환·1환(5종), 銀貨 1환·5량·2량·1량·半兩(5종), 銅貨 20문·10문·5문·2문·1문(5종) 모두 15종이었는데, 이들 시험주화에는 '開國 495年'이라는 年記가 들어 있었다(한국조폐공사, 《한국화폐전사》, 1971, 155~156쪽).

14) 김영호, 〈한말 서양기술의 수용〉(《아세아연구》, 11-3(통권 31), 1968).

15) 당시 수입된 직기는 왕실의 수요를 채우기 위한 고급 직물을 짜는 직기일 가능성을 배제할 수 없다(권태억, 〈한말·일제 초기 서울지방의 직물업〉, 《韓國文化》 1, 1980, 147~148쪽).

16) 권태억, 위의 글, 148쪽.

17) 조기준, 《한국기업가사》(1973, 박영사), 210~211쪽.

을 위한 정책을 추진하였으나, 이들 기계를 가동시켜 운영할 자금·기술자·경영인 등이 준비되지 않아서 실패하고 말았다.[18] 당시 도입된 산업기계들을 정리하면 〈표 1〉과 같다.

〈표 1〉 개항 초기 도입된 근대식 산업용 기계류

연 도	도입된 기계류(도입기관)
1882(고종19)	手動式 銅冒(뇌관)제조기 및 銃·砲수리기구
1883(고종20)	銅冒제조기 및 小銃수리기구, 담배제조기계(捲烟局), 인쇄기계(博文局)
1885(고종22)	彈丸제조기계, 動力式 銅冒제조기, 造幣기계(壓印機·壓延機·壓寫機·旋盤·裁斷機·穿孔機·彫刻機·自動秤量機·磨機械·壓搾機·汽機·汽罐 등 12종 19대)(典圜局), 인쇄기계(博文局)
1888(고종25)	방직기계(織造局), 채광기계(鑛務局)
1889(고종26)	工作機械(運動機械·蒸氣機關·小銃제조기계·鑽冗(drilling)機·粗砲機·細砲機 등 6종 8대)
1891(고종28)	造紙기계(造紙局)

(3) 대한제국시기 방직기술의 이식

대한제국시기에는 근대적 공업이 점진적으로 성장하기 시작하였는데, 농기구와 일상용품을 만드는 철가공업·유기업·제지업 등의 분야에서는 공장제 수공업에서 한 걸음 나아가 수동식 기계를 도입하고 있었으며, 면방직이나 견직의 직조공장에서는 근대적 직기를 도입하여 생산을 시작하였다. 그 밖에 목재가공업·정미업·양조업·담배제조업·성냥제조업 등에서도 새로운 변화가 시도되었다.[19] 대한제국시기에 설립된 제조공업 분야의 민영회사들을 정리하면 다음 〈표 2〉와 같다.

18) 조기준, 《한국자본주의성립사론》(1973, 대왕사), 340쪽.
19) 주진오, 〈독립협회와 대한제국의 경제정책 비교 연구〉(《國史館論叢》 41, 1993, 125쪽.

〈표 2〉 대한제국기에 설립된 제조공업분야 민영회사의 연도별·분야별 통계

연 도	鐵加工	鍮 器	製 紙	紡 織	搗 精	酒 造	煙 草	기 타
1897	1	1		4				
1898				2				1
1899		1		1		2	2	1
1900	2			8			1	2
1901	2	1	1	2		2	1	5
1902	2		1	1			1	2
1903	2	1		1		1	3	2
1904				1	1			1
1905		1		1	1			1
1906	1						2	
1907				3	4			1
1908					4			2
1909		1		2	3	1	9	4
1910					8		4	
합 계	10	6	2	26	21	6	23	22

* 전거 : 서영은 1995, 〈대한제국시기 민영회사의 설립과 그 성격〉(경희대 석사학위 논문, 95~98쪽)의 〈표 Ⅲ-1〉 재구성.

〈표 2〉에서 알 수 있듯이 대한제국시기를 통하여 민영회사가 지속적으로 설립·운영된 분야는 방직업과 도정업 정도였다.[20] 특히, 방직업 분야에 대해서는 대한제국 정부에서도 1902년 궁내부 내장사 직조소의 소속하에 모범양잠소를 설립하고 근대식 견직기술을 강습시켰으며, 각 도에 공업전습소를 설립하여 염직·직조업분야 근대기술자의 양성을 시도하였다.[21]

20) 〈표 2〉에서 알 수 있듯이 대한제국시기에 설립된 연초업분야의 민영회사는 약 23개소였다. 그런데, 연초업은 1894년 이후 葉煙草를 가공하는 연초제조업이 전직관료, 지주 및 부농 등의 자본에 의해서 일본과 청국에서 수입된 외국산 제조연초 특히 紙捲연초에 대항하였으나, 일본제 연초의 유입과 일본인 연초회사의 설립이 본격화되고, 과다한 노동력의 소비, 소작료의 반등, 관권과 결탁된 연초 유통과정에 대한 수탈 등의 내적 요인으로 민간의 연초업계가 순조롭게 성장하지 못하였다(서영은, 〈대한제국시기 민영회사의 설립과 그 성격〉, 경희대 석사학위논문, 1995, 112쪽).

가. 서양식 방직공장의 설립과 방직기계의 도입

조선 후기의 면직물업은 독자적인 발전을 계속하여 개항 이후 청일전쟁 이전까지는 외국산의 면직물에 대항할 수 있었으나, 1895년 이후 면직물시장을 일본산에 탈취당하기 시작하면서, 서양식으로 직조기를 개량한 인물들(李仁基·李泰浩 등)이 등장하기도 하고,[22] 대조선저마제사회사(1897)·종로직조사[23](1900)·한성제직회사(1901) 등의 민간 직조회사들이 설립되었다.[24] 대한제국시기에 설립 또는 설립이 추진된 방직관련 공장 또는 회사들을 정리하면 다음 〈표 3〉과 같다.

〈표 3〉 대한제국시기 설립(추진 포함)된 방직관련 공장 또는 회사들

연대	명 칭	설립자 또는 주무자	생산품목	직기의 특징	비 고
1897	대조선저마제사회사	안동수·서재필 등	삼·모시의 실	—	내외국인 합작
	대한직조공장	안동수	—	—	설립 추진
1898	직조권업장	김익승	—	—	설립 시도
1899	한상방적고본회사	정섭조·이헌규·김창한	綃絲(?)	—	경영 미확인
1900	한성직조학교	박제순(교장)	—	개량직기	
	(알려지지 않음)	정긍조	—	—	
	(알려지지 않음)	이인영	직기제조	—	곧 폐업
	(알려지지 않음)	이인기	紈緞紬羅, 직기	—	곧 폐업
	예동직조단포(주)	민병석·이근호·이봉호	주단·포목	기계를 사용	
	종로직조사	민병석·이근호	—	대당 하루 70척	
	남죽동조직소	—	錦綾목포·표백·염색	—	견습생 모집

21) 趙璣濬, 〈韓國近代經濟發達史〉(《韓國文化史大系》 Ⅱ 政治·經濟史, 高麗大 民族文化硏究所, 1965), 860쪽.

22) 《皇城新聞》, 1900년 2월 20일, 1902년 12월 23일.

23) 1900년도에 설립된 종로직조사의 직기도 대당 하루 생산량이 70척으로 한성제직회사와 비슷한 종류일 것으로 추측된다. 이 공장은 종로의 白木廛이 주동이 되어 당시의 거물관리(민병석·이근호)를 사장 및 부사장직에 추대하였다(《皇城新聞》, 1900년 5월 7일).

24) 권태억, 앞의 글, 165쪽.

1901	한성제직회사	정동식	면포·木倭繒	소폭직기 50대 광폭직기 10대 대당 하루 70척	발동기 이용 폐업됨
1902	중곡염직공소	김덕창	필목·모자·양말	—	
1906	(알려지지 않음)	박승직	포목 등		
	순창호	홍순강	綢緞·紗屬	목제직기	
1908	미동직조회사		緞屬		
1910	경성직뉴합명회사	이정규·김성기·박윤근	요대·단임 등	동력 이용	

* 전거 : 권태억 1980, 〈한말·일제 초기 서울지방의 직물업〉(《韓國文化》 1, 155~156쪽 자료 재구성.

〈표 3〉에서 알 수 있듯이 1897년부터 1900년까지의 방직회사들은 설립이 시도·추진되었거나 폐업되었으며, 직기의 종류나 특징도 확인되지 않고 있다. 〈표 3〉에서 주목되는 회사는 한성제직회사이다. 국내에서 최초로 역직기를 도입했다고 알려진 한성제직회사(설립자 정동식)는 소폭직기 50대와 광폭직기 10대를 갖추었는데, 이들 직기는 '人力을 費하지 아니하고',[25] '一切 織機를 機關으로써 轉輪'하는 발동기로 여겨진다.[26] 이들 역직기의 대당 하루 생산능력은 70~80척이고, 숙련된 자는 동시에 2~3대를 운영할 수 있었으며, 생산품목은 綿布·木倭繒의 면직물이었다[27]고 한다. 그런데, 근대 이후 직기는 대략 재래의 직기(hand loom)[28]에서 배튼(batten)기(flying shuttle)[29]→

25) 《皇城新聞》, 1901년 5월 13일.

26) 《皇城新聞》, 1901년 3월 29일.

27) 권태억, 앞의 글, 165쪽.

28) 재래식 직기는 구조가 간단하여 배튼(batten, 飛杼裝置)을 장치할 수 없어 제직 생산고가 낮고, 평직 이외의 변화직포(綾·繻子織·紋織)를 짤 수 없는 약점이 있다. 그러나 반면 經絲 등에 무리한 장력을 주지 않아 絹·綿·麻織 어디에나 사용할 수 있는 장점이 있다. 그리고 재래의 직기(投梭機)는 하루에 대략 10야드(≒9.14m)를 짤 수 있는데, 배튼장치로 개량한 織機(배튼기)는 재래의 직기에 비하여 2배 정도, 족답기는 3~4배의 생산능력을 가지고 있었을 것으로 추측된다(권태억, 위의 글, 145~162쪽).

29) 배튼기는 1733년 영국의 죤케이(Kay, John, 1704~64?)가 발명한 나르는북(飛杼)장치이다. 이것은 종래 양손으로 북을 던져서 가로실(緯糸)을 통과시키던

족답(직)기[30)]→역직기(power loom)[31)]의 과정을 거치면서 개량되었다.

동작을 북에 붙은 끈(紐)을 당기면 滑車에 의해서 북이 움직여 좌우운동을 반복하는 장치이다. 배튼은 바디(筬)의 양쪽에 부속된 북상자(杼箱)를 가리키는 말이었다. 배튼에 따라 북을 던지는 한쪽 손이 개방되어 다른 손으로 바디를 칠 수 있기 때문에 제직 능률이 거의 두 배로 되어 폭이 넓은 직물을 짤 수 있었고, 제직 동작에 숙련을 필요로 하지 않게 되어 균일한 천을 짤 수 있었다. 1877년에 일본 전역으로 보급되었으며 木棉·絹 어느 섬유를 다루는 곳에서도 여러 가지 개량장치가 시도되어, 발명특허법이 시작한 1885년부터 1907년까지 개량배튼·다층북배튼 등의 명칭으로 특허 신청된 직기가 36건을 넘었다고 한다(角山幸洋, 〈日本の織機〉, 《日本技術の祉會史》 3 紡織, 日本評論祉, 1983, 297~298쪽).

배튼(batten : 직기에서 바디의 기능을 조작하는 장치)기는 흔히 바탄기, 밧탄기라고 하는데, 여기서는 원음을 충실히 따라서 배튼기라고 한다.

30) 足踏機는 인력을 이용한 직기 중에서 가장 완비된 구조를 가졌으며, 개량직기 중에서 생산력이 가장 높고, 구조도 복잡하고 비교적 비싼 직기였다. 예를 들어, 개량직기의 일종인 삼각배튼기가 1916년 당시 1대당 7~10원이었는데, 족답기는 22~30원으로 3~4배의 가격이었다. 경성직물동업조합(1913설립)에서는 조합경비로 족답기(40대)를 구입하고 월부반환방식으로 조합원에게 배포시켰으며, 족답기 사용에 대한 책자도 만들어 내기도 하여 족답기의 보급과 사용을 권장했다고 한다(권태억, 앞의 글, 177~178쪽).

족답(직)기는 1802년 영국인 레이디크리프(Radecliffe)가 발명하였다. 족답기는 다리의 운동만으로 開口·緯入·緯打의 조작을 하기 때문에 종래의 배튼기보다 손조작을 개방하였다. 다리운동을 동력으로 바꿈에 따라 역직기화를 가능하게 하였다. 일본에서는 1869년경 神奈川의 中津川藤吉이 서구의 기술에 영향을 받지 않고 고안하여 제1회 內國勸業박람회에 출품하여 花紋賞을 받았다고 한다(角山幸洋, 위의 글, 284~301쪽).

이태호가 만든 직기는 족답기로 추측된다(《황성신문》, 1900년 1월 15일).

31) 力織機는 영국인 카트라이트(Cartwright, 1743~1823)가 발명하여, 1785년에 특허권을 얻었다. 최초의 역직기는 매우 유치하여 실용되지는 않았지만, 날실·씨실 정지장치, 바디운동기구, 북바꾸는 장치 등의 운동기구를 포함한 역직기가 완성되었다. 일본에서의 역직기 발명은 제1회 內國勸業박람회에 출품된 수차직기가 있다. 그러나 직기기구의 구조상 동력원으로서 수력에는 무리가 있어서 원활한 회전을 얻지 못하여 마감에 사용되는 천으로는 정밀하고 치밀할 수 없었다. 따라서 곧 쇠퇴하고 거의 생산되지 않았다. 그러므로 수입된 서구의 역직기는 발명에의 자극은 주었어도, 그것을 단지 모방하고 일본산으로 만든 역직기는 철강기술이 발달하지 않아서 종래의 직기를 부분적으로 개량하는 도움을 줄 뿐이었다. 직기의 구성재료를 목제·반목제(목철혼제)·철제라는 과정으로 전환됨에 철제역직기가 완성되면서 수출을 위한 넓은 폭의 천을 짜는 광폭직기로의 발전에 도움을 주었다. 철제 광폭직기는 1909년에 완성되었으며, 자동직기는 1926년에 완성되었다(角山幸洋, 위의 글, 284~301쪽).

경성직뉴합명회사(1910)가 설립될 때까지는 역직기를 이용한 회사는 없었던 따라서, 개량직기(배튼기 · 족답기 · 쟈카드기[32])를 가지고 10~40명의 임금노동자를 고용하고 분업을 행하고 있었던 대한제국 말기의 직물업체는 공장제수공업 수준의 공장이었으며, 경영형태는 매뉴팩츄어로 보는 것이 타당할 것이다.[33]

나. 근대식 방직기술의 습득

1895년 이후 대량으로 유입되는 일제 면제품[34]을 국내 생산품으로 대체하고 방직공업의 보급과 방직기술자의 양성을 목적으로, 安駉壽 등이 주동이 되어 반관반민회사(대한직조공장)를 설립하여 일본의 방직기술을 도입하려고 시도하였다. 그리고, 安衡中 · 朴正銑은 동경공업학교에서 염직기술을 배운 후에 1900년에 귀국하였으며, 한성제직회사에서도 일본에서 기술을 배운 姜永祐가 모든 직조기술을 맡았다고 한다.[35]

한편 尹致昊는 외국선교사와 함께 개성남감리교회를 건립하고 교회의 육영사업으로 韓英書院(1904)을 설립 · 개교하였다. 당시 한영서원은 학생들의 실습장으로 機業場을 두고 일본으로부터 9대의 역직기를 도입 · 설치하여 학생들을 훈련시켰다. 윤치호는 면직업에 깊은 관심을 갖고 나라가 근대화되려면 면방직업을 기계화시켜야 한다[36]고 했다. 따라서 당시의 근대식 방직기술은 주로 일본을 통해서 습득되었음을 확인할 수 있다. 특히 일제는 공업전습소(1907)를 설립하여 개량직기를 사용하는 직조기술을 보급시켰다.

것으로 추측된다(권태억, 위의 글, 163쪽).

32) 쟈카드기는 1800년에 프랑스인 쟈카드(Jacquard, 1752~1834)에 의해서 발명된 무늬직(紋織)장치이다. 구조는 각종 모양에 따라 수십 개소에 작은 구멍을 뚫은 두꺼운 종이 수백 매를 짜맞춘 무늬종이(型紙 또는 紋紙)를 직기의 위에 걸고 기계의 작용으로 차례로 회전함과 동시에 여러 개의 침이 오르락 내리락하면서 무늬종이의 구멍 있는 곳만을 관통한다. 기타의 침은 무늬종이에 막혀서 관통하지 못하고 통과된 실을 끌어올리는 무늬부분에 필요한 날실(經糸)이 열리게 된다. 자카드기가 도입되어 재래의 무늬직기보다 4배 정도 제직능률이 향상되었다고 한다(角山幸洋, 위의 글, 284~301쪽).

33) 권태억, 앞의 글, 185~186쪽.

34) 일본의 방적업은 청일전쟁 이후 한국시장을 독점하였는데, 면사수출세 면제(1894)와 면화수입세 면제(1896) 등으로 발전의 기틀을 마련하여, 1897년에는 일본 국내의 면사수출고가 수입고를 능가하게 되었고, 한국시장에서는 1895년 인천항 수입면사의 87%를 일본산 면사가 차지하였다(권태억, 위의 글, 159쪽).

35) 권태억, 위의 글, 163쪽.

36) 조기준, 앞의 책(1973a), 277쪽.

1911년부터 시작된 전국의 33개소 機業전습소에서는 三角배튼기 등의 개량수직기의 사용법을 가르쳤으며, 전습을 마친 생도들에게는 이러한 개량직기를 무료로 제공하거나 지방 비용으로 보급하기도 하였다. 당시의 삼각배튼기는 중앙시험소에서 고안한 것으로 추측된다. 그리고 당시 한국에 수입되는 일본의 직물수입품 중 70% 정도가 坐金巾·시팅(sheeting)[37]이었기 때문에 개량직기가 짤 수 있는 소폭면포가 큰 문제가 될 수는 없었다.[38]

근대식 방직기술의 습득과 관련하여 우리의 주목을 끄는 자료는 1906년 이후 일본인과 조선인 방직공장에 근무하는 조선인 직공수를 나타내는 〈표 4〉와 〈표 5〉이다.[39]

〈표 4〉 1906년~1915년 일본인 방직공업 공장수 및 종업원수 변화

방직공업	공장수	일본인 직공수	조선인 직공수
1906년	1	4	36
1907년	2	65	120
1908년	3	33	153
1909년	4	26	177
1910년	2	222	0
1911년	7	35	199
1912년	9	48	312
1913년	12	32	625
1914년	22	124	1150
1915년	27	115	1342

* 전거 : 《조선총독부(통감부)통계연보》, 해당 연도.
* 1910년도의 직공수가 일본인만으로 나타난 것은 당시 조선인 직공을 일본인으로 잘못 작성된 것으로 추정된다.

---

37) 시팅(sheeting)은 거친포(粗布) 또는 폭이 넓은 廣木을 말한다. 직포업을 겸영하는 방적자본의 기계제 대공장에서 생산되었다. 일본은 섬세한 고급의 면제품은 영국제와 경쟁할 수 없었기 때문에 두터운 실로 짜서 조선의 토착면포와 성질이 유사한 하급의 시팅을 주로 조선시장에 수출하였다(이헌창, 《한국경제통사》, 법문사, 1999, 230쪽).

38) 권태억, 앞의 글, 171~172쪽.

39) 〈표 4〉와 〈표 5〉을 작성할 때 충남대 경제학과 허수열교수가 조사한 자료를 활용하였다.

〈표 5〉 1906~1915 조선인 방직공업 공장수 및 종업원수 변화

방직공업	공장수	일본인 직공수	조선인 직공수
1907년	1	0	10
1908년	1	0	10
1910년	6	0	195
1911년	9	0	259
1912년	16	13	395
1913년	15	2	339
1914년	22	5	452
1915년	30	5	479

* 전거 : 《조선총독부(통감부)통계연보》, 해당 연도.

〈표 4〉와 〈표 5〉에서 나타나 있듯이, 1906년 이후 일본인과 조선인의 방직공장수가 1910년을 전후하여 급격히 상승하듯이, 이들 공장에 근무하는 조선인의 직공수도 공장수의 증가율과 같은 수준으로 증가하고 있다. 다시 말하면, 일본의 근대식 방직기술을 수용하여 공장을 운영하고 기계식 직기를 다루는 조선인 공장과 조선인 직공이 증가하고 있었음이 확인된다. 이들 조선인 공장을 설립·운영한 자본의 형성과정과 조선인 직공들의 직기에 대한 숙련과정은 알 수 없으나, 방직공장과 방직공의 수가 1906년부터 점차 증가되고 있었던 것은 확인되었다.

따라서 대한제국시기부터 한일합병 초기까지 주로 일본에서 수입된 근대식 방직기계는 대부분 수직기에 머문 배튼기와 족답기로서, 원동기를 사용한 역직기를 이용한 근대적 방직공장은 설립되기는 하였으나 성공적이지는 못하였다. 그러나 1906년부터 1915년까지 조선인이 설립·운영했던 방직공장과 일본인 방직공장에서 근무했던 조선인 직공을 포함한 전체 조선인 방직공의 수는 점차 증가하고 있었음이 확인되었다.

이렇듯 근대 초기 방직기술이 수동식의 직기에 머물도록 발전하지 못했던 이유로는 첫째, 조선인 민족기업가가 근대식 공장을 지을 만한 자본과 기술면에서 기반을 갖추지 못하였고, 둘째, 대한제국 정부가 국영공업을 확대 건설할 만한 근대화 의식이 강렬하지 못하였으며, 셋째, 1905년 이후 일본은

한국의 근대적 공장건설을 방해하였기 때문으로 이해된다.[40]

(4) 1905년 이후 정미기술의 이식

방직기술에서 확인되듯이 대한제국시기를 통하여 조선인이 설립·운영한 방직공장이 공장제 수공업 수준에서 근대식의 개량된 직기를 사용하기는 하였으나, 1915년까지는 수동식에 머물렀고 원동기를 사용한 본격적인 기계기술은 수용·이식되지 못하였다고 말할 수 있다.[41]

가. 정미기술의 이식

개항 이후부터 조선에 거주하기 시작한 일본인 이주자들에 의한 이식공업화는 주로 수출될 미곡의 가공공업, 이주민들을 위한 식품가공업, 농기구제조의 소규모 철공업, 건설자재 생산을 위한 기와·벽돌공업 등에서 이루어졌다.[42] 이들 이식공업 중에서 정미업이 주목되는데, 1890년 이래 1908년에 이르기까지 한국의 중요 도시에 건설된 일본자본에 의한 근대 공업분야 가운데 가장 많은 일본인 공장은 정미공장으로 25개였다.[43] 특히 1906년 이후 일본인들이 신설한 공장의 반수 이상이 정미업에 집중되었으며, 한일합병 당시에는 일본인이 조선내의 비교적 대규모 공업의 거의 전부를 장악하였다.[44]

---

40) 조기준, 앞의 글(1965), 863~864쪽.

41) 흔히 '근대화'라는 정책 아래에서 새로운 기술이 이식되어 정착하는 과정에서 나타나는 사회적 반응은 다음과 같은 세 가지 패턴을 상정할 수 있다. 첫째는 전면수입형으로, 기계·설비와 더불어 원료 등도 모두 수입하고, 재래의 환경조건을 무시하여 신기술에 적합한 노동력·시장 등의 사회적 조건을 만들어 내는 경우이다. 둘째는 절충형으로, 수입된 기술이 토착의 재래기술에 비약적 발전의 계기를 주어, 신기술과 재래기술이 교묘하게 결합하여 독자의 기술을 만들어 내는 경우이다. 셋째는 거절형으로, 수입된 기술이 구래의 사회적 조건과 어울리지 않아서 신기술이 정착하지 않고 거절되는 경우이다(海野福壽, 〈西歐技術の移入と明治社會〉, 《技術の社會史》 권 3, 有斐閣, 1982), 13~14쪽. 이 글에서는 일본의 방직기술이나 정미기술이 도입되어 이식 및 정착되는 과정을 '전면수입형'으로 보고자 한다.

42) 오두환, 〈총론－논점과 전망〉(《공업화의 제유형》 Ⅱ－한국의 역사적 경험－, 경문사, 1996), 6~7쪽.

43) 정미공장 이외의 공장으로서는 연와 및 석회공장(15개), 철공장(12개), 기타 공장(연초·식량·피혁 등 27개)이 있었다(조기준, 앞의 글, 1965, 859쪽의 〈일본인 공장표〉를 재구성).

조선내의 일본인 공장에 비하여 소규모의 적은 수이기는 하지만, 원동력을 가진 한국인 공장들도 1911년 현재 다음 〈표 6〉과 같은 수준에서 설립·운영되고 있었는데, 가장 많은 공장수를 가진 업종은 정미업이었다.

〈표 6〉 원동력을 가진 한국인 공장의 업종별 직공수(1911년말)

업 종	공장수	기 술 자		직 공		원 동 력	
		한국인	일본인	한국인	일본인	기관수	마 력
직물업	10	11	4	288	–	2	10
정미업	15	–	–	172	–	15	16
제지업	9	10	–	108	1	2	22
금은세공 제련업	2	3	7	151	3	2	7
제분업	3	–	4	23	8	2	26
양조업	2	4	1	16	–	1	6
합 계	41	28	16	758	12	24	87

* 전거 : 山口豊正, 《朝鮮之硏究》(1914), 416~418쪽 ; 조기준, 〈한국근대경제발달사〉(《한국문화사대계》 II 정치·경제사, 고려대 민족문화연구소, 1965), 862쪽 재구성.

조선에 이주한 일본인의 정미업은 1889년에 설립된 인천정미소로부터 시작되었는데, 1892년에는 인천에서 미국인 타운젠트가 미국에서 엥겔식 정곡기를 도입하여 60마력의 증기기관을 설치하였으며, 이후 여러 개항장에 당시로서는 현대적인 정미소가 설립되는 계기가 되었다.[45] 특히 청일전쟁(1894~1895) 이후에는 다수의 搗精機가 개항장에 수입되었으며, 부산 등지에는 일본인 도정기 제조업자까지 출현하였으며, 러일전쟁 직전부터 한국신문에는 일

44) 朝鮮硏究會, 《實業之朝鮮》(1911), 320쪽.
전우용, 〈개항기 한인자본가의 형성과 성격〉(《國史館論叢》 41, 國史編纂委員會, 1993), 8쪽 재인용.

45) 당시 인천정미소에는 원동기가 4마력의 蒸氣汽罐, 가공기가 수차용의 돌절구(石臼) 기계 20대 있었으며, 석유식 발동기로 운전되는 최초의 정미소는 목포의 井出정미소라고 한다(오두환, 앞의 글, 51쪽).

본인이 제작한 도정기를 판매하는 광고가 등장했다고 한다.[46] 그런데 러일전쟁 이후 조선이 일본의 식민지로 전락함에 따라 경성의 일본인 거류민들이 급증하면서 일본상인들은 경성의 조선인 시장에도 주목하게 되어 일본인 미곡상인들이 경성에 대거 진출하게 된다.[47]

한편 조선정부는 군량미를 도정하기 위하여 萬里倉製粉製米工場을 건립(1889)하였으나,[48] 오래지 않아 가동되지 않았고, 1899년에는 궁내부에 정미소를 설립하였다. 궁내부의 정미소는 만리창제분제미공장과 마찬가지로 군량미의 도정을 목적으로 하였으며, 조선정부의 자본과 일본인의 도정기술이 결합되어 설립・운영되었다.[49] 조선정부의 정미소 설립에 비하여 늦기는 하였으나, 조선 민간인에 의한 정미공장은 다음의 〈표 7〉에서 알 수 있듯이, 대부분 1907년 이후에 설립되어 1911년까지 존속하였음이 확인되는데, 당시의 정미공장은 京江상인의 활동 근거지인 東幕・麻浦・西江 玄石里 등에 위치하고 있었다.[50]

〈표 7〉의 자료를 통하여 1911년 현재 원동기의 출력이 확인된 조선인 정미공장은 14개였으며, 기술자가 공장당 평균 1명이었고, 조선인 직공은 공장당 평균 13.4명이었으며, 원동기는 주로 석유엔진으로 평균 12.7마력이었다. 그러므로 한일합병 당시에 이미 조선에는 소규모에 불과하기는 하지만 근대식의 공장제 기계공업이 정미업을 중심으로 전개되고 있었음이 확인된다.

또한 원동기의 출력이 조사된 조선인 정미공장에는 조선인 기술자(1명)가

46) 《皇城新聞》, 1903년 8월 26일, 9월 21일, 광고.
《大韓每日申報》, 1907년 11월 7일, 12월 12일, 광고.

47) 러일전쟁 직전까지도 일본인 미곡상인의 침투는 크게 진전되지 않아서 1904년 6월 말경 경성에 거주하는 일본인 994호 중에서 미곡상은 6호뿐이었다(《通商彙纂》 70, 〈韓國事情〉, 1904일 11월 6일, 6쪽).
이헌창, 〈개항기 한국인 搗精業에 관한 연구〉(《경제사학》 7, 1984), 165쪽 재인용.

48) 1886년부터 건립계획을 추진하고 1887년 5월부터 공사를 시작하여 1889년 말에 완공된 만리창제분제미공장에는 수차기계, 화륜기계(증기기관), 제분기 등이 있었다(이헌창, 위의 글(1984), 160~161쪽).

49) 이헌창, 위의 글, 161쪽.

50) 조선 후기부터 경강상인들은 한강수운과 경성의 대시장을 배경으로 대표적인 상업자본을 성장시켰고, 미곡유통업을 보조하기 위하여 도정업도 경영하고 있었다(이헌창, 위의 글, 169~172쪽).

활동하고 있었음이 확인된다. 원동기(증기기관·전동기·석유엔진)를 다루기 위한 기술자로 판단되는데, 당시 정미기술에 있어서는 일본인에 기술적 종속을 당할 필요 없이 기계식 도정업을 발흥시킬 수 있는 조건을 이미 갖추고 있었음을 보여주고 있다.[51] 정미업이 성립한 지 불과 수년 사이에 기술적 조건이 이렇게 신속하게 성숙할 수 있었던 배경에는 조선 후기의 도정기술이 내재적으로 축적되어 왔기 때문일 것이다.[52]

〈표 7〉 일제 초기(1911) 원동기와 마력수가 확인된 조선인 정미공장 현황

정미소이름	기술자		직 공		계	작업기		원동기	마 력
	한인	일인	한인	일인		정미기	현미기		
順 昌	1	1	32	–	34	6	22	증기기관	25
昇 源	1	–	4	–	5	2	3	전동기	5
韓 興	–	–	6	–	6	2	4	전동기	5
倉 洞	1	–	20	–	21	3	19	석유엔진	45
大 昌	1	–	16	–	17	4	10	〃	10
信 昌	2	–	6	–	8	4	10	증기기관	8
大 成	1	–	10	–	11	3	5	석유엔진	8
順 成	1	–	23	–	24	6	3	〃	12
永 昌	1	–	6	–	7	2	5	〃	6
漢 興	1	–	14	–	15	3	6	〃	8
東 一	1	–	17	–	18	4	10	〃	10
孫相五	1	–	9	–	10	2	4	〃	6
順 興	1	–	19	–	20	4	7	〃	10
東 昌	1	–	16	–	17	4	7	〃	20
공장수 14개	14	1	198	–	213	49	114		178

* 전거 : 이헌창, 〈개항기 한국인 搗精業에 관한 연구〉(《경제사학》 7, 1984), 169~170쪽의 〈표-7〉 재구성.

나. 정미기술의 수용

1890년대 이후 대한제국 정부는 황실재산을 바탕으로 정미소를 설립하여

51) 1903년에는 박화진이라는 조선인이 정미기계를 발명했다는 기사가 등장했다. "中署承洞居 朴華鎭氏가 精米機械를 新發明하얏난듸 每日 舂米가 50石 假量이라고 形式을 模畵하야 農商工部에 請願하고 專賣權을 特許하라 하얏다더라"(《皇城新聞》, 1903년 6월 17일 ; 이헌창, 위의 글, 172쪽, 재인용).

52) 이헌창, 위의 글, 177쪽.

근대의 정미기술을 일본으로부터 이식·수용하려고 노력하였으나, 일본인의 기술과 경영에 의존하는 등의 근대화 의식이 부족했던 점과 1905년 일본의 방해로 성공하지 못하였다.[53] 그러나 1907년 이후 경강상인을 중심으로 원동기를 갖춘 정미공장이 등장함으로써 정미기술의 수용이 이루어지기 시작하였다. 당시 정미기술의 이식과 수용에 대한 노력은 조선인과 일본인의 정미공장에 고용된 조선인 직공들의 양적 증가를 나타내고 있는 다음의 〈표 8〉을 통해서 간접적으로 확인할 수 있을 것이다.

〈표 8〉 1906~1915년 조선인 및 일본인 정미공장의 직공수 변화

연도/공장	조선인 정미공장			일본인 정미공장		
	공장수	조선인 직공	일본인 직공	공장수	조선인 직공	일본인 직공
1906	-	-	-	6	142	36
1907	1	33	1	16	280	219
1908	1	33	1	25	583	284
1909	-	-	2	32	782	226
1910	6	59	0	41	914	338
1911	56	187	0	62	1406	375
1912	23	255	0	67	961	173
1913	30	267	0	89	1690	374
1914	62	632	4	85	3138	467
1915	70	813	2	99	5082	542

* 전거 : 《조선총독부통계연보》, 해당 연도.

〈표 8〉에서 알 수 있듯이 조선인과 일본인 공장에 고용된 조선인 직공수는 1911년을 전환점으로 하여 급격히 증가하고 있었다. 조선인 공장에 고용된 조선인 직공수는 1911년의 직공수가 1910년의 직공수에 비하여 대략 3배, 일본인 정미공장에 근무하는 조선인 직공수는 약 1.5배의 증가를 보였다. 이러한 증가는 한일합병 직후부터 정미공장에서 일하는 조선인 직공들이 급격하게 증가함으로써 정미기술에 대한 조선인들의 이해와 수용을 간접적으로

53) 조기준, 앞의 글(1965), 863~864쪽.

확인할 수 있다.

경강상인들이 설립·운영한 정미공장은 조선 후기에 축적된 상업자본과 도정기술을 배경으로 경제적 개화운동의 자극에 의해 성립되었으며, 일본인 정미공장의 조선인 시장 침투로 인한 시장 상실의 위기 속에서 본격적으로 발흥하였다. 정미공장을 운영한 상업자본은 일본인 자본과 기술에 종속할 필요가 없었다.[54] 이러한 점에서 민족자본으로 성장한 경강상인들과 일본인·조선인 정미공장에 고용된 조선인 직공들의 노력에 의해서 근대식 정미기술이 조선에 이식·수용되기 시작하였다고 이해할 수 있다.

대원군시기부터 시작된 서양의 근대 무기기술과 산업기계 기술을 도입·수용하려는 노력은 국가재정의 부족과 격변하는 정치적 상황의 변화로 체계적인 발전을 이루지 못하였으며, 개항 이후 민족기업을 통하여 근대적 방직기술을 수용하려는 노력도 정부의 적극적 육성정책의 부족과 자본의 열세, 그리고 기술자의 부족 등으로 소기의 성공을 거두지 못하였다. 그러나, 소규모 공장제 수공업형태의 방직회사 또는 방직공장들이 재래의 직기를 개량된 직기(배튼기·족답기 등)로 대체하면서 기계직기를 갖춘 공장제 기계공업으로의 발전을 위한 기초가 갖추어지기 시작하였다. 특히 일본인 정미공장에 대응하여 경강상인들이 중심이 된 조선인 정미공장의 설립과 운영, 그리고 일본인 정미공장에서의 조선인 정미직공들의 노력으로 근대적 공업기술은 조선에 이식·수용될 수 있는 토대가 마련되었다.

〈盧泰天〉

---

54) 이헌창, 앞의 글(1984), 178~179쪽.

집 필 자

개 요 ·· 이원순

Ⅰ. 근대 언론활동

1. 근대 신문의 효시 ·· 정진석
2. 근대 언론의 발달 ·· 정진석
3. 언론의 구국투쟁 ·· 최기영

Ⅱ. 근대 종교운동

1. 유 교 ·· 금장태
2. 불 교 ·· 정광호
3. 천주교 ·· 이원순
4. 기독교 ·· 조영렬
5. 천도교 ·· 박맹수
6. 대종교 ·· 박영석

Ⅲ. 근대 과학기술

1. 서양과학에 대한 인식 ·· 박성래
2. 근대 과학기술의 도입
   1) 교통·통신·전기 ·· 김연희

한국사 46
신문화 운동 2

편찬간행 **국사편찬위원회**

초판1쇄 2003년 11월 30일
2쇄 2013년 6월 4일

번각발행 **탐구당**

등록일 1950년 11월 1일
등록번호 서울 제 03-00993 호

주소 서울특별시 용산구 한강대로 62 나길 6
전화 (02) 3785-2211(대표)
팩스 (02) 3785-2272
홈페이지 www.tamgudang.co.kr
전자우편 tamgudang@paran.com

ISBN 978-89-8236-612-3
978-89-8236-566-9(세트)

값 14,000 원